Notwendigkeit der Kodifikation des Seeversicherungsrechts in der Bundesrepublik Deutschland?

VERSICHERUNGSRECHTLICHE STUDIEN

HERAUSGEGEBEN VON PROFESSOR DR. GERRIT WINTER
UND PROFESSOR DR. ROBERT KOCH, LL.M.

BAND 85

PETER LANG

Dr. Julian Plönsky

Notwendigkeit der Kodifikation des Seeversicherungsrechts in der Bundesrepublik Deutschland?

PETER LANG

Bibliografische Information der Deutschen Nationalbibliothek
Die Deutsche Nationalbibliothek verzeichnet diese Publikation in der Deutschen Nationalbibliografie; detaillierte bibliografische Daten sind im Internet über http://dnb.d-nb.de abrufbar.

Zugl.: Hamburg, Univ., Diss., 2021.

D 18
ISBN 978-3-631-86568-2 (Print)
E-ISBN 978-3-631-87514-8 (E-PDF)
E-ISBN 978-3-631-87515-5 (EPUB)
DOI 10.3726/b19550

Peter Lang – Berlin · Bern · Bruxelles · New York ·
Oxford · Warszawa · Wien

Diese Publikation wurde begutachtet.

www.peterlang.com

Meinem Stern des Meeres
Meinen Eltern und Katja
Käthe
Rosie
Idefix

Vorwort

Die vorliegende Arbeit wurde im Sommersemester 2021 von der Fakultät für Rechtswissenschaft der Universität Hamburg als Dissertation angenommen.

Herrn Prof. Dr. Robert Koch, LL.M. (McGill), danke ich ganz besonders für die Betreuung meiner Promotion und die Idee zu dieser Arbeit. Herrn Prof. Dr. Gerrit Winter, gebührt Dank für die zügige Zweitbegutachtung.

Dank gebührt auch all denjenigen, die mich auf dem Weg durch ihre persönliche und fachliche Unterstützung begleitet und so maßgeblich zum Gelingen dieser Arbeit beigetragen haben. Hier danke ich insbesondere meiner Familie und Herrn Dr. Nicolas Schüngel, Herrn Dr. Tim Holzki und Frau Derya Celik.

Köln, im Dezember 2021
Julian Plönsky

Inhaltsverzeichnis

Teil 1. Einleitung

A. Hintergrund

Während im Allgemeinen zu beobachten ist, dass der Gesetzgeber immer speziellere Regelungen erlässt,[1] kann man die Entscheidung des Reformgesetzgebers des Versicherungsvertragsgesetzes (im Folgenden abgekürzt mit „VVG") zum Seeversicherungsrecht im Jahre 2008 durchaus als Novum in der jüngeren Gesetzgebungsgeschichte bezeichnen. Denn trotz der nicht unbedeutenden internationalen Rolle des deutschen Seeversicherungsmarktes[2] ist das Recht der Seeversicherung in Deutschland seit der Reform des VVG im Jahre 2008 nicht mehr speziell kodifiziert. Bis zur Reform war das deutsche Seeversicherungsrecht in den Vorschriften des 5. Buches (§§ 778 ff.) des Handelsgesetzbuchs (im Folgenden abgekürzt mit „HGB") a.F. geregelt. Im Unterschied zum Seeversicherungsrecht fand das Transportversicherungsrecht der Binnenversicherung seine Regelung vor der Reform im Jahre 2008 in den §§ 129 ff. des VVG a.F.[3]

Der Gesetzgeber hat sich im Rahmen der VVG-Reform im Jahre 2008 zum einen dazu entschieden, die bis zur VVG-Reform für die Seeversicherung geltenden Vorschriften der §§ 778 ff. des HGB a.F. ersatzlos entfallen zu lassen.[4] Zum anderen hat er sich dazu entschieden, die Seeversicherung entgegen dem Referentenentwurf[5] nicht in das VVG miteinzubeziehen.[6] Bei einer Einbeziehung der Seeversicherung in das VVG könne nicht ausgeschlossen werden, dass die verbraucherrechtlichen Leitbilder des VVG für die Seeversicherung im Hinblick auf die Durchführung von AGB-Kontrollen Rechtsunsicherheit hervorrufen.[7]

---

1 *Krebs/Jung*, BB 2014, 3081, 3081 ff.; *DPA*, Warnung vor Gesetzesflut, https://www.nwzonline.de/wirtschaft/warnung-vor-gesetzesflut_a_1,0,2994409998.html.

2 Der deutsche Anteil am weltweiten Seeversicherungsmarkt ist mit 7,4 % in der Warenversicherung nicht unerheblich, vgl. *Seltmann*, Global Marine Insurance Report 2019, 15.

3 Heute geregelt in den §§ 130 ff. VVG.

4 *Deutscher Bundestag*, Bundestags-Drucksache 16/3945, 120

5 *Bundesministerium der Justiz*, Referentenentwurf - Entwurf eines Gesetzes zur Reform des Versicherungsvertragsrechts, 69.

6 *Deutscher Bundestag*, Bundestags-Drucksache 16/3945, 115, abgedruckt auf S. 23.

7 *Deutscher Bundestag*, Bundestags-Drucksache 16/3945, 115, abgedruckt auf S. 23.

Zudem bestehe an der **Beibehaltung** der seeversicherungsrechtlichen Vorschriften des 5. Buchs HGB a.F. kein hinreichendes praktisches Bedürfnis.[8]

Die Entscheidung des Reformgesetzgebers bedeutet in der Konsequenz, dass für die Seeversicherung im Wesentlichen das Recht des Bürgerlichen Gesetzbuches (im Folgenden abgekürzt mit „BGB"), des HGB[9] und des Versicherungsaufsichtsgesetzes[10] (im Folgenden abgekürzt mit „VAG") anwendbar ist, während auf die Binnenversicherung Normen des BGB lediglich ergänzend Anwendung finden.[11]

B. Motivation

Es stellt sich die Frage, ob der Auffassung des Gesetzgebers, an der Aufrechterhaltung der §§ 778 ff. HGB a.F. habe kein praktisches Bedürfnis bestanden, zuzustimmen ist. Ein Klärungsbedürfnis ergibt sich insbesondere bei Betrachtung des offensichtlichen Widerspruchs der Gesetzesbegründung: Wenn sich nach Auffassung des Gesetzgebers der bisherige Rechtszustand bewährt hat, ist es widersprüchlich, diese Vorschriften ersatzlos entfallen zu lassen. Im Hinblick auf die AGB-Kontrollfähigkeit seeversicherungsrechtlicher Klauseln könnte aber gerade ein praktisches Bedürfnis an der Beibehaltung auch der „veralteten" §§ 778 ff. HGB a.F. bestanden haben. So ergibt sich aus der Gesetzesbegründung, dass zwar die Möglichkeit des Einflusses verbraucherfreundlicher Normen erkannt wurde.[12] Hingegen wurde der mögliche Einfluss wesensfremder Normen des BGB auf die Seeversicherung jedenfalls nach der Gesetzesbegründung nicht in die Überlegungen einbezogen.[13] Die nunmehr auf die Seeversicherung anwendbaren Normen des BGB und des HGB können jedoch Auswirkungen auf eine AGB-Kontrolle von seeversicherungsrechtlichen Klauseln haben.[14] Auch sind Auswirkungen auf die ergänzende Vertragsauslegung für den Fall einer

---

8 *Deutscher Bundestag,* Bundestags-Drucksache 16/3945, 115, abgedruckt auf S. 23.

9 Soweit deutsches Recht gilt, vgl. *Koch,* in: Bruck/Möller, 9. Aufl., § 209 VVG, Rn. 207.

10 *Schleif,* Seerechtsschutzversicherung, 109 ff..

11 *Beckmann,* in: Bruck/Möller, 9. Aufl., Einf. A. Rn. 152.

12 *Deutscher Bundestag,* Bundestags-Drucksache 16/3945, 115, abgedruckt auf S. 23.

13 Allerdings heißt es in der Regierungsbegründung einleitend, „Abweichungen [des Versicherungsvertragsrechts] vom allgemeinen [...] Schuldrecht sollen auf diejenigen Punkte beschränkt bleiben, bei denen sachliche Unterschiede es rechtfertigen.", vgl. *Deutscher Bundestag,* Bundestags-Drucksache 16/3945, 47.

14 *Koch,* in: Bruck/Möller, 9. Aufl., § 209 VVG Rn. 207; Vgl. auch S. 24.

anfänglichen Regelungslücke vorstellbar. Diese Auswirkungen sind bislang noch nicht untersucht worden.

Wörtlich heißt es in der Gesetzesbegründung:

> „[...] Auch für die Seeversicherung soll es beim bisherigen Rechtszustand verbleiben. Gegen die von der VVG-Kommission vorgeschlagene Einbeziehung der Seeversicherung in den Anwendungsbereich des neuen VVG werden nicht nur von den Seeversicherern sondern auch von den Reedern als Versicherungsnehmer beachtliche Bedenken erhoben. Obwohl das im Zehnten Abschnitt des Fünften Buchs Handelsgesetzbuch (§ 778 f.) geregelte Recht der Versicherung gegen die Gefahren der Seeschifffahrt weitgehend veraltet ist, besteht nach Auffassung der betroffenen Wirtschaftskreise kein Anlass für eine Änderung des seit vielen Jahrzehnten bewährten Rechtszustandes, da das dispositive HGB-Recht branchenweit und vor allem international durch die AVB, die jeweils an veränderte internationale Standards angepasst würden, verdrängt worden sei. Auch wenn die Seeversicherung ausnahmslos Großrisiko i. S. d. § 210VVG-E [**des Referentenentwurfs**[15]] und damit von den Beschränkungen der Vertragsfreiheit befreit sei, könne sich aus einer Anwendbarkeit des Teils 1 (Allgemeiner Teil) des VVG-E wegen der dort verbraucherrechtlich begründeten Leitbilder eine erhebliche Rechtsunsicherheit im Hinblick auf die Inhaltskontrolle nach den §§ 307, 308 BGB ergeben; dies würde sich angesichts der Internationalität dieses Versicherungszweigs negativ auf die internationale Wettbewerbsfähigkeit der in diesem Zweig tätigen deutschen Versicherer auswirken.
>
> Diese nachteiligen Konsequenzen können jedenfalls nicht völlig ausgeschlossen werden. Da sich aus der bestehenden Rechtslage in der Praxis keine Unzuträglichkeiten ergeben haben, wird von der, rechtssystematisch zwar wünschenswerten, aber für die Praxis nicht unproblematische, Einbeziehung der Seeversicherung in den VVG-E abgesehen. Bei der Definition der Seeversicherung als Versicherung gegen die Gefahren der Seeschifffahrt kann darauf verzichtet werden, diese durch konkrete Beispiele entsprechend § 779 HGB zu präzisieren, da auch nach dem vorgesehenen Wegfall dieser Vorschrift davon ausgegangen werden kann, dass für den Rechtsverkehr klar ist, dass der Begriff der Seeversicherung im bisherigen Sinn zu verstehen ist.
>
> Es besteht andererseits aber auch kein hinreichendes praktisches Bedürfnis, das in weiten Teilen völlig veraltete HGB-Recht beizubehalten oder zu modernisieren, da sich die Regelungen in den AVB als sachgerecht und für die Vertragsparteien ausreichend erwiesen haben. Artikel 4 Nr. 3 des Gesetzentwurfes sieht daher die Aufhebung des Zehnten Abschnittes des Fünften Buchs Handelsgesetzbuch vor."

---

15 *Bundesministerium der Justiz*, Referentenentwurf - Entwurf eines Gesetzes zur Reform des Versicherungsvertragsrechts, 69.

Diese Begründung des Gesetzgebers gibt daher Anlass für verschiedene Fragen, die insbesondere die Wirkungen von Normen des HGB[16] und BGB auf die Seeversicherung betreffen:

1. Sind die Regelungen des HGB und des BGB sachgerecht für die spezielle Materie des (See-)Versicherungsrechts?[17]
2. Was sind die Folgen einer fehlenden oder unwirksamen **Einbeziehung** seeversicherungsrechtlicher Vertragsbedingungen?[18]
3. Halten seeversicherungsrechtliche Klauseln vor dem Hintergrund der Anwendbarkeit der Normen des HGB und des BGB einer AGB-Kontrolle stand?
4. Was sind die Folgen einer nach AGB-Recht **inhaltlich** unwirksamen Klausel?
5. Kann die durch die Anwendung des HGB und des BGB hervorgerufene Unsicherheit ordnungspolitisch durch eine Neukodifikation des Seeversicherungsrechts oder andere gesetzgeberische Maßnahmen beseitigt werden?[19]

Zweifel an einer sachgerechten Regelung der **Seeversicherung** durch das BGB kann beispielsweise eine Betrachtung der Materialien des historischen Gesetzgebers des BGB[20] hervorrufen. Nach den Materialien ordnete man bereits das Binnenversicherungsrecht als dem BGB so wesensfremd ein, dass es nicht in das BGB integriert werden sollte. So hielt im Jahre 1874 die 1. Kommission zur Vorbereitung des BGB das (Binnen-)**Versicherungsrecht** aus ihren Beratungen heraus.[21] Dieser Entscheidung ging ein Gutachten *Goldschmidts*[22] als Mitglied

16 Das HGB umfasst, wie auf S. 21 dargestellt, nicht mehr spezielle Regelungen zur Seeversicherung.

17 Vgl. *Koch*, in: Bruck/Möller, 9. Aufl., § 209 VVG, Rn. 207 mit dem Hinweis, dass versicherungsrechtliche Rechtsinstitute wie z.B. vertragliche Anzeigepflichten, Obliegenheiten oder der Übergang von Ersatzansprüchen keine Entsprechung im HGB oder BGB fänden.

18 *Koch*, in: Bruck/Möller, 9. Aufl., § 209 VVG, Rn. 208.

19 *Koch*, in: Bruck/Möller, 9. Aufl., § 209 VVG Rn. 208; *Richartz*, TranspR 2007, 300, 300 ff..

20 Abgedruckt in *Jakobs/Schubert*, Die Beratung des Bürgerlichen Gesetzbuchs.

21 *Duvinage*, Die Vorgeschichte und die Entstehung des Gesetzes über den Versicherungsvertrag, 46; *Kommission 1 zur Vorbereitung des BGB*, Anlage 3 zum Protokoll über die 3. Sitzung der Kommission = abgedruckt in Jakobs/Schubert = *Jakobs/Schubert*, Die Beratung des Bürgerlichen Gesetzbuchs, 213 f.; *Neugebauer*, Versicherungsrecht vor dem Versicherungsvertragsgesetz, 87.

22 *Goldschmidt*, Über Plan und Methode für die Aufstellung des Entwurfs eines Deutschen bürgerlichen Gesetzbuchs = *Jakobs/Schubert*, Die Beratung des Bürgerlichen Gesetzbuchs, 163 ff.

der Vorkommission voraus. Nach Meinung *Goldschmidts* sollte das (Binnen-) Versicherungsrecht im Rahmen der geplanten Neuregelung im HGB[23] oder in einem Spezialgesetz kodifiziert werden.[24] Die Vorkommission stimmte dem zu,[25] und befand, dass neben dem Seeversicherungsrecht auch das (Binnen-) Versicherungsrecht[26] dem Handelsrecht zuzuordnen sei:

Nach den allgemeinen Prinzipien des Handelsrechts seien die einschlägigen Rechtsgeschäfte des (Binnen-)Versicherungsrechts schon gegenwertig zum überwiegenden Teil zu beurteilen.[27] Die Vorkommission sah im Handelsrecht[28] „[…] gewisse, dem Handel durchaus eigentümliche Institute und Rechtssätze […], [die] miteinander in innerem und geschichtlichen Zusammenhange stehen [und] daher nicht einfach nach systematischen Anforderungen in das bürgerliche Gesetzbuch eingereiht werden können."[29] Zudem würden „[…] im Handelsrecht gewisse **Prinzipien** des Verkehrsrechts zuerst in eigentümlicher Ausbildung und Schärfe hervorzutreten, deren einfache Übertragung auf den einfachen Verkehr erheblichen Bedenken [unterliege]; es […] [sei] dem Handelsrecht ein größeres Maß an Beweglichkeit und Übereinstimmung mit dem

---

23 Das HGB von 1861 wurde 1897 neu geregelt.

24 *Reichs-Justizamt,* Entwurf eines Gesetzes über den Versicherungsvertrag (1903), 50, 51; *Reichstag,* Reichstagsvorlage, Begründung zum VVG (1906), 5, 10; *Reichstag,* Begründung des Entwurfs (1907), Stenographische Berichte über die Verhandlungen des Reichstags, XII. Legislaturperiode., I. Session, 1907, Anlage 1 zu Nr. 364, 5, 11 = *Bundesaufsichtsamt für d. Versicherungs- u. Bausparwesen - Motive zum Versicherungsvertragsgesetz* (Hrsg.), Motive zum Versicherungsvertragsgesetz 1908, 63, 69.

25 *Jakobs/Schubert,* Die Beratung des Bürgerlichen Gesetzbuchs, 173 f.

26 Das Seeversicherungsrecht bedurfte nach Ansicht der Kommission keiner gemeinschaftlichen Regelung im VVG, weil es im HGB bereits kodifiziert war, vgl. *Vorkommission zum Entwurf des BGB,* Gutachten vom 15.04.1874 zum Entwurf des BGB = Reichstagsdrucksache Nr. 53 = *Jakobs/Schubert,* Die Beratung des Bürgerlichen Gesetzbuchs, 173.

27 *Vorkommission zum Entwurf des BGB,* Gutachten vom 15.04.1874 zum Entwurf des BGB = Reichstagsdrucksache Nr. 53 = *Jakobs/Schubert,* Die Beratung des Bürgerlichen Gesetzbuchs, 173.

28 Die handelsrechtlichen Regelungen im HGB sollten selbständig neben dem BGB bestehen bleiben, vgl. *Vorkommission zum Entwurf des BGB,* Gutachten vom 15.04.1874 zum Entwurf des BGB = Reichstagsdrucksache Nr. 53 = *Jakobs/Schubert,* Die Beratung des Bürgerlichen Gesetzbuchs, 173-172.

29 *Vorkommission zum Entwurf des BGB,* Gutachten vom 15.04.1874 zum Entwurf des BGB = Reichstagsdrucksache Nr. 53 = *Jakobs/Schubert,* Die Beratung des Bürgerlichen Gesetzbuchs, 172.

Recht auswärtiger Nationen notwendig, als dem sonstigen Privatrecht."[30] Der Gesetzgeber entschied sich letztlich zur Heraushaltung der Materie des (Binnen-)Versicherungsrechts aus dem BGB.[31]

Es besteht Anlass zur Aufstellung der These, dass die im Jahre 1874 von der Vorkommission vorgebrachten Bedenken im Hinblick auf die Wesensverschiedenheit von Versicherungsrecht und allgemeinem Zivilrecht auch heute erhoben werden müssen. Für diese Sichtweise kann auch die Einschätzung von *Duvinage* streiten: Die Entscheidung des Gesetzgebers, dass Binnenversicherungsrecht entgegen ursprünglicher Ideen nicht im HGB in der Fassung vom 10. Mai 1897 zu regeln, sondern dieses einem besonderen Gesetz vorzubehalten, ist nach ihrer Ansicht als gesetzgeberische Erklärung des Versicherungsvertrages zu einem Vertrag sui generis einzuordnen, der „[...] demgemäß außerhalb des bürgerlich-rechtlichen Systems steht."[32]

Über die vorgenannten Aspekte hinaus, ist das Seeversicherungsrecht als der Ursprung des (Binnen-)Versicherungsrechts anerkannt.[33] Wenn sich aber eine Rechtsmaterie über Jahrhunderte weitgehend unabhängig von einer anderen Rechtsmaterie entwickelt hat, gibt dies Anlass daran zu zweifeln, dass die **Aufhebung** dieser speziellen gesetzlichen seeversicherungsrechtlichen Regelungen sinnvoll war. Das Seeversicherungsrecht entwickelte sich durch frühzeitige

---

30 *Vorkommission zum Entwurf des BGB,* Gutachten vom 15.04.1874 zum Entwurf des BGB = Reichstagsdrucksache Nr. 53 = *Jakobs/Schubert,* Die Beratung des Bürgerlichen Gesetzbuchs, 173-172 (Hervorhebungen durch den Verfasser); es ließe sich zudem erst nach Geltung des BGB bestimmen, welche Abweichungen von handelsrechtlichen Rechtssätzen wie der Zinsen, der Konventionalstrafe, der Form der Rechtsgeschäfte, des Interesse und dergleichen für den Handelsverkehr beizubehalten oder aufzustellen seien.

31 Vgl. *Duvinage,* Die Vorgeschichte und die Entstehung des Gesetzes über den Versicherungsvertrag, 46–47.

32 *Vorkommission zum Entwurf des BGB,* Gutachten vom 15.04.1874 zum Entwurf des BGB = Reichstagsdrucksache Nr. 53 = *Jakobs/Schubert,* Die Beratung des Bürgerlichen Gesetzbuchs, 213; *Duvinage,* Die Vorgeschichte und die Entstehung des Gesetzes über den Versicherungsvertrag, 48.

33 *Sieg,* in: *Farny* (Hrsg.), Handwörterbuch der Versicherung, 767; *Hans J. Enge,* Transportversicherung, 19; *Röpling,* Die Geschichte der englischen Seeversicherung, 13; *Hagen,* Seeversicherungsrecht, 6; *De la Motte,* in: Transportversicherungsrecht 2004, Kap. 1 Rn. 31 ff.; *Remé,* VersR 1979, 989.

Zuordnung zur Rechtsmaterie des Handelsrechts in den Vorgängern des heutigen Handelsgesetzbuches stets unabhängig vom allgemeinen Zivilrecht.[34]

Dies berücksichtigte auch der der historische Gesetzgeber des VVG von 1908 bei der Auseinandersetzung mit der Frage, ob die damaligen seeversicherungsrechtlichen Reglungen aus dem HGB[35] in das erste VVG von 1908 eingearbeitet werden sollten.[36] Er war schließlich der Ansicht, dass kein Bedürfnis für eine Änderung bestand: In den Materialien zum Entwurf des VVG von 1908 heißt es zur Seeversicherung, dass sich die Regelungen des HGB „[…] im allgemeinen wohl bewährt hätten."[37] Eine ähnliche Formulierung findet sich in Erläuterungen des Gesetzgebers des VVG 2008.[38] Hiernach sollte es im Hinblick auf die Seeversicherung ebenfalls „beim bisherigen Rechtszustand" verbleiben.[39] Es bestünde „nach Auffassung der betroffenen Wirtschaftskreise kein Anlass für eine Änderung des seit vielen Jahrzehnten bewährten Rechtszustandes […]".[40] Der bisherige Rechtszustand, auf den sich der Gesetzgeber im Jahre 2008 bezieht, umfasste aber auch gerade die Geltung der §§ 778 ff. HGB a.F. Der Gesetzgeber setzt sich mit der Begründung in Widerspruch zu sich selbst. Daher sind Zweifel an der Richtigkeit seiner Annahme angebracht, es bestünde im Hinblick auf diese Vorschriften „[…] kein hinreichendes praktisches Bedürfnis, das in weiten Teilen völlig veraltete HGB-Recht **beizubehalten** […]".[41]

Dies gilt umso mehr vor dem Hintergrund, dass der VVG-Reformgesetzgeber im Jahre 2008 erkannt hat, dass die seeversicherungsrechtlichen Bedingungswerke einer AGB-Kontrolle unterfallen können.[42] Er schloss in diesem

34 *P. Koch*, Festschrift für Reimer Schmidt 1976, 299, 315; *Duvinage*, Die Vorgeschichte und die Entstehung des Gesetzes über den Versicherungsvertrag, 47.

35 Im 4. Buch des HGB in der letztlich am 10. Mai 1897 verabschiedeten Fassung.

36 *Reichs-Justizamt*, Entwurf eines Gesetzes über den Versicherungsvertrag (1903), 50, 53; *Reichstag*, Reichstagsvorlage, Begründung zum VVG (1906), 5, 10; Vgl. auch *Schleif*, Seerechtsschutzversicherung, 97.

37 *Reichs-Justizamt*, Entwurf eines Gesetzes über den Versicherungsvertrag (1903), 53; *Reichstag*, Begründung des Entwurfs (1907), Stenographische Berichte über die Verhandlungen des Reichstags, XII. Legislaturperiode., I. Session, 1907, Anlage 1 zu Nr. 364, 11 = *Bundesaufsichtsamt für d. Versicherungs- u. Bausparwesen - Motive zum Versicherungsvertragsgesetz* (Hrsg.), Motive zum Versicherungsvertragsgesetz 1908, 69.

38 *Deutscher Bundestag*, Bundestags-Drucksache 16/3945, 115, abgedruckt auf S. 23.

39 *Deutscher Bundestag*, Bundestags-Drucksache 16/3945, 115, abgedruckt auf S. 23.

40 *Deutscher Bundestag*, Bundestags-Drucksache 16/3945, 115, abgedruckt auf S. 23.

41 *Deutscher Bundestag*, Bundestags-Drucksache 16/3945, 115 (Hervorhebung durch den Verfasser), abgedruckt auf S. 23.

42 *Deutscher Bundestag*, Bundestags-Drucksache 16/3945, 115, abgedruckt auf S. 23.

Zusammenhang einen Einfluss verbraucherrechtlicher Wertungen des VVG aus die Seeversicherung nicht aus.[43] Wenn aber bereits die Gefahr des Einflusses „unpassender" Normen des **VVG** auf das kaufmännisch geprägte Seeversicherungsrecht erkannt wurde, ist kritisch zu hinterfragen, ob nicht auch die Gefahr des Einflusses von „unpassenden" allgemeinen Normen des allgemeinen Teils des **BGB** – etwa im Rahmen einer AGB-Kontrolle oder im Wege der ergänzenden Vertragsauslegung – besteht. Wenn schon der Einfluss von zumindest wesensverwandten Normen des VVG auf die Seeversicherung unerwünscht war, fragt sich, warum dies nicht erst recht für die Wirkungen von Normen des BGB auf die Seeversicherung gilt.

C. Gang der Arbeit

Zur Beantwortung der aufgeworfenen Fragen ist zunächst eine Darstellung zentraler Lebenssachverhalte der Seeversicherung als Grundlegung erforderlich, die in der Praxis durch Versicherungsbedingungen geregelt werden. Eingeleitet wird der 2. Teil mit der Erläuterung des Begriffs der Seeversicherung, um all diejenigen Versicherungen aufzuzeigen, auf die sich die Entscheidung der ersatzlosen Aufhebung der §§ 778 ff. HGB a.F. auswirkt. Die ersatzlose Aufhebung spezieller gesetzlicher Vorschriften stellt überdies ein legislatives Novum dar. Daher erfolgt zum besseren Verständnis des Untersuchungsrahmens dieser Arbeit eine kurze Darstellung der geschichtlichen Entwicklung der Kodifikation des Seeversicherungsrechts und ein Überblick über die für die Seeversicherung relevanten Rechtsquellen de lege lata. Hierbei wird auch untersucht, ob auf Normen oder zumindest Grundsätze des VVG im Wege ergänzender Vertragsauslegung zur Lückenfüllung im Seeversicherungsvertrag zurückgegriffen werden kann. Diese Untersuchung ist notwendig zur Beantwortung der eingangs aufgeworfenen 2. Frage,[44] welche Auswirkungen die fehlende oder unwirksame Einbeziehung seeversicherungsrechtlicher Vertragsbedingungen haben kann.

Im Anschluss werden zur Eingrenzung des Untersuchungsumfangs praxisrelevante Regelungsbereiche der ersatzlos aufgehobenen Vorschriften der §§ 778 ff. HGB a.F. ausgewählt und vorgestellt. Hieran anknüpfend folgt jeweils die Darstellung der aktuellen Rechtslage nach dem BGB und dem HGB in der heutigen Fassung und der entsprechenden Klauseln aus ausgewählten Seeversicherungsbedingungen. Dabei werden exemplarisch entsprechende Klauseln der

43 Vgl. *Deutscher Bundestag*, Bundestags-Drucksache 16/3945, 115, abgedruckt auf S. 23.
44 Vgl. S. 24.

Allgemeinen Deutschen Seeschiffsversicherungsbedingungen 2009 - Stand November 2018 - (im Folgenden abgekürzt mit „DTV-ADS") untersucht, weil diese dem Abschluss eines Seeversicherungsvertrages in der aktuellen Vertragspraxis zu Grunde gelegt werden.[45] Die in diesem Abschnitt dargestellten Klauseln und Normen dienen als Untersuchungsgegenstand respektive Prüfungsmaßstab der im 3. Teil durchgeführten AGB-Prüfung. Gleichzeitig dient die Darstellung der anwendbaren gesetzlichen Normen der Beantwortung der Frage,[46] welche Folgen eine fehlende oder unwirksame Einbeziehung von Klauseln im Einzelfall haben kann.[47] Der Schwerpunkt der Darstellung im 2. Teil liegt auf den Anzeigepflichten, Obliegenheiten und dem Übergang von Ersatzansprüchen. So finden sich beispielsweise für die früher durch die §§ 806 Abs. 1, 808 Abs. 1 und 2, 809, 810 HGB a.F. und die §§ 813, 814, 816, 828 Abs. 2 HGB a.F. geregelten Bereiche der **Anzeigepflichtverletzung**, der **Gefahrerhöhung** und der Rechtsfolgen der **Leistungsfreiheit** und des **„Prämienverfalls"** keine speziellen Normen im BGB.[48] Die gleiche Situation besteht im Hinblick auf den früher durch die §§ 804, 822 HGB a.F.[49] geregelten **Übergang des Ersatzanspruchs** des Versicherungsnehmers (im Folgenden abgekürzt mit „VN") auf den Versicherer (im Folgenden abgekürzt mit „VR") nach dessen Leistung.[50]

Zur Beantwortung der eingangs aufgeworfenen Fragen[51] werden im 3. Teil der Arbeit die zuvor dargestellten Klauseln jeweils einer AGB-Kontrolle anhand der Normen des BGB und des HGB unterzogen.[52] Die AGB-Kontrolle dient der Beantwortung der Fragen, ob und inwieweit seeversicherungsrechtliche Klauseln nach der VVG-Reform unwirksam sein können.[53] Dieser Prüfung vorgelagert ist

---

45 Vgl. S. 52.

46 Vgl. S. 24.

47 Es ist bislang ungeklärt, welche Folgen eine fehlende oder unwirksame Einbeziehung seeversicherungsrechtlicher Bedingungen in den Seeversicherungsvertrag für die Praxis hat. Dies gilt insbesondere vor dem Hintergrund, dass die §§ 778 ff. HGB a.F. nach alter Rechtslage jedenfalls grundsätzlich einen gesetzlichen, an den Besonderheiten des (See-)Versicherungsrechts orientierten Rahmen boten. Dieser konnte zur Klärung von Streitigkeiten herangezogen werden.

48 Siehe unten unter S. 53 ff.; für das Binnenversicherungsrecht geregelt in § 19 bzw. § 26 VVG.

49 Für das Binnenversicherungsrecht geregelt in § 86 VVG.

50 Siehe unten unter S. 87 f.

51 Vgl. S. 24.

52 Siehe unten unter 3. Teil, Abschnitt B.

53 Vgl. S. 24.

die einleitende Darstellung der Inhaltskontrollfähigkeit von Seeversicherungsbedingungen nach Maßgabe des § 310 Abs. 3 S. 1 BGB. Den privatautonom geschlossenen Vereinbarungen der Beteiligten kommt eine besondere Bedeutung zu. VN und VR vereinbarten bereits vor der VVG-Reform in aller Regel die Geltung seeversicherungsrechtlicher Bedingungswerke als Ergänzung und Modifizierung des Gesetzesrechtes des HGB a.F.[54] Auch nach der VVG-Reform werden in Seeversicherungsverträge Bedingungswerke wie die DTV-ADS 2009 (Stand November 2018) einbezogen, sodass diese als Untersuchungsgegenstand besonders geeignet sind.[55] Soweit die Unwirksamkeit einer Klausel festgestellt wird, folgt jeweils innerhalb des 3. Teils die Untersuchung der **Folgen der unwirksamen Klausel**. Hier kommt insbesondere der Lückenschließung nach § 306 Abs. 2 BGB eine besondere Rolle zu.[56]

Auf Grundlage dieser Vorarbeiten kann nun im 4. Teil der Arbeit untersucht werden, inwieweit die ersatzlose Streichung der §§ 778 ff. HGB a.F. als spezielle gesetzliche Regelungen des Seeversicherungsrechts in Deutschland Rechtsunsicherheit und damit gesetzgeberischen Handlungsbedarf hervorrufen. Dabei werden die Auswirkungen auf die Wettbewerbsfähigkeit des Rechtsstandortes Deutschland[57] für die Seeversicherung aufgezeigt. Im 5. Teil werden Lösungswege wie z.B. die Schaffung eines ordnungspolitischen Mindestrahmens oder der ausdrücklichen Ausnahme Seeversicherung aus dem Anwendungsbereich des AGB-Rechts beispielsweise in § 310 Abs. 4 S. 1 BGB dargestellt.[58] In diesem Zusammenhang wird kurz auf die aktuelle Diskussion zur Reformierung des AGB-Rechts für Verträge zwischen Unternehmern eingegangen. Im 6. Teil werden schließlich die Ergebnisse der Arbeit zusammengefasst.

---

54 S. 36.

55 S. 52; *Schwampe*, Seeschiffsversicherung, Einl., Rn. 6 spricht von der Andeutung größerer Marktdurchdringung.

56 S. 153 ff., S. 198 ff., S. 210 f.

57 *Paschke*, Stellungnahme Paschke zu dem Gesetzentwurf der Bundesregierung - Entwurf eines Gesetzes zur Reform des Seehandelsrechts (RegE-HGB), Bundestags-Drucksache 17/10309, 5 bezeichnet die ersatzlose Streichung der §§ 778 ff. HGB a.F. als einen legislativen Sündenfall; in *Deutscher Bundestag*, Bundestags-Drucksache 17/10309, 3 f., weist Paschke darauf hin, dass seiner Ansicht nach zu einer *good governance* des Regelungsbereichs Seehandelsrecht auch das Seeversicherungsrecht gehöre und verweist auf die fehlenden Vorschriften zum Seeversicherungsrecht. Weiter bezeichnet er die Aufhebung einer Rahmenordnung für die Versicherungsbegleitung des Seehandelsgeschäfts als ungewöhnlich.

58 Siehe unten unter S. 223 ff, insb. S. 229.

Teil 2. Grundlegung

A. Begriff der Seeversicherung und historische Entwicklung der Kodifikation

Die Seeversicherung ist vom Binnenversicherungsrecht abzugrenzen. Die Unterscheidung hat eine hohe praktische Relevanz, weil die verbraucherschutzrechtlichen geprägten Regelungen des VVG lediglich auf die Binnenversicherung und nicht auf die Seeversicherung anwendbar sind.[59] Abgrenzungsprobleme ergeben sich etwa bei der Frage, ob der Stapellauf eines Schiffes oder der Seerechtsschutz der Seeversicherung, oder (noch) der Binnenversicherung zuzuordnen ist.[60]

I. Wortlaut

Der Begriff der Seeversicherung ist heute allein in den Schlussvorschriften des VVG in § 209 VVG wörtlich erwähnt. § 209 VVG enthält, anders als die Vorgängernorm im VVG (§ 186 VVG a.F.) eine Legaldefinition des Begriffs der „Seeversicherung". Vor der VVG-Reform definierte § 778 HGB a.F. diesen Begriff.

§ 209 VVG lautet:

> „Die Vorschriften dieses Gesetzes sind auf die Rückversicherung und **die Versicherung gegen die Gefahren der Seeschifffahrt** (Seeversicherung) nicht anzuwenden."[61]

§ 186 VVG a.F. lautete:

> „Die Vorschriften dieses Gesetzes finden auf die Seeversicherung und auf die Rückversicherung keine Anwendung."

§ 778 HGB a.F. lautete:

> „Jedes in Geld schätzbare Interesse, welches jemand daran hat, daß Schiff oder Ladung die Gefahren der Seeschiffahrt besteht, kann Gegenstand der Seeversicherung sein."

§ 186 VVG a.F. enthielt anders als § 209 VVG keine eigenständige Definition des Begriffs der Seeversicherung, weil der diese Definition umfassende

59 So auch *Schleif*, Seerechtsschutzversicherung, 93 für die Seerechtsschutzversicherung.

60 *Schleif*, Seerechtsschutzversicherung, 93; vgl. auch *Klimke*, in: Prölss/Martin, 30. Aufl., § 209 VVG, Rn. 16.

61 Hervorhebungen durch den Verfasser.

§ 778 HGB a.F. bei der Auslegung des § 186 VVG a.F. heranzuziehen war und auch heute heranzuziehen ist.[62] Es stellt sich auch nach der VVG-Reform die Frage, welche Lebenssachverhalte der § 778 HGB a.F. entnommene Begriff der „Gefahren der Seeschifffahrt" umfasst. Seeschifffahrt meint wörtlich die Fahrt auf See im Gegensatz zur Binnenschifffahrt.[63] Der naheliegende Schluss, dass alle Sachverhalte, die nicht unmittelbar die Fahrt betreffen, nicht Gegenstand der Seeversicherung sein können, ist allerdings abzulehnen.[64] Ein derartiges Verständnis des Begriffs ist zu eng, weil „[...] die Seefahrt als solche ohne bestimmte Umstände, die außerhalb der bloßen (See-)Transportreise liegen, gar nicht denkbar wäre."[65] Dieses Argument spricht dafür, dieser Arbeit die gängige,[66] von der Rechtsprechung übernommene,[67] Definition der Seeschifffahrt als „Alle Unternehmungen, die mit der Seeschifffahrt im engsten örtlichen und sachlichen Zusammenhang stehen"[68] zu Grunde zu legen. Auch nach den Motiven des Gesetzgebers zu § 209 VVG ist der Begriff der Seeversicherung im „herkömmlichen Sinne" – also im Sinne der soeben dargestellten weiten Definition - zu verstehen.[69] Damit ist auch die Baurisikoversicherung der Seeversicherung zuzuordnen.[70] Dies gilt nach der Rechtsprechung jedenfalls ab Stapellauf.[71]

62 § 778 HGB a.F. ist auch heute zur Auslegung des § 209 VVG heranzuziehen, vgl. z.B.*Schleif*, TranspR 2009, 18, 94.

63 *Ritter/Abraham*, Das Recht der Seeversicherung, § 1 Anm. 30; Schlegelberger, 3. Aufl., 19; Prüssmann/Rabe, 4. Aufl., Einf. Rn. 32.

64 *Schleif*, VersR 2010, 1281.

65 *Schleif*, VersR 2010, 1281.

66 Vgl. *Schleif*, VersR 2010, 1281.

67 BGH, Urteil vom 05. Juli 1971 – II ZR 176/68 –, BGHZ 56, 339-343 = VersR 1971, 1031.

68 *Sieveking*, Das deutsche Seeversicherungsrecht, § 778 HGB, Anm. 5; dem weitergehenden Ansatz Möllers, *Möller*, Hansa 1937, 1028, 1029, wonach von der Seeversicherung nur solche Gefahren auszuschließen seien, die gar nichts mit der Seeschifffahrt als solcher zu tun haben, dürfte mangels Schwierigkeiten bei der Abgrenzung nicht zu folgen sein.

69 *Deutscher Bundestag*, Bundestags-Drucksache 16/3945, 115, abgedruckt auf S. 23; allerdings weist *Schleif*, VersR 2010, 1281, 1281, 1285 darauf hin, dass der Gesetzgeber fehlerhaft von der Prämisse ausging, dass die Seeversicherung „immer und ausnahmslos Großrisiko im Sinne des Art. 10 Abs. 1 EGGVG sei".

70 Soweit sie sich auf das Schiff bezieht, vgl. *Koch*, in: Bruck/Möller, 9. Aufl., § 209 VVG, Rn. 209; *Schwampe*, in: *Harms* (Hrsg.), FS Thume, 258 f.; *Schleif*, VersR 2010, 1281, 1288.

71 BGH, Urteil vom 05. Juli 1971 – II ZR 176/68 –, BGHZ 56, 339, 343 = VersR 1971, 1031; vgl. auch *Schwintowski*, in: *Honsell/Baumann*, § 186 VVG, Rn. 3; Für die Zeit vor dem Stapellauf ordnet *Flach*, Transportrecht 2008, 56, 58 die Gefahren nicht der

II. Systematik

Dies bestätigt auch das Ergebnis einer systematischen Auslegung der wenigen Vorschriften des VAG, die maritime Risiken behandeln. Die systematische Auslegung steht dem weiten Verständnis des Begriffs der Seeversicherung nicht entgegen. § 10 Abs. 4 S. 3 und § 164 Abs. 5 VAG regeln für die Seerechtsschutzversicherung Sachverhalte mit „[...] Streitigkeiten oder Ansprüche[n] [...], die aus dem Einsatz von Schiffen auf See entstehen oder mit deren Einsatz verbunden sind [...]." Es fällt zwar auf, dass diese Vorschriften des VAG maritime Risiken anders umschreiben als § 209 VVG („Versicherung gegen die Gefahren der Seeschifffahrt"). Es ist jedoch davon auszugehen, dass der Gesetzgeber trotz unterschiedlichen Wortlautes keinen unterschiedlichen Anwendungsbereich für die Seeversicherung in VVG und VAG schaffen wollte.[72] Die maritimen Sparten Seekasko (Nr. 6 c.), Seegüter (Nr. 7) und Seehaftpflicht (Nr. 17) finden in der Anlage 1 zum VAG ausdrückliche Erwähnung. Hieraus ergeben sich allerdings keine Anhaltspunkte, die für eine systematische Auslegung des Begriffs der Seeversicherung fruchtbar gemacht werden könnten.

III. Historische Auslegung

Wie bereits eingangs dargestellt,[73] hat sich die Seeversicherung als Rechtsinstitut über Jahrhunderte entwickelt. Die Seeversicherung stellt den ältesten Zweig der Versicherungen dar.[74] Seit den Anfängen des Seeversicherungsgeschäfts sind weit überwiegend erfahrene, international agierende Kaufleute oder Unternehmungen beteiligt.[75] Dies ist bei der geschichtlichen Auslegung des Begriffs der Seeversicherung in § 209 VVG maßgeblich zu beachten. § 209 VVG ist im Lichte des § 186 VVG a.F. auszulegen, weil der Gesetzgeber den Begriff der Seeversicherung im „bisherigen Sinn" verstanden wissen will.[76] Aus den Gesetzesmaterialien zum bis zur Reform im Jahre 2008 unveränderten § 186 VVG a.F. geht hervor, dass für den Versicherungsvertrag der Grundsatz der Vertragsfreiheit

---

Seeversicherung zu, anders *Schwampe*, in: *Harms* (Hrsg.), FS Thume, 258 f. und *Schleif*, VersR 2010, 1281, 1287.

72 So *Schleif*, VersR 2010, 1281, 1286 mit der Begründung, dass die Unterschiede im Wortlaut gesetzeshistorisch bedingt seien.

73 S. 24 f.

74 *Röpling*, Die Geschichte der englischen Seeversicherung, 13.

75 *Kiesselbach*, Die wirtschafts- und rechtsgeschichtliche Entwickelung der Seeversicherung in Hamburg, 1.

76 Vgl. *Deutscher Bundestag*, Bundestags-Drucksache 16/3945, 115, abgedruckt auf S. 23.

gelten sollte.[77] Dieser Grundsatz sollte dort eingeschränkt werden, wo der grundsätzlich als schwächere Vertragspartei gesehene VN mangels Geschäftserfahrung seine Rechte nicht rechtzeitig wahrnehmen konnte.[78] Vor diesem Hintergrund wollte der Gesetzgeber die Seeversicherung mit geschäftserfahrenen Akteuren von den Einschränkungen der Vertragsfreiheit durch das VVG a.F. ausnehmen.[79] Gestützt wird diese Ansicht durch die Betrachtung der historischen Motive zur Transportversicherung, zu der die Seeversicherung gezählt wird.[80] Den Motiven nach verfügten die VN bei der Transportversicherung um hinreichende Geschäftskunde, um selbst für die Wahrung ihrer Interessen zu sorgen.[81] Die Motive können zudem so verstanden werden, dass der Transportversicherer von den Beschränkungen der Vertragsfreiheit durch verbraucherschützende Normen des VVG a.F. frei zu halten war. Hierfür spricht, dass der VR nach den Motiven in der Lage sein sollte, im internationalen Versicherungszweig der Gütertransportversicherung seine Versicherungsbedingungen ungehindert an die Veränderungen des Versicherungsrechts des Auslandes anzupassen.[82]

Der VVG-Reformgesetzgeber 2008 hat die Erwägungen aus den Motiven zum VVG a.F. im Grunde übernommen,[83] denn er hebt die internationale

77 In *Reichstag*, Begründung des Entwurfs (1907), Stenographische Berichte über die Verhandlungen des Reichstags, XII. Legislaturperiode., I. Session, 1907, Anlage 1 zu Nr. 364, 5 = *Bundesaufsichtsamt für d. Versicherungs- u. Bausparwesen - Motive zum Versicherungsvertragsgesetz* (Hrsg.), Motive zum Versicherungsvertragsgesetz 1908, 69 heißt es wörtlich: „Er [Der Entwurf zum VVG 1908] geht vom dem Grundsatz aus, das das Versicherungsverhältnis sich in erster Linie nach den Vereinbarungen der Parteien bestimmt […].“

78 *Reichstag*, Begründung des Entwurfs (1907), Stenographische Berichte über die Verhandlungen des Reichstags, XII. Legislaturperiode., I. Session, 1907, Anlage 1 zu Nr. 364, 5 = *Bundesaufsichtsamt für d. Versicherungs- u. Bausparwesen - Motive zum Versicherungsvertragsgesetz* (Hrsg.), Motive zum Versicherungsvertragsgesetz 1908, 63.

79 *Schleif*, VersR 2010, 1281, 1283 f..

80 *Ritter/Abraham*, Das Recht der Seeversicherung, Vorb. III Anm. 27, *Schwintowski*, in: *Honsell/Baumann*, § 186 VVG, Rn. 3; *Schleif*, VersR 2010, 1281, 1283 f..

81 *Reichstag*, Begründung des Entwurfs (1907), Stenographische Berichte über die Verhandlungen des Reichstags, XII. Legislaturperiode., I. Session, 1907, Anlage 1 zu Nr. 364, 6 = *Bundesaufsichtsamt für d. Versicherungs- u. Bausparwesen - Motive zum Versicherungsvertragsgesetz* (Hrsg.), Motive zum Versicherungsvertragsgesetz 1908, 64.

82 Vgl. *Reichstag*, Begründung des Entwurfs (1907), Stenographische Berichte über die Verhandlungen des Reichstags, XII. Legislaturperiode., I. Session, 1907, Anlage 1 zu Nr. 364, 6 = *Bundesaufsichtsamt für d. Versicherungs- u. Bausparwesen - Motive zum Versicherungsvertragsgesetz* (Hrsg.), Motive zum Versicherungsvertragsgesetz 1908, 64.

83 Vgl. *Deutscher Bundestag*, Bundestags-Drucksache 16/3945, 115, abgedruckt auf S. 23.

Prägung des Seeversicherungsgeschäfts hervor, wenn er die Ansicht der beteiligten Verkehrskreise „[...] das dispositive HGB-Recht [sei] branchenweit und vor allem international durch die AVB, die jeweils an veränderte internationale Standards angepasst würden, verdrängt worden [...]", wiedergibt.[84] Ferner macht er sich die Ausführungen der „betroffenen Wirtschaftskreise" im Hinblick auf dargestellte Gefahren für die Vertragsfreiheit zu eigen, indem er diese in der Gesetzesbegründung darstellt und anschließend ausführt, „dieses Risiko" sei jedenfalls nicht völlig auszuschließen.[85] Die Gesetzesbegründung ist dahingehend zu interpretieren, dass nach dem Willen des Gesetzgebers all solche Versicherungen vom Begriff der Seeversicherung umfasst sein sollen, bei denen die beteiligten Vertragsparteien aufgrund ihrer Geschäftserfahrenheit und im Hinblick auf die internationale Prägung einem Schutz vor Risiken der Vertragsfreiheit nicht bedürfen. Insofern ist *Schleif* dahingehend zuzustimmen, dass eine historische Auslegung eine weite Definition stützt.[86]

IV. Sinn und Zweck

Bei Auslegung des Begriffs der Seeversicherung nach seinem Sinn und Zweck liegt zunächst der Zweck einer **örtlichen** Abgrenzung nahe: Realisiert sich auf einer auf Binnen- und Seegewässern durchgeführten Reise ein Risiko, könnte je nach Schadensort § 209 VVG für den Schaden auf See und die §§ 130 ff. VVG für den Schaden auf einem Binnengewässer anwendbar sein.[87] Bei einem derartig engen Verständnis des Begriffs der Seeschifffahrt drohen allerdings erhebliche Abgrenzungsschwierigkeiten. So ist in der Praxis zum Beispiel nur unter erheblichen Schwierigkeiten ermittelbar, ob sich eine Gefahr auf einer See- oder einen Binnenschifffahrtsstraße realisiert.[88]

V. Zwischenergebnis

Die besseren Argumente sprechen dafür, dass der Begriff der Seeversicherung weit zu verstehen ist. Damit unterfallen dem Begriff der Seeversicherung die Seekasko-, Seegüter-, Seehaftpflicht-, Seerechtsschutz, Loss-of-Hire-, Reparaturhaftpflicht- und Baurisikoversicherung.

---

84 Vgl. *Deutscher Bundestag*, Bundestags-Drucksache 16/3945, 115, abgedruckt auf S. 23.
85 Vgl. *Deutscher Bundestag*, Bundestags-Drucksache 16/3945, 115, abgedruckt auf S. 23.
86 *Schleif*, VersR 2010, 1281, 1284.
87 Vgl. hierzu *Schleif*, VersR 2010, 1281, 1284 f..
88 *Schleif*, VersR 2010, 1281, 1284.

B. Geschichtlicher Überblick zur Kodifikation der Seeversicherung und Rechtsgrundlagen de lege lata

I. Geschichte der Kodifikation der Seeversicherung

Die Untersuchung und Lösung der sich aus der ersatzlosen Aufhebung der §§ 778 ff. HGB a.F. setzt die Kenntnis und das Verständnis der geschichtlichen Entwicklung der Seeversicherung voraus. Es handelt sich beim Seeversicherungsrecht um eine sehr spezielle Rechtsmaterie.

1. Entwicklung bis zur VVG-Reform im Jahre 2008

Die für eine Versicherung heute kennzeichnende entgeltliche Übernahme fremder Risiken[89] kann bis in das 5. Jahrhundert v. Chr. zurückverfolgt werden[90] und fand in Form eines sogenannten Seedarlehens statt. Allerdings war die Risikoabwälzung lediglich ein Nebenzweck dieses Seedarlehens.[91] Die heute übliche Form des Seeversicherungsvertrages, namentlich die Deckung einer Seegefahr durch einen an der Unternehmung nicht beteiligten Dritten gegen Prämienzahlung, entwickelte sich zunächst in Italien im späten 14. Jahrhundert.[92] In Deutschland entstand die Seeversicherung ausgehend von dem holländisch geprägten kaufmännischen Gewohnheitsrecht.[93] Die ersten gesetzlichen Regelungen erfolgten dann durch das Königlich Preußische Seerecht von 1727, der Hamburger Assecuranz Ordnung von 1731 und der Preußischen Assecuranz Ordnung von 1766.[94] Diese verloren jedoch 1861 mit dem Erlass des Allgemeinen Deutschen Handelsgesetzbuches (ADHGB) ihre Bedeutung.[95] Gleichwohl nahmen, trotz der Kodifizierung der Seeversicherung im ADHGB, in der Geschichte der Seeversicherung auch immer privatrechtliche Seeversicherungsbedingungen eine wichtige Rolle ein.[96] Dies gilt für die Zeit des ADHGB insbesondere für die

---

89 *Röpling,* Die Geschichte der englischen Seeversicherung, 13.

90 *Röpling,* Die Geschichte der englischen Seeversicherung, 13.

91 *Schleif,* Seerechtsschutzversicherung, 2.

92 *Hammacher,* Die Grundzüge des allgemeinen Seeversicherungsrechts in der deutschen Gesetzgebung des 18. Jahrhunderts, 10; *Röpling,* Die Geschichte der englischen Seeversicherung, 17; *Bruck,* Privatversicherungsrecht, 5.

93 *Ritter/Abraham,* Das Recht der Seeversicherung, Vorbem. I. Anm. 3.

94 *Hagen,* Seeversicherungsrecht, 8; *Hammacher,* Die Grundzüge des allgemeinen Seeversicherungsrechts in der deutschen Gesetzgebung des 18. Jahrhunderts, 1 ff..

95 *Bruck,* Privatversicherungsrecht, 11.

96 *Bruck,* Privatversicherungsrecht, 9.

„Allgemeinen Seeversicherungsbedingungen von 1867".[97] Von 1897 bis 2007 war die Seeversicherung in Deutschland gesetzlich im 5. Buch des HGB a.F. geregelt.[98] Im Jahr 1919 wurden zudem durch die am Seeversicherungsgeschäft beteiligten Verbände die „Allgemeinen Deutschen Seeversicherungsbedingungen" (ADS)[99] geschaffen,[100] welche das Gesetzesrechts in der Praxis verdrängten.[101] Durch die Verweisungsnormen heute am Markt teilweiser noch üblicher Vertragsbedingungen werden diese ADS 1919 zum Teil auch heute noch vereinbart.[102] Zu nennen sind hier beispielsweise die DTV-Kasko-Klauseln 1978/2004.[103]

2. Rolle des Seeversicherungsrechts bei der VVG-Reform

Das Seeversicherungsrecht sollte nach dem Entwurf der VVG-Kommission vom 19.04.2004 (im Folgenden abgekürzt mit „Kommissionsentwurf") in das Transportversicherungsrecht des neuen VVG integriert werden und die Vorschriften der §§ 778 ff. HGB a.F. in diesem Zuge aufgehoben werden.[104]

Der Gesamtverband der deutschen VR (im Folgenden abgekürzt mit „GDV") kritisierte in seiner Stellungnahme zum Kommissionsentwurf den Vorschlag der Einbeziehung in das VVG.[105] Kernpunkte der Kritik bestanden in dem befürchteten Einfluss verbraucherrechtlicher Leitbilder des VVG auf eine AGB-Kontrolle seeversicherungsrechtlicher Klauseln. Aus der hieraus resultierenden Rechtsunsicherheit entstünde ein erheblicher Wettbewerbsnachteil für deutsche

97 *Bruck*, Privatversicherungsrecht, 9.

98 Art. 4, Gesetz zur Reform des Versicherungsvertragsrechts vom 23.11.2007, Bundesgesetzblatt I, 2631, 2668.

99 Im Folgenden abgekürzt mit „ADS 1919".

100 *Ritter/Abraham*, Das Recht der Seeversicherung, Vorbem. I. Anm. 7,

101 *Hans-Christoph Enge/Schwampe*, Transportversicherung, 47.

102 Vgl. Klausel 1 DTV-Kasko 1978/2004; vgl. *Hans-Christoph Enge/Schwampe*, Transportversicherung, 48.

103 Die DTV-Kasko-Klauseln 1978 wurden in den Jahren 1984, 1992, 1994 und 2004 überarbeitet, wobei die am Markt gängigste Fassung diejenige aus dem Jahr 1992 ist, vgl. *Hans-Christoph Enge/Schwampe*, Transportversicherung, 48.

104 *Kommission zur Reform des Versicherungsvertragsrechts*, Abschlussbericht der Kommission zur Reform des Versicherungsvertragsrechts vom 19.04.2004, 10, 89 ff., 417 ff..

105 *Gesamtverband der Deutschen Versicherungswirtschaft e.V*, GDV, Stellungnahme vom 07.06.2004 zum Abschlussbericht der Kommission zur Reform des Versicherungsvertragsrechts vom 19.04.2004, 3, 81, 110 ff..

VR, insbesondere in der Seekaskoversicherung.[106] Hervorzuheben ist, dass der GDV in seiner Stellungnahme zum Kommissionsentwurf lediglich die Überarbeitung der §§ 778 ff. HGB a.F. anlässlich der Reform des Seehandelsrechts anregte, nicht aber die **ersatzlose** Aufhebung.[107]

Ungeachtet der Kritik hielt der Referentenentwurf des Bundesministeriums der Justiz vom 13.03.2006[108] (im Folgenden abgekürzt mit „Referentenentwurf") an der Einbeziehung der Seeversicherung in das VVG fest.[109] Begründete wird dies damit, dass sich durch die Einbeziehung für die Seeversicherungspraxis in Deutschland nichts ändere.[110] An der Beibehaltung der Vorschriften des HGB a.F. bestünde mangels praktischer Bedeutung kein Bedürfnis.[111] Die Seeversicherung sei Großrisiko im Sinne des Artikels 10 Abs. 1 S. 2 EGGVG und damit von den Beschränkungen der Vertragsfreiheit nach § 210 VVG-E befreit.[112] Bei einer gerichtlichen Auseinandersetzung über die Wirksamkeit einer seeversicherungsrechtlichen Klausel seien die im Handelsverkehr geltenden Gewohnheiten und Gebräuche angemessen gem. § 310 Abs. 1 BGB zu berücksichtigen. Weiter stelle die „[…] Tatsache, dass nach der Rechtsprechung des BGH die Abbedingung zwingender oder halbzwingender Vorschriften klar und ausdrücklich im Vertrag verankert werden muss, keine so wesentliche Erschwernis […] [dar], dass aus diesem Grund die weitgehend obsolete, umfangreiche Regelung des HGB beibehalten werden sollte."[113] Hervorzuheben ist an dieser Stelle, dass die vorangegangen Ausführungen im Referentenentwurf sich auf das Szenario

106 *Gesamtverband der Deutschen Versicherungswirtschaft e. V*, GDV, Stellungnahme vom 07.06.2004 zum Abschlussbericht der Kommission zur Reform des Versicherungsvertragsrechts vom 19.04.2004, 111.

107 *Gesamtverband der Deutschen Versicherungswirtschaft e. V*, GDV, Stellungnahme vom 07.06.2004 zum Abschlussbericht der Kommission zur Reform des Versicherungsvertragsrechts vom 19.04.2004, 114.

108 *Bundesministerium der Justiz*, Referentenentwurf - Entwurf eines Gesetzes zur Reform des Versicherungsvertragsrechts, 171.

109 *Bundesministerium der Justiz*, Referentenentwurf - Entwurf eines Gesetzes zur Reform des Versicherungsvertragsrechts, 117 f; 171; 183 ff..

110 *Bundesministerium der Justiz*, Referentenentwurf - Entwurf eines Gesetzes zur Reform des Versicherungsvertragsrechts, 183.

111 *Bundesministerium der Justiz*, Referentenentwurf - Entwurf eines Gesetzes zur Reform des Versicherungsvertragsrechts, 183.

112 *Bundesministerium der Justiz*, Referentenentwurf - Entwurf eines Gesetzes zur Reform des Versicherungsvertragsrechts, 183.

113 *Bundesministerium der Justiz*, Referentenentwurf - Entwurf eines Gesetzes zur Reform des Versicherungsvertragsrechts, 184.

der Einbeziehung der Seeversicherung in das VVG und gleichzeitiger Streichung der §§ 778 ff. HGB a.F. beziehen. Sie beziehen sich nicht auf das letztlich eingetretene Szenario der Ausklammerung der Seeversicherung aus dem VVG und dem ersatzlosen Wegfall der §§ 778 ff. HGB a.F.

In seinen Stellungnahmen zum Referentenentwurf aus dem Mai 2006 wiederholt der GDV die bereits zum Kommissionsentwurf geäußerten Befürchtungen im Hinblick auf die verbraucherrechtlichen Einflüsse.[114] Die Seeversicherung sei aus dem VVG herauszuhalten. Hervorzuheben ist, dass der GDV nicht auf die nach dem Referentenentwurf beabsichtigte Streichung der §§ 778 ff. HGB a.F. eingeht. Es kann nur darüber spekuliert werden, ob der GDV davon ausging, dass bei Ausklammerung der Seeversicherung vom VVG die Vorschriften der §§ 778 ff. HGB a.F. beibehalten würden. Im Unterschied zum GDV befürwortete jedoch der Verband Deutscher Reeder (folgend abgekürzt mit „VDR") in seiner Stellungnahme im Juni 2006 neben der Ausklammerung der Seeversicherung aus dem VVG ausdrücklich entweder die Reformierung der §§ 778 ff. HGB a.F. oder deren Streichung:

> „Wir schlagen deshalb vor, die Seeversicherung wie bisher aus dem Anwendungsbereich des VVG gänzlich auszunehmen und die Seeversicherungsvorschriften des HGB entweder zu streichen oder zu reformieren."[115]

Ausweislich der beim Bundesministerium der Justiz einsehbaren Materialien zur VVG-Reform[116] fand am 19.05.2006 eine Zusammenkunft zwischen dem zuständigen Referatsleiter des Bundesministeriums der Justiz und Vertretern des GDV und des VDR statt.

---

114 *Gesamtverband der Deutschen Versicherungswirtschaft e.V*, Kernpunkte des GDV zur Reform des Versicherungsvertragsgesetzes (VVG), 40 ff., insb. 42; *Gesamtverband der Deutschen Versicherungswirtschaft e.V*, Schreiben des GDV vom 19.06.2006 zum Referentenentwurf eines Gesetzes zur Reform des Versicherungsvertragsrechts, 57 ff..

115 *Verband Deutscher Reeder*, Stellungnahme des VDR zum Referententwurf eines Gesetzes zur Reform des Versicherungsvertragsrechts, 2, einsehbar in den beim Bundesministerium der Justiz zur VVG-Reform archivierten Akten. Der Verfasser hatte nach Stattgabe eines IFG-Antrages am 05.04.2016 Gelegenheit zur Einsicht in die diese Akten.

116 Siehe Fn. 115; vgl. *Gesamtverband der Deutschen Versicherungswirtschaft e.V*, Befreiung der Seeversicherung und der Luftfahrttransportversicherung vom Anwendungsbereich des VVG, 1 und des *Verbandes Deutscher Reeder*, Stellungnahme des VDR zum Referententwurf eines Gesetzes zur Reform des Versicherungsvertragsrechts, einsehbar in dem beim Bundesministerium der Justiz zur VVG-Reform archivierten Akten, 1 ff., an das Bundesministerium der Justiz vom 19.06.2006.

In einem Vermerk des BMJ vom 08.09.2006 wird zur Seeversicherung ausgeführt, dass „[alle] Betroffenen, unterstützt durch BMF [Bundesministerium der Finanzen], Versicherungsvermittler, Schiffseigentümer – […] sich gegen eine Regelung im VVG ausgesprochen [haben].“[117] Der Gesetzesentwurf der Bundesregierung vom 20.12.2006[118] übernahm diese Sprachregelung schließlich. Der Gesetzesentwurf wurde am 23.11.2007 verabschiedet und trat am 01.01.2008 in Kraft.

II. Rechtsgrundlagen der Seeversicherung

Zur Durchführung einer AGB-Kontrolle seeversicherungsrechtlicher Klauseln ist es notwendig, die Rechtsquellen der Seeversicherung zu ermitteln. Die Rechtsgrundlagen der Seeversicherung haben auch für die Durchführung einer ergänzenden Vertragsauslegung nach den §§ 133, 157 BGB hohe Bedeutung. So wird für die Seeversicherung vertreten, zumindest allgemeine Grundsätze des VVG für die ergänzende Vertragsauslegung heranzuziehen.[119] Dieser Teil der Untersuchung dient daher auch der Beantwortung der eingangs aufgeworfenen Frage,[120] welche Auswirkungen die fehlende oder unwirksame Einbeziehung von Versicherungsbedingungen auf den Seeversicherungsvertrag haben kann.[121]

1. Direkte Anwendung des VVG und des VAG

Die Seeversicherung findet – wie bereits umfassend ausgeführt[122] – lediglich in § 209 VVG wörtlich Erwähnung, der das VVG für die Seeversicherung für unanwendbar erklärt. Eine direkte Anwendung der Vorschriften des VVG scheidet damit aus.[123]

---

117 S. 2 des Vermerks des Referats III A 6 vom 08.09.2006, einsehbar beim BMJ, vgl. Fn. Fn. 115.

118 *Deutscher Bundestag*, Bundestags-Drucksache 16/3945, 115, auszugsweise abgedruckt auf S. 23.

119 So vertreten von *Schleif*, VersR 2010, 1281, 1288, 1289.

120 Vgl. Frage 2, S. 24.

121 Eine andere Frage ist, welche Grundsätze bei der Lückenfüllung im Fall einer gem. § 307 BGB unwirksamen Klausel gelten, vgl. *Schleif*, VersR 2010, 1281, 1288, Fn. 71.

122 Vgl. S. 31 ff.

123 So auch *Schleif*, VersR 2010, 1281, 1288 f., der sich allerdings für den Fall einer ergänzenden Vertragsauslegung zur Lösung einer planwidrigen Lücke für eine Einbeziehung bestimmter Grundsätze und Strukturen des Versicherungsrechts ausspricht, vgl. dazu auch S. 46.

2. *Analoge Anwendung des VVG*

Auch wenn die direkte Anwendung des VVG auf die Seeversicherung ausscheidet,[124] stellt sich die Frage, ob Rechtsgrundsätze oder Strukturen des VVG analog auf Sachverhalte mit Bezug zur Seeversicherung angewendet werden können.

Die analoge Anwendung von Normen setzt eine planwidrige Regelungslücke voraus.[125] Planwidrigkeit liegt vor, wenn der Gesetzgeber ein regelungsbedürftiges Problem übersehen hat.[126] Dies ist unter Berücksichtigung des dem Gesetz zu Grunde liegenden Regelungsplans im Wege der historischen und teleologischen Auslegung zu ermitteln.[127] Wie bereits ausgeführt, kam es dem Gesetzgeber gerade auf eine Unanwendbarkeit des VVG an, sodass eine analoge Anwendung von Normen des VVG ausscheidet.

3. *Anwendung des VVG im Rahmen ergänzender Vertragsauslegung*

Normen des VVG, oder zumindest „anerkannte Rechtsgrundsätze und Strukturen"[128], können im Rahmen einer ergänzenden Vertragsauslegung Rechtsquelle für die Seeversicherung sein.[129] Es gilt daher im folgenden Abschnitt Antworten auf die eingangs gestellte zweite Ausgangsfrage (Folgen fehlender oder unwirksamer Einbeziehung seeversicherungsrechtlicher AVB)[130] zu finden.

a) Regelungslücke

Voraussetzung für die Eröffnung des Anwendungsbereichs einer ergänzenden Vertragsauslegung nach den §§ 133, 157 BGB ist zunächst das Vorliegen einer planwidrigen Regelungslücke.[131] Eine Regelungslücke im Sinne der §§ 133, 157 BGB ist gegeben, „[…] wenn die Parteien einen Punkt übersehen oder wenn sie ihn bewusst offengelassen haben, weil sie ihn im Zeitpunkt des Vertragsschlusses für nicht regelungsbedürftig gehalten haben, und wenn sich diese

---

124 *Klimke*, in: Prölss/Martin, 30. Aufl., § 209 VVG, Rn. 18; *Schleif*, VersR 2010, 1281, 1288; *Schwampe*, in: *Harms* (Hrsg.), FS Thume, 254; anders *Ehlers*, VersR 2007, 5, 5, 8.

125 BGH, Urteil vom 1.7.2014 – VI ZR 345/13 - = NJW 2014, 2651; *Grüneberg*, in: Palandt, 80. Aufl., Einl., Rn. 48.

126 BGH, Urt. v. 21. 12. 2011 – VIII ZR 70/08 - NJW 2012, 1073-1080.

127 *Grüneberg*, in: Palandt, 80. Aufl., Einl., Rn. 55.

128 So vertreten von *Schleif*, VersR 2010, 1281, 1288, 1289.

129 *Koch*, in: Bruck/Möller, 9. Aufl., § 209 VVG, Rn. 208.

130 S. 24.

131 BGH, Urteil vom 25. November 2004 – I ZR 49/02 – NJW-RR 2005, 687-693.

Annahme nachträglich als unzutreffend herausstellt."[132] Es sind im Kontext der Seeversicherung drei Konstellationen vorstellbar, in denen Regelungslücken vorliegen können:[133]

Seeversicherungsbedingungen sind nicht wirksam in den Vertrag einbezogen worden (**Konstellation 1**).[134] Die Parteien eines Seeversicherungsvertrages nehmen einen regelungsbedürftigen Aspekt nicht in den Vertrag mit auf (**Konstellation 2**).[135] Darüber hinaus dürfte sich der überwiegende Teil der am Seeversicherungsgeschäft beteiligten Akteure bisher keine Gedanken darüber gemacht haben, dass seit der VVG-Reform seeversicherungsrechtliche Klauseln im Hinblick auf die Normen des BGB einer AGB-Kontrolle nicht standhalten und damit gem. § 307 Abs. 1 S. 1 BGB unwirksam sein können (**Konstellation 3**).[136] Fragen, die sich im Zusammenhang mit der Rolle der ergänzenden Vertragsauslegung infolge AGB-rechtlicher Unwirksamkeit (Konstellation 3) ergeben, wird im Abschnitt der konkreten AGB-Prüfung nachgegangen.[137] Ob eine Regelungslücke vorliegt, kann nur am konkreten Einzelfall geprüft werden. Liegt im Einzelfall tatsächlich eine Regelungslücke nach den Konstellationen 1 – 2 vor, stellt sich die Frage, ob Normen des VVG oder zumindest „anerkannte Rechtsgrundsätze und Strukturen"[138] Rechtsquelle für eine Lückenfüllung im Wege der

---

132 BGH, Urteil vom 17. April 2002 – VIII ZR 297/01 – = NJW 2002, 2310-2312.

133 *Schleif*, VersR 2010, 1281, 1288, Fn. 71 unterscheidet zwischen anfänglichen Regelungslücken, und solchen, die infolge AGB-rechtlicher Unwirksamkeit entstehen.

134 *Koch*, in: Bruck/Möller, 9. Aufl., § 209 VVG, Rn. 208.

135 Vgl. *Schleif*, VersR 2010, 1281, 1288, 1289.

136 Dafür spricht, dass in keiner der zugänglichen Stellungnahmen des GDV oder des VDR auf die Auswirkungen der alleinigen Anwendung nicht speziell (see)versicherungsrechtlicher Normen eingegangen wird, vgl. *Verband Deutscher Reeder*, Stellungnahme des VDR zum Referententwurf eines Gesetzes zur Reform des Versicherungsvertragsrechts, einsehbar in dem beim Bundesministerium der Justiz zur VVG-Reform archivierten Akten, 1 ff.; *Gesamtverband der Deutschen Versicherungswirtschaft e.V*, Kernpunkte des GDV zur Reform des Versicherungsvertragsgesetzes (VVG), 40 f.; *Gesamtverband der Deutschen Versicherungswirtschaft e.V*, GDV, Stellungnahme vom 07.06.2004 zum Abschlussbericht der Kommission zur Reform des Versicherungsvertragsrechts vom 19.04.2004, 110 f..

137 Vgl. z.B. S. 153 ff. (vorvertragliche Anzeigepflichtverletzungen) und S. 198 ff. (vertragliche Anzeigepflichtverletzungen).

138 So *Schleif*, VersR 2010, 1281, 1288, 1289.

ergänzenden Vertragsauslegung sein können.[139] Auch dieser Aspekt soll daher innerhalb der vorliegenden Arbeit beleuchtet werden.

b) Keine sachgerechte Lösung durch dispositives Gesetzesrecht

Neben dem Vorliegen einer Regelungslücke besteht für die **Eröffnung** des Anwendungsbereichs der ergänzenden Vertragsauslegung eine weitere Voraussetzung: Die Vertragslücke dürfte nicht durch Heranziehung des dispositiven Rechts sachgerecht geschlossen werden können.[140] Der BGH hat für die Eröffnung des Anwendungsbereichs der ergänzenden Vertragsauslegung folgende Grundsätze entwickelt:

> „Die richterliche Vertragsergänzung darf […] nicht zu einer Erweiterung des Vertragsgegenstandes führen. Soweit die Vertragsparteien bei Vertragsschluß keine vom Gesetz abweichende Regelung treffen, überlassen sie die Ausgestaltung den Gesetzesvorschriften."[141]

Eine ergänzende Vertragsauslegung kann dann erfolgen, wenn das dispositive Recht gar keine oder keine **interessensgerechte** Lösung enthält.[142] Dies führt zu der Frage, wann die Anwendung des Gesetzesrechts nicht „interessensgerecht" ist.

Auch zu dieser Frage hat sich der BGH verhalten und insoweit festgestellt, dass „[…] [die] dem Vertrag fehlenden Regelungen […] dann nicht durch Gesetzesvorschriften zu schließen [sind], wenn feststeht, daß die Parteien nach **ihrem mutmaßlichen Willen** die gesetzliche Regelung nicht wollten".[143]

c) Maßstabbildung zur Auslegung des Merkmals „mutmaßlicher Wille"

Nach welchen Maßstäben ist zu ermitteln, unter welchen Voraussetzungen Parteien eines Seeversicherungsvertrages eine gesetzliche Regelung „nicht wollten"?

---

139 Dies für Regelungen des VVG grundsätzlich für befürwortend: *Koch*, in: Bruck/Möller, 9. Aufl., § 209 VVG, Rn. 208.

140 Vgl. *Grüneberg*, in: Palandt, 80. Aufl., § 157 Rn. 4 ff..

141 BGH, Urteil vom 10. Juli 1963 – VIII ZR 204/61 –, BGHZ 40, 91-108 = NJW 1963, 2071-2076; vgl. auch BGH, Urteil vom 25. Juni 1980 – VIII ZR 260/79 –, BGHZ 77, 301-306 = NJW 1980, 2347-2348; BGH, Urteil vom 19. März 1975 – VIII ZR 262/73 – = NJW 1975, 1116-1117.

142 BGH, Urteil vom 14. März 1990 – VIII ZR 18/89 – = NJW-RR 1990, 817; *Grüneberg*, in: Palandt, 80. Aufl., § 157 BGB, Rn. 6.

143 BGH, Urteil vom 14. März 1990 – VIII ZR 18/89 – = NJW-RR 1990, 817 (Hervorhebung durch den Verfasser); vgl. auch BGH, Urteil vom 19. März 1975 – VIII ZR 262/73 – = NJW 1975, 1116-1117.

Der in den Entscheidungen des BGH vom 14. März 1990 und vom 19. März 1975 aufgestellte Grundsatz,[144] wonach zur Beantwortung der Frage nach der Anwendbarkeit bestimmter gesetzlicher Normen auf den mutmaßlichen Parteiwillen abzustellen ist, ist gleichermaßen der Auslegung zugänglich,[145] handelt es sich dabei doch um Richterrecht:

Richterrecht bildet sich durch die widerspruchslose Heranziehung von Präjudizien in Ergänzung und Fortbildung des gesetzten Rechts über einen längeren Zeitraum.[146] Präjudizien wiederum sind Entscheidungen, in denen über die Rechtsfrage, über die erneut zu entscheiden ist, von einem anderen Gericht bereits eine Entscheidung gefällt wurde.[147] Wie bereits dargelegt, wurde zur Frage nach den Voraussetzungen der Eröffnung des Anwendungsbereichs der ergänzenden Vertragsauslegung mehrfach entschieden, dass auf den **mutmaßlichen Parteiwillen** abzustellen ist.[148]

Insoweit ist also zunächst der Wortlaut der maßgeblichen Entscheidungen des BGH vom 14. März 1990 und vom 19. März 1975 zu betrachten:

> „In jedem Falle ist dann eine nicht durch die gesetzliche Regelung zu schließende Vertragslücke vorhanden, wenn feststeht, daß die Vertragsschließenden die gesetzliche Regelung nicht gewollt haben."[149]
>
> „Die dem Vertrag fehlenden Regelungen sind nämlich dann nicht durch Gesetzesvorschriften zu schließen, wenn feststeht, daß die Parteien nach ihrem mutmaßlichen Willen die gesetzliche Regelung nicht wollten […]."[150]

Der Wortlaut dieser Entscheidungen ergibt keine Anhaltspunkte dafür, nach welchen Maßstäben zu ermitteln ist, wann Parteien eine gesetzliche Regelung mutmaßlich „nicht wollten". Lediglich eine abstrahierende Auslegung der vollständigen Entscheidungen nach Sinn und Zweck kann daher der Maßstabsbildung dienlich sein. Insoweit wird im Folgenden untersucht, ob dies anhand der Entscheidungen des BGH vom 19. März 1975[151] und vom 14. März 1990[152] möglich ist. Anhaltspunkte können dabei die Betrachtung der

---

144 Vgl. Fn. 143.
145 Vgl. *Larenz/Canaris,* Methodenlehre der Rechtswissenschaft, 178.
146 *Larenz/Canaris,* Methodenlehre der Rechtswissenschaft, 253.
147 *Larenz/Canaris,* Methodenlehre der Rechtswissenschaft, 253.
148 Vgl. Fußnote 143 und in jüngerer Vergangenheit BGH, Urteil vom 12. Oktober 2012 – V ZR 222/11 –, = NJW-RR 2013, 494, 496.
149 BGH, Urteil vom 19. März 1975 – VIII ZR 262/73 – = NJW 1975, 1116-1117.
150 BGH, Urteil vom 14. März 1990 – VIII ZR 18/89 – = NJW-RR 1990, 817.
151 BGH, Urteil vom 19. März 1975 – VIII ZR 262/73 – = NJW 1975, 1116-1117.
152 BGH, Urteil vom 14. März 1990 – VIII ZR 18/89 – = NJW-RR 1990, 817.

bisherigen Geschäftsbeziehungen, die Betrachtung des Vertragszwecks und der „Verkehrsauffassung" geben:

aa) Bisherige Geschäftsbeziehung

Im ersten Fall[153] war eine Frage des Zeitraums von Kündigungsfristen bei langjähriger, durch eine durch zwei unterschiedliche aufeinander folgende Verträge geregelte Vertragsbeziehung zu klären. Hier entschied der BGH über die Heranziehung des § 89 HGB als gesetzliche Vorschrift. Er vereinte eine Heranziehung, weil in dem Vorgängervertrag eine eigene Regelung zur Kündigungsfrist vorgesehen war, und die aktuelle Interessenslage zwischen den Vertragsparteien mit derjenigen zur Zeit der Geltung des Vorgängervertrages vergleichbar gewesen sei. Deshalb widerspreche die Anwendung des § 89 HGB als dispositives Gesetzesrecht der Interessenlage der Parteien. Der BGH ermittelte also den mutmaßlichen Willen der Parteien aus den **gesamten bisherigen Vertragsumständen** und -Inhalten, insbesondere aus der bisherigen Geschäftsbeziehung. Übertragt man diese Methodik auf die Konstellationen der Seeversicherung, dürfte für viele Fälle eine tragfähige Lösung für einige Sachverhalte entsprechend Konstellation 1 gefunden sein: In den Fällen fehlender oder fehlerhafter Einbeziehung seeversicherungsrechtlicher Klauselwerke könnten im Rahmen ergänzender Vertragsauslegung zumindest diejenigen Vertragsbedingungen Rechtsgrundlage des Vertrages werden, die die Parteien bisher in ihrer Geschäftsbeziehung vereinbart haben. Dies setzt denklogisch voraus, dass die Parteien in der Vergangenheit häufiger Seeversicherungsverträge zu den gleichen Bedingungen abgeschlossen haben. Eine derartige Situation dürfte mit Blick auf die überschaubare Anzahl von Akteuren im Seeversicherungsgeschäft recht häufig vorliegen. Es kann daher festgehalten werden, dass in der Konstellation 1 eine Heranziehung der Normen des BGB häufig dem Parteiwillen widersprechen dürfte. In diesem Fall können die nicht einbezogenen Vertragsbedingungen taugliche Grundlage für die ergänzende Vertragsauslegung darstellen.

Für die Situation, dass sich eine Lücke bei wirksam einbezogenen Vertragsbedingungen ergibt (Konstellation 2), hilft dieser Ansatz allerdings nicht weiter.

bb) Nichterreichbarkeit des Vertragszweckes

Maßstäbe zur Ermittlung des Parteiwillens in der Konstellation 2 könnten allerdings aus einer Entscheidung des BGH zu einem Pfandrechtskauf abgeleitet

153 BGH, Urteil vom 19. März 1975 – VIII ZR 262/73 – = NJW 1975, 1116-1117.

werden.[154] Der BGH verneinte hier die Heranziehung dispositiver Vorschriften des BGB, weil der Pfandrechtskauf bei Heranziehung der gesetzlichen Normen **nicht möglich** sei. Abstrakt gesprochen scheidet die Heranziehung gesetzlicher Normen dann aus, wenn der von beiden Parteien **angestrebte Vertragszweck nicht verwirklicht** werden kann.

Wendet man diesen Grundsatz auf den Seeversicherungsvertrag an, so scheidet eine Heranziehung gesetzlicher Normen des BGB und HGB in den Fällen aus, in denen durch die Heranziehung der Vertragszweck – also die Übernahme der Gefahren der Seeschifffahrt gegen Zahlung einer Prämie – nicht mehr erreicht werden kann. Die Heranziehung von Normen des BGB bzw. des HGB müsste im jeweiligen Fall dazu führen, dass der Seeversicherungsvertrag nicht durchgeführt werden könnte. Nach diesem Maßstab darf die Anwendung des dispositiven Gesetzesrechts nicht dem mutmaßlichen Willen der Parteien in Bezug auf das Erreichen des Vertragszwecks widersprechen. Eine Risikoabsicherung ist für einen VR zum Beispiel nämlich auch dann möglich, wenn die Prämie bei wegen nicht oder fehlerhaft angezeigter Risiken bei Anwendung von Gesetzesrecht nicht mehr im angemessen Verhältnis zum Risiko steht.[155] Es kann aber vor dem Hintergrund des komplexen Regelungsgefüges von AVB und Gesetzesrecht nicht generell ausgeschlossen werden, dass eine Lückenfüllung durch Gesetzesrecht die Erreichung des Vertragszwecks gefährdet.[156] Ob eine Vertragszweckgefährdung durch Anwendung von Gesetzesrecht im Wege der Lückenfüllung gegeben ist, kann daher nur bei Betrachtung des konkreten Einzelfalls beurteilt werden.

cc) Einbeziehung der Verkehrsauffassung

Die Auslegung der Entscheidungen des BGH nach Sinn und Zweck spricht dafür, zur Ermittlung des mutmaßlichen Parteiwillens generell auf die **Interessenslage** der typischerweise beteiligten Verkehrskreise abzustellen.[157] In beiden

---

154 BGH, Urteil vom 14. März 1990 – VIII ZR 18/89 – = NJW-RR 1990, 817.

155 Würde allerdings in einer Vielzahl von Verträgen ein Missverhältnis zwischen Prämie und Risiko vorliegen, kann der VR sein Geschäft nicht mehr wirtschaftlich betreiben, S. 55. So betrachtet, kann eine Vertragszweckgefährdung bejaht werden.

156 So zeigt *Busche*, Eckpfeiler des Zivilrechts, 1470 f., für den D&O-Versicherungsvertrag auf, dass eine fehlende Verteilungsregelung im Hinblick auf eine begrenzte Versicherungssumme dem Vertragszweck der Sicherstellung von Versicherungsschutz für die Organmitglieder zuwiderlaufen kann, sodass die Voraussetzungen für eine ergänzende Vertragsauslegung vorliegen.

157 In der Entscheidung vom 19. März 1975 – VIII ZR 262/73 – = NJW 1975, 1116-1117, hat der BGH die Verkehrssitte allerdings ausdrücklich nur für die **Ermittlung**

Fällen hat der BGH dies getan, indem er die **bisherige Geschäftsbeziehung** und den **Vertragszweck** heranzog. Es ist kein Grund dafür ersichtlich, nicht auch für die Prüfung der Eröffnung des Anwendungsbereichs der ergänzenden Vertragsauslegung auf die **Interessenslage der typischerweise beteiligten Verkehrskreise** abzustellen, wenn diese Interessenslage auch bei der Durchführung der ergänzenden Vertragsauslegung herangezogen wird.[158] Es ist damit im Ergebnis „[...] ein objektiv generalisierender Maßstab [anzulegen], der am Interesse der typischerweise beteiligten Verkehrskreise (und nicht nur der konkret beteiligten Parteien) ausgerichtet sein muss."[159] Zur Beantwortung der Ausgangsfrage dieses Abschnitts („Können Normen oder Grundsätze des VVG auf die Seeversicherung im Wege ergänzender Vertragsauslegung angewendet werden?") ist daher zu klären, wer die „typischerweise beteiligten Verkehrskreise" sind,[160] und ob die Heranziehung von Normen des VVG den Interessen dieser Verkehrskreise dienen kann.[161]

dd) Zwischenergebnis

Die Auslegung der als Präjudiz einzuordnenden höchstrichterlichen Entscheidungen zur Eröffnung des Anwendungsbereichs der ergänzenden Vertragsauslegung hat ergeben, dass ein „[...] objektiv generalisierender Maßstab [anzulegen ist], der am Interesse der typischerweise beteiligten Verkehrskreise (und nicht nur der konkret beteiligten Parteien) ausgerichtet sein muss."[162] Es bleibt festzuhalten, dass für den Fall der fehlenden oder unwirksamen Einbeziehung seeversicherungsrechtlicher Vertragsbedingungen bei bereits länger bestehenden Geschäftsbeziehungen zur ergänzenden Vertragsauslegung auf die in der Vergangenheit zwischen den Parteien vereinbarten Vertragsbedingungen zurückgegriffen werden kann.[163]

---

des mutmaßlichen Willens im Hinblick auf eine Ersatzregelung herangezogen, nicht aber für die Frage der **Eröffnung** des Anwendungsbereichs der ergänzenden Vertragsauslegung.

158 So auch *Busche*, Eckpfeiler des Zivilrechts, 1471: „[...], sodass die Interessenlage der Parteien im Ergebnis maßgeblich nicht nur für das 'Ob' einer Vertragslücke, sondern auch für das 'Wie' der Lückenschließung ist."

159 *Busche*, Eckpfeiler des Zivilrechts, 1471.

160 Siehe sogleich Teil 2.B.II.3.d).

161 Siehe sogleich Teil 2.B.II.3.d).

162 *Koch*, VersR 2016, 1469, 1471.

163 S. 45.

d) *Lückenfüllung am Maßstab des Interesses der beteiligten Verkehrskreise*

Sollte die Heranziehung dispositiver Normen dem mutmaßlichen Willen der Parteien – also dem Interesse der beteiligten Verkehrskreise –widersprechen, ist der Anwendungsbereich der ergänzenden Vertragsauslegung eröffnet. Die Lückenfüllung hätte sich am Interesse der typischerweise beteiligten Verkehrskreise zu orientieren.[164]

aa) *Typischerweise beteiligte Verkehrskreise*

Am Seeversicherungsvertrag sind in erster Linie der VR und der VN beteiligt. Seeversicherungsverträge können aber auch rechtliche und wirtschaftliche Auswirkungen auf Dritte haben und durch diese beeinflusst werden. So sind in das Seeversicherungsgeschäft in der Regel auch Makler als Vertreter des VN und Assekuradeure als Vertreter der Versicherungsgesellschaften, sowie Rückversicherer beteiligt.[165] Eine hohe Bedeutung kommt auch den jeweiligen Verbänden zu. So erarbeitet zum Beispiel der GDV als Dachorganisation der deutschen VR Versicherungsbedingungen[166] und nimmt die Interessen der VR gegenüber der Politik war.[167] Die Interessen der Reeder als VN der Seeversicherung vertritt hingegen zum Beispiel der VDR. Im internationalen Kontext spielt weiterhin die Lloyd's Market Association (folgend „LMA") als Vertreter der bei Lloyd's registrierten Versicherungssyndikate eine wichtige Rolle.[168] Ähnlich dem GDV stellt die LMA Klauselwerke und einzelne Modellklauseln für ihre Mitglieder zur Verfügung.[169]

---

164 Vgl. nur BGH, Urteil vom 05. März 2008 – IV ZR 89/07 –, BGHZ 175, 374-383 = NJW 2008, 1737-1740; BGH, Urteil vom 13. September 2006 – IV ZR 378/02 –, = NJW 2006, 3712-3714; *Busche,* Eckpfeiler des Zivilrechts, 1471.

165 Allgemein zur Transportversicherung *Hans-Christoph Enge/Schwampe,* Transportversicherung, 22.

166 *Hans-Christoph Enge/Schwampe,* Transportversicherung, 33.

167 So zum Beispiel im Rahmen der VVG-Reform, vgl. nur *Gesamtverband der Deutschen Versicherungswirtschaft e.V,* GDV, Stellungnahme vom 15.05.2006 zum Referentenentwurf eines Gesetzes zur Reform des Versicherungsvertragsrechts vom 13. März 2006, 40 ff., insb. 42.

168 *Hans-Christoph Enge/Schwampe,* Transportversicherung, 34.

169 Diese Modellklauseln haben für die folgende Bearbeitung insofern Relevanz, als dass ihr Inhalt und die Verbreitung am Markt Rückschlüsse auf das Merkmal der „kaufmännischen Gewohnheiten" im Zusammenhang mit der AGB-Inhaltskontrolle hat, siehe z.B. S. 149 oder S. 150.

bb) Interesse der typischerweise beteiligten Verkehrskreise

Ausgangsfrage dieses Abschnitts ist, ob Normen oder zumindest Rechtsgrundsätze des VVG im Rahmen ergänzender Vertragsauslegung für die Lückenfüllung bei einem Seeversicherungsvertrag herangezogen werden können.[170] Für die Konstellation 2 (Regelungslücke bei wirksam einbezogenen AGB) wird vertreten, es könne zumindest auf solche Normen des VVG zurückgegriffen werden, die „[…] **weder zwingend noch halbzwingend sind,** die nicht auf dem Gedanken des **Verbraucherschutzes** in der Binnenversicherung beruhen und die nicht die **Beweglichkeit im internationalen Rechtsverkehr** über Gebühr einschränken."[171]

Weder der Wortlaut des § 209 VVG, noch die Betrachtung von Systematik, Gesetzgebungsgeschichte oder nach Telos sprechen gegen diese Ansicht. Insbesondere entsprach es der Vorstellung des Reformgesetzgebers, den Parteien des Seeversicherungsvertrages größtmögliche Vertragsfreiheit zu gewähren.[172]

Die Heranziehung von Normen des VVG, die „[…] weder zwingend noch halbzwingend sind, die nicht auf dem Gedanken des Verbraucherschutzes in der Binnenversicherung beruhen und die nicht die Beweglichkeit im internationalen Rechtsverkehr über Gebühr einschränken",[173] muss nach den soeben herausgearbeiteten Grundsätzen[174] zur ergänzenden Vertragsauslegung dem Interesse der typischerweise beteiligten Verkehrskreise entsprechen. Diese Prüfung kann – wie bereits ausgeführt[175] – nur im Wege einer Einzelfalluntersuchung konkreter Regelungslücken erfolgen

Beantwortet werden kann an dieser Stelle hingegen die Frage, ob der oben dargestellte Lösungsansatz[176] für Seeversicherungsverträge **generell** zur Lückenschließung im Rahmen ergänzender Vertragsauslegung geeignet ist. Es erscheint problematisch, zwingende oder halbzwingende Normen des VVG allgemein für Vertragsauslegung für die Seeversicherung auszuschließen.[177] So ist beispielsweise nicht ersichtlich, warum der „zwingende" § 74 Abs. 2 S. 1 Hs. 1 VVG – Nichtigkeit eines mit Blick auf eine Überversicherung geschlossenen

170 Vgl. S. 41.
171 *Schleif*, VersR 2010, 1281, 1288, 1289 (Hervorhebung durch den Verfasser).
172 Vgl. *Deutscher Bundestag*, Bundestags-Drucksache 16/3945, 115, abgedruckt auf S. 23.
173 *Schleif*, VersR 2010, 1281, 1288, 1289.
174 S. 43 f.
175 S. 46.
176 *Schleif*, VersR 2010, 1281, 1288, 1289.
177 Vgl. *Schleif*, VersR 2010, 1281, 1288, 1289.

Versicherungsvertrags in Betrugsabsicht – nicht bei etwaigen Vertragslücken für die Seeversicherung herangezogen kann. Zwar führt die Anwendung der gesetzlichen Norm des § 134 BGB zur Rechtsfolge der Nichtigkeit des Vertrages. Dennoch spricht auch nichts gegen die Anwendbarkeit des § 74 Abs. 2 S. 1 Hs. 1 VVG. Pauschal alle zwingenden Normen des VVG von einer ergänzenden Vertragsauslegung des Seeversicherungsvertrages auszuschließen, erscheint vor diesem Hintergrund als zu weitgreifend.

Dies gilt auch für einen generellen Ausschluss von halbzwingenden Normen. Der generelle Ausschluss halbzwingender Normen des VVG von der ergänzenden Vertragsauslegung hätte nämlich Auswirkungen auf zahlreiche Regelungsbereiche.[178] Beispielsweise sind die Vorschriften der §§ 19 – 28 Abs. 4 VVG (Anzeigepflichten, Gefahrerhöhungen und andere Obliegenheiten) gemäß § 32 VVG halbzwingend. Folgt man der Ansicht, halbzwingende Normen des VVG nicht für die ergänzende Vertragsauslegung bei Regelungslücken heranzuziehen, wäre im Ergebnis für viele Regelungsbereiche uneingeschränkt auf die Normen des BGB und des HGB zurückzugreifen. Die Heranziehung von nicht versicherungsrechtlich geprägten Normen auf versicherungsrechtliche Sachverhalte kann nicht selten zu sachwidrigen Ergebnissen führen.[179] Für einen weitreichenden Ausschluss der Heranziehung von Normen des VVG im Rahmen der ergänzenden Vertragsauslegung ist jedoch kein Grund ersichtlich.

Vorzugswürdig ist daher folgender modifizierter Lösungsansatz:

Für die ergänzende Vertragsauslegung von Seeversicherungsbedingungen ist im Falle einer anfänglichen planwidrigen Regelungslücke ein objektiv generalisierender Maßstab anzulegen, der am Interesse der typischerweise beteiligten Verkehrskreise ausgerichtet ist. Dabei kann auch die Heranziehung von Normen des VVG dem mutmaßlichen Interesse dieser Verkehrskreise entsprechen. Die Einbeziehung von Normen des VVG anstelle von Normen des BGB und des HGB kann **insbesondere** dann interessensgerecht sein, wenn die infrage kommende VVG-Norm nicht auf dem Gedanken des Verbraucherschutzes in der Binnenversicherung beruht und sie die Beweglichkeit im internationalen Rechtsverkehr nicht über Gebühr einschränkt.

---

178 Vgl. für eine umfangreiche Auflistung halbzwingender Normen des VVG nur *Beckmann*, in: Bruck/Möller, 10. Aufl., Einf. A, Rn. 164.

179 Dies zeigen die Ergebnisse der AGB-Kontrolle seeversicherungsrechtlicher Klauseln am Maßstab des BGB, vgl. z.B. S. 112 ff., insb. S. 138 ff. für die vorvertragliche Anzeigepflicht des VN.

4. *Anwendbarkeit des BGB und des HGB*

Nach der ersatzlosen Streichung der §§ 778 ff. HGB a.F. ist das BGB auf den Seeversicherungsvertrag anwendbar.[180] Dies gilt auch für das HGB.[181]

C. Auswahl spezifischer Regelungsbereiche und eines seeversicherungsrechtlichen Vertragswerkes als Untersuchungsgegenstand

I. Regelungsbereiche

Nach Beantwortung der Frage, welche Folgen eine unwirksame oder fehlende Einbeziehung seeversicherungsrechtlicher Vertragsbedingungen hat, werden im Folgenden praxisrelevante Regelungsbereiche des (See-)Versicherungsrechts vorgestellt. Dies geschieht zur Vorbereitung der AGB-rechtlichen Prüfung ausgewählter Vertragsklauseln aus der Seeversicherung. Diese Prüfung wiederum dient der Beantwortung der Ausgangsfrage nach der AGB-rechtlichen Wirksamkeit seeversicherungsrechtlicher Vertragsbedingungen[182] im 3. Teil dieser Arbeit.

Eine vollständige Darstellung und Untersuchung der durch das 5. Buch HGB a.F. für die Seeversicherung geregelten Lebenssachverhalte würde den Umfang dieser Arbeit sprengen. Daher soll der Fokus der vorliegenden Arbeit auf ausgewählte Regelungsbereiche mit hoher Praxisrelevanz gerichtet werden. Von besonders hoher Praxisrelevanz sind etwa Regelungen zu **vorvertraglichen Informationspflichten und den Folgen fehlerhafter Informationen**. Der Bereich der Risikoinformation war nach altem Recht durch die §§ 806 ff. HGB a.F. geregelt. Die Regelungen zur Risikoinformation im (See)Versicherungsrecht sollen gewährleisten, dass das Maß der Gefahr in einem angemessenen Verhältnis zur vereinbarten Prämie steht.[183] Wenn das bei Vertragsschluss von den

---

180 *Koch*, in: Bruck/Möller, 9. Aufl., § 209 VVG, Rn. 207; *Schwampe*, in: *Harms* (Hrsg.), FS Thume, 254; *Schleif*, Seerechtsschutzversicherung, 117.

181 *Koch*, in: Bruck/Möller, 9. Aufl., § 209 VVG, Rn. 207.

182 S. 105 ff.

183 *Deutscher Bundestag*, Bundestags-Drucksache 16/3945, 49, 64; *Reichstag*, Begründung des Entwurfs (1907), Stenographische Berichte über die Verhandlungen des Reichstags, XII. Legislaturperiode., I. Session, 1907, Anlage 1 zu Nr. 364 = *Bundesaufsichtsamt für d. Versicherungs- u. Bausparwesen - Motive zum Versicherungsvertragsgesetz* (Hrsg.), Motive zum Versicherungsvertragsgesetz 1908, 91; *Rolfs*, in: Bruck/Möller, 9. Aufl., § 19 VVG, Rn. 6; Schlegelberger, 3. Aufl., § 19 ADS Anm. 3, für die Seeversicherung; *Fleischer*, Informationsasymmetrie im Vertragsrecht, 508: „Die

Parteien vorgestellte Verhältnis zwischen Risiko und Prämie falsch eingeschätzt wird oder sich ohne weitere Maßnahmen wie einer Prämienanpassung nachträglich verändert, kann dies erhebliche Auswirkungen auf den VR haben.[184] Es erscheint naheliegend, dass der Vertragszweck – die Gewährung von Versicherungsschutz gegen Prämienzahlung – gefährdet sein kann, wenn der VR wesentlich häufiger als bei Vertragsschluss prognostiziert leisten muss. Eine Anzeigepflichtverletzung kann für den VN schwerwiegende Folgen wie die Leistungsfreiheit des VR hervorrufen. Die Leistungsfreiheit des VR kann für den VN existentielle Auswirkungen haben.[185]

Auch die gesetzlichen und vertraglichen Regelungen zum **Übergang des Regressanspruches** des VN auf den VR entsprechend § 86 Abs. 1 VVG haben eine hohe praktische Bedeutung.[186] Nach Leistung des VR an den VN wird der VR nämlich in der Regel versuchen, Regress gegenüber dem Schädiger zu nehmen. Der Übergang des Regressanspruches war für die Seeversicherung in den §§ 804, 822 HGB a.F. geregelt. Für die Seeversicherung ist nicht geklärt, nach welcher Vorschrift ein Regressanspruch auf den VR übergeht.[187]

Von hoher Praxisrelevanz sind weiterhin Regelungen, die die **Rechtsfolge eines Zahlungsverzuges** zum Inhalt haben. So sieht beispielsweise § 37 Abs. 2 S.1 VVG unter bestimmten Voraussetzungen die Leistungsfreiheit des VR als Rechtsfolge des Verzuges mit der Erstprämie vor.

II. DTV-ADS 2009 als Untersuchungsgegenstand

Wie eingangs dargestellt, werden ausgewählte Klauseln der DTV-ADS 2009/2018 als Untersuchungsgegenstand dieser Arbeit herangezogen, weil sich eine zunehmende Marktdurchdringung abzeichnet.[188] Die DTV-ADS 2009 sind ein in sich geschlossenes Vertragswerk speziell für die Seekaskoversicherung. Im Gegensatz dazu bauen die DTV-Kaskoklauseln 1978 noch auf den ADS 1919

vorvertraglichen Anzeigepflichten sind geeignet, diesen marktlichen Fehlentwicklungen entgegenzuwirken und die Funktionsfähigkeit der Versicherungsmärkte zu verbessern."

184 Vgl. *Beckmann*, in: Bruck/Möller, 10. Aufl., Einf. A., Rn. 290; *Ganster*, Die Prämienzahlung im Versicherungsrecht, 49.

185 BGH, Urteil vom 02. Oktober 1985 – IVa ZR 18/84 – = VersR 1986, 77-80.

186 Vgl. z.B. *Prahl*, VersR 2018, 385, 385 ff.; *Armbrüster*, NJW 2016, 2155, 2156.

187 *Schwampe*, Seeschiffsversicherung, Ziff. 50.2 DTV-ADS, Rn. 14 ff.; *Harms*, in: Rüffer/Halbach/Schimikowski, 4. Aufl., Vorbem. §§ 130–141; *Bodis*, Transportrecht 2008, 1.

188 *Schwampe*, Seeschiffsversicherung, Einl., Rn. 6.

auf und werden durch sogenannte „Seekaskodruckstücke" ergänzt.[189] Weil die Wechselwirkungen zwischen den DTV-Kaskoklauseln 1978 und den ADS 1919 teilweise schwer zu erfassen sind,[190] spricht vor allem die Geschlossenheit der DTV-ADS 2009/2018 für eine bevorzugte Heranziehung durch die am Seeversicherungsvertrag Beteiligten in der Zukunft.

D. Rechtsgrundlagen der ausgewählten Regelungsbereiche

Nach Auswahl der Regelungsbereiche sind zur Vorbereitung der AGB-Prüfungen im Teil 3 der Arbeit die für den jeweiligen Regelungsbereich relevanten Rechtsquellen zu ermitteln.

I. Regelungen zum Risikoinformationsstand

Die §§ 806 Abs. 1, 808 Abs. 1 und 2, 809, 810 HGB a.F. und die §§ 813, 814, 816, 828 Abs. 2 HGB a.F. regelten, welche Informationen der VN dem VR bis zum Vertragsschluss oder während des Vertragsverhältnisses anzeigen musste und welche Rechtsfolgen die Nichtanzeige hatte.

Im Folgenden werden die für den Verlauf der weiteren Bearbeitung relevanten Regelungen des HGB a.F. zum Bereich des Risikoinformationsstandes wiedergegeben, weil dem genauen Wortlaut der Regelungen im Rahmen der Ermittlung der Rechtsgrundlagen **nach dem BGB** eine hohe Bedeutung zukommt. Zum besseren systematischen Verständnis werden anschließend die Regelungen des VVG zur Anzeigepflicht dargestellt, obwohl diese für die Seeversicherung als Gesetzesrecht nicht anwendbar sind.[191] Ausgehend von diesen Darstellungen werden diejenigen Normen des BGB und des HGB herausgearbeitet, die nach der VVG-Reform auf den Seeversicherungsvertrag anwendbar sind. Die Abschnitte schließen jeweils mit der Wiedergabe der entsprechenden Regelungen der DTV-ADS 2009/2018.

1. Anzeigepflichtverletzungen bei Vertragsschluss

a) Vorschriften aus dem HGB a.F.

§ 806 HGB Abs. 1 a.F. lautete:

---

189 *Schwampe,* Seeschiffsversicherung, Einl., Rn. 2 ff..

190 *Schwampe,* Seeschiffsversicherung, Einl., Rn. 1.

191 S. 40.

„Der Versicherungsnehmer ist sowohl im Falle der Versicherung für eigene Rechnung als im Falle der Versicherung für fremde Rechnung verpflichtet, bei dem Abschluß des Vertrags dem Versicherer alle ihm bekannten Umstände anzuzeigen, die wegen ihrer Erheblichkeit für die Beurteilung der von dem Versicherer zu tragenden Gefahr geeignet sind, auf den Entschluß des letzteren, sich auf den Vertrag überhaupt oder unter denselben Bestimmungen einzulassen, Einfluß zu üben."

§ 808 HGB a.F. lautete:

„(1) Der Versicherer kann von dem Vertrag zurücktreten, wenn den Vorschriften der §§ 806 und 807 zuwider die Anzeige eines erheblichen Umstands unterblieben ist. Das gleiche gilt, wenn die Anzeige eines erheblichen Umstands deshalb unterblieben ist, weil sich der Versicherungsnehmer oder ein Beteiligter, dessen Kenntnis nach § 806 Abs. 2 oder nach § 807 erheblich ist, der Kenntnis des Umstands arglistig entzogen hat.
(2) Der Rücktritt ist ausgeschlossen, wenn der Versicherer den nicht angezeigten Umstand kannte oder wenn die Anzeige ohne Verschulden unterblieben ist."

§ 809 HGB a.F. lautete:

„(1) Der Versicherer kann von dem Vertrag auch dann zurücktreten, wenn über einen erheblichen Umstand eine unrichtige Anzeige gemacht worden ist.
(2) Der Rücktritt ist ausgeschlossen, wenn die Unrichtigkeit dem Versicherer bekannt war oder die Anzeige ohne Verschulden unrichtig gemacht worden ist."

§ 810 HGB a.F. lautete:

„Liegen die Voraussetzungen, unter denen der Versicherer zum Rücktritt berechtigt ist, in Ansehung eines Teiles der Gegenstände vor, auf welche sich die Versicherung bezieht, so steht dem Versicherer das Recht des Rücktritts für den übrigen Teil nur zu, wenn anzunehmen ist, daß für diesen allein der Versicherer den Vertrag unter den gleichen Bestimmungen nicht geschlossen haben würde."

§ 811 Abs. 2 und 3 HGB a.F. lautete:

„(2) Der Rücktritt erfolgt durch Erklärung gegenüber dem Versicherungsnehmer. Tritt der Versicherer zurück, so gebührt ihm gleichwohl die ganze Prämie; die empfangene Entschädigungssumme ist zurückzugewähren und von der Zeit des Empfangs an zu verzinsen.
(3) Tritt der Versicherer zurück, nachdem ein Unfall, für den der Versicherer haftet, eingetreten ist, so bleibt die Verpflichtung des Versicherers zur Zahlung der Entschädigung bestehen, wenn der Umstand, in Ansehung dessen die Anzeigepflicht verletzt ist, keinen Einfluß auf den Eintritt des Versicherungsfalls und auf den Umfang der Leistung des Versicherers gehabt hat."

b) Vorschriften des VVG

Da auch eine Heranziehung der Normen des VVG im Wege der Schließung anfänglicher oder nachträglicher Regelungslücken möglich ist[192] und eine solche Lückenfüllung an späterer Stelle durchgeführt wird,[193] erfolgt eine kurze Darstellung der §§ 19 ff. VVG als zentraler versicherungsrechtlicher Regelungskomplex vorvertraglicher Anzeigepflichtverletzungen im Binnenversicherungsrecht.

Nach § 19 Abs. 1 S. 1 VVG hat der VN bis zur Abgabe seiner Vertragserklärung die ihm bekannten Gefahrumstände, die für den Entschluss des VR, den Vertrag mit dem vereinbarten Inhalt zu schließen, erheblich sind und nach denen der VR in Textform gefragt hat, dem VR anzuzeigen. Nach § 19 Abs. 2 VVG kann der VR bei Verletzung der Anzeigepflicht grundsätzlich vom Vertrag zurücktreten.

Nach § 21 Abs. 2 VVG ist der VR bei Ausübung seines Rücktrittsrechts gem. § 19 Abs. 2 VVG grundsätzlich leistungsfrei. Allerdings steht dem VR die Prämie bis zum Wirksamwerden der Rücktrittserklärung zu, § 39 Abs. 1 S. 2 VVG.

c) Vorschriften des BGB

Noch ist nicht geklärt, welche gesetzlichen Vorschriften des BGB de lege lata einen den §§ 806 HGB a.F. ff entsprechenden Lebenssachverhalt regeln. Verkürzt dargestellt, regelten die §§ 806 ff. HGB a.F. folgendes:

- Den VN traf eine vorvertragliche Anzeigepflicht (§ 806 Abs. 1 HGB a.F.)
- Der VR hatte ein Rücktrittsrecht (§ 808 Abs. 1 HGB a.F.)

Für bereits ausgetauschte Leistungen war folgendes vorgesehen:

- Der VN hatte bereits empfangene Entschädigungssummen zurückzugewähren (§ 811 Abs. 2 S. 2 Hs. 2 HGB a.F.)
- Der VR hatte gleichwohl einen Anspruch auf die volle Prämie (§ 811 Abs. 2 S. 2 Hs. 1 HGB a.F.). Diese Gestaltung wird als folgend „Prämienverfall" bezeichnet.[194]

Zu untersuchen ist nun insbesondere, nach welchen geltenden gesetzlichen Vorschriften sich der See-VR **nach** der VVG-Reform vom Vertrag lösen kann und

---

192 *Koch*, in: Bruck/Möller, 9. Aufl., § 209 VVG Rn. 208.

193 S. 41, siehe auch S. 160 ff.

194 Ein „Prämienverfall" ist gegeben, wenn der Vertrag aufrechterhalten wird, der VR aber als Rechtsfolge einer Vertragsverletzung leistungsfrei wird, siehe *Harke*, ZVersWiss 2006, 391, 396, zu den Einzelheiten des Begriffs siehe auch S. 109.

oder nach welchen Vorschriften er zumindest eine Leistungsfreiheit und eine Aufrechterhaltung seines Prämienanspruchs („Prämienverfall" zu Lasten des VN) herbeiführen kann. Der VN verliert seinen Versicherungsschutz sowohl im Falle der **Leistungsfreiheit** des VR bei Fortbestand des Vertrages als auch bei Rückabwicklung des Vertrages.[195]

aa) Allgemeines Schuldrecht

Anwendbar ist das BGB, dessen allgemeine Vorschriften grundsätzlich für alle Rechtsgeschäfte gelten. Insbesondere sind die Vorschriften aus dem 2. Buch des BGB, dem allgemeinen Schuldrecht, anzuwenden: „Der Allgemeine Teil des Schuldrechts gilt für alle Schuldverhältnisse, soweit sich aus dem Besonderen Teil nichts anderes ergibt."[196] Ein Schuldverhältnis ist die rechtliche „Sonderverbindung zwischen zwei Personen, kraft derer die eine, der Gläubiger, von der anderen, dem Schuldner, eine Leistung zu fordern berechtigt ist."[197] Gläubiger, Schuldner und die geschuldeten Leistungen müssen bestimmbar sein.[198] Leistung ist die Zuwendung eines wirklichen oder vermeintlichen Vorteils, der typischerweise, aber nicht notwendigerweise, einen Vermögenswert hat.[199] Bei der Seeversicherung schuldet der VR dem VN gegen Prämienzahlung die Übernahme der Risiken, die aus den Gefahren der Seeschifffahrt drohen.[200] Der VR verspricht dem VN also eine vorteilhafte Leistung. Damit liegt Schuldverhältnis vor, sodass das BGB auf die Seeversicherung Anwendung findet.[201]

---

195 Vgl. *Trölsch,* Die Obliegenheiten in der Seeversicherung, 27.

196 *Oelzen*, in: Schulze, HK-BGB, 10. Aufl., Einleitung zum Schuldrecht, Rn. 1.

197 *Grüneberg*, in: Palandt, 80. Aufl., Einl. vor § 241 BGB, Rn. 3.

198 Vgl. *Grüneberg*, in: Palandt, 80. Aufl., Einl. vor § 241 BGB, Rn. 3.

199 *Grüneberg*, in: Palandt, 80. Aufl., § 241 BGB, Rn. 4.

200 Siehe oben, Einleitung, S. 31 ff.

201 Für den Versicherungsvertrag ist zudem allgemein anerkannt, dass es sich um einen gegenseitigen Vertrag im Sinne der §§ 320 ff. BGB handelt: *Beckmann*, in: Bruck/Möller, 10. Aufl., Einführung A, Rn. 9; *Werber*, VersR 1986, 1, 2; *Deutsch/Iversen*, Versicherungsvertragsrecht, § 1 VVG, Rn. 5; H. *Baumann/Koch*, in: Bruck/Möller, 10. Aufl., § 1 VVG, Rn. 204: „Der Versicherungsvertrag, dessen Parteien § 1 VR und VN nennt, ist ein schuldrechtlicher Vertrag; er verpflichtet zu (Haupt-)Leistungen i.S.v. S 241 Abs. 1 Satz 1 BGB."; Soweit *Schwampe*, Seeschiffsversicherung, Einl., Rn. 3 darlegt: „Da nunmehr **kein gesetzliches Recht** mehr hinter den Bedingungen steht, welches im Notfall zur Anwendung kommt, ist ein sorgfältig und stringent erstelltes Bedingungswerk von noch größerer Bedeutung." (Hervorhebung durch den Verfasser), siehe auch Rn. 6, ist davon auszugehen, dass er dennoch das BGB für anwendbar hält: So heißt es in Ziff. 13 zur Doppelversicherung: „Anwendbar sind jetzt nur

bb) Rücktrittsrecht gemäß den §§ 323 ff. BGB

§ 808 Abs. 1 HGB a.F. gewährte dem VR ein Rücktrittsrecht für den Fall, dass der VN entgegen § 806 Abs. 1 HGB a.F. „[…] bei dem Abschluß des Vertrags dem Versicherer alle ihm bekannten Umstände [anzeigte], die wegen ihrer Erheblichkeit für die Beurteilung der von dem Versicherer zu tragenden Gefahr geeignet sind, auf den Entschluß des letzteren, sich auf den Vertrag überhaupt oder unter denselben Bestimmungen einzulassen, Einfluß zu üben.“ Weil der Gesetzgeber des HGB a.F. für die Nicht- oder Falschanzeige von Informationen vor Vertragsschluss als Rechtsfolge ein Rücktrittsrecht des VR vorsah, wird zunächst untersucht, ob Rücktrittsregelungen des allgemeinen Teils des BGB anwendbar sein könnten.

§ 323 Abs. 1 BGB und § 324 BGB gewähren ein Rücktrittsrecht.

(1) Gefahranzeige als vorvertragliche Aufklärungspflicht

Die aus § 806 Abs. 1 HGB a.F. folgende Verpflichtung ist – wie folgend näher erläutert wird – als vorvertragliche Aufklärungspflicht im Sinne der §§ 311 Abs. 2, § 241 Abs. 2 BGB einzuordnen.

Zur Ermittlung des Inhalts und des Umfanges einer vorvertraglichen Aufklärungspflicht ist auf die Umstände des Einzelfalls abzustellen.[202] Zu berücksichtigen sind insbesondere die Gefahren, die dem Vertragspartner aus dem Vertragsschluss typischerweise oder nach seiner Lebens- und Geschäftserfahrung drohen.[203] Eine Aufklärungspflicht besteht insbesondere dann, wenn Aufklärung nach Treu und Glauben unter Berücksichtigung der Verkehrssitte erwartet werden darf.[204] Dies gilt vor allem für solche Umstände, die den Vertragszweck vereiteln können.[205]

---

noch die allgemeinen Vorschriften zur Gesamtschuld in §§ 421 ff. BGB", vgl. auch *Schwampe*, in: *Harms* (Hrsg.), FS Thume, 254: „Und was gilt künftig für die Seekaskoversicherung? Natürlich zunächst das BGB und damit die Kontrolle Allgemeiner Geschäftsbedingungen nach den §§ 305 ff. BGB."

202 BGH, Urteil vom 08. Juni 1978 – III ZR 136/76 –, BGHZ 72, 92-107 = NJW 1978, 2145-2148;

203 BGH, Urteil vom 27. 2. 1974 - V ZR 85/72 = NJW 1974, 849-852; *Sutschet*, in: *Bamberger/Roth/Hau u. a.* (Hrsg.), Bürgerliches Gesetzbuch, 311 BGB, Rn. 74.

204 BGH, Urteil vom 24. Mai 1993 – II ZR 136/92 – = NJW 1993, 2107-2108; BGH, Urt. v. 12. November 1969 - I ZR 93/67- = NJW 1970, 653-656; *Sutschet*, in: *Bamberger/Roth/Hau u. a.* (Hrsg.), Bürgerliches Gesetzbuch, 311 BGB, Rn. 74.

205 BGH, Urteil vom 16. Oktober 1987 – V ZR 170/86 – = NJW-RR 1988, 394-395.

Der VR kann sein Geschäftsmodell, Risikoübernahme gegen Zahlung einer Prämie, nur dann dauerhaft durchführen, wenn er in der Gesamtheit der geschlossenen Verträge in der jeweiligen Versicherungsperiode einen Gewinn mit den verhandelten Prämien erzielen kann.[206] Dies ist ihm nur dann möglich, wenn er im Einzelfall eine dem tatsächlichen Risiko entsprechende Prämie berechnen kann.[207] Der VR müsste bei fehlender Pflicht des VN zur vorvertraglichen Information von vornherein sämtliche Unwägbarkeiten durch eine im Vergleich zur Situation des informierten VR höhere Prämie abfangen. Der VN hat ein Interesse an einer möglichst niedrigen, angemessenen Prämie.[208] Desto besser das Risiko eingeschätzt werden kann, desto besser kann eine für beide Vertragsparteien wirtschaftliche Prämie kalkuliert werden. Der VN trägt die Folgen einer schwierigen Risikoeinschätzung durch eine höhere Prämie. Der VN kann zur genaueren Risikokalkulation des VR beitragen, da er dem Risiko nähersteht als der VR.[209]

Vor dem Hintergrund der aufgezeigten Interessenslage besteht für den VR ein großes Bedürfnis daran, vor Vertragsschluss eine möglichst umfassende und zutreffende Informationsgrundlage zu erhalten. Nur auf Basis einer umfassenden und zutreffenden Informationsgrundlage kann eine wirtschaftliche Prämie kalkuliert, und so der Vertragszweck, die Versicherung von Risiken der Gefahren der Seeschifffahrt, überhaupt erreicht werden. Es entspricht auch Treu und Glauben der am (See)Versicherungsvertrag Beteiligten, dass aufgrund der Risikonähe des VN eine Pflicht zur Aufklärung über sämtliche Umstände besteht, die den Vertragsschluss und die konkreten Vertragsbedingungen beeinflussen können.[210] Der VN allein verfügt in der Regel über die für den Vertragsschluss

---

206 Vgl. dazu *Beckmann*, in: Bruck/Möller, 10. Aufl., Einf. A, Rn. 285, 287; *Hähnchen*, Obliegenheiten und Nebenpflichten, 197, *Kalka,* Die Nebenpflichten im Lebensversicherungsvertrage - Zugleich ein Beitrag zur Frage der Obliegenheiten des Versicherungsrechts, 102; *Miśtal,* Rechtsfolgen der Verletzung von Pflichten und Obliegenheiten des Versicherungsnehmers nach deutschem und polnischem Recht, 30 f., die die Informationsfunktion der vorvertraglichen Anzeigepflicht hervorhebt; *Fleischer,* Informationsasymmetrie im Vertragsrecht, 507.

207 *Rolfs*, in: Bruck/Möller, 9. Aufl., § 19 VVG, Rn. 6; Vgl. auch *Beckmann*, in: Bruck/Möller, 10. Aufl., Einf. A, Rn. 289, wonach jedoch eine exakte Bestimmung des Risikos („individuelles Äquivalenzprinzip") häufig zu teuer oder auch überhaupt nicht möglich ist.

208 *Hähnchen,* Obliegenheiten und Nebenpflichten, 197 f..

209 Vgl. *Rolfs*, in: Bruck/Möller, 9. Aufl., § 19 VVG, Rn. 6.

210 Vgl. H. *Baumann/Koch*, in: Bruck/Möller, 10. Aufl., § 1 VVG, Rn. 266.

relevanten Informationen, sodass der VR besonders auf die Richtigkeit dieser Informationen angewiesen ist.[211] Es bleibt als Ergebnis festzuhalten, dass der VN des Seeversicherungsvertrages vorvertragliche Aufklärungspflichten gegenüber dem VR im Sinne des § 311 Abs. 2 und 3, 241 Abs. 2 BGB hat.

(2) Rücktrittsrecht im Falle vorvertraglicher Anzeigepflichtverletzung

Es ist weiter zu klären, ob § 324 BGB auch auf den – für die Seeversicherung ehemals von § 806 Abs. 1 HGB a.F. geregelten – Fall einer **vorvertraglichen** Aufklärungspflichtverletzung anwendbar ist.

(a) Darstellungstiefe

Wenn § 324 BGB auf Anzeigepflichtverletzungen im vorvertraglichen Bereich anwendbar ist, könnte der VR wie bei § 808 Abs. 1 HGB a.F. vom Vertrag zurücktreten. Bei Ausübung des Rücktrittsrechts wären die zwischen den Parteien jeweils empfangenen Leistungen gem. § 346 BGB zurückzugewähren.[212] Der VR müsste bereits gezahlte Versicherungsprämien an den VN zurückzugewähren.[213] Der VN müsste gegebenenfalls erhaltene Versicherungsleistungen zurückgewähren. Hervorzuheben ist, dass § 324 BGB anders als § 280 Abs. 1 BGB kein Verschulden voraussetzt.[214] Das von der Rechtsprechung für § 324 BGB aufgestellte Zumutbarkeitskriterium führt zudem dazu, dass eine Lösung vom Vertrag nur unter „strengen und hohen Anforderungen" möglich ist.[215] Damit unterscheidet sich § 808 Abs. 1 HGB a.F. von § 324 BGB. Der Frage der Anwendbarkeit des § 324 BGB kommt für die weitere Bearbeitung und die Praxis **eine hohe Bedeutung** zu, weil § 324 BGB den Prüfungsmaßstab von seeversicherungsrechtlichen AGB-Klauseln zu Nicht- oder Falschanzeigen im vorvertraglichen Bereich beeinflussen kann. Würde beispielsweise eine solche Klausel im Sinne von § 307 Abs. 3 BGB von § 324 BGB abweichen, weil Sie etwa **nur geringe Voraussetzungen** an die Auslösung der Rechtsfolge der Vertragsauflösung stellt, wird

211 H. *Baumann/Koch*, in: Bruck/Möller, 10. Aufl., § 1 VVG, Rn. 266; allgemein zur Geltung des Grundsatzes von Treu und Glauben im Versicherungsvertrag: RG, Urteil vom 28. November 1941 – I 61/41 –, RGZ 169, 1-24; BGH, Urteil vom 08. Juli 1991 – II ZR 65/90 – = NJW-RR 1991, 1370-1372.

212 *Grüneberg*, in: Palandt, 80. Aufl., § 346 BGB, Rn. 5.

213 Anders im Binnenversicherungsrecht: *Rolfs*, in: Bruck/Möller, 9. Aufl., 19 VVG, Rn. 124 ff..

214 Vgl. z.B. *Muthers*, Der Rücktritt vom Vertrag, 170.

215 *Mankowski*, ZGS 2003, 91.

eine Abweichung von einem wesentlichen Grundgedanken im Sinne des § 307 Abs. 2 Nr. 1 BGB zu bejahen sein.[216] So setzt die im späteren Verlauf der Arbeit untersuchte Klausel Ziff. 22.2 Abs. 1 S. 1 DTV-ADS 2009/2018 lediglich eine schuldhafte, für den Eintritt des Versicherungsfalls oder den Umfang der Leistungspflicht kausale vorvertragliche Anzeigepflichtverletzung voraus, damit der VR vollständig leistungsfrei wird.[217] Das Zumutbarkeitskriterium spielt hier – anders als bei § 324 BGB – keine Rolle. Die **Leistungsfreiheit** als Rechtsfolge einer Anzeigepflichtverletzung kann für den VN aber eine **ähnlich existenzbedrohende Wirkung wie ein Rücktritt** haben.[218] Für die englische Seeversicherung wird die Leistungsfreiheit des VN in **praktischer** Hinsicht mit der Auflösung des Vertrages verglichen.[219] Wäre § 324 BGB anwendbar, erscheint es naheliegend im Hinblick auf das strenge Zumutbarkeitskriterium eine Abweichung einer Leistungsfreiheitsklausel vom Gesetzesrecht des § 324 BGB im Sinne des § 307 Abs. 3 S. 1 BGB zu bejahen. Ausgehend von diesen Erwägungen, und vor dem Hintergrund der Ausgestaltung des § 808 Abs. 1 HGB a.F. als **gesetzliches Rücktrittsrecht** für vorvertragliche Anzeigepflichtverletzungen, erfolgt eine vertiefte Prüfung der Anwendbarkeit des § 324 BGB.

(b) Wortlaut des § 324 BGB

Der Wortlaut des § 324 BGB („bei Vertragsschluss") spricht sowohl gegen als auch für eine Anwendbarkeit auf vorvertragliche Anzeigepflichtverletzungen.[220] Eine Untersuchung über die Bedeutung des Wortes „bei" kann Aufschluss darüber geben, wie die Formulierung im Wortsinn zu verstehen ist. Der dem

---

216 Auch vom Zumutbarkeitskriterium als Richterrecht kann abgewichen werden, denn auch Abweichungen von ungeschriebenen Regeln, allgemeinen Grundsätzen und Richterrecht sind „Rechtsvorschriften" im Sinne des § 307 Abs. 3 S. 1 BGB, vgl. *Wendland*, in: Staudinger, 16. Bearbeitung, § 307 BGB, Rn. 294.

217 Siehe unten S. 73.

218 *Ebert*, Pönale Elemente im deutschen Privatrecht, 270; vgl. auch BGH, Urteil vom 11. Februar 1987 – IVa ZR 194/85 – = NJW 1987, 2238-2240.

219 Lord Goff, The Good Luck [1991] 2 Lloyd's Rep. 191, 202-203: „[…] it is not correct to speak of the contract beeing avoided; and it is strictly speaking, more accurate to keep the carefully chosen words in s. 33(3) of the Act, rather than to speak of the **contract beeing brought to an end, though that may be the practical effect**" (Hervorhebung durch den Verfasser).

220 Gegen eine Anwendbarkeit: *Stadler*, in: *Jauernig*, § 324 BGB, Rn. 4; *Mankowski*, ZGS 2003, 91, 91, 93, *Muthers*, Der Rücktritt vom Vertrag, 167; eine Anwendbarkeit befürwortend *Harke*, Allgemeines Schuldrecht, 291.

allgemeinen Sprachgebrauch dienende Wortsinn bezweckt unter anderem eine erste Orientierung.[221] Bei dem Wort „bei“ handelt es sich um eine Präposition.[222] Präpositionen können lokale (örtliche), temporale (zeitliche), kausale (begründende) oder modale (die Art und Weise betreffende) Bedeutung haben.[223] Hier kommt insbesondere eine Einordnung als „temporale“ oder als „modale“ Präposition in Betracht. Eine temporale Präposition kann eine „Gleichzeitigkeit“ angeben.[224] Bei einem solchen Verständnis müsste die Nebenpflichtverletzung während des Bestehens eines **Vertrags**verhältnisses begangen werden. Bei Einordnung des Wortes „bei“ als temporale Präposition entfällt eine Anwendbarkeit des § 324 BGB dem Wortlaut nach, da vorvertragliche Nebenpflichten nie gleichzeitig mit einem Vertrag bestehen können.[225]

Ordnet man das Wort „bei“ als modale Präposition ein, führt dies zu einer Anwendbarkeit des § 324 BGB: Eine modale Präposition stellt auf die „Art und Weise“ ab.[226] „Art“ bedeutet dabei „Eigentümlichkeit“, bzw. die „Natur, die jemandem innewohnt“.[227] „Weise“ bedeutet dem Wortsinn nach „Gewohnheit im Handeln“.[228] Insofern ist das Argument nicht abwegig, dass es zur Natur eines gegenseitigen Vertrages gehört, auch die dem Vertrag notwendig vorgelagerten Vorgänge (hier der Austausch von Informationen) von dem Wort „bei“ zu erfassen.[229] So verstanden, spricht der Wortsinn für eine Anwendbarkeit des § 324 BGB auf vorvertragliches Verschulden. Sowohl die Einordnung als modale oder als temporale Präposition erscheint vertretbar, sodass kein klares Auslegungsergebnis ersichtlich ist.

(c) Systematik

Die systematische Auslegung spricht gegen die Anwendbarkeit des § 324 BGB auf vorvertragliche Pflichtverletzungen. Im Rahmen einer systematischen

221 *Larenz/Canaris*, Methodenlehre der Rechtswissenschaft, 145.

222 *Kleiner*, Der Duden, „bei“.

223 *Kleiner*, Der Duden, „bei“.

224 *Diewald*, Grammatikalisierung, 118.

225 So im Ergebnis auch *Stadler*, in: *Jauernig*, § 324 BGB, Rn. 4; *Mankowski*, ZGS 2003, 91, 91, 93; *Muthers*, Der Rücktritt vom Vertrag, 167 ff..

226 *Kleiner*, Der Duden, „modal“.

227 *Kleiner*, Der Duden, „Art“.

228 *Kleiner*, Der Duden, „Art“.

229 Nach Auffassung von *Harke*, Allgemeines Schuldrecht, 291 steht der Wortlaut des § 324 BGB einer Anwendung im Falle vorvertraglichen Fehlverhaltens nicht entgegen, allerdings ohne Begründung.

Auslegung ist auf die sachliche Übereinstimmung der Bestimmungen innerhalb einer Regelung und die äußere Anordnung des Gesetzes und der ihr zugrundeliegenden Systematik abzustellen.[230]

Die Anwendbarkeit des § 324 BGB auf den Seeversicherungsvertrag kann aus systematischer Sicht grundsätzlich ausgeschlossen sein, wenn § 314 BGB auf den Fall der vorvertraglichen Informationspflichtverletzung anwendbar wäre und § 314 BGB vorrangig gilt.[231] Ob § 314 BGB in dieser Konstellation anwendbar ist, wird im weiteren Verlauf dieser Arbeit untersucht.[232] Selbst wenn § 314 BGB vorliegend greifen würde, erscheint eine Anwendung des § 324 BGB jedoch zunächst nicht generell ausgeschlossen: Ein Rücktritt nach § 324 BGB ist auch bei Dauerschuldverhältnissen ausnahmsweise möglich, wenn die Rückabwicklung des Vertrages nach der Interessenlage der Parteien unschwer durchführbar wäre.[233] Der (See)Versicherungsvertrag ist ein Dauerschuldverhältnis.[234] Es ist davon auszugehen, dass bereits ausgetauschte Leistungen unschwer rückabgewickelt werden können. Denn in der Regel wurden lediglich Prämienzahlungen und gegebenenfalls Versicherungsleistungen ausgetauscht. Wenn der Versicherungsfall noch nicht eingetreten ist, hat der VN dem VR die bereits bezahlte Prämie zurückzuzahlen. Wenn der Versicherungsfall bereits eingetreten ist, hat der VN eine gegebenenfalls erhaltene Versicherungsleistung an den VR zurückzugewähren.

Gegen die Anwendbarkeit des § 324 BGB spricht aber eine Betrachtung dessen Verhältnisses zu § 282 BGB: § 324 BGB ist ein Tatbestand der „positiven Forderungsverletzung"; Dies ergibt sich aus einer dem Gesetzgeber bewussten und von ihm gewollten Parallelität zum § 282 BGB.[235] § 282 BGB sieht als Rechtsfolge Schadensersatz **statt der Leistung** vor.[236] Bei einer vorvertraglichen Pflichtverletzung steht die Leistung jedoch noch nicht fest.[237] § 324 BGB setzt einen Bezug

---

230 *Larenz/Canaris,* Methodenlehre der Rechtswissenschaft, 148, 149.

231 § 314 BGB tritt bei Dauerschuldverhältnissen zumindest grundsätzlich an die Stelle des Rücktrittsrechts nach den §§ 323 ff. BGB, vgl. Schulze, HK-BGB, 10. Aufl., § 314 BGB, Rn. 2.

232 Vgl. S 66 ff.

233 BGH, Urteil vom 19. Februar 2002 – X ZR 166/99 –, = NJW 2002, 1870-1872; *Böttcher,* in: Erman, § 314 BGB, Rn. 18.

234 Vgl. H. *Baumann/Koch,* in: Bruck/Möller, 10. Aufl., § 1 VVG, Rn. 211 zur Definition.

235 *Mankowski,* ZGS 2003, 91, 91, 92; *Dauner-Lieb,* in: Nomos-Anwaltskommentar, 2. Aufl., § 324 BGB, Rn. 9.

236 *Muthers,* Der Rücktritt vom Vertrag, 167; *Krebs,* in: Nomos-Anwaltskommentar, 2. Aufl., § 311 BGB, Rn. 87.

237 *Muthers,* Der Rücktritt vom Vertrag, 167.

der (verletzten) Pflicht zur Leistung voraus.[238] Dieser Leistungsbezug ist aber bei Verletzung einer vorvertraglichen Pflicht nicht gegeben.[239]

Gegen diese Argumentation kann jedoch angeführt werden, dass § 282 BGB zwar die Entstehung einer Leistungspflicht voraussetzt,[240] nicht aber, dass die Leistungspflicht zum Zeitpunkt der Nebenpflichtverletzung bereits begründet war.[241]

Ein weiteres Argument gegen die Anwendbarkeit des § 324 BGB ist auf das Kriterium der Unzumutbarkeit zu stützen: Das Kriterium der Unzumutbarkeit führt im Kontext des § 324 BGB dazu, dass bei Pflichtverletzungen **außerhalb** des „Hauptobligationenprogramms" nur ausnahmsweise die Hauptpflichten entfallen.[242] Die (fahrlässig) falsche Information führt aber dazu, dass der Vertrag überhaupt zustande kommt[243] und steht dementsprechend außerhalb des „Hauptobligationenprogramms".

Schließlich spricht ein Vergleich zwischen Zielsetzung der culpa in contrahendo und der Zielsetzung des Rücktrittsrechts gegen eine Anwendbarkeit des § 324 BGB auf vorvertragliche Anzeigepflichtverletzungen. Sinn und Zweck des Rücktritts ist es auch, sich von der **eigenen** Leistungspflicht zu befreien.[244] Wenn aber noch keine eigene Pflicht zur Leistung besteht, kann der Rücktritt nicht helfen: Es besteht keine synallagmatische Verknüpfung.[245]

(d) Historische Auslegung

Eine Anwendung des § 324 BGB auf vorvertragliche Informationspflichtverletzungen steht im Widerspruch zu dem in den Gesetzgebungsmaterialien zur Schuldrechtsreform zum Ausdruck gebrachten Willen des Gesetzgebers.[246] Das

---

238 *Grigoleit*, in: *Heldrich* (Hrsg.), FS Canaris 2007, 289, 293; *Schulze*, in: Schulze, HK-BGB, 8. Aufl., § 324 BGB, Rn. 2; *Münch*, Jura 2002, 361, 361, 365.

239 *Grigoleit*, in: *Heldrich* (Hrsg.), FS Canaris 2007, 289, 293; *Schulze*, in: Schulze, HK-BGB, 8. Aufl., § 324 BGB, Rn. 2; *Münch*, Jura 2002, 361, 361, 365.

240 *Gsell*, in: Soergel, 13. Aufl., § 324 BGB, Rn. 6.

241 *Gsell*, in: Soergel, 13. Aufl., § 324 BGB, Rn. 6.

242 *Mankowski*, ZGS 2003, 91, 93.

243 *Mankowski*, ZGS 2003, 91, 93; vgl. auch *Krebs*, in: Nomos-Anwaltskommentar, 2. Aufl., § 311 BGB, Rn. 87: „§ 324 [BGB] passt nicht, wenn die Folge der Pflichtverletzung der Vertragsschluss selbst ist.".

244 *Muthers*, Der Rücktritt vom Vertrag, 167.

245 *Muthers*, Der Rücktritt vom Vertrag, 167.

246 So auch *Schulze*, in: Schulze, HK-BGB, 8. Aufl., § 324 BGB, Rn. 2; *Dauner-Lieb*, in: Nomos-Anwaltskommentar, 2. Aufl., § 324 BGB, Rn. 9; *Mankowski*, ZGS 2003, 91;

ist insbesondere deshalb der Fall, weil der Gesetzgeber mit der Schuldrechtsreform keine fundamentale Änderung des bisherigen Rechtszustandes angestrebte.[247] Die Einführung des Merkmals der Unzumutbarkeit des weiteren Festhaltens am Vertrag als Voraussetzung einer Vertragsaufhebung ist nämlich als eine solche fundamentale Änderung anzusehen.[248] Die Betrachtung der Gesetzgebungsmaterialien lässt auch nicht den Schluss zu, dass eine zur – ggf. analogen – Anwendbarkeit des § 324 BGB führende planwidrige Regelungslücke vorliegt.[249] Dies ergibt eine Auslegung der Gesetzgebungsmaterialien:

(aa) Verweis auf die Gesetzesbegründung zu § 282 BGB

Die Beschlussempfehlung des Rechtsausschusses des Bundestages verweist in der Begründung zu § 324 BGB auf die Begründung zu § 282 BGB.[250] Sofern der Gesetzgeber nach den Gesetzgebungsmaterialien seinerzeit eine Anwendbarkeit des § 282 BGB auf **vorvertragliche** Pflichtverletzungen befürwortete, spräche dies auch für eine Anwendbarkeit des § 324 BGB auf vorvertragliche Pflichtverletzungen. Dies ist aber gerade nicht der Fall. Zu § 282 BGB wird ausgeführt, dass Pflichten des § 282 BGB „[…] nicht leistungsbezogene Schutzpflichten" seien.[251] Darüber hinaus heißt es, dass Annahmen, nach denen auf Grundlage des § 282 BGB „[…] Schadensersatz statt der Leistung auch in Fällen einer vorvertraglichen Pflichtverletzung verlangt werden kann" als „falscher Schluss" anzusehen sind.[252] Schadensersatz statt der Leistung könne vielmehr nur verlangt werden, wenn ein Leistungsanspruch zunächst entstanden sei.[253] Damit steht fest, dass vorvertragliche (Anzeige-)-Pflichtverletzungen nach dem Wortlaut der Gesetzesbegründung nicht von **§ 282 BGB** erfasst sein sollten.[254]

---

247 *Mankowski*, ZGS 2003, 91.

248 *Mankowski*, ZGS 2003, 91.

249 *Schäfers*, Die vorvertragliche Anzeigepflicht des Versicherungsnehmers und das allgemeine Leistungsstörungsrecht, 49; vgl. auch *Schwarze*, Das Recht der Leistungsstörungen, § 15, Rn. 40, der eine analoge Anwendbarkeit des § 324 BGB für „außer- bzw. vorvertraglich[e] Rücksichtnahmepflichten" vertritt, wobei er zur Begründung vorbringt, es könne keinen Unterschied machen, ob eine „[…] Beleidigung Vertragsschluss erfolgte oder bereits im Vorfeld des Vertrages […]" stattgefunden habe.

250 *Deutscher Bundestag*, Bundestags-Drucksache 14/7052, 192.

251 *Deutscher Bundestag*, Bundestags-Drucksache 14/7052, 186.

252 *Deutscher Bundestag*, Bundestags-Drucksache 14/7052, 186.

253 *Deutscher Bundestag*, Bundestags-Drucksache 14/7052, 186.

254 So im Ergebnis auch *Schwarze*, Das Recht der Leistungsstörungen, § 15, Rn. 40; *Mankowski*, ZGS 2003, 91, 91, 92; *Dauner-Lieb*, in: Nomos-Anwaltskommentar, 2. Aufl., § 324 BGB, Rn. 9.

(bb) Berücksichtigung normspezifischer Besonderheiten

Der gesetzgeberische Wille, vorvertragliche (Anzeigepflicht)-Verletzungen nicht vom Anwendungsbereich des § 324 BGB zu erfassen, ist jedoch nicht ganz eindeutig. So kann auch argumentiert werden, dass die Gesetzesbegründung zu § 324 BGB lediglich auf die Begründung zu § 282 BGB verweist.[255] Ein solcher Verweis könnte auch so zu verstehen sein, dass die jeweiligen Besonderheiten der verschiedenen Normen zu berücksichtigen sind:[256] Für die Anwendung des § 282 BGB kommt es darauf an, ob die **Leistung** dem Schuldner noch zumutbar ist.[257] Für § 324 BGB ist hingegen die Unzumutbarkeit des Festhaltens am **Vertrag** maßgeblich.[258] Aufgrund der unterschiedlichen Anknüpfung an verschiedene Tatbestandsmerkmale (Unzumutbarkeit des Festhaltens am Vertrag oder Unzumutbarkeit nur der Leistung) lässt sich anführen, dass die Argumentation, es müsste zunächst eine Leistungspflicht entstanden sein, im Zusammenhang mit § 324 BGB nicht trägt.[259]

(cc) Keine Regelung des vorvertraglichen Schuldverhältnisses durch § 241 Abs. 2 BGB

Der der Gesetzesbegründung entnehmbare Wille des Gesetzgebers spricht jedoch schließlich gegen die Anwendung des § 324 BGB auf vorvertragliche Pflichtverletzungen:

In den Ausführungen zu § 282 BGB heißt es nämlich, dass das **vorvertragliche** Schuldverhältnis **nicht** in § 241 Abs. 2 BGB, sondern in § 311 Abs. 2 und 3 BGB geregelt ist. § 241 Abs. 2 BGB bestimmt lediglich, dass es Rücksichtnahmepflichten gibt, „und zwar sowohl im vorvertraglichen als auch im vertraglichen Schuldverhältnis."[260] Die Ausführungen der Gesetzesbegründung zur Regelung vorvertraglicher Rücksichtnahmepflichten durch § 311 Abs. 2 und 3 BGB müssen auch im Hinblick auf § 324 BGB und nicht lediglich im Kontext

---

255 *Deutscher Bundestag,* Bundestags-Drucksache 14/7052, 192.

256 *Schäfers,* Die vorvertragliche Anzeigepflicht des Versicherungsnehmers und das allgemeine Leistungsstörungsrecht, 49.

257 *Schäfers,* Die vorvertragliche Anzeigepflicht des Versicherungsnehmers und das allgemeine Leistungsstörungsrecht, 49.

258 *Schäfers,* Die vorvertragliche Anzeigepflicht des Versicherungsnehmers und das allgemeine Leistungsstörungsrecht, 49.

259 *Schäfers,* Die vorvertragliche Anzeigepflicht des Versicherungsnehmers und das allgemeine Leistungsstörungsrecht, 50.

260 *Deutscher Bundestag,* Bundestags-Drucksache 14/7052, S. 186.

des § 282 BGB gelten: Wenn **vorvertragliche** Rücksichtnahmepflichten nach dem Willen des Gesetzgebers in § 311 Abs. 2 und Abs. 3 BGB geregelt sind, können sowohl § 324 BGB als auch § 282 BGB nicht als Rechtsfolgenregelung für vorvertragliche Rücksichtnahmepflichtverletzungen herangezogen werden.

Die Nichtanwendbarkeit des § 324 BGB auf vorvertragliche Informationspflichtverletzungen führt im Ergebnis somit nicht zu einer planwidrigen Regelungslücke, sodass auch eine Analogie ausscheidet.[261]

(e) Zusammenfassung

Nach systematischer und historischer Auslegung ist § 324 BGB nicht auf vorvertragliche Pflichtverletzungen anwendbar. Daraus folgt für die Seeversicherung, dass anders als nach § 808 Abs. 1 HGB a.F. heute nach dispositivem Gesetzesrecht kein Rücktritt des VR im Falle vorvertraglicher Informationspflichtverletzungen möglich ist. Mangels Anwendbarkeit gesetzlicher Rücktrittsvorschriften ist in der Folge auch nicht das „Zumutbarkeitskriterium" heranzuziehen, das strenge Voraussetzungen an die Ausübbarkeit eines Rücktrittsrechts stellt. Die Nichtanwendbarkeit des § 324 BGB hat auch Auswirkungen auf den Maßstab einer AGB-Kontrolle von Leistungsfreiheitsklauseln, weil die Leistungsfreiheit den VN wirtschaftlich ähnlich stark trifft, wie ein Rücktritt des VR.

cc) Kündigungsrecht gemäß § 314 BGB

Bei Abgabe einer falschen oder unvollständigen Information **vor Vertragsschluss** durch den VN könnte dem VR ein Rücktrittsrecht gem. § 314 BGB zuzustehen.[262] Die Anwendbarkeit des § 314 BGB hätte zunächst zur Folge, dass eine Lösung vom Vertrag nur bei **Unzumutbarkeit** im Sinne des § 314 Abs. 1 S. 2 BGB möglich wäre. Auch wäre eine Loslösung vom Vertrag nur für die Zukunft möglich. Dies hätte erhebliche Auswirkungen auf den Seeversicherungsvertrag, sodass es vergleichbar mit der Frage der Anwendbarkeit des § 324 BGB[263] einer

261 Anders *Schäfers,* Die vorvertragliche Anzeigepflicht des Versicherungsnehmers und das allgemeine Leistungsstörungsrecht, 49.

262 Für eine analoge Anwendbarkeit des § 314 BGB auf vorvertragliche Pflichtverletzungen spricht sich *Busche,* in: *Busche,* Eckpfeiler des Zivilrechts, F., Rn. 48 aus: „Für eine analoge Anwendung von § 324 BGB bzw § 314 BGB spricht, dass es nicht wertungsgerecht wäre, eine verschuldensunabhängige Lösung vom Vertrag nur bei Informationspflichtverletzungen im Stadium einer bereits vollzogenen vertraglichen Koordinierung der Parteien zuzulassen, wie sie von den genannten Vorschriften an sich vorausgesetzt wird."

263 S. 59.

vertieften Untersuchung bedarf. Sollte § 314 BGB anwendbar sein, stellt sich im nächsten Schritt die Frage, ob eine Vertragslösung auf Grundlage der §§ 311 Abs. 2, §§ 214 Abs. 2, 280 Abs. 1 BGB i.V.m. § 249 Abs. 1 BGB von Vornherein ausscheidet, weil § 314 BGB im Verhältnis zu § 249 BGB spezieller ist.

(1) Dauerschuldverhältnis

§ 314 BGB ist nur auf Dauerschuldverhältnisse anwendbar, worunter das Versicherungsverhältnis fällt.[264] § 314 BGB ist damit grundsätzlich auch auf den Seeversicherungsvertrag anwendbar.

(2) Vorvertragliche Anzeigepflichtverletzung als wichtiger Grund

Die Falsch- oder Nichtanzeige **vor** Vertragsschluss stellt keinen wichtigen Grund im Sinne des § 314 Abs. 1 BGB dar:

(a) Wortlaut

Der Wortlaut des § 314 **Abs. 1** BGB liefert zur Beantwortung der Frage, ob die Verletzung vorvertraglicher Anzeigepflichten einen „wichtigen Grund" darstellt, keine Anhaltspunkte. Das Eintreten eines „wichtigen Grundes" erscheint jedenfalls dem Wortlaut nach nicht nur bei während der Vertragslaufzeit begangenen Pflichtverletzungen möglich.

Der Wortlaut des § 314 **Abs. 2** S. 1 BGB („[...] Verletzung einer Pflicht aus dem Vertrag [...])" spricht hingegen auf den ersten Blick nicht für eine Anwendbarkeit auf vorvertragliche Anzeigepflichtverletzungen.

(b) Systematik

Eine systematische Auslegung ergibt im Ergebnis, dass eine vorvertragliche Pflichtverletzung keinen „wichtigen Grund" im Sinne des § 314 Abs. 1 BGB darstellt.

Der Verweis des § 314 Abs. 2 S. 2 BGB auf die – entsprechende - Anwendbarkeit von § 323 Abs. 2 BGB spricht zwar zunächst dafür, § 314 BGB auch auf vorvertragliche Pflichtverletzungen anzuwenden: Nach § 323 Abs. 2 Nr. 3 BGB berechtigen auch Umstände zum Rücktritt, die auf eine Störung des Vertrauensverhältnisses zurückgehen.[265] Insbesondere kann die Verletzung vorvertraglicher

---

264 Vgl. H. *Baumann/Koch*, in: Bruck/Möller, 10. Aufl., § 1 VVG, Rn. 211 und 216.

265 *Schäfers*, Die vorvertragliche Anzeigepflicht des Versicherungsnehmers und das allgemeine Leistungsstörungsrecht, 46, 47.

Rücksichtnahmepflichten das Vertrauensverhältnis beeinträchtigen, weshalb § 323 Abs. 2 Nr. 3 BGB etwa im Kaufrecht auch dann anwendbar sein soll, wenn der Schuldner den Gläubiger täuscht oder einen Sachmangel arglistig verschweigt.[266] Wenn aber auch eine arglistige Täuschung zum Rücktritt nach § 323 Abs. 2 Nr. 3 BGB berechtigt, kann dies für eine Anwendbarkeit des § 323 Abs. 2 Nr. 3 BGB auch auf vorvertragliche Pflichtverletzungen sprechen, denn das Verschweigen kann nur arglistig gewesen sein, wenn auch eine Aufklärungs**pflicht** bestand.[267]

Die vorstehende Argumentation greift aber nur dann, wenn der Verweis des § 314 Abs. 2 BGB auf die Wertungen des § 323 Abs. 2 BGB tatsächlich geeignet ist, Schlüsse zur Anwendbarkeit auf vorvertragliche Pflichtverletzungen zuzulassen. Jedenfalls im Hinblick auf die Argumentation zu § 323 Abs. 2 Nr. 3 BGB ist dies aber wegen des eindeutigen Wortlauts des § 314 Abs. 2 BGB abzulehnen. Denn dieser verweist lediglich auf eine – entsprechende – Anwendung von § 323 Abs. 2 Nr. **1** und **2** BGB. Der Hinweis auf den Verweis auf § 323 Abs. 2 Nr. 1 und 2 BGB geht insofern aus systematischer Sicht fehl, da es an einem Verweis auf § 323 Abs. 2 Nr. **3** BGB gerade fehlt. Auch ein Vergleich mit den Vorschriften des HGB a.F. ergibt, dass für den Fall einer vorvertraglichen Informationspflichtverletzung nicht lediglich eine Kündigung, sondern eine vollständige Rückabwicklung des Vertrages möglich sein sollte: § 808 Abs. 2 HGB a.F. sah eine solche durch das Rücktrittsrecht vor.

(c) Historische Auslegung

Aus dem Wortlaut der Gesetzesbegründung ergibt sich nicht eindeutig, ob § 314 Abs. 1 BGB auf vorvertragliche Anzeigepflichtverletzungen anzuwenden ist.[268] Allerdings heißt es in der Gesetzesbegründung zu § 314 BGB:

> „Bei bestimmten auf Dauer oder jedenfalls für einen längeren Zeitraum angelegten und allgemein als Dauerschuldverhältnisse bezeichneten Rechtsbeziehungen besteht das Bedürfnis, unter gewissen Voraussetzungen eine vorzeitige Auflösung zu ermöglichen.

---

266 *Schäfers,* Die vorvertragliche Anzeigepflicht des Versicherungsnehmers und das allgemeine Leistungsstörungsrecht, 46, 47.

267 Vgl. *Schäfers,* VersR 2010, 301, 301, 303.

268 So *Schäfers,* Die vorvertragliche Anzeigepflicht des Versicherungsnehmers und das allgemeine Leistungsstörungsrecht, 47: „Zudem lässt auch die Begründung zu den §§ 311 II, 241 II BGB nicht erkennen, dass mit Normierung der §§ 311 II, 241 II BGB die Kündigung eines Dauerschuldverhältnisses aus wichtigem Grund nach § 314 BGB wegen vorvertraglicher Pflichtverletzung ausgeschlossen werden sollte."

[…]. Dauerschuldverhältnisse unterscheiden sich von den auf eine einmalige Leistung gerichteten Schuldverhältnissen dadurch, dass aus ihnen während der Laufzeit ständig neue Leistungs- und Schutzpflichten entstehen und dem Zeitelement eine wesentliche Bedeutung zukommt. […]. Insgesamt hat sich die Kündigung aus wichtigem Grund bei Dauerschuldverhältnissen auf der Grundlage von Rechtsprechung und Rechtslehre zu einem allgemein anerkannten Rechtsinstitut entwickelt. […]. Der Entwurf sieht mit § 314 RE eine allgemeine Vorschrift über die außerordentliche Kündigung von Dauerschuldverhältnissen vor. Es erscheint geboten, bei einer allgemeinen Überarbeitung des Leistungsstörungsrechts die Kündigung aus wichtigem Grund bei Dauerschuldverhältnissen in das Bürgerliche Gesetzbuch aufzunehmen. Dafür spricht sowohl die erhebliche praktische Bedeutung dieses Rechtsinstituts als auch die seit langem gefestigte Rechtsprechung zu seinem Anwendungsbereich. Der Entwurf übernimmt im Wesentlichen die bisherige Rechtsprechung. § 314 RE steht damit in einem Konkurrenzverhältnis zu zahlreichen Vorschriften des Bürgerlichen Gesetzbuchs und anderer Gesetze, in denen die Kündigung aus wichtigem Grund bei einzelnen Dauerschuldverhältnissen besonders geregelt ist. Diese Einzelbestimmungen sollen nicht aufgehoben oder geändert werden, sondern als leges speciales Vorrang vor § 314 RE haben."[269]

Den gesetzgeberischen Ausführungen zu Sinn und Zweck des § 314 BGB als Lösungsmöglichkeit für Dauerschuldverhältnisse kann entnommen werden, dass eine Lösungsmöglichkeit nach § 314 BGB nur dann in Betracht kommen soll, wenn dies aufgrund des **Wesens des Vertrages** als Dauerschuldverhältnisses geboten erscheint. Wenn der Gesetzgeber in seiner Begründung zu § 314 BGB auf „[…] ständig neue Leistungs- und Schutzpflichten […]"[270] abstellt, kann er damit nur solche Pflichten meinen, die **nach** dem Vertragsschluss entstehen. Eine Anwendbarkeit des § 314 BGB auf vorvertragliche Anzeigepflichtverletzungen liefe damit dem Willen des Gesetzgebers zuwider.

Etwas anderes ergibt sich auch nicht durch den Verweis auf die „gefestigte Rechtsprechung" und insbesondere die Formulierung „Der Entwurf übernimmt im Wesentlichen die gefestigte Rechtsprechung"[271]. Nur wenn die „gefestigte Rechtsprechung" vor der Schuldrechtsreform für das allgemeine Schuldrecht grundsätzlich ein Kündigungsrecht im Falle vorvertraglicher Anzeigepflichtverletzungen gewährte, spricht dies für die Anwendung des § 314 BGB auf vorvertragliche Anzeigepflichtverletzungen auf für die Seeversicherung.[272] Eine

269 *Deutscher Bundestag,* Bundestags-Drucksache 14/6040, 176, 177.

270 *Deutscher Bundestag,* Bundestags-Drucksache 14/6040, 177.

271 *Deutscher Bundestag,* Bundestags-Drucksache 14/6040, 177.

272 Vgl. *Schäfers,* Die vorvertragliche Anzeigepflicht des Versicherungsnehmers und das allgemeine Leistungsstörungsrecht, 46, Fn. 203 unter Verweis auf BGH, Urteil vom 07. Dezember 2011 – IV ZR 105/11 – = r+s 2012, BGH r + 2012, 136-141, 137 und

Analyse der Rechtsprechung zur Kündigung aus wichtigem Grund bei Dauerschuldverhältnissen vor der Schuldrechtsreform vor diesem Hintergrund ergibt das Gegenteil.[273] All diesen Urteilen liegen Sachverhalte zu Grunde, die Umstände und Verhalten der Vertragsparteien **während** der Vertragslaufzeit zum Gegenstand haben.

Dass das Bundesarbeitsgericht nach der Schuldrechtsreform eine Kündigungsmöglichkeit auch im Hinblick auf **vor** dem Vertragsschluss liegendes Verhalten sieht,[274] kann ebenfalls nicht als Argument für eine Anwendbarkeit des § 314 BGB auf vorvertragliche Anzeigepflichtverletzungen herangezogen werden. Die Rechtsprechung wendet auf den dem Urteil zugrunde liegenden Sachverhalt § 626 BGB an.[275] Nach der Gesetzesbegründung schließen speziellere Normen die Anwendbarkeit des § 314 BGB aus.[276] Soweit die Rechtsprechung Grundsätze für den spezielleren § 626 BGB entwickelt hat, sind diese nicht auf die allgemeine Regelung des § 314 BGB übertragbar.

Tschersich, R+S 2012, 53, 58, allerdings allgemein für die Verletzung einer Pflicht nach § 241 Abs. 2 BGB.

273 RG, Urteil vom 22. Dezember 1906 – I 281/06 – = RGZ 65, 37; RG, Urteil vom 27. Februar 1912 – II 445/11 – = RGZ 78, 385, 389; RG, Urteil vom 19. September 1922 – III 625/21 – = RGZ 105, 167-169; RG, Urteil vom 05. Dezember 1925 – I 100/25 –= RGZ 112, 173, 188; RG, Urteil vom 23. Oktober 1930 – IV 721/29 – = RGZ 130, 375, 378; RG, Urteil vom 26. April 1933 – I 301/32 – = RGZ 140, 264, 275; RG, Urteil vom 30. April 1935 – II 291/34 – = RGZ 148, 81, 92; RG, Urteil vom 03. Februar 1936 – IV 145/35 – = RGZ 150, 193, 199; RG, Urteil vom 12. Juni 1939 – IV 2/39 – = RGZ 160, 361, 366; BGH, Urteil vom 10. März 1976 – VIII ZR 268/74 – = WM 1976, 508, 509; BGH, Urteil vom 10. Juli 1968 – VIII ZR 120/66 – = BGHZ 50, 312, 315; BGH, Urteil vom 10. November 1977 – III ZR 39/76 – = NJW 1978, 947, 948; BGH, Urteil vom 10. Januar 1980 – III ZR 108/78 – = WM 1980, 380,381; BGH, Urteil vom 11. Februar 1981 – VIII ZR 312/79 – = NJW 1981, 1264, 1265; BGH, Urteil vom 05. März 1981 – III ZR 115/80 – = NJW 1981, 1666, 1667; BGH, Urteil vom 29. Februar 1984 – VIII ZR 350/82 – = WM 1984, 663, 665; BGH, Urteil vom 13. Februar 1985 – VIII ZR 154/84 – = NJW 1985, 2328, 2329; BGH, Urteil vom 26. Mai 1986 – VIII ZR 218/85 – = NJW 1986, 3134, 3134 f.; BGH, Urteil vom 02. Februar 1989 – IX ZR 182/87 – = NJW 1989, 1482, 1483; BGH, Urteil vom 27. März 1991 – IV ZR 130/90 – = NJW 1991, 1828, 1829.

274 BAG, Urteil vom 05. April 2001 – 2 AZR 159/00 – = NZA 2001, 954-959, Rn. 63 unter Verweis auf BAG, Urteil vom 17. August 1972 – 2 AZR 415/71 – = BAGE 24, 401, Leitsatz Nr. 4; vgl. auch *Grüneberg*, in: Palandt, 80. Aufl., § 314 BGB, Rn. 7.

275 BAG, Urteil vom 05. April 2001 – 2 AZR 159/00 – = NZA 2001, 954-959.

276 *Deutscher Bundestag*, Bundestags-Drucksache 14/6040, 177.

(d) Sinn und Zweck

Schließlich widerspricht es auch Sinn und Zweck, § 314 BGB auf vorvertragliche Anzeigepflichtverletzungen anzuwenden. Eine Möglichkeit zur Vertragslösung als Reaktion für vorvertragliches Verhalten soll nach der gesetzgeberischen Wertung nur im Falle des Verschuldens möglich sein.[277] Ferner widerspricht eine Anwendbarkeit des § 314 BGB auch der Interessenlage: Bei einer vorvertraglichen Anzeigepflichtverletzung des VN ist es jedenfalls nicht im Interesse des VR, sich erst für die Zukunft vom Vertrag lösen zu können. Gerade wenn der VR im Versicherungsfall leistungspflichtig ist, hat er ein Interesse an vollständiger Vertragsrückabwicklung. Anders als beispielsweise bei einem Arbeitsvertrag wäre die Rückabwicklung des Vertrages entsprechend den Anforderungen der Rechtsprechung[278] auch „unschwer möglich".

dd) Vertragslösung über die culpa in contrahendo

Die bisherige Untersuchung zeigt, dass weder § 324 BGB noch § 314 BGB auf den in ursprünglich durch § 808 Abs. 1 HGB a.F. geregelten Fall einer vorvertraglichen Informationspflichtverletzung anwendbar sind. Eine Möglichkeit zur Vertragslösung ergibt sich jedoch aus den Normen der Normen der §§ 311 Abs. 2 und 3, 241 Abs. 2, 280 Abs. 1 i.V.m. § 249 Abs. 1 BGB (culpa in contrahendo, folgend „c.i.c.").[279]

Die Anwendbarkeit der Normen der c.i.c. liegt nahe, weil die c.i.c. – ähnlich wie § 806 Abs. 1 i.V.m. § 808 Abs. 1 HGB a.F. – eine Lösungsmöglichkeit vom Vertrag im Fall vorvertraglicher Informationspflichtverletzungen bietet. Die Nichtanzeige gefahrerheblicher Umstände ist als vorvertragliche Pflichtverletzung im Sinne der §§ 311 Abs. 2 und 3, 241 Abs. 2, 280 Abs. 1 BGB einzuordnen.[280]

Dass sich ein Vertragspartner bei vorvertraglichen Aufklärungspflichtverletzungen vom Vertrag lösen kann, wenn die Aufklärungspflichtverletzung kausal für den Abschluss des Vertrages war, ist anerkannt.[281] Der VR muss unter

---

277 Insoweit wird auf die Erwägungen zur Anwendbarkeit des § 324 BGB verwiesen, vgl. S. 57 ff.

278 Vgl. BGH, Urteil vom 19. Februar 2002 – X ZR 166/99 –, = NJW 2002, 1870-1872.

279 *Koch*, in: Bruck/Möller, 9. Aufl., § 209 VVG, Rn. 207.

280 S. 55, insb. S. 71 f.

281 BGH, Urteil vom 12. November 1986 – VIII ZR 280/85 –, BGHZ 99, 101-110 = NJW 1987, 639-640; BGH, Urteil vom 13. Juni 2007 – VIII ZR 236/06 – = NJW 2007, 3057-3060; Siehe auch *Knops*, in: Bruck/Möller, 10. Aufl., § 8 VVG, Rn. 122 zur Vertragsaufhebung über die Vorschriften der c.i.c. durch den VN aufgrund der Verletzung seiner Vertragsfreiheit durch den VR.

anderem beweisen, dass er den Vertrag bei Kenntnis der nicht angezeigten Umstände überhaupt nicht, also auch nicht zu anderen Konditionen geschlossen hätte (haftungsbegründende Kausalität der Anzeigepflichtverletzung).[282] Die Verletzung einer vorvertraglichen Aufklärungspflicht begründet also einen Anspruch des VR auf Rückgängigmachung des Seeversicherungsvertrages gemäß den §§ 311 Abs. 2 und 3, 241 Abs. 2, 280 Abs. 1 i.V.m. § 249 Abs. 1 BGB. Der VN muss eine etwaig erhaltene **Versicherungsleistung** im Wege der Naturalrestitution gemäß § 249 Abs. 1 BGB an den VR zurückgewähren.[283]

Zu klären ist weiter, ob der VR entsprechend § 811 Abs. 2 S. 2 Hs. 1 HGB a.F. auch bei Vertragslösung über die c.i.c. eine bereits gezahlte **Prämie** einbehalten kann. Sofern der Seeversicherungsvertrag nach den Vorschriften der c.i.c. rückgängig gemacht wird, entfällt gem. § 812 Abs. 1 S. 2 BGB der Rechtsgrund für die Zahlung der Versicherungsprämie durch den VN. Dem VN stünde daher ein Kondiktionsanspruch aus § 812 Abs. 1 S. 2 i.V.m. § 812 Abs. 1 S. 1 Alt. 1 BGB auf Rückzahlung der Prämie zu.[284] Gegen diesen Anspruch kann der VR wiederum gem. § 387 BGB aufrechnen, sofern ihm beispielsweise über den Vertragsschluss hinaus weitere Schäden durch die vorvertragliche Anzeigepflichtverletzung entstanden sind. Denkbar ist auch die Erhebung der Einrede gemäß § 818 Abs. 3 BGB durch den VR im Hinblick auf Kosten in Form von Aufwendungen für Eigenmittel und Rückversicherungsschutz.[285] Es bleibt aber festzuhalten, dass der VR die Prämie in Abweichung zu § 811 Abs. 2 S. 2 Hs. 1 HGB a.F. grundsätzlich **nicht** einbehalten kann, sondern diese zurückgewähren muss.

ee) Zwischenergebnis

Auf Sachverhalte, die vor der VVG-Reform durch die §§ 806 Abs. 1 i.V.m. § 808 Abs. 1 HGB a.F. geregelt waren, sind heute die §§ 311 Abs. 2 und 3, 241 Abs. 2, 280 Abs. 1 i.V.m. § 249 Abs. 1 BGB anzuwenden. Dem VN steht nach Rücktritt des VR ein Prämienrückforderungsanspruch aus Bereicherungsrecht zu.

---

282 Vgl. *Grüneberg*, in: Palandt, 80. Aufl., Vorb. v § 249 BGB, Rn. 128; dieser Beweis dürfte jedoch für den VR schwer zu erbringen sein, siehe S. 140.

283 Bei einem Kaufvertrag hat der Käufer den Kaufpreis gem. § 249 Abs. 1 BGB zurückzuerstatten, vgl. z.B. BGH, Urteil vom 13. Juni 2007 – VIII ZR 236/06 – = NJW 2007, 3057-306; a.A. *Kaiser*, in: Staudinger, 15. Bearbeitung, Vorbem zu §§ 346–354, Rn. 65.

284 Vgl. H. *Baumann/Koch*, in: Bruck/Möller, 10. Aufl., § 1 VVG, Rn. 209.

285 H. *Baumann/Koch*, in: Bruck/Möller, 10. Aufl., § 1 VVG, Rn. 209.

d) Klausel 22.2. DTV-ADS 2009

Wie bereits einleitend dargestellt, erfolgt die Untersuchung aufgrund der hohen Praxisrelevanz exemplarisch am Beispiel der DTV-ADS 2009 (Stand November 2018).[286] Der in den §§ 806 ff. HGB a.F. geregelte Themenkomplex der vorvertraglichen Anzeigepflicht und der Rechtsfolgen einer Pflichtverletzung wird in den DTV-ADS 2009/2018 von Ziff. 22.1. ff. erfasst. Klausel 22.1. DTV-ADS-2009/2018 regelt unter anderem, dass und in welchem Umfang der VN dem VR gefahrerhebliche Umstände beim Vertragsschluss anzuzeigen hat. Die Rechtsfolgen von falschen oder unvollständigen Angaben regeln die Ziff. 22.2. DTV-ADS 2009/2018 ff.:

Ziff. 22.2. DTV-ADS 2009/2018 lautet:

> „Bei unvollständigen oder unrichtigen Angaben ist der Versicherer von der Verpflichtung zur Leistung frei. Der Versicherer kann ferner innerhalb eines Monats von dem Zeitpunkt an, in dem er Kenntnis von dem nicht oder unrichtig angezeigten Umstand erlangt hat, den Vertrag mit einer Frist von 14 Tagen kündigen.
> Dies gilt auch dann, wenn die Anzeige deshalb unterblieben ist, weil der Versicherungsnehmer den Umstand infolge von grober Fahrlässigkeit nicht kannte.
> Ist der Versicherungsfall bereits eingetreten, darf der Versicherer den Versicherungsschutz nicht versagen, wenn der Versicherungsnehmer nachweist, dass die unvollständige oder unrichtige Angabe weder auf den Eintritt des Versicherungsfalls noch auf den Umfang der Leistungspflicht Einfluss gehabt hat.
> Verweigert der Versicherer die Leistung, kann der Versicherungsnehmer den Vertrag kündigen. Das Kündigungsrecht erlischt, wenn es nicht innerhalb eines Monats von dem Zeitpunkt an ausgeübt wird, zu welchem dem Versicherungsnehmer die Entscheidung des Versicherers, die Leistung zu verweigern, zugeht.“

22.3. DTV-ADS 2009/2018 lautet:

> „Der Versicherer bleibt zur Leistung verpflichtet und ihm steht kein Kündigungsrecht zu, wenn er die gefahrerheblichen Umstände oder deren unrichtige Anzeige kannte.“

22.4. DTV-ADS 2009/2018 lautet:

> „Der Versicherer bleibt zur Leistung verpflichtet, wenn der Versicherungsnehmer nachweist, dass die unrichtigen oder unvollständigen Angaben weder von ihm noch von seinem Vertreter schuldhaft gemacht wurden.“

22.5. DTV-ADS 2009/2018 lautet:

> „Bleibt der Versicherer mangels Verschuldens des Versicherungsnehmers oder dessen Vertreter zur Leistung verpflichtet, gebührt dem Versicherer eine der höheren Gefahr

---

286 S. 30.

entsprechend zu vereinbarende Zuschlagsprämie. Das Gleiche gilt, wenn bei Abschluss des Vertrages ein gefahrerheblicher Umstand schuldlos nicht bekannt war."

22.6. DTV-ADS 2009/2018 lautet:

„Das Recht des Versicherers, den Vertrag wegen arglistiger Täuschung über Gefahrumstände anzufechten, bleibt unberührt."

Im Vergleich zu den Vorschriften der §§ 19 ff. VVG fällt insbesondere auf, dass dem VR nach Abs. 1 der Ziff. 22.2. DTV-ADS 2009/2018 kein Rücktrittsrecht, sondern ein Leistungsverweigerungsrecht sowie ein Kündigungsrecht gewährt wird.[287]

2. *Rechtsfolgen einer Gefahrerhöhung*

Nach Ermittlung der Rechtsgrundlagen vorvertraglicher Informationspflichten und deren Verletzung im Seeversicherungsrecht werden folgend die Rechtsgrundlagen im Zusammenhang mit „Gefahrerhöhungen" herausgearbeitet. Dabei werden sowohl die Rechtsgrundlagen möglicher Pflichten zum Unterlassen von „Gefahrerhöhungen", dem Anzeigen von „Gefahrerhöhungen" und den Rechtsfolgen von Pflichtverletzungen in diesem Kontext dargestellt. „Gefahr" meint die Möglichkeit der Entstehung von Schäden.[288] In Bereich der Sachversicherung ist der Begriff „Gefahr" gleichbedeutend mit dem Begriff der „Schadensursache".[289] Die Größe der Gefahr – also die Wahrscheinlichkeit der Entstehung von Versicherungsschäden – kann variieren.[290] Wird die Gefahr größer, spricht man von einer „Vergrößerung" (vgl. § 814 HGB a.F.) oder „Erhöhung" (§ 23 Abs. 1 ADS 1919).[291] Vor der VVG-Reform beinhalteten die §§ 813 HGB a.F. ff. Regelungen zu während der der Vertragslaufzeit auftretenden bzw. herbeiführten Gefahrerhöhungen und den entsprechenden Rechtsfolgen (a.). Zum besseren Verständnis und vor dem Hintergrund einer etwaigen Lückenschließung im Wege ergänzender Vertragsauslegung[292] werden die maßgeblichen Normen des VVG

287 Wirtschaftlich haben sowohl die Rechtsfolge der Leistungsfreiheit als auch das Rücktrittsrecht für den VN zur Folge, dass seine Risikoabsicherung entfällt. Zu den Einzelheiten siehe S. 108 ff.

288 *Ritter/Abraham,* Das Recht der Seeversicherung, § 23 ADS 1919, Anm. 4.

289 *Martin*, Sachversicherungsrecht, A III 2.

290 *Ritter/Abraham,* Das Recht der Seeversicherung, § 23 ADS 1919, Anm. 5.

291 *Ritter/Abraham,* Das Recht der Seeversicherung, § 23 ADS 1919, Anm. 5.

292 Eine Lückenschließung im Wege ergänzender Vertragsauslegung hat dann zu erfolgen, wenn Klauseln beispielsweise agb-rechtlich unwirksam sind, vgl. für die im Rahmen dieser Arbeit geprüften Klauseln 24 ff. der DTV-ADS 2009/2018, S. 198 ff.

dargestellt (b.). Um im weiteren Verlauf dieser Arbeit eine AGB-Kontrolle seeversicherungsrechtlicher Bedingungen ausgewählter DTV-ADS 2009/2018-Klauseln durchzuführen, wird folgend geklärt, welche Gesetzesvorschriften nach der VVG-Reform Rechtsgrundlage für die Rechtsfolgen für Informationspflichtverletzungen in der Seeversicherung während der Vertragslaufzeit – und mithin Prüfungsmaßstab einer AGB-Kontrolle – sind (c.). Schließlich folgt kurz die Darstellung der maßgeblichen Klauseln der ausgewählten DTV-ADS 2009/2018 zu vertraglichen Informationspflichtverletzungen (d.).

a) Vorschriften des HGB a.F.

§ 813 HGB a.F. lautete:

> „(1) Wird statt der versicherten Reise, bevor die Gefahr für den Versicherer zu laufen begonnen hat, eine andere Reise angetreten, so ist der Versicherer bei der Versicherung von Schiff und Fracht **von jeder Haftung frei**, bei anderen Versicherungen trägt er die Gefahr für die andere Reise nur dann, wenn die Veränderung der Reise weder von dem Versicherten noch in dessen Auftrag oder mit dessen Zustimmung bewirkt ist.
> (2) Wird die versicherte Reise verändert, nachdem die Gefahr für den Versicherer zu laufen begonnen hat, **so haftet der Versicherer nicht** für die nach der Veränderung der Reise eintretenden Unfälle. Er haftet jedoch für diese Unfälle, wenn die Veränderung weder von dem Versicherten noch in dessen Auftrag oder mit dessen Zustimmung bewirkt oder wenn sie durch einen Notfall verursacht ist, es sei denn, daß sich der Notfall auf eine Gefahr gründet, die der Versicherer nicht zu tragen hat.
> (3) Die Reise ist verändert, sobald der Entschluß, sie nach einem anderen Bestimmungshafen zu richten, zur Ausführung gebracht wird, sollten sich auch die Wege nach beiden Bestimmungshäfen noch nicht geschieden haben. Diese Vorschrift gilt sowohl für die Fälle des Absatzes 1 als für die Fälle des Absatzes 2."

§ 814 HGB a.F. lautete:

> „(1) Wenn von dem Versicherten oder in dessen Auftrag oder mit dessen Zustimmung der Antritt oder die Vollendung der Reise ungebührlich verzögert, von dem der versicherten Reise entsprechenden Weg abgewichen oder ein Hafen angelaufen wird, dessen Angehung als in der versicherten Reise begriffen nicht erachtet werden kann, **oder wenn der Versicherte in anderer Weise eine Vergrößerung oder Veränderung der Gefahr veranlaßt**, namentlich eine in dieser Beziehung erteilte besondere Zusage nicht erfüllt, so haftet der Versicherer nicht für die später sich ereignenden Unfälle.
> (2) Diese Wirkung tritt jedoch nicht ein:
> 1. wenn anzunehmen ist, daß die Vergrößerung oder Veränderung der Gefahr keinen Einfluß auf den späteren Unfall hat üben können;
> 2. wenn die Vergrößerung oder Veränderung der Gefahr, nachdem die Gefahr für den Versicherer bereits zu laufen begonnen hat, durch einen Notfall verursacht ist, es

sei denn, daß sich der Notfall auf eine Gefahr gründet, die der Versicherer nicht zu tragen hat;
3. wenn der Kapitän zu der Abweichung von dem Weg durch das Gebot der Menschlichkeit genötigt worden ist."[293]

§ 816 HGB a.F. lautete:

„Bei der Versicherung von Gütern haftet der Versicherer für keinen Unfall; soweit die Beförderung der Güter nicht mit dem dazu bestimmten Schiff geschieht. Er haftet jedoch nach Maßgabe des Vertrags, wenn die Güter, nachdem die Gefahr für ihn bereits zu laufen begonnen hat, ohne Auftrag und ohne Zustimmung des Versicherten in anderer Art als mit dem zur Beförderung bestimmten Schiff weiter befördert werden oder wenn dies infolge eines Unfalls geschieht, es sei denn, daß sich der Unfall auf eine Gefahr gründet, die der Versicherer nicht zu tragen hat."

b) Vorschriften des VVG

Neben den Regelungen zu vorvertraglichen Informationspflichtverletzungen haben auch die Regelungen des VVG zu vertraglichen Informationspflichtverletzungen Relevanz für die weitere Bearbeitung. Auf Vorschriften des VVG könnte beispielsweise im Rahmen einer ergänzenden Vertragsauslegung zurückzugreifen sein.[294]

Nach § 23 Abs. 1 VVG ist dem VN eine Gefahrerhöhung nicht gestattet. Hervorzuheben ist, dass im Unterschied zu den §§ 813 ff. HGB a.F. nach den §§ 23 VVG ff. die Rechtsfolge der Leistungsfreiheit nur bei **vorsätzlichen** Gefahrerhöhungen eintritt.[295] Ein weiterer Unterschied liegt darin, dass die §§ 23 ff. VVG die Leistungsfreiheit für den Fall von **Anzeigepflichtverletzungen** vorsehen.[296] Die Rechtsfolge der Leistungsfreiheit bei vorsätzlicher oder grob fahrlässiger Gefahrerhöhung (§ 23 Abs. 1 i.V.m. § 26 Abs. 1 S. und S. 2 VVG) tritt grundsätzlich auch (zumindest teilweise) ein, wenn der VN die Gefahrerhöhung nachträglich erkannt, aber vorsätzlich oder grob fahrlässig nicht angezeigt hat, § 23 Abs. 2 i.V.m. § 26 Abs. 2 VVG:

Nach § 23 Abs. 1 VVG darf der VN nach Abgabe seiner Vertragserklärung keine Gefahrerhöhung vornehmen. Sollte dennoch eine Gefahrerhöhung stattfinden, hat der VN diese nach den §§ 23 Abs. 2 und 3 VVG unverzüglich

293 Hervorhebung durch den Verfasser.
294 S. 210 f.
295 Vgl. § 26 Abs. 1 S. 1 VVG.
296 Vgl. §§ 23 Abs. 3 und Abs. 3 i.V.m. § 26 Abs. 2 VVG.

gegenüber dem VR anzuzeigen. Der VR kann gem. § 26 Abs. 1 VVG ganz oder teilweise leistungsfrei werden.

c) Vorschriften des BGB

Nach der ersatzlosen Streichung der Vorschriften des HGB a.F. im Zuge der VVG-Reform stellt sich die Frage, ob nach dem allgemeinen Schuldrecht des BGB eine Pflicht des VN ähnlich der §§ 813 Abs. 1 und Abs. 2 und § 814 Abs. 1 HGB a.F. dahingehend besteht, **Gefahrerhöhungen** während der Vertragslaufzeit zu **unterlassen**. Die Verletzung einer solchen Pflicht könnte den VR auf Rechtsfolgenseite leistungsfrei werden lassen (aa). Ähnlich § 23 Abs. 2 VVG könnte auch eine Pflicht zur **Anzeige** einer Gefahrerhöhung nach dispositivem Recht des BGB bestehen (bb). Eine Pflicht zur Anzeige von Gefahrerhöhungen könnte aus § 241 Abs. 1 BGB folgen, wenn es sich bei der Gefahrerhöhung um einen Anwendungsfall des § 313 BGB handelt. Die Verletzung dieser Anzeigepflicht könnte zur Leistungsfreiheit des VR führen (cc, dd). Der VR kann dann Leistungsfreiheit entweder durch einen **Rücktritt** vom Vertrag oder wirtschaftlich in Form eines – erfolgreich durchgesetzten – **Schadensersatzanspruchs** erreichen. Schließlich wird im Hinblick auf ein mögliches Rückgewährsschuldverhältnis kurz auf das Schicksal bereits gezahlter Prämien im Falle einer Anzeigepflichtverletzung eingegangen (ee).

aa) Leistungsfreiheit als Rechtsfolge einer Gefahrerhöhung

In Betracht kommen die gesetzlichen Rücktrittsrechte aus § 323 BGB und § 324 BGB. Ebenso ist – insbesondere vor dem Hintergrund, dass nach den §§ 813 ff. HGB a.F. der Vertrag aufrechterhalten wurde – auch an einen Schadensersatzanspruch des VR gegen den VN in Höhe der Leistungspflicht zu denken. Sowohl für die Ausübung eines Rücktrittsrechts als auch für die Geltendmachung eines Schadensersatzanspruchs bedarf es einer **Pflichtverletzung.**[297] Eine Gefahrerhöhung im Sinne der §§ 813 HGB a.F. ff. müsste also eine Pflichtverletzung darstellen.

Eine Pflicht zur Nichtvornahme einer Gefahrerhöhung kann aus § 241 Abs. 2 BGB hergeleitet werden. Dieser lautet wie folgt:

---

297 Vgl. z.B. § 323 Abs. 1 BGB oder 324 BGB i.V.m. § 241 Abs. 2 BGB für den Rücktritt, oder an die §§ 241 Abs. 2, 280 Abs. 1 S. 1 i.V.m. § 249 Abs. 1 BGB für einen Schadensersatzanspruch.

„Das Schuldverhältnis kann jeden nach seinem Inhalt zur Rücksicht auf die Rechte, Rechtsgüter und Interessen des anderen Teils verpflichten."

Hieraus folgt, dass die Parteien sich bei der Abwicklung eines Schuldverhältnisses so zu verhalten haben, dass Person, Eigentum und sonstige Rechtsgüter des anderen Teils nicht verletzt werden.[298] „Sonstiges Rechtsgut" ist auch das Vermögen.[299] Der VR kann sein Geschäft, die Absicherung von Risiken gegen Prämienzahlung, nur dann nachhaltig wirtschaftlich betreiben, wenn die Prämie im angemessenen Verhältnis zum tatsächlichen Risiko steht.[300] Zum Schutz des Vermögens des VR ist es daher grundsätzlich erforderlich, dass sich das Risiko nach Vertragsschluss nicht erhöht.[301] Dementsprechend stellt eine Gefahrerhöhung durch den VN auch eine Beeinträchtigung des Vermögens des VR dar. Insoweit ist die **Gefahrerhöhung an sich als** eine Nebenpflichtverletzung im Sinne des § 241 Abs. 2 BGB einzuordnen. Die maßgeblichen Rechtsfolgen einer solchen Nebenpflichtverletzung richten sich nach den Vorschriften über den Schadensersatz nach den §§ 249 ff. BGB oder nach § 324 BGB in Verbindung mit § 346 BGB (Rücktrittsrecht).

bb) Leistungsfreiheit als Rechtsfolge der Nichtanzeige einer Gefahrerhöhung

Weil die §§ 813 ff. HGB a.F. grundsätzlich die Leistungsfreiheit als Rechtsfolge einer Gefahrerhöhung vorsahen, existierte auch **keine gesetzliche Anzeigepflicht** für Gefahrerhöhungen.[302] Nach dem BGB ist der VN jedoch aus § 241 Abs. 2 BGB zur **Anzeige** von Gefahrerhöhungen verpflichtet.

Im Binnenversicherungsrecht ist der VR nur dann vollständig leistungsfrei, wenn der VN die Gefahr vorsätzlich erhöht, § 26 Abs. 1 S. 1 VVG, und die

298 BGH, Urteil vom 13. Januar 2004 – XI ZR 479/02 –, BGHZ 157, 256-269 = NJW-RR 2004, 481-483.

299 *Canaris*, Juristenzeitung 2001, 499, 519.

300 Vgl. *Matusche-Beckmann*, in: Bruck/Möller, 9. Aufl., Vor § 23 VVG, Rn. 3; vgl. zu den Grundlagen der Prämienkalkulation auch *Ganster*, Die Prämienzahlung im Versicherungsrecht, 49.

301 Dieser Schutz wird dann nicht erforderlich sein, wenn der VR im Voraus das Risiko von Gefahrerhöhungen in seine Prämienkalkulation einbezieht oder, worauf noch eingegangen wird, eine Option zur nachträglichen Anpassung der Prämie besteht, S. 81.

302 Der VN konnte aber durch eine Anzeige der Gefahränderung gegenüber dem VR gegebenenfalls eine „Einwilligung" des VR herbeiführen, soweit der VR mit der angezeigten Gefahränderung einverstanden war, siehe *Ritter/Abraham*, Das Recht der Seeversicherung, § 23 ADS 1919, Anm. 27 ff..

Gefahrerhöhung ursächlich für den Eintritt des Versicherungsfalles oder den Umfang der Leistungspflicht ist, § 26 Abs. 3 Nr. 1 VVG. Für den Fall einer nicht vorsätzlichen Gefahrerhöhung sieht das VVG eine **Anzeigepflicht** vor, § 23 Abs. 2 und Abs. 3 VVG. Der VR ist gegen Risiken durch Gefahrerhöhungen über ein **Prämienanpassungsrecht** geschützt, § 25 Abs. 1 S. 1 VVG.[303] Für das Seeversicherungsrecht sahen die Regelungen der die gesetzlichen Bestimmungen des HGB a.F. ersetzenden bzw. ergänzenden ADS 1919[304] ebenfalls ein Prämienanpassungsrecht vor.[305] Aktuelle seeversicherungsrechtliche Klauselwerke erlauben sogar eine Änderung – und damit auch eine Erhöhung – der Gefahr, vgl. z.B. Ziff. 24.1. DTV-ADS 2009/2018.[306] Die Rechtsfolge der Leistungsfreiheit tritt allerdings nur dann ein, wenn der VN gegen seine aus Ziff. 24.2. DTV-ADS 2009/2018 folgende Anzeigepflicht verstößt, Ziff. 24.3. DTV-ADS 2009/2018.

(1) § 241 Abs. 1 S. 1 BGB

Die Pflicht **zur Anzeige** von Gefahrerhöhungen während der Vertragslaufzeit ist – wie folgend im Einzelnen aufgezeigt wird – nicht als Pflicht im Sinne von § 241 Abs. 1 S. 1 BGB einzuordnen, soweit die Parteien kein Prämienanpassungsrecht des VR vereinbaren. Damit ist die Rechtsgrundlage für eine Vertragslösung nicht in § 323 Abs. 1 BGB, sondern in § 324 BGB zu sehen. Diese Erkenntnis ist insofern von Bedeutung für die weitere Bearbeitung, als das § 324 BGB durch das von der Rechtsprechung entwickelte Zumutbarkeitskriterium höhere Anforderungen an die Ausübbarkeit des Rücktrittsrechts stellt als § 323 Abs. 1 BGB. Dies hat auch Einfluss auf die Maßstäbe agb-rechtlicher Inhaltskontrolle von Leistungsfreiheitsklauseln: Die Leistungsfreiheit des VR kann den VN **wirtschaftlich** ähnlich schwer treffen, wie der Rücktritt des VR vom Vertrag. Wenn der VR die Leistungsfreiheit nach dispositivem Recht über einen Rücktritt nach § 323 Abs. 1 BGB herbeiführen kann, deutet dies auf eine Angemessenheit der Leistungsfreiheitklauseln hin.[307]

---

303 *Matusche-Beckmann*, in: Bruck/Möller, 9. Aufl., § 25 VVG, Rn. 5: „Damit ist in der Prämienanpassung an die veränderte Gefahrenlage eine selbstverständliche und sachgemäße Reaktion auf die Gefahrerhöhung zu sehen."

304 Siehe oben unter Rechtsgrundlagen, S. 79 f.

305 Dem VR stand auf Grundlage des § 25 ADS 1919 ein Prämienanpassungsrecht zu, vgl. auch *Ritter/Abraham,* Das Recht der Seeversicherung, § 26 ADS, Anm. 3..

306 *Dreyer*, in: Bruck/Möller, 9. Aufl., Ziff. 24 DTV–2009.

307 Vgl. zur ähnlichen Erwägung im Rahmen der vorvertraglichen Anzeigepflichtverletzung S. 59 und S. 193 zur AGB-Kontrolle der Leistungsfreiheitsklausel in Ziff. 24.2. DTV-ADS 2009/2018.

Die Pflicht zur Anzeige von Gefahrerhöhungen stellt keine „Leistung“ im Sinne des § 241 Abs. 1 BGB dar, soweit die Parteien keine über die essentialia eines Seeversicherungsvertrages hinausgehenden Vereinbarungen getroffen haben. Die Anzeigepflicht ist nämlich **nicht** als „Leistungspflicht“ einzuordnen.[308] Als „Hauptleistungspflichten“ werden solche Pflichten bezeichnet, mit denen ein Schuldverhältnis als solches zur Entstehung gelangt und durch die es in seiner besonderen Eigenart gekennzeichnet wird.[309] Die Pflicht zur **Anzeige** von Gefahrerhöhungen begründet nicht den Seeversicherungsvertrag als solchen. Die Pflicht zur Anzeige von Gefahrerhöhungen ist auch nicht als eine **leistungsbezogene Nebenpflicht** im Sinne von § 241 Abs. 1 S. 1 BGB einzuordnen.[310] Denn leistungsbezogene Nebenpflichten, auch „Nebenleistungspflichten“ genannt,[311] „[…] richten sich insofern auf die Verwirklichung des Leistungserfolgs, als sie der Vorbereitung, der ordnungsgemäßen Durchführung sowie der Sicherung einer Hauptleistung dienen.“[312] Hauptleistungen des Seeversicherungsvertrages sind die Risikoübernahme durch den VR und die Prämienzahlung durch den VN.[313] Bei oberflächlicher Betrachtung ist nicht ersichtlich, inwieweit eine Pflicht zur Anzeige von Gefahrerhöhungen der „Vorbereitung, der ordnungsgemäßen Durchführung sowie der Sicherung einer Hauptleistung“, namentlich der Prämienleistungspflicht des VN dienen könnte. Allerdings wird für die Binnenversicherung zu Ziff. 13.1. S. 1 AHB 2012 vertreten, dass die (vertragliche) Anzeigepflicht von Gefahrerhöhungen eine „leistungsbezogene Nebenpflicht i.S.v. § 241 Abs. 1 BGB“ darstelle.[314] Der VR ist auf

308 Zu den Begrifflichkeiten ausführlich *Olzen*, in: Staudinger, Neubearbeitung 2019, § 241 BGB, Rn. 144, Updatestand 12.08.2020.

309 *Olzen*, in: Staudinger, Neubearbeitung 2019, § 241 BGB, Rn. 146, Updatestand 12.08.2020.

310 So wird für das Binnenversicherungsrecht vertreten, die Anzeigepflicht nach Ziff. 13.1. S. 1 AHB stelle eine leistungsbezogene Nebenpflicht dar: *Koch*, in: Bruck/Möller, 9. Aufl., Ziff. 13 AHB, Rn. 2; *Lücke*, in: Prölss/Martin, 30. Aufl., Ziff. 13 AHB, Rn. 2; *Schimikowski*, in: *Rüffer/Halbach/Schimikowski u. a.* (Hrsg.), Versicherungsvertragsgesetz, Ziff. 13 AHB, Rn. 2; **a.A.** R. *Johannsen*, in: Bruck, 8. Aufl., Anm. E 19; Schneider, in: *Beckmann/Matusche-Beckmann/Armbrüster*, Versicherungsrechtshandbuch, § 25, Rn. 17a.

311 *Olzen*, in: Staudinger, Neubearbeitung 2019, § 241 BGB, Rn. 151 m.w.N., Updatestand 12.08.2020.

312 *Olzen*, in: Staudinger, Neubearbeitung 2019, § 241 BGB, Rn. 152, Updatestand 12.08.2020.

313 S. 56.

314 *Koch*, in: Bruck/Möller, 9. Aufl., Ziff. 13 AHB, Rn. 2 m.w.N.

die Anzeige zur Ermittlung der Berechnungsgrundlagen seines vertraglichen Prämienanspruchs, bzw. eines Prämienanpassungsanspruchs („Beitragsregulierung“, Ziff. 13.2. AHB 2012), angewiesen.[315] Aufgrund des engen Zusammenhanges zwischen Anzeigepflicht des VN, Prämienanpassungsanspruch des VR und der Prämienzahlungspflicht des VN erscheint für Ziff. 13 AHB 2012 sehr gut vertretbar, die Anzeigepflicht des VN als „leistungsbezogene Nebenpflicht“ einzuordnen. Dies gilt umso mehr, wenn man bedenkt, dass der Versicherungsschutz nach Ziff. 3.1. Abs. 2 AHB 2012 abweichend von § 23 Abs. 1 VVG auch im Falle von Gefahrerhöhungen besteht. Ohne ein Prämienanpassungsrecht des VR besteht das Risiko einer erheblichen Störung des Äquivalenzverhältnisses zwischen Prämie und übernommenen Risiko.[316]

Ausgehend von diesen Erwägungen kann eine Pflicht zur Anzeige von Gefahrerhöhungen bei einem Seeversicherungsvertrag nach **dispositivem** Gesetzesrecht auch aus § 241 Abs. 1 BGB folgen. Voraussetzung dafür ist, dass dem See-VR nach dispositivem Gesetzesrecht ein **Prämienanpassungsanspruch** ähnlich Ziff. 13.1. S. 1 AHB 2012 oder § 25 Abs. 1 S. 1 VVG zusteht.[317] Mangels spezialgesetzlicher Vorschriften in der Seeversicherung kann ein solcher Anspruch lediglich auf Vorschriften des allgemeinen Schuldrechts gestützt werden. In Betracht kommt ein Prämienanpassungsanspruch auf Grundlage des § 313 Abs. 1 BGB. Nach dieser Norm besteht ein Anspruch auf Vertragsanpassung, wenn sich Umstände, die zur Grundlage des Vertrages geworden sind, nach Vertragsschluss schwerwiegend geändert hätten, und die Parteien den Vertrag mit einem anderen Inhalt geschlossen hätten, § 313 Abs. 1 BGB. Aus § 313 Abs. 1 BGB folgt weiter, dass der Partei das Festhalten an einem unveränderten Vertrag unter Berücksichtigung aller Umstände des Einzelfalls, insbesondere der

---

315 Vgl. *Koch*, in: Bruck/Möller, 9. Aufl., Ziff. 13 AHB, Rn. 2.

316 Siehe *Boetius*, in: MüKo-VVG, 2. Aufl., § 203 VVG, Rn. 5 zur Prämienanpassung nach § 203 Abs. 2 VVG: „§ 203 verfolgt vor allem den für die Funktionsweise der PKV zentralen Zweck, die dauernde Erfüllbarkeit der Verpflichtungen aus den Versicherungsverträgen sicherzustellen. Im Mittelpunkt dieses Zwecks steht die unbedingte Einhaltung des Äquivalenzprinzips.“; vgl. *Reusch*, in: MüKo-VVG, 2. Aufl., § 25 VVG, Rn. 2, 3.

317 Unabhängig hiervon können die Vertragsparteien, wie z.B. in Klausel 24.4. DTV-ADS 2009/2018 vorgesehen, auch vertraglich ein Prämienanpassungsrecht des VR vereinbaren. Zur Wahrnehmung dieses Anpassungsrechts ist der VR häufig auf eine Mitwirkung des VN bei der Unterrichtung über eine Gefahrerhöhung angewiesen. Klausel 24.2. DTV-ADS 2009/2018 sieht daher eine Anzeigepflicht des VN vor.

vertraglichen oder gesetzlichen Risikoverteilung, **nicht zumutbar** sein darf. Es müsste insbesondere eine „schwerwiegende Äquivalenzstörung“ vorliegen.[318]

Eine solche „schwerwiegende Äquivalenzstörung“ dürfte im Hinblick auf das versicherte Risiko in den meisten Fällen ausscheiden. Es dürfte daher am Tatbestandsmerkmal der „Unzumutbarkeit“ fehlen. Grundsätzlich ist bei der Beurteilung einer schwerwiegenden Veränderung in Ansehung der Grundsätze der „Vertragstreue“ und der Rechtssicherheit als grundlegende Vertragsprinzipien Zurückhaltung geboten.[319] Führte jedwede Veränderung zu einer Vertragsanpassung, hätte dies eine bedenkliche Störung der Rechtsordnung zur Folge.[320] Zwar ist bei Dauerschuldverhältnissen eher eine schwerwiegende Veränderung zu bejahen, als bei Vertragsverhältnissen mit einmaligem Leistungsaustausch.[321] Allerdings sind bei Geschäften mit spekulativem Einschlag strenge Anforderungen an das Merkmal einer schwerwiegenden Veränderung zu stellen.[322] Bei einem Seeversicherungsvertrag handelt es sich sowohl um ein Dauerschuldverhältnis als auch um ein spekulatives Geschäft.[323]

Nach den aufgezeigten Maßstäben besteht ein Anpassungsanspruch nach § 313 BGB des VR bei einem Seeversicherungsvertrag nur dann, wenn der gefahrerhöhende Umstand zu einer massiven Veränderung des Verhältnisses der Prämie zur Risikolage führt. Ob dies der Fall ist, kann nur im konkreten Einzelfall bestimmt werden.

Als Argument gegen einen Anspruch auf Vertragsanpassung ist jedoch folgender Gesichtspunkt zu bedenken: Die Anwendbarkeit des § 313 BGB ist grundsätzlich ausgeschlossen, wenn Gegenstand des Vertrages ausdrücklich eine Risikoübernahme ist.[324] Genau dies ist beim Abschluss eines Seeversicherungsvertrages der Fall: Bei einem Seeversicherungsvertrag gem. § 209 VVG – lediglich unter Vereinbarung der essentialia – besteht eine Allgefahren-Tragung hinsichtlich **aller** Gefahren der Seeschifffahrt.[325] Nach

---

318 Vgl. BGH, Urteil vom 15. April 2016 – V ZR 42/15 – = NJW 2016, 3100-3103.

319 *Böttcher*, in: Erman, § 313 BGB, Rn. 22.

320 *Böttcher*, in: Erman, § 313 BGB, Rn. 22.

321 *Böttcher*, in: Erman, § 313 BGB, Rn. 25.

322 BGH, Urteil vom 01. Juni 1979 – V ZR 80/77 – = NJW 1979, 1818-1820; *Böttcher*, in: Erman, § 313 BGB, Rn. 25.

323 Vgl. oben S. 67 zur Einordnung als Dauerschuldverhältnis.

324 *Grüneberg*, in: Palandt, 80. Aufl., § 313 BGB, Rn. 20.

325 *Ritter/Abraham*, Das Recht der Seeversicherung, § 1 ADS 1919, Anm. 31; § 820 Abs. 1 HGB a.F.: „Der Versicherer trägt alle Gefahren, denen Schiff oder Ladung während der Dauer der Versicherung ausgesetzt sind, [...]“; vgl. auch *Hans-Christoph*

dem Willen des VVG-Reformgesetzgebers ist der Begriff der Seeversicherung im „herkömmlichen Sinne“ zu verstehen.[326] Daher ist bei einem Abschluss eines Seeversicherungsvertrages ohne weitere vertragliche Vereinbarungen eine Allgefahren-Tragung auch Geschäftsgrundlage geworden. Der Anwendungsbereich des § 313 Abs. 1 BGB wird es daher in den meisten Fällen mangels Vorliegens den Tatbestandmerkmals der „Unzumutbarkeit“ nicht eröffnet sein.

Mangels gesetzlichen Prämienanpassungsanspruchs kann eine Pflicht in Gestalt einer „leistungsbezogenen Nebenpflicht“ zur Anzeige von Gefahrerhöhungen daher nicht aus § 241 Abs. 1 BGB hergeleitet werden.

(2) Aufklärungspflicht aus § 241 Abs. 2 BGB

Eine Pflicht zur **Anzeige** von Gefahrerhöhungen folgt – wie auch die Pflicht des **Unterlassens** von Gefahrerhöhungen – allerdings aus § 241 Abs. 2 BGB.

Unter § 241 Abs. 2 BGB fallen auch Aufklärungspflichten.[327] Eine Aufklärungspflicht ist die Pflicht, den anderen Teil über entscheidungserhebliche Umstände zu informieren.[328] Sie betrifft Informationen, nach denen der andere Teil sein früheres Verhalten ausgerichtet hätte.[329] Sie besteht häufig bei Schuldverhältnissen, denen ein gesteigertes Vertrauenselement innewohnt oder ein einseitiger Informationsstands- und Sachkundevorsprung vorhanden ist.[330] Eine Information ist nach Vertragsschluss dann entscheidungserheblich, wenn sie das Vermögen oder andere Rechtsgüter des Vermögens tangiert.[331] Versicherungsverhältnissen liegt für gewöhnlich ein einseitiger Informationsvorsprung des VN zu Grunde, weil dem VN häufig deutlich mehr Informationen über das versicherte Interesse, insbesondere über die Risikosituation, vorliegen.[332]

Enge/Schwampe, Transportversicherung, S. 59 zu § 28 ADS, wonach der VR alle Gefahren der Seeschifffahrt trage. Dies bedeute jedoch nicht, dass der VR auch alle Schäden abdecke: Der VR deckt die Gefahren nur im in den Bedingungen beschriebenen Umfang. Wenn jedoch keine Vertragsbedingungen wirksam einbezogen sind, kann es nur auf § 209 VVG ankommen, der eine Einschränkung des Umfangs nicht vorsieht; der VN darf das Risiko aber nicht aktiv ändern, vgl. *Ritter/Abraham,* Das Recht der Seeversicherung, § 23 ADS 1919, Anm. 9.

326 *Deutscher Bundestag,* Bundestags-Drucksache 16/3945, 115, abgedruckt auf S. 23.

327 *Grüneberg,* in: Palandt, 80. Aufl., § 241 BGB, Rn. 7.

328 *Grüneberg,* in: Palandt, 80. Aufl., § 242 BGB, Rn. 37.

329 *Grüneberg,* in: Palandt, 80. Aufl., § 242 BGB, Rn. 37.

330 *Böttcher,* in: Erman, § 242 BGB, Rn. 93.

331 *Pohlmann,* Die Haftung wegen Verletzung von Aufklärungspflichten, 106.

332 Vgl. dazu oben zu vorvertraglichen Informationspflichten, S. 57.

Der VR kann sein Geschäft, die Absicherung von Risiken gegen Prämienzahlung, nur dann nachhaltig wirtschaftlich betreiben, wenn die Prämie im angemessenen Verhältnis zum tatsächlichen Risiko steht.[333] Um sich gegen Risiken durch Gefahrerhöhungen zu schützen, hat der VR auch ein Interesse daran, von Gefahrerhöhungen so früh wie möglich zu erfahren.[334] Zwar besteht nach dispositivem Gesetzesrecht in der Seeversicherung kein Prämienanpassungsrecht.[335] Erfährt der VR jedoch von einer Gefahrerhöhung, so kann er sich durch die Einholung von **Rückversicherungsschutz** absichern.[336]

(3) Zwischenergebnis

Aufgrund des Interesses des VR an der Einholung von Rückversicherungsschutz im Fall von Gefahrerhöhungen trifft den VN eine aus § 241 **Abs. 2** BGB folgende Aufklärungspflicht. Die Verletzung dieser Aufklärungspflicht kann zu einem Schadensersatzanspruch gem. den §§ 241 Abs. 2, 280 Abs. 1 S. 1 BGB führen. Der Umfang des zu ersetzenden Schadens bestimmt sich in diesem Fall nach den §§ 249 ff. BGB. Der Schaden des VR kann sich aus den negativen Konsequenzen wegen mangelndem Rückversicherungsschutz ergeben.[337] Alternativ könnte die Verletzung der Aufklärungspflicht auch ein Rücktrittsrecht begründen, soweit dem VR das Festhalten am Vertrag nicht mehr zuzumuten ist, § 324 BGB.

cc) Leistungsfreiheit als Konsequenz eines Rücktritts nach § 324 BGB

Der VR kann seiner Pflicht zur Leistung im Ergebnis auch durch die Ausübung eines Rücktrittsrechts entgehen. Wie eingangs dargestellt,[338] kommt ein Rücktrittsrecht nach § 324 BGB in Betracht. Weil der Anwendungsbereich des § 324 BGB im Fall einer Anzeigepflichtverletzung eröffnet ist, hat dies Auswirkungen auf die Angemessenheitskontrolle von vertraglichen Leistungsfreiheitsklauseln nach § 307 Abs. 1 und Abs. 2 BGB.[339]

Die Eröffnung des Anwendungsbereichs des § 324 BGB erscheint wegen der Einordnung des Seeversicherungsvertrages als Dauerschuldverhältnis[340] nur auf

333 S. 58.

334 Für die Seeversicherung: *Ritter/Abraham,* Das Recht der Seeversicherung, § 26 ADS, Anm. 3.

335 S. 81.

336 *Ritter/Abraham,* Das Recht der Seeversicherung, § 26 ADS, Anm. 3.

337 Siehe S. 84, Ausführung zur Aufklärungspflicht aus § 241 Abs. 2 BGB.

338 S. 77.

339 Vgl. dazu unten unter S. 173 f.

340 S. 67.

den ersten Blick problematisch. Bei Dauerschuldverhältnissen ist das Kündigungsrecht aus § 314 BGB im Regelfall nämlich lex specialis zu § 324 BGB.[341]

Allerdings kommt bei Dauerschuldverhältnissen ein „[...] Rücktrittsrecht dann in Betracht, wenn eine vollständige Rückabwicklung unschwer möglich und nach der Interessenlage der Beteiligten sachgerecht ist.“[342] Nach dem Wortlaut des § 324 BGB kann der Gläubiger zurücktreten, wenn der Schuldner eine Pflicht nach § 241 Abs. 2 BGB verletzt hat und dem Gläubiger „[...] ein Festhalten am Vertrag nicht mehr zuzumuten ist.“ Die Nichtanzeige einer Gefahrerhöhung in einem Seeversicherungsvertragsverhältnis ohne Einbeziehung eines gesonderten Vertragswerkes stellt – wie eben dargelegt – in der Regel mangels Prämienanpassungsrechts eine Nebenpflichtverletzung im Sinne des § 241 Abs. 2 BGB dar.[343] Damit ist der Anwendungsbereich des § 324 BGB auf Anzeigepflichtverletzungen eröffnet. Unter welchen Voraussetzungen ein Rücktrittsrecht bei Nichtanzeige einer Gefahrerhöhung ausgeübt werden kann, wird bei Prüfung der Abweichung der Leistungsfreiheitsklausel im Abschnitt zur Eröffnung des Anwendungsbereichs der AGB-Kontrolle geklärt.[344]

dd) Leistungsfreiheit als Konsequenz eines Rücktritts nach § 323 Abs. 1 BGB

Weil die Pflicht zur Anzeige von Gefahränderungen nach dispositivem Gesetzesrecht eine Nebenpflicht im Sinne von § 241 Abs. 2 BGB darstellt, ist der Anwendungsbereich des § 323 Abs. 1 BGB jedenfalls bei fehlender Einbeziehung eines

---

341 BGH, Urteil vom 10. Juli 1968 – VIII ZR 120/66 –, BGHZ 50, 312-316 = WM 1968, 972-973; *Riehm*, in: BeckOGK-BGB, § 324 BGB, Rn. 7, Stand 01.04.2021.

342 BGH, Urteil vom 19. Februar 2002 – X ZR 166/99 – = NJW 2002, 1870-1872; *Schwarze*, Das Recht der Leistungsstörungen, § 15, Rn. 53, 55; Siehe *Schäfers*, Die vorvertragliche Anzeigepflicht des Versicherungsnehmers und das allgemeine Leistungsstörungsrecht, 52 zur Frage, ob § 324 BGB sogar im Falle vorvertraglicher Anzeigepflichtverletzungen anwendbar ist; die parallele Anwendbarkeit des § 324 BGB neben § 314 BGB für Dauerschuldverhältnisse befürwortend auch *Ernst*, in: MüKo-BGB, 8. Aufl., § 324 BGB, Rn. 3.

343 S. 81; anders kann sich die Rechtslage darstellen, wenn ein vertragliches Prämienanpassungsrecht vereinbart wurde, vgl. dazu unten S. 166. In diesem Fall stellt die vertragliche Pflicht zur Anzeige von Gefahrerhöhungen eine leistungsbezogene Nebenpflicht im Sinne von § 241 Abs. 1 BGB dar, da sie dem VR zur Durchsetzung seines Prämienanpassungsrechts dient, sodass das Äquivalenzverhältnis berührt ist.

344 Siehe unten unter S. 174 f.

Vertragswerks nicht eröffnet, denn § 323 Abs. 1 BGB setzt die Verletzung einer Leistungspflicht oder einer leistungsbezogenen Nebenpflicht voraus.[345]

ee) Leistungspflicht als Schaden

Soweit die Parteien kein Recht zur Gefahrerhöhung vereinbaren, liegt in jeder Gefahrerhöhung eine Nebenpflichtverletzung des VN im Sinne von § 241 Abs. 2 BGB.[346] Tritt der Versicherungsfall nach einer Gefahrerhöhung durch den VN ein, ist fraglich, ob die Leistungspflicht an sich einen Schaden im Sinne von § 280 Abs. 1. S. 1 BGB darstellen kann. Dies kann nur dann angenommen werden, wenn und soweit der VR geltend machen kann, durch die Gefahrerhöhung in seinem Integritätsinteresse beeinträchtigt zu sein.[347] Er müsste also beweisen können, dass er ohne die Gefahrerhöhung gar nicht (haftungsbegründende Kausalität) – oder zumindest nicht vollumfänglich (haftungsausfüllende Kausalität) – leistungspflichtig geworden wäre.

ff) Prämienzahlungspflicht

Nach § 813 Abs. 1 und § 814 Abs. 2 HGB a.F. wurde der VR von seiner Verpflichtung zur Leistung frei. Der Vertrag wurde jedoch aufrechterhalten; der VN war nicht von seiner Prämienzahlungspflicht befreit.[348] Soweit der VR **heute** bei Zugrundelegung der dispositiven Rechtslage erfolgreich ein Rücktrittsrecht nach § 324 BGB ausübt, muss der VR bereits gezahlte Prämien nach § 346 Abs. 1 und Abs. 2 S. 1 Nr. 1 BGB an den VN zurückzugewähren. Ein „Prämienverfall" zu Lasten des VN, wie nach dem HGB a.F. vorgesehen, findet nicht statt.[349]

---

345 *Schulze*, in: Schulze, HK-BGB, 10. Aufl., § 323 BGB, Rn. 4.

346 S. 77 f.

347 Vgl. *Riehm*, in: BeckOGK-BGB, § 280 BGB, Rn. 219, Stand 01.04.2021: „Demgegenüber beschreibt das Integritätsinteresse das Interesse des Gläubigers an der Erhaltung seines status quo, dh seines Vermögensstatus, wie er ohne die geschuldete Leistung bestünde (auch: negatives Interesse)."

348 *Ritter/Abraham*, Das Recht der Seeversicherung, 24 ADS 1919, Rn. 7.

349 Ein „Prämienverfall" ist gegeben, wenn der Vertrag aufrechterhalten wird, der VR aber als Rechtsfolge einer Vertragsverletzung leistungsfrei wird, siehe *Harke*, ZVersWiss 2006, 391, 396, zu den Einzelheiten des Begriffs siehe auch S. 109.

d) Klauseln DTV-ADS 2009/2018

In den DTV-ADS 2009/2018 beinhalten die Klauseln 24, 25, 26 DTV-ADS 2009/2018 Regelungen zu Gefahrerhöhung und zur Leistungsfreiheit bei vertraglichen Anzeigepflichtverletzungen (Nichtanzeige einer Gefahrerhöhung).

Ziff. 24 DTV-ADS 2009/2018 lautet:

> „24 Gefahränderung
> 24.1 Der Versicherungsnehmer darf die Gefahr ändern und die Änderung durch einen Dritten gestatten, ohne dass dadurch die sonstigen Rechte und Pflichten der Parteien berührt werden.
> 24.2 Ändert der Versicherungsnehmer die Gefahr oder erlangt er von einer Gefahränderung Kenntnis, so hat er dies dem Versicherer unverzüglich anzuzeigen.
> 24.3 Hat der Versicherungsnehmer eine Gefahrerhöhung nicht angezeigt, so ist der Versicherer von der Verpflichtung zur Leistung frei, es sei denn, die Verletzung der Anzeigepflicht beruhte weder auf Vorsatz noch
> auf grober Fahrlässigkeit oder die Gefahrerhöhung hatte weder Einfluss auf den Eintritt des Versicherungsfalles noch auf den Umfang der Leistungspflicht des Versicherers.
> 24.4 Dem Versicherer gebührt für die Gefahrerhöhung eine zu vereinbarende Zuschlagsprämie, es sei denn, die Gefahrerhöhung war durch das Interesse des Versicherers oder durch ein Gebot der Menschlichkeit veranlasst oder durch ein versichertes, das Schiff bedrohendes Ereignis geboten.
> 24.5 Als Gefahränderung werden insbesondere
> angesehen:
> […]“

Es fällt auf, dass der VN nach Ziff. 24.1 DTV-ADS 2009/2018 im Gegensatz zu § 23 Abs. 1 VVG die Gefahr ändern darf. Ziff. 24.2. sieht wiederum ähnlich den §§ 23 Abs. 2 und 3 VVG eine Anzeigepflicht des VN vor.

Die Klauseln 25 und 26 DTV-ADS 2009/2018 regeln den speziellen Fall der Nichtanzeige des Wechsels der Bereederung beziehungsweise des Wechsels der Klassifikationsgesellschaft und sehen jeweils als Rechtsfolge unter anderem die Leistungsfreiheit des VR vor.

II. Übergang von Ersatzansprüchen

Wegen der hohen praktischen Bedeutung der Rechtsgrundlagen des Übergangs von Ersatzansprüchen[350] werden im Folgenden die Rechtsgrundlagen vor und nach der VVG-Reform dargestellt. § 804 Abs. 1 HGB a.F. sah vor, dass der VR nach Erfüllung seiner Leistungspflicht in die Rechte des VN gegen den Schädiger

350 S. 52.

eintrat. Es handelte sich bei § 804 Abs. 1 HGB a.F. um einen Fall des gesetzlichen Forderungsübergangs.[351]

1. *HGB a.F.*

§ 804 Abs. 1 HGB a.F. lautet:

> „Hat der Versicherer seine Verpflichtungen erfüllt, so tritt er, soweit er einen Schaden vergütet hat, dessen Erstattung der Versicherte von einem Dritten zu fordern befugt ist, in die Rechte des Versicherten gegen den Dritten ein, jedoch unbeschadet der Vorschriften des § 775 Abs. 2 und des § 777 Abs. 2."

2. *VVG*

Auch wenn die Vorschriften des VVG nicht auf die Seeversicherung anwendbar sind,[352] ist zum besseren Verständnis von Ziff. 50.2. DTV-ADS 2009/2018 auch § 86 Abs. 1 VVG für die weitere Bearbeitung von Relevanz. Nach § 86 Abs. 1 VVG geht der Ersatzanspruch des VN gegen einen Dritten auf den VR über, „soweit" dieser den Schaden ersetzt.

3. *Vorschriften des BGB*

Die Ermittlung der Rechtsgrundlagen des BGB ist – wie einleitend dargestellt[353] – für diese Arbeit unter anderem deshalb von Bedeutung, weil sich der Inhalt des Seeversicherungsvertrages im Falle fehlender Einbeziehung von Vertragswerken nach diesen Rechtsgrundlagen bestimmt; zudem ist ausgehend von eben diesen Rechtsgrundlagen zu entscheiden, ob der Anwendungsbereich einer AGB-Kontrolle eröffnet ist und ob eine konkrete Vertragsbedingung einer AGB-Kontrolle standhält.[354]

a) § 255 BGB

In Betracht kommt eine Anwendbarkeit des § 255 BGB.[355] § 255 BGB setzt seinem Wortlaut nach zunächst den „Verlust einer Sache oder eines Rechts" voraus.

---

351 *Ritter/Abraham*, Das Recht der Seeversicherung, § 45 ADS 1919, Anm. 14; **a.A.** im Zusammenhang mit AVB RG, Urteil vom 22. Dezember 1919 – I 161/19 –, RGZ 97, 318-323.

352 S. 40.

353 S. 53.

354 Vgl. bereits zu den vorvertraglichen Anzeigepflichten S. 59 f.

355 Für das Seeversicherungsrecht: *Ritter/Abraham*, Das Recht der Seeversicherung, § 45 ADS 1919, Anm. 4; *Bodis*, Transportrecht 2008, 1, 11; Vgl. auch Schlegelberger,

Ein Schiff ist eine Sache im Sinne des § 90 BGB. Damit ist § 255 BGB seinem Wortlaut nach im Hinblick auf das Merkmal „Sachen“ anwendbar, soweit ein Schiff **verloren** gegangen ist.

aa) „Verlust“ durch Verlust des Sachbesitzes

Unter „Verlust“ fällt jedenfalls der bloße Verlust des **Sachbesitzes** an einen Dritten, wenn dieser Schadensersatz für den Besitzverlust zu leisten hat oder ein anderer die Sache erwirbt.[356] Für die Seeversicherung bedeutet dies, dass § 255 BGB dann anwendbar sein kann, wenn der VN in Folge einer Handlung des Schädigers keinerlei Besitzform an seinem Schiff mehr innehat. Dies ist im Falle von Piraterie oder sonstiger verbotener Eigenmacht im Sinne des § 858 Abs. 1 BGB denkbar. Der Besitz am Schiff kann zudem auch dann beendet werden, wenn der Besitzer die tatsächliche Gewalt über die Sache aufgibt, oder in „anderer Weise verliert“, § 856 Abs. 1 BGB. Ein Besitzverlust auf „andere Weise“ kann dann vorliegen, wenn das Schiff sinkt und eine Bergung des Schiffes nicht möglich ist, oder vom Besitzer nicht beabsichtigt ist.[357] Im Lichte des § 255 BGB dürfte das Vorliegen des Merkmals „Verlust“ jedoch zu verneinen sein, wenn eine Bergung zwar möglich, aber aufgrund eigenverantwortlicher Entscheidung des VN unterbleibt. § 255 BGB setzt nämlich seinem Wortlaut nach voraus, dass dem Geschädigten **Ersatzansprüche** gegen einen Schädiger zustehen. Soweit die Bergung eins untergegangenen Schiffs aufgrund eigenverantwortlicher Entscheidung des VN unterbleibt, fehlt es an einer dem Schädiger zurechenbaren Kausalität zwischen der Schädigungshandlung (z.B. zum Sinken führende Kollisionshandlung) und den durch die unterlassene Bergung verursachten Folgen. In

---

3. Aufl., § 45 ADS 1919, Anm. 7 ff.; Allgemein beispielsweise *Wandt*, Versicherungsrecht, Rn. 956: „Einen anderen Regressweg böte § 255 BGB […]“; *Voit*, in: Bruck/Möller, 8. Aufl., § 86 VVG, Rn. 7, stellt § 255 BGB im Kontext von § 86 VVG und § 116 SGB X dar, und kommt zu dem Ergebnis, dass in § 86 VVG ein Mittelweg zwischen § 116 SGB X und § 255 BGB zu sehen sei; a.A. *Stamm*, Regreßfiguren im Zivilrecht, 30, 32.

356 Vgl. *Bittner/Kolbe*, in: Staudinger, 18. Bearbeitung., § 255 BGB, Rn. 19; *Grüneberg*, in: Palandt, 80. Aufl., § 255 BGB, Rn. 4 ff.; umstritten ist hingegen, ob § 255 BGB auch dann anwendbar sein ist, wenn ein Anderer Eigentum an der Sache erwirbt und die Sache untergeht: *Bittner/Kolbe*, in: Staudinger, 18. Bearbeitung., § 255 BGB, Rn. 29 ff. z.B. differenzieren nach einem „Liquiditätsrisiko“: § 255 BGB sei nur dann anwendbar, wenn der Anspruch des Geschädigten einem „besonderen Liquiditätsrisiko“ (Rn. 31a) ausgesetzt ist.

357 RG, Urteil vom 26. Oktober 1932 – I 180/32 –, RGZ 138, 118-122.

diesem Fall dürfte auch ein Schadensersatzanspruch gem. § 823 Abs. 1 BGB ausscheiden. Aus den vorgehenden Erwägungen folgt, dass ein „Verlust" im Sinne des § 255 BGB dann vorliegen kann, wenn eine Bergung des Schiffes unmöglich im Sinne des § 275 Abs. 1 oder Abs. 2 BGB ist.[358] Dies ist z.B. in dem Fall denkbar, in dem das Schiff mehrere tausend Meter unter der Wasseroberfläche liegt.

bb) „Verlust" bei Eigentumsbeeinträchtigung durch Beschädigung der Sache

Eine Eigentumsbeeinträchtigung durch „bloße Beschädigung der Sache" kann nicht unter den Wortlaut des § 255 BGB subsumiert werden.[359] Eine teleologische Auslegung führt jedoch dazu, eine Beschädigung dann als „Verlust" zu werten, wenn die Beschädigung so weit geht, dass „die Sache praktisch wertlos" ist.[360] Auch ein untergegangenes oder schwer beschädigtes Schiff wird jedoch bereits alleine in Ansehung seines Materialwertes höchst selten „praktisch wertlos" sein. Vom Merkmal „Verlust von Sachen" **nicht erfasst** ist die **bloße Beeinträchtigung der Substanz** des Schiffes.

b) Analoge Anwendung des § 255 BGB

Im allgemeinen Zivilrecht wird die analoge Anwendung des § 255 BGB auch auf solche Ansprüche befürwortet, die nicht auf dem Eigentum beruhen.[361] Der VVG-Reformgesetzgeber hat sich mit der ersatzlosen Streichung der §§ 778 ff. HGB a.F. jedoch bewusst auch für ein Entfallen des § 804 Abs. 1 HGB

---

358 Hierfür spricht auch die Wertung vor dem Hintergrund der Art. 1 ff. des Internationalen Übereinkommens von Nairobi von 2007 über die Beseitigung von Wracks: Nach Art. 9 Abs. 2 des Übereinkommens hat der Eigentümer die Pflicht, dass Wrack zu beseitigen, wenn es eine Gefahr darstellt. Hieraus kann gefolgert werden, dass der Eigentümer des Schiffs, der zugleich auch als mittelbarer Besitzer im Sinne des § 854 Abs. 1 BGB anzusehen ist, sich jedenfalls bei Vorliegen einer „Gefahr" im Sinne des Übereinkommens nicht durch bloßen Willensentschluss vom Besitz am Schiff lösen kann.

359 *Bittner/Kolbe*, in: Staudinger, 18. Bearbeitung, § 255 BGB, Rn. 32; *Oetker*, in: MüKo-BGB, 8. Aufl., § 255 BGB, Rn. 10.

360 *Oetker*, in: MüKo-BGB, 8. Aufl., § 255 BGB, Rn. 10; *Röver*, in: BeckOGK-BGB, § 255 BGB, Rn. 23, Stand 15.08.2021, allerdings mit dem argumentum a maiore ad minus dahingehend, dass der „Verlust" der Sache auch die „Zerstörung" umfasse; eine analoge Anwendung des § 255 BGB befürwortend *Ebert*, in: Erman, § 255 BGB, Rn. 2; a.A. *Bittner/Kolbe*, in: Staudinger, 18. Bearbeitung, § 255 BGB, Rn. 32.

361 Vgl. *Bittner/Kolbe*, in: Staudinger, 18. Bearbeitung, § 255 BGB, Rn. 45 m.w.N..

a.F. entschieden. Aus diesem Grund fehlt es an einer planwidrigen Regelungslücke. Daher hat die Frage nach einer analogen Anwendbarkeit des § 255 BGB für die weitere Bearbeitung keine Relevanz.

c) Regelung des § 426 BGB

§ 426 Abs. 2 S. 1 i.V.m. § 421 BGB (gesetzlicher Forderungsübergang) könnte anwendbar sein.[362] Vorliegend mangelt es zwar am Merkmal der „Gleichstufigkeit", dennoch liegt aus Wertungsgesichtspunkten ein Gesamtschuldverhältnis vor. Voraussetzung für die Eröffnung des Anwendungsbereichs der §§ 426 Abs. 1 S. 1, 421 BGB ist zunächst das Vorliegen der entsprechenden Tatbestandsmerkmale.

Grundvoraussetzung für das Bestehen eines Gesamtschuldverhältnisses im Sinne des § 421 BGB ist, dass verschiedene Verpflichtete dieselbe Leistung ganz erbringen müssen, und der Gläubiger die Leistung nur einmal fordern kann.[363] Als zur Leistung Verpflichtete kommen sowohl der Schädiger als auch der VR in Betracht. Ein Gesamtschuldverhältnis ist nur gegeben, wenn der VN „die Leistung nur einmal zu fordern berechtigt ist". Über den Wortlaut des § 421 BGB hinaus muss nach hier vertretener Ansicht das sogenannte Merkmal der „Gleichstufigkeit" erfüllt sein. Dieses liegt auch in der hier geprüften Konstellation vor:

aa) Merkmal „Eine Leistung"

Das Merkmal „eine Leistung" ist vorliegend erfüllt. Wenn eine Sache des VN beschädigt wird, stehen dem VN in der Regel eigene Schadensersatzansprüche aus § 823 Abs. 1 BGB oder anderen deliktischen Anspruchsgrundlagen zu. Bestehen vertragliche Beziehungen zwischen Schädiger und VN, kommen auch vertragliche Schadensersatzansprüche aus dem jeweiligen Vertragsverhältnis in Verbindung mit § 280 Abs. 1 S. 1 BGB in Betracht. Wenn der VN einen Seeversicherungsvertrag geschlossen hat, steht ihm **auch** ein Anspruch gegen den VR auf Zahlung der Versicherungsleistung zu. Dieser

---

362 Zum mit § 804 HGB a.F. vergleichbaren § 45 ADS 1919 siehe *Ritter/Abraham,* Das Recht der Seeversicherung, § 45 ADS 1919, Anm. 11, und insb. 14: „Doch ist in dieser Vorschrift ein Prinzip zu sehen, welches sich regelmäßig im Anschluß an gesetzliche Forderungsübergänge im Bürgerlichen Gesetzbuch und in anderen Gesetzen findet (BGB §§ 268, 426, 274)[...]."; siehe auch *Meinert,* Das Bereicherungsverbot im deutschen Seeversicherungsrecht, 155.

363 *Looschelders,* in: Staudinger, 16. Bearbeitung, § 421 BGB, Rn. 1, Stand 18.03.2021.

Anspruch hat seinen Rechtsgrund in dem Versicherungsvertrag und nicht im Deliktsverhältnis des VN zum Schädiger. Das Tatbestandsmerkmal „eine Leistung“ ist weit zu auszulegen.[364] „Eine Leistung“ im Sinne des § 421 BGB ist gegeben, wenn ein Schadensersatzanspruch des Gläubigers auf dasselbe Interesse gerichtet ist, wie das primäre Interesse des Gläubigers.[365] In der vorliegenden Konstellation ist das Interesse des VN an Freistellung durch den VR von den Ersatzansprüchen des Geschädigten und sein Interesse am Erhalt der Versicherungssumme identisch.

Diese Leistung ist der VN „nur einmal zu fordern berechtigt“. Eine Auslegung des Merkmals „nur einmal zu fordern berechtigt“ allein nach dem Wortlaut erscheint wenig zielführend. Im vorliegenden Fall steht dem VN ein Anspruch aus einem Rechtsverhältnis mit dem Schädiger, und ein Anspruch aus dem Versicherungsvertrag gegenüber dem VR zu. Aus beiden Rechtsbeziehungen ist der VN **jeweils** nur „einmal“ berechtigt. Dem Wortlaut des § 421 BGB kann jedoch nicht entnommen werden, ob und wenn ja mit welcher Begründung dem VN die Inanspruchnahme des jeweils anderen Schuldners versagt wäre, wenn er von einem der beiden Schuldner bereits eine Leistung erhalten hätte.

Der VN hat ein „einmaliges“ Forderungsrecht, weil die Leistung durch den Schädiger oder durch den VR zu einem Erlöschen der Schuld des jeweils anderen führt.[366] Dabei tritt Erfüllung für den Leistenden gem. § 362 BGB ein, für den Nichtleistenden gem. § 422 Abs. 1 S. 1 BGB („wechselseitige Tilgungsgemeinschaft“).[367] Auch vor dem Hintergrund dieser Erwägungen ist aber noch nicht geklärt, ob die weiteren Voraussetzungen für ein Gesamtschuldverhältnis im Sinne des § 421 BGB vorliegen.

bb) Merkmal der „Gleichstufigkeit“

Wie im Folgenden aufgezeigt wird, muss das Merkmal der „Gleichstufigkeit“ grundsätzlich erfüllt sein. Ein Gesamtschuldverhältnis im Sinne des § 421 BGB liegt grundsätzlich dann vor, wenn keiner der Schuldner von vornherein als der Leistung näherstehend primär verpflichtet ist (Merkmal der

364 *Looschelders*, in: Staudinger, § 421 BGB, 16. Bearbeitung, Rn. 17, Stand 18.03.2021.

365 Vgl. BGH, Urteil vom 05. Juli 2016 – XI ZR 254/15 – = NJW 2017, 61-64; BGH, Urteil vom 19. Dezember 1968 – VII ZR 23/66 – = NJW 1969, 653 „hart an der Grenze zur inhaltlichen Gleichheit“.

366 Vgl. *Looschelders*, in: Staudinger, § 421 BGB, 16. Bearbeitung, Rn. 19, Stand 18.03.2021

367 *Looschelders*, in: Staudinger, § 421 BGB, 16. Bearbeitung, Rn. 19, Stand 18.03.2021.

„Gleichstufigkeit").[368] Dies spricht in der hier untersuchten Konstellation in der (See-)Versicherung grundsätzlich gegen die Bejahung eines Gesamtschuldverhältnisses: Der Schädiger ist als der Leistung von vornherein Näherstehende – und damit als primär Verpflichtete – anzusehen.[369] Für diese grundsätzliche Einordnung spricht, dass der Schädiger durch sein Verhalten erst die Ursache dafür setzt, dass der VN einen Anspruch gegen den VR aus dem Versicherungsvertrag geltend machen kann.

cc) Anwendbarkeit der §§ 421 ff. BGB unter Wertungsgesichtspunkten

Es ist jedoch vor dem Hintergrund von Sinn und Zweck ausnahmsweise ein Gesamtschuldverhältnis im Sinne des § 421 BGB zu bejahen. Dies ergibt sich aus der Interessenlage der Beteiligten; das Berücksichtigen der Interessenslage der Beteiligten ist Bestandteil der teleologischen Auslegung.[370]

Die Anwendbarkeit der §§ 421 ff. BGB wird von der höchstrichterlichen Rechtsprechung auch dann bejaht, wenn „[…] die Interessenlage zwischen verschiedenen Schuldnern […] eine Aufteilung der Verbindlichkeit entsprechend diesen Bestimmungen […] [gebietet]."[371]

---

368 BGH, Urteil vom 26. Juni 2003 – VII ZR 126/02 – = NJW 2003, 2980-298; BGH, Urteil vom 28. Oktober 1997 – X ZR 157/96 – = NJW 1998, 537-540; BGH, Urteil vom 22. Oktober 1992 – IX ZR 244/91 – = NJW 1993, 585-588; für ein zunächst „weites Gesamtschuldverständnis" *Looschelders*, in: Staudinger, § 421 BGB, 16. Bearbeitung, Rn. 33, Stand 18.03.2021, der jedoch in einem zweiten Schritt nach Ausarbeitung systematischer und teleologischer Gründe Fallgruppen herausarbeiten will, die dem Anwendungsbereich der §§ 421 ff. BGB entgegenstehen.

369 Allgemein: *Kreße*, in: BeckOGK-BGB, § 421 BGB, Rn. 41, Stand 01.06.2021; vgl. auch *Heinemeyer*, in: MüKo-BGB, 8. Aufl., § 421 BGB, Rn. 13.

370 *Larenz/Canaris*, Methodenlehre der Rechtswissenschaft, 153: „Ziel muss es sein, eine Ausgewogenheit im Sinne der optimalen Berücksichtigung der im Spiele befindlichen Interessen herzustellen."

371 BGH, Urteil vom 22. Oktober 1992 – IX ZR 244/91 – = NJW 1993, 585-588: "Indessen hat die Rechtsprechung des Bundesgerichtshofs die Vorschriften über die Gesamtschuld schon mehrfach auch dann unmittelbar oder analog angewandt, wenn zwar eines der Tatbestandsmerkmale des § 421 Satz 1 BGB fehlte, die Interessenlage zwischen verschiedenen Schuldnern jedoch eine Aufteilung der Verbindlichkeit entsprechend diesen Bestimmungen gebot. So werden der auf Schadensersatz in Geld haftende Architekt und der zur Beseitigung des Mangels verpflichtete Bauunternehmer als Gesamtschuldner behandelt, obwohl sie nicht die gleiche Leistung schulden; unerläßliche Voraussetzung sei lediglich, daß dem Gläubiger mehrere Schuldner in der Weise haften, daß er sich mit der Leistung eines von ihnen zufriedengeben

(1) Interessen des Schädigers

Für den Schädiger besteht die Gefahr, dass er an den VN leistet, obwohl dieser bereits die Versicherungssumme vom VR erhalten hat. In diesem Fall tritt die Erfüllung im Hinblick auf den Anspruch des VN durch die Leistung des VR nach § 422 Abs. 1 S. 1 BGB ein. Der Schädiger hat dann an den VN geleistet und muss gleichzeitig mit einer Inanspruchnahme durch den VR nach den §§ 426 Abs. 2, 421 BGB rechnen. Der Schädiger trägt das Insolvenzrisiko des VN; die ihm aus den §§ 812 ff. BGB zustehenden Ansprüche gegen den VN sind möglicherweise nicht durchsetzbar. Dieses Risiko entfällt, wenn die §§ 421 ff. BGB nicht anwendbar sind. In der Folge hat die Leistung des VR an den VN nicht automatisch Erfüllungswirkung: Der VN muss also **aktiv** eine Abtretung seiner Ansprüche gegen den Schädiger an den VR nach den §§ 398 ff. BGB vollziehen. Der Schädiger ist in dieser Konstellation durch § 407 Abs. 1 S. 1 BGB geschützt, wenn er die Abtretung des VN an den VR nicht kannte. Aus § 407 Abs. 1 S. 1 BGB folgt, dass der der VR die Leistung des Schädigers an den VN in diesem Fall gegen sich gelten lassen muss. Die Leistung an den VN hat dann anders als bei Bejahung eines Gesamtschulverhältnisses befreiende Wirkung für den Schädiger.

(2) Interessen des VR

Der VR hat wiederum ein großes Interesse an einem Anspruchsübergang kraft Gesetzes. Im Fall von in Unkenntnis der Abtretung an den VR geleisteten Zahlungen des Schädigers trägt der VR bei Nichtanwendbarkeit der §§ 421 ff. BGB das Insolvenzrisiko des VN. Grund hierfür ist wie eben ausgeführt die Erfüllungswirkung zugunsten des Schädigers nach § 407 Abs. 1 S. 1 BGB. Sofern der VR bereits an den VN geleistet hat, dürfte die Durchsetzung eines möglichen Anspruchs auf Abtretung der Ersatzansprüche gegenüber dem VN schwer möglich sein, weil der VR so ein möglicherweise bestehendes Zurückbehaltungsrecht an der Versicherungsleistung nicht mehr geltend machen kann.[372]

---

müsse [...]."; vgl. auch Vgl. BGH, Urteil vom 08. November 1965 – II ZR 223/64 –, MDR 1966, 218-219; BGH, Urteil vom 22. März 1988 – X ZR 64/87 –, NJW 1988, 1976-1977.

372 Vgl. dazu auch die nachfolgenden Ausführungen dazu, inwieweit ein Anspruch auf Abtretung überhaupt besteht.

(3) Interessensabwägung

Im Hinblick auf die widerstreitenden Interessen fällt eine Interessenabwägung zu Gunsten des VR aus. Der Schuldnerschutzvorschrift des § 407 Abs. 1 BGB muss zwar grundsätzlich ein hoher Stellenwert beigemessen werden. Allerdings wird im hier untersuchten Fall eines Seeschiffschadens der Schädiger erheblichen Anlass dazu haben, von einem bestehenden Versicherungsvertrag zugunsten des Geschädigten (VN) auszugehen, weil eine Absicherung durch einen Versicherungsvertrag angesichts der hohen Risikosummen als üblich anzusehen ist. Es fehlt in der Regel also das Merkmal der fehlenden Kenntnis der Abtretung. Zu klären ist in diesem Zusammenhang, welche Anforderungen an eine Kenntnis des Schädigers zu stellen sind. Es ist allgemein anerkannt, dass auch die glaubwürdige Kenntnis von den eine Abtretung begründenden Tatsachen für die Bejahung einer Kenntnis nach § 407 Abs. 1 BGB ausreicht.[373] Jedenfalls bei den im Seekasko-Bereich zu erwartenden Schadenssummen muss ein Kaufmann von einer Versicherung zugunsten des Geschädigten ausgehen. Dieses Wissen wird den Schädiger wiederum auf eine Abtretung schließen lassen müssen: Gerade im Hinblick auf die hohen Schadenssummen in der Kaskoversicherung ist davon auszugehen, dass ein VR die Versicherungsleistung nur gegen Abtretung der Schadensersatzansprüche erbringen wird.[374] Insofern ist – jedenfalls soweit keine anderweitigen Anhaltspunkte vorliegen – eine Kenntnis des Schädigers von einer Abtretung der Schadensersatzansprüche an den VR zu bejahen. Für die Seekaskoversicherung sind keine Konstellationen denkbar, in denen der Schädiger an den VN leistet, ohne „Kenntnis" von einer Abtretung von Ansprüchen an den VR zu haben. Wenn der Schädiger im Hinblick auf die Seekaskoversicherung aber ohnehin davon ausgehen muss, dass eine Abtretung erfolgt ist oder jedenfalls erfolgen wird, besteht auch kein Bedürfnis nach Schutz durch den § 407 Abs. 1 S. 1 BGB. Wenn kein Bedürfnis des Schutzes des Schädigers vor dem Insolvenzrisiko des VN besteht, ist das Interesse des VR an einer Verlagerung des Insolvenzrisikos des VN auf den Schädiger interessengerechter. Zudem würde so dem Bedürfnis des VR nach schneller Abwicklung Rechnung getragen. Hiervon profitiert auch der VN, weil er ebenfalls auf eine schnelle

---

373 RG, Urteil vom 23. September 1921 – II 61/21 –, RGZ 102, 385-388; OLG Oldenburg, Urteil vom 06. März 1986 – 1 U 164/85 –, WM 1986, 1277, 1278; *Rohe*, in: Bamberger/Roth, 3. Aufl., § 407 BGB, Rn. 12; Grüneberg, in: Palandt, 80. Aufl., § 407 BGB, Rn. 6; *Busche*, in: Staudinger, § 407 BGB, 16. Bearbeitung, Rn. 31.

374 Dafür spricht auch, dass im Binnenversicherungsrecht ein Übergang kraft Gesetzes gem. § 86 VVG vorgesehen ist.

Abwicklung angewiesen sein wird und Verzögerungen in der Abwicklung auch ihn benachteiligen.

Die Auslegung nach Sinn und Zweck führt zu dem Ergebnis, dass zwischen Schädiger und VR in der Seeversicherung ein Gesamtschuldverhältnis im Sinne des § 421 BGB besteht.

d) § 426 Abs. 1 S. 1 BGB

Der **Umfang** des nach § 426 Abs. 2 S. 1 BGB auf den leistenden Gesamtschuldner übergehenden Anspruchs bestimmt sich nach dem Innenverhältnis zwischen den Gesamtschuldnern, nämlich im Ausmaß der Ausgleichsberechtigung nach § 426 Abs. 1 S. 1 BGB.[375] Im Grundsatz sind die Gesamtschuldner untereinander zu gleichen Teilen verpflichtet.[376] Gem. § 426 Abs. 1 S. 1 BGB steht jedem Gesamtschuldner ein **eigener** Anspruch gegen den anderen Gesamtschuldner zu. Dieser entsteht als **selbstständiger** Anspruch bereits mit der Begründung des Gesamtschuldverhältnisses.[377] Im Fall der Seeversicherung entsteht der Anspruch also mit Eintritt des schädigenden Ereignisses. Dieser Anspruch kann in Form eines Befreiungsanspruchs oder nach Leistung an den gemeinsamen Gläubiger in Form eines Ausgleichsanspruchs gegeben sein.[378]

Wenn der VR an den VN leistet, steht dem VR gegen den Schädiger zum einen ein Ausgleichsanspruch nach § 426 Abs. 1 S. 1 BGB zu. Für den Fall von Leistungspflichten einer Mehrheit von Seeversicherern ist § 426 Abs. 1 S. 1 BGB anwendbar.[379]

e) § 426 Abs. 2 S. 1 BGB

Zum anderen geht die Gläubigerforderung des VN gegen den Schädiger gem. § 426 Abs. 2 S. 1 BGB kraft Gesetzes auf den VR über („**Legalzession**"), soweit ein Gesamtschuldner den VN befriedigt.[380] Die übergegangene Forderung und der Ausgleichsanspruch aus § 426 Abs. 1 S. 1 BGB stehen selbstständig nebeneinander.[381]

---

375 *Heinemeyer*, in: MüKo-BGB, 8. Aufl., § 426 BGB, Rn. 42.

376 *Böttcher*, in Erman, § 426 BGB, Rn. 15.

377 BGH, Urteil vom 08. November 2016 – VI ZR 200/15 – = VersR 2017, 170-173.

378 *Grüneberg*, in: Palandt, 80. Aufl., § 426 BGB, Rn. 4 – 6

379 *Schleif*, Seerechtsschutzversicherung, 14 ff..

380 *Heinemeyer*, in: MüKo-BGB, 8. Aufl., § 426 BGB, Rn. 42.

381 BGH, Urteil vom 15. Januar 1988 – V ZR 183/86 – = NJW 1988, 1375-1378; *Grüneberg*, in: Palandt, 80. Aufl., § 426 BGB, Rn. 16.

f) *Verhältnis von § 426 Abs. 2 S. 1 BGB zu § 255 BGB im Fall des „Verlustes“*

Vorgehend wurde festgestellt, dass § 255 BGB im Fall des „Verlustes“ des Schiffes anwendbar ist.[382] Im Hinblick auf die Seeversicherung erscheint aber bereits der praktische Anwendungsbereich des § 255 BGB eng: Ein „Verlust“ im Sinne des § 255 BGB liegt bei Besitzverlust durch verbotene Eigenmacht oder infolge eines schuldhaft herbeigeführten Sinkens des Schiffes mit der Folge unmöglicher Bergung vor. Weiterhin ist § 255 BGB in dem seltenen Fall anwendbar, in dem das Schiff infolge einer Beschädigung der Sachsubstanz „praktisch keinen Wert“ mehr hat.

Es stellt sich trotz des engen Anwendungsbereichs des § 255 BGB die Frage, in welchem Verhältnis die Normen des § 255 BGB und des § 426 Abs. 2 S. 1 BGB stehen, wenn ein Fall des Besitzverlustes infolge schuldhaft herbeigeführten Sinkens oder vollständiger Wertlosigkeit gegeben ist. Die Beantwortung dieser Frage ist für die weitere Bearbeitung auch deshalb von Relevanz, weil sie bereits Auswirkungen darauf hat, ob Ziff. 50.2. DTV-ADS 2009/2018 im Sinne von § 307 Abs. 3 S. 1 BGB von einer „gesetzlichen Bestimmung“ abweicht.[383] Soweit ein dinglicher Herausgabeanspruch des Gläubigers gegeben ist, ist § 255 BGB alleine anwendbar.[384] Für die vorgestellten Konstellationen in der Seeversicherung bedeutet dies, dass § 255 BGB dann heranzuziehen ist, wenn dem VN der Besitz am Schiff durch verbotene Eigenmacht, etwa durch Piraterie entzogen wurde. Soweit nicht der Herausgabeanspruch – wie im Fall der verbotenen Eigenmacht durch Piraterie – selbst betroffen ist, ist das Verhältnis von § 255 BGB zu § 426 BGB problematisch.[385]

Für den Fall, dass ein „Verlust“ aufgrund **unmöglicher Bergung** oder aufgrund **praktischer Wertlosigkeit** des Schiffs gegeben ist, spricht unter Berücksichtigung von Wertungsgesichtspunkten vieles für eine Anwendbarkeit des § 426 Abs. 2 BGB: § 255 BGB setzt eine „abgestufte Haftung und eine unechte

---

382 Siehe oben S. 89.

383 Siehe dazu S. 204 f.

384 *Bittner/Kolbe*, in: Staudinger, 18. Bearbeitung, § 255 BGB, Rn. 13.

385 Generell einen Vorrang des § 255 BGB befürwortend *Thiele*, Juristische Schulung 1968, 149, 155; *Börnsen*, Strukturen der Gesamtschuld, 187; einen Vorrang der §§ 421 ff. befürwortend *Rüßmann*, Juristische Schulung 1974, 292, 298; *Stamm*, Regreßfiguren im Zivilrecht, 72 ff., 83; *Stamm*, NJW 2003, 2940, 2940 ff.; *Looschelders*, in: Staudinger, § 421 BGB, 16. Bearbeitung, Rn. 30 f., Stand 18.03.2021.

Gesamtschuld voraus."[386] Eine Anwendung des § 255 BGB bei mehreren Schuldnern kann dann angezeigt sein, wenn „[…] der zunächst in Anspruch genommene Schuldner das Risiko der Durchsetzung des abgetretenen Anspruchs voll tragen soll."[387]

Eine „abgestufte Haftung" zwischen VR und Schädiger liegt jedoch im Hinblick auf die fehlende Schutzbedürftigkeit des Schädigers aus Wertungsgesichtspunkten gerade nicht vor.[388] Der VR soll das Insolvenzrisiko des VN aus Wertungsgesichtspunkten gerade nicht tragen.[389] Aus diesem Gründen ist § 426 Abs. 2 BGB auch im Fall des Untergangs des Schiffes und unmöglicher Bergung oder „praktischer Wertlosigkeit" anstelle des § 255 BGB anzuwenden.[390]

g) Zusammenfassung

Nach ersatzloser Streichung des § 804 Abs. 1 HGB a.F. wird der entsprechende Lebenssachverhalt nach dispositivem Recht für die Seeversicherung durch § 426 Abs. 2 S. 1 BGB geregelt, soweit nicht ein Fall des Besitzverlustes durch verbotene Eigenmacht („Piraterie") vorliegt. Im Fall verbotener Eigenmacht ist § 255 BGB anzuwenden. Für den Fall unmöglicher Bergung nach Sinken des Schiffes oder „praktischer Wertlosigkeit" ist aus Wertungsgesichtspunkten § 426 Abs. 2 S. 1 BGB sowie § 426 Abs. 1 S. 1 BGB anzuwenden. Dies gilt auch für Fälle aller anderen Beschädigungen, da diese nicht unter § 255 BGB subsumiert werden können.

4. Ziff. 50.2. DTV-ADS 2009/2018.

Ziff. 50.2. DTV-ADS 2009/2018 lautet:

---

386 *Ebert*, in: Erman, § 255 BGB, Rn. 4a.

387 Vgl. *Bittner/Kolbe*, in: Staudinger, 18. Bearbeitung, § 255 BGB, Rn. 15: „Auch jenseits dieses Kernbereichs kann § 255 BGB greifen, wenn eine nach der Schadensnähe abgestufte Haftung oder andere Wertungsgesichtspunkte dafür sprechen, dass der zunächst in Anspruch genommene Schuldner das Risiko der Durchsetzung des abgetretenen Anspruchs voll tragen soll."

388 Siehe oben S. 95, wonach der Schutz des Schädigers vor dem Insolvenzrisiko des VR auch deshalb unbillig ist, weil er in der Regel von einem Versicherungsverhältnis zwischen VN und VR ausgehen muss.

389 S. 95.

390 Vgl. auch *Ebert*, in: Erman, § 255 BGB, Rn. 4a; *Oetker*, in: MüKo-BGB, 8. Aufl., § 255 BGB, Rn. 4.

> „Ansprüche des Versicherungsnehmers auf Ersatz des Schadens gegen einen Dritten gehen auf den Versicherer über, soweit dieser dem Versicherungsnehmer den Schaden ersetzt. Der Versicherungsnehmer ist verpflichtet, dem Versicherer die zur Geltendmachung des Anspruchs erforderliche Auskunft zu erteilen und ihm die zum Beweise des Anspruchs dienenden Urkunden, soweit sie sich in seinem Besitz befin-den, auszuliefern, und ihm auch auf Verlangen eine Urkunde über den Übergang des Anspruchs auszustellen; die Kosten hat der Versicherer zu tragen."

Die Ansprüche des VN gehen mit Zahlung der Ersatzleistung auf den VR über. Soweit der Schaden höher ist als die Ersatzleistung, behält der VN die Rechte in Höhe der Differenz zwischen Ersatzleistung und Schaden und darf sich vorrangig gegenüber Dritten befriedigen.[391]

III. Entfallen der Leistungspflicht des VR bei Zahlungsverzug des VN

Vor der VVG-Reform traf § 812 Abs. 1 HGB a.F. eine Regelung zur Fälligkeit der Prämie. Für den Fall der Nichtzahlung der Prämie sah das HGB a.F. keine Regelung vor.[392] Waren keine seeversicherungsrechtlichen Bedingungswerke in den Vertrag einbezogen, hatte der VN dem VR gem. den §§ 286, 288 BGB spätestens nach Mahnung durch den VR gem. § 286 BGB den Verzugsschaden zu ersetzen.[393] Auch nach der VVG-Reform richtet sich ohne Vereinbarung abweichender Regelungen der Ersatz des Verzugsschadens in der Seeversicherung nach den §§ 286, 288 BGB. Jedoch vereinbarten und vereinbaren die Parteien eines Seeversicherungsvertrages in der Regel die Einbeziehung seeversicherungsrechtlicher Bedingungswerke. Im Hinblick auf die **Rechtsfolgen** eines Prämienzahlungsverzuges kam dabei § 17 S. 1 ADS 1919 eine größere Bedeutung zu.[394]

§ 17 S. 1 ADS 1919 lautet:

> „Wird auf eine nach dem Eintritte der Fälligkeit erfolgende Mahnung des Versicherers nicht binnen einer bei der Mahnung zu bestimmenden, angemessenen Frist die Prämie gezahlt oder die Sicherheit geleistet, so ist der Versicherer von der Verpflichtung zur Leistung frei, wenn der Versicherungsfall vor der Zahlung oder der Sicherheitsleistung eintritt."

391 *Jaeger*, in: Bruck/Möller, 9. Aufl., Ziff. 50 DTV–2009, Rn. 6.

392 So auch dem Umkehrschluss aus *Ritter/Abraham,* Das Recht der Seeversicherung, § 17 ADS 1919, Anm. 1 zu entnehmen.

393 *Ritter/Abraham,* Das Recht der Seeversicherung, § 17 ADS 1919, Anm. 4.

394 Vgl. insbesondere *Ritter/Abraham,* Das Recht der Seeversicherung, § 17 ADS 1919, Anm. 13.

Die DTV-ADS 2009/2018 sehen eine vergleichbare Regelung in Ziff. 20.4. und 20.5. DTV-ADS 2009/2018 vor. Sie lauten:

> „20.4 Wird die Prämie schuldhaft nicht rechtzeitig gezahlt, gerät der Versicherungsnehmer in Verzug, sobald ihm eine schriftliche Mahnung zugegangen ist. Der Versicherer kann ihn schriftlich zur Zahlung auffordern und eine Zahlungsfrist von mindestens 14 Tagen setzen.
> 20.5 Ist der Versicherungsnehmer nach Ablauf dieser Zahlungsfrist noch mit der Zahlung in Verzug, so ist der Versicherer von der Verpflichtung zur Leistung frei, wenn der Versicherungsfall vor der Zahlung eintritt."

Ziff. 20.5 DTV-ADS 2009/2018 sieht als Rechtsfolge für den Zahlungsverzug nach Fristsetzung die Leistungsfreiheit vor. Die Prämienzahlungspflicht des VN bleibt dabei bestehen.[395] Hervorzuheben ist, dass der VN der Leistungsfreiheit nur entgehen kann, wenn er die Prämie vor Eintritt des Versicherungsfalls vollständig zahlt.[396]

Im Hinblick auf eine spätere Inhaltskontrolle der Klausel stellt sich die Frage, nach welchen dispositiven Vorschriften des BGB der VR leistungsfrei werden und gleichzeitig die Prämie einbehalten kann. Hervorzuheben ist, dass in dieser Konstellation ähnlich der Ziff. 22.2. Abs. 1 S. 1 und 24.3. DTV-ADS 2009/2018 ein „Prämienverfall" zu Lasten des VN vorliegt.[397]

1. *Rücktrittsrecht des VR und Schadensersatz*

Der VR kann Leistungsfreiheit ähnlich Ziff. 20.5. DTV-ADS 2009/2018 durch die Ausübung eines Rücktrittsrechts gem. § 323 BGB erreichen. Grundsätzlich ist zwar die Vorschrift des § 314 Abs. 1 BGB als Kündigungsrecht gegenüber dem Rücktrittsrecht vorrangig anzuwenden.[398] Ausnahmsweise kann aber auch bei Dauerschuldverhältnissen ein Rücktrittsrecht bestehen, nämlich dann wenn die vollständige Rückabwicklung des Vertrages unschwer möglich ist und diese nach der Interessenlage der Beteiligten sachgerecht ist.[399] Die Voraussetzungen des § 323 Abs. 1 BGB, namentlich die Verletzung der fälligen

---

395 *Ritter/Abraham*, Das Recht der Seeversicherung, § 17 ADS 1919, Anm. 15.

396 *Schwampe*, Seeschiffsversicherung, Ziff. 20.5. DTV–2009.

397 Ein „Prämienverfall" ist gegeben, wenn der Vertrag aufrechterhalten wird, der VR aber als Rechtsfolge einer Vertragsverletzung leistungsfrei wird, siehe *Harke*, ZVersWiss 2006, 391, 396, zu den Einzelheiten siehe auch S. 110.

398 Siehe oben S. 84 f.

399 S. 84 f.

Prämienzahlungspflicht,[400] dürften in der Regel vorliegen: Eine Frist im Sinne des § 323 Abs. 1 BGB kann der VR durch ein Mahnschreiben in Gang setzen. Aufgrund der Einordnung des Versicherungsvertrages als Dauerschuldverhältnis ist weiter zu klären, ob eine Rückabwicklung des Vertrages „unschwer" möglich wäre. Dies ist der Fall, weil jedenfalls bei Verzug mit der Erstprämie noch gar keine Leistungen ausgetauscht sein werden. Im Falle des Verzuges mit Folgeprämien wären diese leicht zu beziffern. Die Rückabwicklung müsste auch nach „Interessenlage der Beteiligten sachgerecht" sein.[401] Anders als im Falle von erst nach Vertragsschluss eintretenden Äquivalenzstörungen durch Nichtanzeige von Gefahrerhöhungen und dadurch unterlassener Prämienanpassung steht im hier geprüften Fall der Risikoübernahme gar keine Prämie gegenüber. Im Fall des Verzuges mit einer Folgeprämie steht der Risikoübernahme für den von der Folgeprämie abzudeckenden Zeitraum keine Prämie gegenüber. Der Erhalt einer risikoadäquaten Prämie ist substanziell für die Gewährleistung eines ordnungsgemäßen Geschäftsbetriebs durch den VR.[402] Insbesondere vor dem Hintergrund des Erfordernisses vorheriger Fristsetzung erscheint es nicht interessengerecht, den VR weiter dem Risiko einer Leistungspflicht auszusetzen, wenn der VN seiner Prämienzahlungspflicht als primärer Vertragspflicht nicht nachkommt. Die Interessen des VN erscheinen durch die vorherige Mahnung als ausreichend gewahrt, da er sich auf den Rücktritt und die sich hieraus ergebenden Konsequenzen einstellen kann. Die Ausübung eines Rücktrittsrechts erscheint daher auch vor dem Hintergrund des Versicherungsvertrages als Dauerschuldverhältnisses in der hier geprüften Konstellation als „sachgerecht".[403]

Rechtsfolge ist die Rückabwicklung sämtlicher Leistungen, § 346 Abs. 1 und Abs. 2 BGB. Dies hat auch zur Folge, dass der VR seinen Anspruch auf die Prämie verliert. Es fände „kein Prämienverfall", also die Aufrechterhaltung des Vertrages bei gleichzeitiger Prämienzahlungspflicht des VN und Leistungsfreiheit des VR statt. Insoweit kann der VR durch einen Rücktritt über § 323 Abs. 1 BGB

---

400 Die Prämienzahlungspflicht ist Hauptleistungspflicht im Sinne des § 241 Abs. 1 BGB, S. 56 f.

401 Zur Prüfung eines Rücktrittsrechts bei Nichtanzeige von Gefahrerhöhungen vgl. S. 182 f.

402 Siehe oben S. 57 f.

403 Zu einem anderen Ergebnis könnte man allerdings in der Konstellation gelangen, in der es bereits in der Vergangenheit zu einem Versicherungsfall kam, und der VN für einen späteren Zeitraum mit einer Folgeprämie in Verzug geraten ist. Hier erscheint es nicht sachgerecht, den Vertrag für die Vergangenheit rückabzuwickeln, weil das Vertragsverhältnis über längere Zeitphasen störungsfrei war.

zumindest im Hinblick auf die Prämie kein mit Ziff. 20.5 DTV-ADS 2009/2018 bzw. § 17 S. 1 ADS 1919 vergleichbares Ergebnis erreichen.

2. Befreiung von der Gegenleistung nach § 326 Abs. 1 BGB

Das allgemeine Zivilrecht bietet mit § 326 Abs. 1 BGB eine Vorschrift, nach der unter bestimmten Voraussetzungen der Vertrag aufrechterhalten werden kann und gleichzeitig eine Gegenleistungspflicht des Gläubigers entfällt. Das Berufen auf § 326 Abs. 1 BGB führt jedoch ebenfalls nicht zu einem mit Ziff. 20.5 DTV-ADS 2009/2018 vergleichbaren Ergebnis.

Aus der Vorschrift des § 326 Abs. 1 BGB folgt, dass der Anspruch des VN auf die Versicherungsleistung („Gegenleistung") nur entfällt, wenn gem. § 275 Abs. 1 bis 3 BGB auch seine Prämienleistungspflicht erlischt. Die Prämienleistungspflicht ist als Verpflichtung zur Geldleistung einzuordnen. Die Erfüllung einer Geldleistungspflicht kann jedoch nicht im Sinne von § 275 BGB unmöglich werden.[404]

3. § 320 Abs. 1 S. 1 BGB

Im Fall des Zahlungsverzuges des VN kann der VR Leistungsfreiheit bei Fortbestand des Vertrages nach dispositivem Recht erreichen, weil ein Zurückbehaltungsrecht gem. § 320 Abs. 1 S. 1 BGB zusteht. Er kann die Leistung allerdings – anders als bei Vereinbarung der Ziff. 20.5. DTV-ADS 2009/2018 – nur solange verweigern, bis der VN die Prämie gezahlt hat.[405]

Der VR ist vertraglich zur Versicherungsleistung verpflichtet, soweit der Versicherungsfall eingetreten ist. Er kann diese Leistung verweigern, bis die Gegenleistung (Versicherungsprämie) durch den VN geleistet wurde. Voraussetzung für dieses Leistungsverweigerungsrecht ist allerdings, dass keine Vorleistungspflicht des VR besteht. Eine Vorleistungspflicht kann sich aus Gesetz oder Parteivereinbarung ergeben.[406] Mangels spezieller gesetzlicher Bestimmungen für den Seeversicherungsvertrag kann keine Vorleistungspflicht des VR bestehen. Eine Vorleistungspflicht aufgrund Parteivereinbarung ist grundsätzlich vorstellbar;

---

404 *Grüneberg*, in: Palandt, 80. Aufl., § 326 BGB, Rn. 2a.

405 Dies folgt aus dem Tatbestandsmerkmal „bis zur Bewirkung der Gegenleistung" des § 320 Abs. 1 S. 1 BGB; bei Vereinbarung der Ziff. 20.5. DTV-ADS 2009/2018 ist der VR jedoch immer leistungsfrei, wenn der Versicherungsfall in einem Zeitraum fälliger und rückständiger Prämie eingetreten ist, vgl. *Schwampe*, Seeschiffsversicherung, Ziff. 20.5. DTV–2009.

406 *Grüneberg*, in: Palandt, 80. Aufl., § 320 BGB, Rn. 16.

sie ist jedoch an dieser Stelle nicht zu prüfen, da hier allein diejenigen gesetzlichen Bestimmungen ermittelt werden, die ohne gesonderte Parteivereinbarung anzuwenden sind. Mangels gesetzlicher Vorleistungspflicht des See-VR besteht bei Zahlungsverzug des VN im Ergebnis ein Leistungsverweigerungsrecht des VR gem. § 320 Abs. 1 S. 1 BGB.

4. Zwischenergebnis

Nach Rechtslage des BGB kann eine mit Ziff. 20.5 DTV-ADS 2009/2018 bzw. § 17 S. 1 ADS 1919 vergleichbare Situation nicht herbeigeführt werden.[407] Ein Entfallen der Gegenleistungspflicht bei gleichzeitiger Aufrechterhaltung des Vertrages ist bei einem Seeversicherungsvertrag nach § 326 Abs. 1 BGB nicht möglich, weil die Prämienzahlungspflicht des VN als Pflicht zur Geldleistung nicht gem. § 275 BGB entfallen kann. Gem. § 320 Abs. 1 S. 1 BGB kann der VR die Leistung nur solange verweigern, bis der VN die Prämie vollständig gezahlt hat.

---

407 Jedoch kann über § 38 Abs. 2 VVG eine vergleichbare Situation herbeigeführt werden.

Teil 3. Einbeziehung, Inhaltskontrolle und Auswirkungen

Im vorangegangenen Teil dieser Arbeit wurde aufgezeigt, welche Rechtsgrundlagen für ausgewählte Sachverhalte der Seeversicherung heute gelten. Der Schwerpunkt der Untersuchung lag dabei auf der Ermittlung der Rechtsgrundlagen des dispositiven Gesetzesrechts, weil diese maßgeblich für die Frage der Eröffnung des Anwendungsbereichs einer Inhaltskontrolle sind und sie den Prüfungsmaßstab prägen. Diese Untersuchung diente der Vorbereitung der Beantwortung der einleitenden **3. Ausgangsfrage** („Halten seeversicherungsrechtliche Klauseln vor dem Hintergrund der Anwendbarkeit der Normen des HGB und des BGB einer AGB-Kontrolle stand?"). Folgend wird nun der Frage der Wirksamkeit der im 2. Teil unter D. vorgestellten Klauseln aus den DTV-ADS 2009/2018 nachgegangen. Entsprechend der Reihenfolge in Teil 2 D. beginnt die Untersuchung mit dem Bereich der vorvertraglichen Anzeigepflichtverletzung (A.). Im Anschluss wird auf die Bereiche der vertraglichen Anzeigepflichtverletzung (B.), sowie den Anspruchsübergang (C.) und den Prämienzahlungsverzug (D.) eingegangen. Soweit die Unwirksamkeit einer Vertragsklausel festgestellt wird, erfolgt im Anschluss an die Inhaltskontrolle der jeweiligen Klausel die Beantwortung der diese Arbeit einleitenden **4. Ausgangsfrage** („Was sind die Folgen einer nach AGB-Recht inhaltlich unwirksamen Klausel?").

A. Ziff. 22.2. Abs. 1 S. 1 und Abs. 3 DTV-ADS 2009/2018

Nach Ziff. 22.2. Abs. 1 S. 1 DTV ADS 2009/2018 ist der VR von der Verpflichtung zur Leistung frei, wenn der VN beim Vertragsschluss entgegen Ziff. 22.1. unrichtige oder unvollständige Angaben über gefahrerhebliche Umstände gemacht hat.[408] Nach Ziff. 22.2. **Abs. 3** DTV ADS 2009/2018 muss der VN den Nachweis fehlender Kausalität zwischen Anzeigepflichtverletzung und Eintritt des Versicherungsfalls oder Umfang der Leistungspflicht erbringen. Diese Klauseln dürften gem. § 307 Abs. 1 S. 1 BGB unwirksam sein.

---

408 S. 73 ff.

I. AGB-Qualität der DTV-ADS 2009/2018

Die DTV ADS 2009/2018 stellen allgemeine Geschäftsbedingungen im Sinne des § 305 Abs. 1 S. 1 BGB dar: Sie sind für eine Vielzahl von Verträgen vorformuliert und werden von einem Verwender der anderen Vertragspartei bei Abschluss eines Vertrages gestellt, vgl. § 305 Abs. 1 S. 1 BGB. Eine Vertragsbedingung ist eine Erklärung des Verwenders, die den Vertragsinhalt regeln soll.[409] Allgemeine Versicherungsbedingungen sind grundsätzlich für eine Vielzahl von Verträgen vorformuliert, weil es sich bei der Versicherung um ein „Massengeschäft" handelt.[410] Bei einem Seeversicherungsvertrag ist der VR als Verwender im Sinne des § 305 Abs. 1 S. 1 BGB anzusehen; Zwar ist problematisch, dass die DTV ADS 2009/2018 Musterbedingungen des GDV darstellen und nicht von einem einzelnen VR entworfen wurden.[411] Verwender im Sinne des § 305 Abs. 1 S. 1 BGB ist aber auch derjenige, auf dessen Initiative die Einbringung eines vorformulierten Bedingungswerkes in den Vertrag basiert.[412] In der Regel geht die Einbeziehung allgemeiner Versicherungsbedingungen bei einem Seeversicherungsvertrag vom VR aus.[413]

II. Eröffnung des Anwendungsbereichs

Der Anwendungsbereich der §§ 305 ff. BGB ist grundsätzlich eröffnet. Insbesondere steht die Vorschrift des § 310 Abs. 1 S. 1 und 2 Hs. 1 BGB nicht entgegen. Hiernach sind lediglich § 305 Abs. 2 und Abs. 3, § 308 Nummern 1, 2 bis 8 und

---

409 BGH, Urteil vom 08. März 2005 – XI ZR 154/04 –, BGHZ 162, 294-305 = NJW 2005, 1645-1648.

410 *Beckmann*, in: Bruck/Möller, 9. Aufl., Einf. C, Rn. 40.

411 S. 31.

412 BGH, Urteil vom 24. Mai 1995 – XII ZR 172/94 –, BGHZ 130, 50-59 = NJW 1995, 2034-2036.

413 *Zeller,* Die Deckung von Haftpflicht-Risiken im Rahmen der Seekaskoversicherung, 46 ff., unter Hervorhebung, dass die Einbeziehung vorrangig den Interessen des VR (Risikoangleichung, größere Risikotransparenz, verbesserte Kalkulation) diene, während der Reeder als VN auch mit einem im Wege der Einzelvereinbarung ausgehandelten Schutz zufrieden sei; vgl. auch *Müller-Collin,* Die Allgemeinen Deutschen Seeversicherungsbedingungen (ADS) und das AGB-Gesetz, S. 16 - 18; *Trölsch,* Die Obliegenheiten in der Seeversicherung, S. 188, 192, 193; *Meinert,* Das Bereicherungsverbot im deutschen Seeversicherungsrecht, S. 81 ff., der das Merkmal des Stellens und Aushandels allerdings nicht problematisiert; *Richartz,* Die Schiffsbetriebsunterbrechungsversicherung in der Seeversicherung, S. 19; *Maßmann,* Die Taxe im Seeversicherungsrecht, 131.

§ 309 BGB nicht anwendbar, wenn allgemeine Geschäftsbedingungen gegenüber einem Unternehmer verwendet werden. Unternehmer ist gem. § 14 Abs. 1 BGB, wer als natürliche oder juristische Person oder als rechtsfähige Personengesellschaft bei Abschluss eines Rechtsgeschäfts in Ausübung einer gewerblichen oder selbständigen beruflichen Tätigkeit handelt. Ausgehend von dieser Definition sind die typischerweise VN auftretenden Reeder „Unternehmer",[414] auch der VR unterfällt dieser Definition. Aus der Unternehmereigenschaft der geschäftserfahrenen Parteien folgt auch keine Notwendigkeit der teleologischen Reduktion des Anwendungsbereichs des § 310 BGB.[415] Zweck des AGB-Rechts ist nicht nur der Schutz geschäftsunerfahrener Parteien, sondern auch, dass die „auf einen angemessenen Interessensausgleich abzielenden Regeln des dispositiven Rechts" durch „die einseitige Gestaltungsmacht des Verwenders außer Kraft gesetzt"[416] werden.[417] Der Anwendungsbereich der §§ 305 ff. BGB ist daher auch für den Bereich der Seeversicherung nicht teleologisch zu beschränken.[418] Einer Anwendung des AGB-Rechts steht auch nicht § 210 Abs. 1 VVG entgegen. Die Seeversicherung kann Großrisiko im Sinne der Vorschrift sein.[419] Aus der

414 So auch *Schleif*, Seerechtsschutzversicherung, 69.

415 Es wird häufig angeführt, dass im unternehmerischen Verkehr kein Informationsdefizit vorliege, welches die Anwendbarkeit der §§ 305 ff. BGB notwendig mache, *Leuschner*, AcP 2007, 491, 492, 524, 525; *Becker*, JZ 2010, 1098, 1098, 1104; *Müller/Griebeler/Pfeil*, BB 2009, 2658, 2658, 2662; *Pfeiffer*, ZGS 2004, 401; *Graf von Westphalen*, BB 2010, 195, 195, 198; vgl. auch *Ulmer/Habersack*, in: Ulmer/Brandner/Hensen, 12. Aufl., § 305 BGB, Rn. 51; vgl. allgemein zum Meinungsstand *Ulmer/Habersack*, in: Ulmer/Brandner/Hensen, 12. Aufl., Einleitung, Rn. 49 ff..

416 BGH, Urteil vom 04. Juli 2017 – XI ZR 562/15 –, BGHZ 215, 172-200 = NJW 2017, 2986-2994.

417 *Graf von Westphalen*, Transportrecht 2018, 268, 274, 275.

418 Grundsätzlich eine Anwendbarkeit der §§ 305 ff. BGB auf die Seeversicherung bejahend: *Müller-Collin*, Die Allgemeinen Deutschen Seeversicherungsbedingungen (ADS) und das AGB-Gesetz, 16–18; *Trölsch*, Die Obliegenheiten in der Seeversicherung, 188, 192, 193; *Meinert*, Das Bereicherungsverbot im deutschen Seeversicherungsrecht, 81 ff., der das Merkmal des Stellens und Aushandels allerdings nicht problematisiert; *Richartz*, Die Schiffsbetriebsunterbrechungsversicherung in der Seeversicherung, 19; *Maßmann*, Die Taxe im Seeversicherungsrecht, 131; *Zeller*, Die Deckung von Haftpflicht-Risiken im Rahmen der Seekaskoversicherung, 46; ausdrücklich eine teleologische Reduktion des Anwendungsbereichs des AGB-Rechts ablehnend: *Trölsch*, Die Obliegenheiten in der Seeversicherung, 193–197.

419 S. 38.

Gesetzesbegründung zu § 210 VVG ergibt sich, dass auch bei einem Großrisiko die §§ 305 ff. BGB anwendbar sind.[420]

III. Einbeziehung in den Vertrag

Ziff. 22.2. Abs. 1 S. 1 DTV ADS 2009/2018 stellt keine **überraschende** Klausel im Sinne des § 305c Abs. 1 BGB dar. Eine Bestimmung in Allgemeinen Geschäftsbedingungen ist dann überraschend, wenn sie nach den Umständen, insbesondere nach dem äußeren Erscheinungsbild, so ungewöhnlich ist, dass der Vertragspartner mit ihr nicht zu rechnen braucht.[421] Die Klausel muss eine Regelung enthalten, die von den Erwartungen des Vertragspartners deutlich abweicht und mit der dieser den Umständen nach vernünftigerweise nicht zu rechnen braucht.[422] Die Erwartungen des Vertragspartners werden von allgemeinen und von individuellen Begleitumständen des Vertragsschlusses bestimmt, etwa dem Grad der Abweichung vom dispositiven Gesetzesrecht oder der für den Geschäftskreis üblichen Gestaltung.[423]

Eine **Ungewöhnlichkeit** im Sinne des § 305c Abs. 1 BGB ergibt sich hier insbesondere nicht aus der Abweichung der Klausel vom dispositiven Gesetzesrecht. Wie im 2. Teil der Arbeit festgestellt, sind grundsätzlich die §§ 311 Abs. 2 und 3, 241 Abs. 2, 280 Abs. 1 i.V.m. § 249 Abs. 1 BGB („c.i.c.") dispositive gesetzliche Regelungen für den Sachverhalt einer vorvertraglichen Informationspflichtverletzung.[424]

1. Leistungsfreiheit und Vertragsfortsetzung anstatt rückwirkender Vertragsaufhebung oder -Anpassung

Ziff. 22.2. Abs. 1 S. 1 DTV-ADS 2009/2018 und die gesetzlichen Regelungen der c.i.c. haben gemeinsam, dass der VN für den Fall einer schuldhaften vorvertraglichen Anzeigepflichtverletzung im Ergebnis grundsätzlich keine Versicherungsleistung erhält (Leistungsfreiheit als Rechtsfolge). Eine Abweichung liegt darin,

---

420 *Deutscher Bundestag,* Bundestags-Drucksache 16/3945, 115; *Greite,* Die Versicherung von Großrisiken im Sinne des § 210 Abs. 2 VVG, 163.

421 BGH, Urteil vom 30. Oktober 1987 – V ZR 174/86 –, BGHZ 102, 152-162 = NJW 1988, 558-561.

422 BGH, Urteil vom 30. Oktober 1987 – V ZR 174/86 –, BGHZ 102, 152-162 = NJW 1988, 558-561.

423 BGH, Urteil vom 06. Dezember 1984 – IX ZR 115/83 – = NJW 1985, 848-849.

424 Siehe S. 71.

dass der Vertrag nach Ziff. 22.2. Abs. 1 S. 1 DTV-ADS im Gegensatz zum Weg über die Vorschriften der c.i.c. grundsätzlich bestehen bleibt.[425]

2. *„Prämienverfall" anstatt selbstständiger Geltendmachung eines Schadens*

Bei einer Rückabwicklung des Vertrages über die Vorschriften der c.i.c. muss der VN bereits erhaltene Versicherungsleistungen an den VR zurückgewähren. Gleichzeitig hat der VN jedoch – anders als nach Ziff. 22.2. Abs. 1 S. 1 DTV ADS 2009/2018[426] – einen Kondiktionsanspruch aus § 812 Abs. 1 S. 1 Alt. 1 BGB[427] hinsichtlich gezahlter **Prämien.**[428] Nach Ziff. 22.2. Abs. 1 S. 1 DTV-ADS steht dem VN kein Rückforderungsrecht zu.[429] Eine solche Konstellation – Leistungsfreiheit des VR ohne Prämienrückgewähranspruch des VN – wird im Folgenden **„Prämienverfall"** genannt, soweit es um das Schicksal der Prämie geht. Bereits in § 2026 des Allgemeinen Landrechts für die preußischen Staaten von 1794 (folgend „ALR") heißt es zu den Rechtsfolgen einer Anzeigepflichtverletzung: „[...] ist die Assecuranz unverbindlich, und die Prämie verfallen." Den Begriff des „Verfalls" nutzte auch Bähr in seinem Entwurf eines Versicherungsvertragsgesetzes von 1893.[430] Es bleibt festzuhalten, dass im Hinblick auf die nach Ziff 22.2. Abs. 1 S. 1 DTV ADS 2009/2018 nicht zurückzugewährende Prämie („Prämienverfall") eine deutliche Abweichung von der gesetzlichen Regelung gegeben ist.

3. *Abweichung von gesetzlicher Beweislastverteilung in zweifacher Hinsicht*

Eine weitere Abweichung besteht in **zweifacher** Hinsicht bei der **Beweislastverteilung**:

---

425 Zum dispositiven Recht siehe S. 71.

426 Der VN bleibt zur Leistung verpflichtet: *Dreyer*, in: Bruck/Möller, 9. Aufl., DTV-ADS 2009 Ziff. 22, Rn. 11; *Schwampe*, Seeschiffsversicherung, Ziff. 22, Rn. 29.

427 Vgl. H. *Baumann/Koch*, in: Bruck/Möller, 10. Aufl., § 1 VVG, Rn. 208, 209.

428 Siehe S. 72.

429 Vgl. *Dreyer*, in: Bruck/Möller, 9. Aufl., DTV-ADS 2009 Ziff. 22, Rn. 11.

430 *Bähr*, Entwurf eines Reichsgesetzes über den Versicherungsvertrag = Archiv für Bürgerliches Recht, Bd. VII, S. 11 u. 20 (§ 60 i.V.m. § 32 VVG-E); von einem „Verfall" der Prämie sprechen beispielsweise auch *Duvinage*, Die Vorgeschichte und die Entstehung des Gesetzes über den Versicherungsvertrag, 195 und *Harke*, ZVersWiss 2006, 391, 396.

a) 1. Beweislast-Abweichung: Haftungsbegründende Kausalität

Bei der Rückabwicklung des Vertrages über die Regelungen der c.i.c. hat der VR zu beweisen, dass er den Vertrag bei Kenntnis der falsch oder unvollständig angezeigten Gefahrumstände nicht geschlossen hätte (haftungsbegründende Kausalität).[431] Nur so kann er nach dispositivem Recht Leistungsfreiheit erreichen. Der Einordnung als „Abweichung" könnte eine fehlende Vergleichbarkeit entgegenstehen: Anders als bei der Rückabwicklung über die c.i.c. wird der Vertrag nach Ziff. 22.2. Abs. 1 S. 1 DTV-ADS 2009/2018 grundsätzlich aufrechterhalten. Der VN müsste nach Ziff. 22.2. **Abs. 3** DTV ADS 2009/2018 vielmehr den Nachweis fehlender Kausalität zwischen Anzeigepflichtverletzung und Eintritt des Versicherungsfalls oder Umfang der Leistungspflicht erbringen. Einer fehlenden Vergleichbarkeit zwischen der Vertragslösung über die c.i.c. und der Rechtsfolge der Leistungsfreiheit und Prämienverfall ist entgegenzuhalten, dass der Vertragszweck eines Versicherungsvertrages für den VN darin liegt, im Schadensfall eine Versicherungsleistung zu erhalten.[432] Ist der Versicherungsfall eingetreten, macht es für den VN wirtschaftlich keinen Unterschied, ob der VR seine Versicherungsleistung wegen einer Rückabwicklung über die c.i.c. oder aufgrund der Vereinbarung der Leistungsfreiheit nach Ziff. 22.2. Abs. 1 S. 1 DTV ADS 2009/2018 einbehalten kann. Auf beiden Wegen erreicht der VN das Ziel des Vertrages (Erhalt der Versicherungsleistung im Schadensfall) nicht. Die Leistungsfreiheit des VN ist in praktischer Hinsicht mit der Auflösung des Vertrages vergleichbar.[433]

b) 2. Beweislast-Abweichung: Kausalität und Umfang des durch die Informationspflichtverletzung entstandenen Schadens

Im Hinblick auf den „Prämienverfall"[434] liegt ebenfalls eine Abweichung zur rückwirkenden Vertragslösung über die c.i.c. vor. Der VR kann die Prämie nicht ohne Weiteres einbehalten. Er müsste für einen rechtmäßigen Einbehalt der Prämie zum Beispiel beweisen, dass ihm in Folge des Vertragsschlusses **überhaupt**

---

431 S. 71 f.

432 Vgl. BGH, Urteil vom 19. November 1997 – IV ZR 348/96 – = NJW 1998, 1069-1070.

433 Lord Goff, The Good Luck [1991] 2 Lloyd's Rep. 191, 202-203: „[…] it is not correct to speak of the contract beeing avoided; and it is strictly speaking, more accurate to keep the carefully chosen words in s. 33(3) of the Act, rather than to speak of the **contract beeing brought to an end, though that may be the practical effect.**" (Hervorhebung durch den Verfasser).

434 Zum Begriff siehe S. 109.

ein Schaden entstanden ist (haftungsbegründende Kausalität) und dass ihm in Folge des ungewollten Vertragsschlusses ein Schaden in Höhe der Prämie entstanden ist (haftungsausfüllende Kausalität).[435] Er hätte insbesondere darzulegen, dass entgangener Gewinn und Aufwendungen der Prämie entsprechen.

4. *Ungewöhnlichkeit*

Die soeben aufgezeigten Abweichungen sind nicht „ungewöhnlich“ im Sinne des § 305c Abs. 1 BGB, weil der VN in der Seeversicherung mit diesen Gestaltungen vernünftigerweise rechnen muss,[436] wie sogleich im Einzelnen aufgezeigt wird.

Stellt man auf das Merkmal der für „den Geschäftskreis üblichen Gestaltung“[437] ab, erscheint die Rechtsfolge der Leistungsfreiheit des VR ohne Pflicht zur Prämienrückzahlung für den durchschnittlichen Reeder als Konsequenz einer vorvertraglichen Anzeigepflichtverletzung gerade nicht ungewöhnlich. § 20 Abs. 1 S. 1 der im Geschäftsverkehr teilweise noch verwendeten[438] ADS 1919 sieht die Leistungsfreiheit als Rechtsfolge einer vorvertraglichen Anzeigepflichtverletzung vor. Gleiches gilt auch für Ziff. 4.2. der DTV-Güterversicherungsbedingungen 2000/2011. Insbesondere erscheint die Klausel nicht als ungewöhnlich, weil der VR bis zur VVG-Reform im Jahre 2008 nach § 811 Abs. 2 HGB a.F. leistungsfrei wurde und die Prämie ebenfalls einbehalten durfte.[439] Selbige Erwägungen gelten für die Abweichung in der Beweislast. Vor dem Hintergrund des § 305c Abs. 1 BGB ist es als unerheblich anzusehen, dass nach der VVG-Reform Seeversicherungsbedingungen und dispositives Recht bei der Rechtsfolge für vorvertragliche Anzeigepflichtverletzungen voneinander abweichen. Eine andere Frage ist, ob sich aus der aufgezeigten Abweichung eine Kontrollfähigkeit der Klausel gem. § 307 Abs. 3 S. 1 BGB ergibt und ob die Abweichung „unangemessen“ im Sinne des § 307 Abs. 1 S. 1 BGB ist. Auf diese Fragen wird sogleich im nächsten Abschnitt eingegangen.

---

435 Siehe im Einzelnen S. 138 f. zur haftungsbegründenden Kausalität im Zusammenhang mit dem „Prämienverfall“ und der Leistungsfreiheit als Rechtsfolge des Garantiefalls.

436 Vgl. BGH, Urteil vom 30. Oktober 1987 – V ZR 174/86 –, BGHZ 102, 152-162 = NJW 1988, 558-561.

437 BGH, Urteil vom 06. Dezember 1984 – IX ZR 115/83 – = NJW 1985, 848-849.

438 Durch die Verweisungsnormen heute am Markt üblicher Vertragsbedingungen wie beispielsweise in den DTV-Kasko-Klauseln 1978/2004 werden die ADS 1919 zum Teil auch heute noch vereinbart, vgl. *Hans-Christoph Enge/Schwampe*, Transportversicherung, 48.

439 S. 54.

IV. Inhaltskontrolle

Ziff. 22.2. Abs. 1 S. 1 DTV-ADS 2009/2018 könnte unter verschiedenen Gesichtspunkten gem. § 307 Abs. 1 S. 1 BGB unwirksam sein. Insbesondere erscheinen die Beweislastverteilung und die fehlende Möglichkeit zur Geltendmachung eines Prämienrückzahlungsanspruchs („Prämienverfall“[440]) problematisch.

1. Abweichung gem. § 307 Abs. 3 S. 1 BGB

Ausgangspunkt der Inhaltskontrolle ist § 307 Abs. 3 S. 1 BGB.[441] § 307 Abs. 3 Satz 1 BGB schränkt die Inhaltskontrolle auf solche Bestimmungen ein, „durch die von Rechtsvorschriften abweichende oder diese ergänzende Regelungen vereinbart werden“.[442] Danach muss Ziff. 22.2. Abs. 1 S. 1 bzw. Abs. 3 DTV-ADS 2009/2018 von einer gesetzlichen Regelung abweichen oder diese ergänzen.

a) Leistungsfreiheit und Fortbestand des Vertrages

Die Leistungsfreiheit des VR und der Fortbestand des Vertrages nach Ziff. 22.2. Abs. 1 S. 1 DTV-ADS als Rechtsfolge einer vorvertraglichen Informationspflichtverletzung stellen für sich betrachtet eine Abweichung von den gesetzlichen Regelungen der c.i.c. (rückwirkende Vertragsaufhebung oder Vertragsanpassung) dar.[443] Damit ist der Anwendungsbereich der Inhaltskontrolle gem. § 307 Abs. 3 S. 1 BGB eröffnet.

b) Prämienverfall anstatt Prämienrückgewähranspruch aus § 812 Abs. 1 S. 1 Alt. 1 BGB

Der Prämienverfall zu Gunsten des VR anstelle eines Prämienrückgewähranspruchs des VN aus § 812 Abs. 1 S. 1 Alt. 1 BGB[444] stellt ebenfalls eine Abweichung im Sinne des § 307 Abs. 3 S. 1 BGB dar, sodass auch in dieser Hinsicht der Anwendungsbereich der Inhaltskontrolle eröffnet ist.

---

440 S. 109 f.

441 BGH, Urteil vom 04. Juli 2017 – XI ZR 562/15 –, BGHZ 215, 172-200 = NJW 2017, 2986-2994.

442 BGH, Urteil vom 04. Juli 2017 – XI ZR 562/15 –, BGHZ 215, 172-200 = NJW 2017, 2986-2994.

443 Vgl. hierzu die Ausführungen zur Abweichung unter dem Aspekt der überraschenden Klausel nach § 305c Abs. 1 BGB, S. 109 f.

444 S. 109 f.

c) Abweichung in der Beweislast

Wie bereits in den Ausführungen zur überraschenden Klausel im Sinne von § 305c Abs. 1 BGB dargestellt, weicht die Vereinbarung der Leistungsfreiheit und den Prämienverfalls als Rechtsfolge der vorvertraglichen Anzeigepflichtverletzung in **zweifacher** Hinsicht von den Regelungen der c.i.c. ab (1. Beweis durch den VR, den Vertrag bei Kenntnis gar nicht oder nicht zu den gegebenen Bedingungen geschlossen zu haben (haftungsbegründende Kausalität) und 2. die Höhe des Schadens (z.B. entgangener Gewinn und Aufwendungen).[445]

2. Inhaltskontrolle nach Maßgabe des § 307 Abs. 1 und Abs. 2 BGB

Ziff. 22.2. Abs. 1 S. 1 und Abs. 3 DTV-ADS 2009/2018 könnte im Hinblick auf die soeben aufgezeigten Abweichungen von den gesetzlichen Regelungen unwirksam gem. § 307 Abs. 1 und Abs. 2 BGB sein. Bestimmungen in AGB sind unwirksam, wenn sie den Vertragspartner des Verwenders entgegen den Geboten von Treu und Glauben unangemessen benachteiligen, § 307 Abs. 1 S. 1 BGB. Das Merkmal der „unangemessenen Benachteiligung“ stellt einen unbestimmten Rechtsbegriff dar,[446] zu dessen Konkretisierung ist eine umfassende Interessensabwägung der am Vertrag beteiligten Parteien erforderlich ist.[447] Zur Ermittlung dieser Interessen ist eine generalisierende, typisierende Betrachtungsweise geboten.[448] Nach diesem Maßstab ist eine Klausel dann unwirksam, wenn sie die bei der fraglichen Art von Rechtsgeschäften regelmäßigen und typischerweise bestehenden Interessen des betroffenen Kundenkreises nicht angemessen berücksichtigt.[449]

---

445 S. 110.

446 *Wendland*, in: Staudinger, 16. Bearbeitung, § 307 BGB Rn. 107.

447 *Wendland*, in: Staudinger, 16. Bearbeitung, § 307 BGB Rn. 107.

448 BGH, Urteil vom 24. März 2010 – VIII ZR 178/08 –, BGHZ 185, 96-114 = NJW 2010, 2789-2793; BGH, Urteil vom 03. Dezember 1981 – VII ZR 368/80 –, juris = NJW 1982, 765-767: „Ob die Erstellung eines Kostenanschlags in die bloß vorvertragliche Unterrichtung und Beratung des Kunden fällt oder Gegenstand einer verbindlichen Abrede ist, hängt von den Umständen ab, die sich nicht nur im Einzelfall, sondern auch aus den Gewohnheiten des Geschäftsverkehrs ergeben können“; *Graf von Westphalen*, Transportrecht 2018, 268, 274.

449 BGH, Urteil vom 24. März 2010 – VIII ZR 178/08 –, BGHZ 185, 96-114 = NJW 2010, 2789-2793; BGH, Urteil vom 04. Juli 1997 – V ZR 405/96 – = NJW 1997, 3022-3024; *Wendland*, in: Staudinger, 16. Bearbeitung, § 307 BGB Rn. 109.

Der VN eines Seeversicherungsvertrages ist grundsätzlich als Unternehmer im Sinne des § 14 BGB anzusehen,[450] sodass die § 308 Nr. 1, 2 bis 8 und § 309 BGB nicht anwendbar sind, § 310 Abs. 1 S. 1 BGB. Die hinter den §§ 308, 309 BGB stehenden Wertungen sind jedoch auch gem. § 310 Abs. 1 S. 2 Hs. 2 BGB zu berücksichtigen.[451] Die §§ 308, 309 BGB bauen auf Bestimmungen des dispositiven Rechts auf; ihnen kann daher eine „Leitbildfunktion" im Sinne von § 307 Abs. 2 Nr. 1 BGB innewohnen.[452] Eine gegen die §§ 308, 309 BGB verstoßende Klausel hält der Inhaltskontrolle nur stand, wenn sie wegen der Interessen und Bedürfnisse des unternehmerischen Geschäftsverkehrs als angemessen angesehen werden kann.[453]

Ziff. 22.2. Abs. 1 S. 1 DTV-ADS könnte von **wesentlichen Grundgedanken** der gesetzlichen Regelungen der c.i.c. abweichen. Eine „unangemessene Benachteiligung" im Sinne des § 307 Abs. 1 S. 1 BGB ist im Zweifel unter anderem dann anzunehmen, wenn eine Bestimmung mit wesentlichen Grundgedanken der gesetzlichen Regelung, von der abgewichen wird, nicht zu vereinbaren ist, vgl. § 307 Abs. 2 Nr. 1 BGB. Abweichungen von wesentlichen Grundgedanken der gesetzlichen Regelung **indizieren** eine unangemessene Benachteiligung des Vertragspartners.[454] Diese gesetzliche Unwirksamkeitsvermutung gilt auch für Verträge mit Unternehmern.[455] Die Vermutung des § 307 Abs. 2 Nr. 1 BGB ist widerlegt, wenn die Klausel den Kunden auf Grundlage einer umfassenden Interessenabwägung nicht unangemessen benachteiligt. Dies kann der Fall sein, die Abweichung vom gesetzlichen Leitbild sachlich gerechtfertigt oder die Erreichung des gesetzlichen Schutzzweckes auf andere Weise sichergestellt ist.[456]

---

450 S. 107.

451 Vgl. BGH, Urteil vom 08. März 1984 – VII ZR 349/82 –, BGHZ 90, 273-280 = NJW 1984, 1750-175; Zudem schließt die Üblichkeit einer Klausel nicht die indizielle Wirkung der §§ 308, 309 BGB auch für den unternehmerischen Verkehr aus *Oetker*, AcP 2012, 202, 232 f..

452 *Graf von Westphalen*, Transportrecht 2018, 268, 275.

453 BGH, Urteil vom 08. März 1984 – VII ZR 349/82 –, BGHZ 90, 273-280 = NJW 1984, 1750-175.

454 BGH, Urteil vom 13. Mai 2014 – XI ZR 405/12 –, BGHZ 201, 168-204 = NJW 2014, 2420-243

455 BGH, Urteil vom 08. März 1984 – VII ZR 349/82 –, BGHZ 90, 273-280 = NJW 1984, 1750-175.

456 BGH, Urteil vom 14. Januar 2014 – XI ZR 355/12 –, BGHZ 199, 355-377 = NJW 2014, 924-930.

a) Leistungsfreiheit anstatt rückwirkender Vertragsaufhebung

Die Rechtsfolge der Leistungsfreiheit im Falle einer vorvertraglichen Informationspflichtverletzung weicht – isoliert betrachtet[457] – nicht von der gesetzlichen Rechtsfolge der rückwirkenden Vertragsaufhebung ab, weil der VR in beiden Fällen von der Verpflichtung zur Leistung frei wird. Die Leistungsfreiheit an sich kann – wiederum isoliert betrachtet – den VN daher nicht unangemessen benachteiligen. Eine andere Frage ist aber, unter welchen Voraussetzungen der VR die Leistungsfreiheit im Hinblick auf die **Beweislast** herbeiführen kann.[458]

b) Prämienverfall anstatt Prämienrückgewähranspruch aus § 812 Abs. 1 S. 1 Alt. 1 BGB als Abweichung im Sinne von § 307 Abs. 2 Nr. 1 BGB

In der Vereinbarung der Rechtsfolge der Leistungsfreiheit des VR bei gleichzeitiger Einbehaltung der Versicherungsprämie („Prämienverfall“[459]) dürfte ein Verstoß gegen das **Bereicherungsverbot** als Grundsatz des Schadensrechts der **§§ 249 ff. BGB** liegen (cc). Nach höchstrichterlicher Rechtsprechung soll ein Geschädigter am Schadensfall nichts „verdienen“.[460] Dies ist im Hinblick auf die einbehaltene Prämie jedoch gerade der Fall. Im Binnenversicherungsrecht sieht beispielsweise § 39 Abs. 1 S. 3 VVG für den Fall des Rücktritts des VR nach § 37 Abs. 1 VVG vor, dass er nur eine „angemessene Geschäftsgebühr“ vom VN beanspruchen kann.[461] Für den Fall eines Rücktritts in Folge vorvertraglicher Anzeigepflichtverletzung nach § 19 VVG verfällt die Prämie zwar gem. § 37 Abs. 1 S. 2 VVG; in Abweichung zu einer Vertragslösung über die Vorschriften der c.i.c. erhält der VN jedoch zumindest noch Versicherungsschutz für den Fall fehlender Kausalität zwischen Anzeigepflichtverletzung und Eintritt des Versicherungsfalls, vgl. § 21 Abs. 2 VVG.[462] Ziff. 22.2. Abs. 1 S. 1 DTV-ADS ist hingegen nicht als wirksame Erlasserklärung im Sinne des § 397 BGB (aa) oder als Vertragstrafenvereinbarung im Sinne des § 339 BGB (bb) auszulegen.

---

457 Eine andere Frage ist, inwiefern Abweichungen hinsichtlich der Voraussetzungen, unter denen der VR die Rechtsfolge der Leistungsfreiheit herbeiführen kann, den VN unangemessen benachteiligen. Vgl. hierzu die Ausführungen zur abweichenden Beweislastverteilung unter S. 110 und S. 134 f. (Inhaltskontrolle).

458 S. 134 f.

459 S. 109 f.

460 BGH, Urteil vom 3.12.2013 – VI ZR 24/13 = NJW 2014, 535-536 m.w.N. insb. unter Tz. 14; siehe auch *Flume*, in: BeckOK-BGB, § 249 BGB, Rn. 46, Stand 01.08.2021.

461 *Beckmann*, in: Bruck/Möller, 9. Aufl., § 39 VVG, Rn. 14.

462 *Beckmann*, in: Bruck/Möller, 9. Aufl., § 39 VVG, Rn. 12.

aa) Erlasserklärung

Ziff. 22.2. Abs. 1 S. 1 DTV-ADS ist nicht als „Vorausverzicht" des VN auf einen in der Zukunft entstehenden Prämienrückgewähranspruch aus § 812 Abs. 1 S. 1 Alt. 1 BGB („Behaltensvereinbarung") auszulegen.[463] Für die Einordnung als Erlass im Sinne von § 397 BGB muss ein Verzichtswille erkennbar sein. An das Vorliegen dieses Verzichtswillens sind strenge Anforderungen zu stellen. Ein Verzichtswille darf insbesondere nicht nur vermutet werden.[464] Bei einem konkludenten Erlass müssen sichere Anhaltspunkte gegeben sein, die den eindeutigen Schluss auf einen Verzichtswillen rechtfertigen.[465] Ob dies der Fall ist, ist durch Auslegung der Klausel zu ermitteln. Die Auslegung von AVB hat nach einem objektiv-generalisierenden Maßstab zu erfolgen, der am Willen und Interesse der beteiligten Verkehrs- bzw. Adressatenkreise ausgerichtet sein muss.[466] Bei der Auslegung von AVB ist als maßgeblicher objektiver Empfängerhorizont die Verständnismöglichkeit eines durchschnittlichen Beteiligten oder Angehörigen des durch die jeweilige AVB angesprochenen Personenkreises zugrunde zu legen.[467] In der Seeversicherung ist zugunsten des VR zu berücksichtigen, dass beide Parteien im Regelfall mit AGB vertraute und geschäftserfahrene Kaufleute sind.[468] Ausgehend von den Maßstäben „sicherer Anhaltspunkte" und dem erforderlichen „eindeutigen Schluss auf einen Verzichtswillen" wird ein Reeder als VN der Seeversicherung die Klausel nicht als Erlasserklärung im Sinne des § 397 BGB verstehen. Dafür spricht, dass bereits die Abweichung von der gesetzlichen Grundregelung (Kondiktionsanspruch aus § 812 Abs. 1 S. 1 Alt. 1 BGB für den Fall der Rückabwicklung des Vertrages über c.i.c.) aus dem Klauselwortlaut „Bei unvollständigen oder unrichtigen Angaben ist der Versicherer von der Verpflichtung zur Leistung frei" nicht eindeutig erkennbar ist.

---

463 Vgl. zum Vorausverzicht des Privatkunden gegenüber einer Bank im Hinblick auf Vertriebsvergütungen nach den Vorschriften des Wertpapierhandelsgesetzes: BGH, Urteil vom 14. Januar 2014 – XI ZR 355/12 –, BGHZ 199, 355-377 = NJW 2014, 924-930.

464 *Wagner*, in: *Graf von Westphalen*, Transportrecht 2018, 268, § 397 BGB, Rn. 6.

465 BGH, Urteil vom 10. Mai 2012 – I ZR 109/11 – = NJW 2013, 778-781.

466 BGH, Urteil vom 31. 7. 2013 – VIII ZR 162/09 – NJW 2013, 3647-3654; BGH, Urteil vom 17. 4. 2013 – VIII ZR 225/12 – = NJW 2013, 1805-1806; BGH, Urteil vom 9. 12. 2009 – VIII ZR 91/08 – = NJW-RR 2010, 353-355; *Koch*, VersR 2015, 133, 137.

467 Vgl. BGH, Urteil vom 09. Juli 2007 – II ZR 232/05 – = NJW 2007, 2912-2913.

468 BGH, Urteil vom 25. Mai 2011 – IV ZR 117/09 – = NJW-RR 2011, 1595-1600 (Transportversicherung); *Koch*, VersR 2015, 133, 137.

bb) Leistungsfreiheit als Vertragsstrafe gem. § 339 BGB

Ziff. 22.2. Abs. 1 S. 1 DTV-ADS stellt unter dem Gesichtspunkt des „Prämienverfalls" keine Vertragsstrafe im Sinne von § 339 BGB dar.[469] Gegen eine Einordnung als Vertragsstrafe spricht bereits, dass **vorvertragliche** Pflichten nur gesetzlich geregelt sein können.[470] Ziel der Vereinbarung einer Vertragsstrafe im Sinne der §§ 339 ff. BGB ist zudem nur eine **Verhaltenssteuerung für die Zukunft**.[471] Die Vereinbarung einer „Strafe" für die Vergangenheit kann aber keine verhaltenssteuernde Wirkung mehr haben.[472]

cc) „Prämienverfall" und Leistungsfreiheit als Rechtsfolge einer Garantievereinbarung oder pauschalierter Schadensersatz

Die Leistungsfreiheit und gleichzeitige Einbehaltung der Prämie („Prämienverfall") ist – **wie sogleich unterTeil 3.A.IV.2.b)cc)(1) bisTeil 3.A.IV.2.b)cc)(6) umfassend dargelegt wird** – als Vereinbarung der Rechtsfolge für einen zwischen VR und VN vereinbarten **Garantiefall** auszulegen:[473] „Soweit es um Angaben vor oder bei Vertragsschluss geht, handelt es sich um eine Garantie, nicht um eine Strafe."[474] Auf eine Garantie sind die **Grundsätze des Schadensersatzrechts**

---

469 Zur Einordnung der Vereinbarung einer Leistungsfreiheit als Folge der Verletzung vorvertraglicher Anzeigepflichten als Vertragsstrafe vgl. ablehnend *Harke*, ZVersWiss 2006, 391, 391, 393.

470 *Harke*, ZVersWiss 2006, 391, 391, 393.

471 BGH, Urteil vom 23. Juni 1988 – VII ZR 117/87 – = NJW 1988, 2536-2538; *Rieble*, in: Staudinger, 16. Bearbeitung, § 339 BGB Rn. 3, Stand 09.05.2021: Der Eintritt der Strafbedingung muss dem Abschluss der Strafvereinbarung notwendig nachfolgen. Das hat nichts mit „ne bis in idem" zu tun [...], sondern folgt daraus, dass die rechtstechnisch mögliche Vereinbarung einer rückwirkenden „Strafe" für in der Vergangenheit liegendes Verhalten notwendig keine verhaltenssteuernde Wirkung haben kann [...] - also keine strafende Sanktion mehr ist. Das hat die Rechtsprechung mehrfach anerkannt:

- Angaben zum Verhalten bei oder vor Vertragsschluss, vor allem Bietererklärungen, sind Garantie und nicht Strafe [...]"; *Rieble*, in: Staudinger, 16. Bearbeitung, Vorbemerkung zu § 339 BGB, Rn. 32.

472 *Rieble*, in: Staudinger, Vorbemerkung zu § 339 BGB, 16. Bearbeitung, Rn. 32.

473 Der Garantiefall ist dabei die Verletzung der vorvertraglichen Anzeigepflicht aus Ziff. 22. 1 DTV-ADS 2009/2018, soweit die Anzeigepflichtverletzung schuldhaft war und kausal für Eintritt des Versicherungsfalls oder Höhe der Leistungspflicht, vgl. zusammenfassend S. 133.

474 *Rieble*, in: Staudinger, Vorbemerkung zu § 339 BGB, 16. Bearbeitung, Rn. 79.

anwendbar.[475] Damit sind bei fehlender vertraglicher Rechtsfolgenregelung im Garantiefall die §§ 249 ff. BGB anwendbar. Der „Prämienverfall" ist also als eine vertraglich vereinbarte, die §§ 249 ff. BGB ersetzende Rechtsfolge auszulegen. Es liegt damit eine **Abweichung** zu einer gesetzlichen Regelung im Sinne des § 307 Abs. 2 Nr. 1 BGB vor: Im Falle einer Vertragslösung über die Vorschriften der c.i.c. wäre die Prämie grundsätzlich an den VN zurückzugewähren; Schadensersatzansprüche im Zusammenhang mit den vorvertraglichen Falschinformationen müsste der VR gesondert geltend machen.

(1) Ausgangserwägungen zur Auslegung als vereinbarte Rechtsfolge eines Garantiefalls

Die dogmatische Einordnung von Ziff. 22.1. DTV-ADS i.V.m. Ziff. 22.2. ff. DTV-ADS als Garantie kann auf folgende Erwägungen *Harkes*[476] gestützt werden:

Dass ein VN, statt für die kausal abhängigen Folgen seines Verhaltens einstehen zu müssen, mit **Prämienverfall** und Leistungsfreiheit des VR belegt werde, lasse sich weder mit dem Strafgedanken noch mit den Grundsätzen über das Fehlen der Geschäftsgrundlage erklären.[477] Die Regelung des VVG, die durch Kombination einzelner Elemente aus verschiedenartigen Vorgängermodellen entstanden sei, weise eine Parallele zu § 463 BGB a. F. und § 311a BGB n. F. auf, die für den Verkäufer einer mangelhaften Sache und den Schuldner einer unmöglichen Leistung **eine Garantiehaftung bei vorvertraglicher Informationspflichtverletzung** vorsehen würden: Ebenso wie dort das Pflichtenprogramm des Vertragspartners erweitert werde, der sich den Vorwurf vorvertraglichen Verschuldens gefallen lassen müsse, werde beim Versicherungsvertrag die Verpflichtung des anderen Teils verringert: Der VN müsse Gewähr dafür leisten, dass die nicht oder unrichtig angezeigten Umstände keine Leistungspflicht des VR auslösen.[478]

Zudem wurde für die ADS 1919 vertreten, dass der VN die Richtigkeit vorvertraglicher Informationen „garantiere"[479] und eine Vergleichbarkeit mit

475 BGH, Urteil vom 10. Februar 1999 – VIII ZR 70/98 – = NJW 1999, 1542-1544.

476 *Harke*, ZVersWiss 2006, 391, 423.

477 *Harke*, ZVersWiss 2006, 391, 423.

478 *Harke*, ZVersWiss 2006, 391, 423.

479 Schlegelberger, 3. Aufl., § 20 ADS 1919, Anm. 30; für die Einordnung analog der Gewährleistungspflicht des Verkäufers *Laband*, Zeitschrift für das gesamte Handels- und Wirtschaftsrecht, 644, 648; vgl. ebenso *Lewis*, Lehrbuch des Versicherungsrechts, 24.; *Medicus/Petersen*, Bürgerliches Recht, Rn. 150, will Schadensersatzansprüche bei Aufklärungspflichtverletzungen nur dann zulassen, wenn eine „Art Garantenstellung" gegeben ist.

der Haftung des Verkäufers für eine zugesicherte Eigenschaft der Kaufsache besteht.[480] Der Begriff „Garantie" wird im Gesetz für die Übernahme einer Einstandspflicht verwendet.[481] Die Einstandspflicht kann in Form eines verschuldensunabhängigen Einstehens für eine im Rahmen eines anderen Vertrages übernommene vertragliche Verpflichtung ("unselbstständige Garantie") vereinbart werden.[482] Sie kann auch als Einstandspflicht für einen eigenständigen Erfolg vereinbart werden, der „auch im Ausbleiben eines schädigenden Ereignisses bestehen kann" (**„selbständige Garantie"** oder „selbstständiger Garantievertrag").[483] Die Rechtsprechung definiert die „Garantie" als einen „[...] Vertrag, durch den sich jemand verpflichtet, für den Eintritt eines bestimmten Erfolges einzustehen oder die Gefahr eines **künftigen Schadens** zu übernehmen."[484] Ein Garant hat den Gläubiger so zu stellen, als ob der garantierte Erfolg eingetreten oder der Schaden nicht eingetreten wäre.[485]

Die historische[486], systematische und teleologische Auslegung von Ziff. 22.2. Abs. 1 S. 1 DTV-ADS ergibt, dass der VR durch die Regelung erkennbar so gestellt werden soll, **als hätte der VN alle vorvertraglichen Informationen richtig und vollständig abgegeben.**[487] Der VN steht durch diese Vereinbarung also für die Richtigkeit und Vollständigkeit der vorvertraglichen Informationen ein; durch die Leistungsfreiheit und den „Prämienverfall" trägt er die wirtschaftlichen Konsequenzen falscher Angaben.

---

480 Schlegelberger, 3. Aufl., § 19 ADS 1919, Anm. 18.

481 *Sprau,* in: Palandt, 80. Aufl., Einf. v § 765 BGB, Rn. 16.

482 *Sprau,* in: Palandt, 80. Aufl., Einf. v § 765 BGB, Rn. 16.

483 *Sprau,* in: Palandt, 80. Aufl., Einf. v § 765 BGB, Rn. 16.

484 BGH, Urteil vom 13. Juni 1996 – IX ZR 172/95 – = NJW 1996, 2569-2571 (Hervorhebung durch den Verfasser); *Marburger,* in: Staudinger, Vorbemerkungen zu §§ 780–782, 15. Bearbeitung, Rn. 17: „[...] ist der Garantievertrag ein im Wesentlichen gesetzlich nicht geregelter, einseitig verpflichtender Vertrag zur Sicherung des Garantieempfängers."

485 BGH, Urteil vom 10. Februar 1999 – VIII ZR 70/98 – = NJW 1999, 1542-1544; BGH, Urteil vom 11. Juli 1985 – IX ZR 11/85 – = NJW 1985, 2941-2943; *Sprau,* in: Palandt, 80. Aufl., Einf. v § 765 BGB, Rn. 18.

486 Wie sogleich unter Teil 3.A.IV.2.b)cc)(2) aufgezeigt wird, ist hier entgegen der grundsätzlichen Rechtsprechung des BGH auch die historische Auslegung zulässig und geboten.

487 Siehe S. 129 f. zur vergleichbaren Zielsetzung der §§ 806 ff. HGB a.F. und Ziff. 22 DTV-ADS 2009/2018, sowie S. 131 f. zur vergleichbaren Interessenlage bei Vereinbarung einer Garantie und den Rechtsfolgen bei Eintritt des Garantiefalls.

(2) Grundsätze zur Auslegung von Ziff. 22 DTV-ADS 2009/2018

Voraussetzungen und Inhalt der Garantie sind durch Auslegung zu ermitteln.[488]

Die Auslegung von AVB hat nach einem objektiv-generalisierenden Maßstab zu erfolgen, der am Willen und Interesse der beteiligten Verkehrs- bzw. Adressatenkreise ausgerichtet sein muss.[489] Ein durchschnittlicher Reeder als VN des Seeversicherungsvertrages wird den Prämienverfall (und die Leistungsfreiheit) nach Ziff. 22.2. Abs. 1 S. 1 DTV-ADS als Rechtsfolge einer Garantievereinbarung mit dem VR verstehen, wie sogleich ausführlich dargelegt wird. Die Verletzung der vorvertraglichen Anzeigepflicht aus Ziff. 22.1. DTV-ADS wird er dabei als „Garantiefall“ verstehen.

Aus dem Wortlaut[490] der Formulierung von Ziff. 22.2. Abs. 1 S. 1 DTV-ADS[491] können keine Rückschlüsse zur Einordnung der Regelung gezogen werden. Allerdings sind für eine Auslegung von AVB weiter die Systematik und der mit der Regelung erkennbar verfolgte Zweck zu berücksichtigen.[492] Entgegen der grundsätzlichen Rechtsprechung des BGH ist vorliegend auch die Klauselentstehungsgeschichte heranzuziehen.[493] Die Rechtsprechung scheint die Ablehnung der Berücksichtigung der Entstehungsgeschichte auf der Erwägung aufzubauen, dass frühere Fassungen eines Klauselwerkes einem durchschnittlichen VN nicht

488 Vgl. BGH, Urteil vom 20. September 2011 – XI ZR 17/11 – = NJW-RR 2012, 178-179 zur Ermittlung der Reichweite einer Garantie; *Sprau*, in: Palandt, 80. Aufl., Einf. v § 765 BGB, Rn. 18.

489 Siehe S. 116.

490 Bei der Auslegung von AVB ist zunächst vom Wortlaut auszugehen, *Beckmann*, in: Bruck/Möller, 10. Aufl., Generaleinführung, Einf. C, Rn. 206.

491 „Bei unvollständigen oder unrichtigen Angaben ist der Versicherer von der Verpflichtung zur Leistung frei“.

492 BGH, Urteil vom 18. Dezember 1995 – II ZR 193/94 – = NJW-RR 1996, 537; BGH, Urteil vom 23. Januar 1991 – IV ZR 173/90 – = VersR 1991, 417-419; für die Seeversicherung *Müller-Collin*, Die Allgemeinen Deutschen Seeversicherungsbedingungen (ADS) und das AGB-Gesetz, S. 32.

493 *Wennekers*, Piraterie in der Seeversicherung des Reeders, 65; für den Fall, dass die Berücksichtigung der Entstehungsgeschichte für den VN günstiger ist: *R. Koch*, VersR 2015, 133, 139 ff. m.w.N*; Beckmann*, in: Bruck/Möller, 10. Aufl., Generaleinführung, Einf. C, Rn. 206; **a.A.** BGH, Urteil vom 27. Juni 2012 – IV ZR 212/10 – = NJW 2012, 3238-3241; BGH, Urteil vom 25. September 2002 – IV ZR 248/01 – = NJW 2003, 139-140; *Rixecker*, in: Langheid-VVG, 6. Aufl., § 1 VVG, Rn. 37; *Reiff*, in: MüKo-VVG, 2. Aufl., 50. Allgemeine Versicherungsbedingungen, Rn. 85.

zugänglich sind.[494] Dies ist jedoch bei der Seeversicherung definitiv nicht der Fall. Für die Berücksichtigung der Entstehungsgeschichte spricht vorliegend nämlich, dass dem durchschnittlichen Reeder frühere Versionen von Bedingungswerken aufgrund seiner Geschäftserfahrenheit in der Regel zugänglich sind. Ganz davon abgesehen, dass viele frühere Versionen auch allgemein über das Internet abrufbar sind.[495] Zudem kann gerade aufgrund der Geschäftserfahrung der Reeder davon ausgegangen werden, dass die Entstehungsgeschichte einer Klausel bereits vom „maßgeblichen objektivem Empfängerhorizont“ als durchschnittlichem VN der Seeversicherung erfasst ist. Vorliegend ist daher kein Argument gegen eine historische Auslegung ersichtlich.

Unter Teil 3.A.IV.2.b)cc)(3) wird zunächst ermittelt, welche historische Entwicklung Ziff. 22.2. Abs. 1 S. 1 und 22.1. DTV-ADS 2009/2018 zu Grunde liegt. Ziff. 22 DTV-ADS 2009/2018 gingen die Regelungen der §§ 19, 20 ADS 1919 voraus. Diese weichen von den Regeln der §§ 806 ff. HGB a.F. ab.[496] Den § 806 ff. HGB a.F. gingen wiederum die Art. 811 ff. des Allgemeinen Deutschen Handelsgesetzbuches von 1861 (folgend „ADHGB“) voraus. Aus der Entstehungsgeschichte der Klausel und der jeweiligen gesetzlichen Regelungen können **Rückschlüsse auf die Zielsetzung der Klausel** gezogen werden:[497] Nach Darstellung der Entstehungsgeschichte erfolgt die systematische Auslegung (Teil 3.A.IV.2.b)cc)(4)). Dabei wird aufgezeigt, dass die §§ 806 ff. HGB a.F. und Ziff. 22 DTV-ADS 2009/2018 eine vergleichbare Systematik aufweisen. Dies lässt den Rückschluss zu, dass die Zielsetzung des Gesetzgebers der §§ 806 ff. HGB a.F. mit der Zielsetzung der VR als Klauselverwender zu Ziff. 22 DTV-ADS 2009/2018 identisch ist. Beide Zielsetzungen sind wiederum vergleichbar mit dem

---

494 BGH, Urteil vom 27. Juni 2012 – IV ZR 212/10 – = NJW 2012, 3238-3241, insb. Rz. 16 ff.; diese Sichtweise kritisierend *R. Koch*, VersR 2015, 133, 140 soweit es sich um AVB handele, die mit auf der Homepage des GDV abrufbaren AVB identisch und für jedermann zugänglich seien.

495 Vgl. zum Argument der Verfügbarkeit der Bedingungen über die Homepage des GDV *R. Koch*, VersR 2015, 133, 140.

496 Die ADS 1919 sahen Leistungsfreiheit statt Rücktritt, kein Kausalitätserfordernis und kein Verschulden vor, vgl. S. 124 f. zu den Einzelheiten.

497 Vgl. zur Methodik *Harke*, ZVersWiss 2006, 391, 392, insb. 395, der zur dogmatischen Einordnung der Regelungen der vorvertraglichen Anzeigepflicht im VVG a.F. die „Vorgänger und Vorbilder“ des VVG a.F. unter Hervorhebung der jeweiligen Zielsetzungen und involvierten Interessen darstellt, um hiervon ausgehend einen systematischen Vergleich mit den Rechtsinstituten der c.i.c. und der (gesetzlichen) Garantiehaftung durchzuführen.

einer Garantievereinbarung zugrundeliegenden Sachverhalt, sodass eine Auslegung nach Sinn und Zweck zu einer Einordnung als Garantievereinbarung führt („Vergleichbare Interessenslagen bei der Garantie", (Teil 3.A.IV.2.b)cc)(5)).

(3) Entstehungsgeschichte

(a) ADHGB und ALR

Vorgänger des VVG und des HGB a.F. war das ADHGB von 1861.[498] Die Art. 810, 812, und 813 des ADHGB statuierten für die Seeversicherung eine Pflicht des VN zur richtigen Anzeige aller ihm bekannten gefahrrelevanten Umstände und sahen als Rechtsfolge die „Unverbindlichkeit" des Vertrages für den VR vor, vgl. Art. 812 Abs. 1 ADHGB.[499] Diese Rechtsfolge war nach den Art. 812 Abs. 2 und 813 ADHGB ausgeschossen, wenn der VR von den unrichtig angezeigten Umständen **anderweitig erfahren** hatte.[500] Hieraus folgt, dass anders als nach dem Allgemeinen Preußischen Landrecht (folgend „ALR") Zweck der Vertragslösungsmöglichkeit nicht eine **„Bestrafung"** des VN,[501] sondern der Schutz des VR vor einem Irrtum **(„Irrtumsmodell")** sein sollte.[502] Mit dem Irrtumsmodel

---

498 Siehe oben, S. 36.

499 *Harke*, ZVersWiss 2006, 391, 398.

500 *Harke*, ZVersWiss 2006, 391, 398, 399.

501 *Harke*, ZVersWiss 2006, 391, 395 ff.; § 2025 ALR: Hat der Versicherer, vor Schließung des Contrakts, gewisse oder wahrscheinliche Nachricht, dass die Sache bereits in Sicherheit, oder die Gefahr, für welche die Versicherung ertheilt werden soll, schon ganz überstanden sey, erhalten, und dieselbe dem Versicherten verschwiegen: so muß er die ganze Prämie zurückgeben, und den doppelten Betrag derselben zur **Strafe** erlegen.
§ 2026 ALR: Verschweigt der Versicherte Umstände, welchem nach dem vernünftigen Ermessen der Sachkundigen, auf den Entschluß des Versicherers, sich in den Vertrag einzulassen, hätten Einfluß haben können: so ist die Assecuranz unverbindlich, und die **Prämie verfallen**."

502 *Harke*, ZVersWiss 2006, 391, 398 f. mit der Begründung, dass es gem. Art. 813 Abs. 2 ADHGB für eine Lösung vom Vertrag nicht auf ein Verschulden des VN ankam. In Entwurf eines Handelsgesetzbuchs für die Preussischen Staaten - Band 2, 195 heißt es: „Eine solche Befugnis [den Vertrag für unverbindlich zu erklären] rechtfertigt sich schon durch den wesentlichen **Irrthum**, in welchem sich der Versicherer voraussetzlich befand; [...] Die Ungültigkeit muß [...] auch dann eintreten, wenn die unrichtige oder unvollständige Erklärung des Versicherungsnehmers in gutem Glauben erfolgte. Das holländische Recht und der Württemberger Entwurf sprechen dies ausdrücklich aus; es bedarf dessen aber nicht, da es sich aus dem **Irrthum** des Versicherers von selbst ergiebt [Hervorhebungen durch *Harke*, ZVersWiss 2006, 391, 398 f.]."; vgl. auch Schlegelberger, 3. Aufl., § 19 ADS 1919, Anm. 31.

lässt sich jedoch nicht erklären, warum nach Art. 815 ADHGB – der Vorgängerreglung des § 812 Abs. 2 HGB a.F. – auch die Prämie verfallen sollte:[503] „Diese im ALR bisher vom Strafgedanken getragene Rechtsfolge ist nicht mit dem neuen Ziel kompatibel, die Entschlussfreiheit des Versicherers und ihn vor der Bindung an einen irrtümlich geschlossenen Vertrag zu schützen. Die Prämie ist nämlich gerade eine Frucht des irrtumsbehafteten Vertrags, der dem Versicherer erspart bleiben soll."[504] Es zeigt sich ein widersprüchliches Bild: Voraussetzung der Ausübung eines Rücktrittsrechts war ein **Verschulden** des VN, also ein Element der **„Haftung für Treuebruch"**.[505] Die Rechtsfolge der Leistungsfreiheit bei gleichzeitigem Prämienverfall weist wiederum ein **Strafelement** auf: Denn „[...] Folgte man dem Prinzip der Haftung für **Vertragsverletzung**, käme man zum gegenteiligen Ergebnis: Prämienverfall und Leistungsfreiheit könnten dann **lediglich alternativ**, nämlich entweder als Folge der Feststellung eintreten, dass der Vertragsschluss auch bei gehöriger Anzeige erfolgt wäre, oder als Konsequenz daraus, dass er ausgeblieben wäre."[506] Auf den ersten Blick liegt es nahe, in der gesetzlichen Regelung des ADHGB eine **Überkompensation** des VR zu erkennen.

Diesem Gedanken ist allerdings entgegenzuhalten, dass der VN bei Anwendung der Art. 810 ff. ADHGB bessergestellt wurde als etwa bei Anwendung allgemeinerer Vorschriften wie des § 540 des 1. Teils des 11. Buches des ALR (folgend „I 11 ALR'), auf den § 2028 II 8 ALR als allgemeine Regelung der Anzeigepflicht des Versicherungsvertrages verweist. Nach § 540 I 11 ALR konnte der VR bei Nachweis der Kausalität der Anzeigepflichtverletzung durch einen Sachverständigen vom Vertrag zurücktreten („wieder abzugehen") und das „Gegebene zurückfordern". So musste der VR also lediglich die **Kausalität zwischen Anzeigepflichtverletzung und Entschluss zum Vertrag beweisen**, und konnte dann durch Rücktrittserklärung einer Pflicht zur Leistung entgehen. Gleichzeitig konnte der VR gem. § 2025 und § 2026 II 8 ALR die Prämie einbehalten und unter Umständen sogar die doppelte Prämie zusätzlich als „Strafe" geltend machen.

---

503 *Harke*, ZVersWiss 2006, 391, 400.
504 *Harke*, ZVersWiss 2006, 391, 400.
505 *Harke*, ZVersWiss 2006, 391, 405.
506 *Harke*, ZVersWiss 2006, 391, 405.

(b) HGB a.F.

Die §§ 806 ff. HGB a.F. sind zusammen mit den ASVB von 1867 Ausgangspunkt der Entwicklung der ADS 1919 als Vorgängerregelung der DTV-ADS 2009/2018 einzuordnen[507] und ähneln den Art. 810 ff. ADHGB:

§ 806 Abs. 1 HGB a.F. statuiert eine vorvertragliche Pflicht, gefahrerhebliche Umstände anzuzeigen. § 808 Abs. 1 HGB a.F. gewährt dem VR ein **Rücktrittsrecht** für den Fall des Verstoßes gegen § 806 Abs. 1 HGB a.F. § 811 Abs. 2 S. 1 Hs. 1 HGB a.F. sieht für den Fall des Rücktritts den **Prämienverfall** vor („Tritt der Versicherer zurück, so gebührt ihm gleichwohl die ganze Prämie"). § 808 Abs. 2 HGB a.F. schließt das Rücktrittsrecht nach Abs. 1 aus, wenn der VR Kenntnis von dem nicht angezeigten Umstand hatte, oder wenn die Anzeige „ohne Verschulden" des VN unterbleiben ist.[508] Selbiges gilt bei unrichtiger Anzeige, vgl. § 809 Abs. 2 HGB a.F. Die Regelungen stellt positiv formuliert also ein **Verschuldenserfordernis** auf.

(c) § 346 S. 1 BGB a.F.

Das am 1. Januar 1900 in Kraft getretene BGB sah kein allgemeines gesetzliches Rücktrittsrecht vor. § 346 S. 1 BGB a.F. regelte lediglich die Art und Weise des Rücktritts (Rückgewähr der empfangenen Leistungen).

(d) §§ 19, 20 ADS 1919

Die §§ 19, 20 ADS 1919 weichen von den §§ 806 ff. HGB a.F. ab: Der VR ist nach der Regelung des § 20 Abs. 1 S. 1 ADS 1919 – entgegen § 811 Abs. 3 HGB a.F. – von der Verpflichtung zur Leistung auch dann frei, „[…] wenn der nicht angezeigte Umstand **keinen Einfluss** auf den Eintritt des Versicherungsfalls oder auf den Umfang der Leistung des Versicherers gehabt hat."[509] Weiterhin folgt aus dem Wortlaut des § 20 Abs. 2 S. 2 ADS 1919, dass die Leistungsfreiheit des VR nur bei einer schuldlosen Nicht-Anzeige („[…] Anzeige ohne Verschulden […] **unterblieben** ist."), nicht aber bei schuldloser **Falsch**-Anzeige entfallen sollte.[510]

---

507 Vgl. *Schwampe*, VersR 2010, 1277 und *Ritter/Abraham*, Das Recht der Seeversicherung, I, Rn. 7.

508 Vgl. auch *Ritter/Abraham*, Das Recht der Seeversicherung, § 20 ADS 1919, Anm. 17: „Die Nichtanteige machte den Versicherer ohne weiteres frei."

509 *Ritter/Abraham*, Das Recht der Seeversicherung, § 20 ADS 1919, Anm. 3.

510 (Hervorhebungen durch den Verfasser), vgl. auch Schlegelberger, 3. Aufl., § 20 ADS 1919, Anm. 4: „Ist die Anzeige **unrichtig**, so wird der Versicherer, gleichgültig, ob die Unrichtigkeit verschuldet ist, oder nicht, von der Verpflichtung zur Leistung frei."; *Ritter/Abraham*, Das Recht der Seeversicherung, § 20 ADS 1919, Anm. 3.

§ 20 Abs. 1 S. 1 ADS 1919 wurde vom BGH mit Urteil vom 28.04.1980 wegen Verstoßes gegen das „gesetzliche Leitbild [**Verschuldenserfordernis**] des § 809 Abs. 1 HGB [a.F.], § 17 Abs. 2 VVG [a.F.]" für unwirksam erklärt.[511]

(4) Systematik

Weil die Systematik von Ziff. 22 DTV-ADS mit der Systematik der §§ 806 ff. HGB a.F. vergleichbar ist, sind auch die soeben unter Teil 3.A.IV.2.b)cc)(3)(b) für die §§ 806 ff. HGB a.F. dargestellten **Regelungszwecke** mit den Regelungszwecken der Ziff. 22 DTV-ADS vergleichbar.

(a) Voraussetzungen

Ziff. 22.2. Abs. 1 S. 1 i.V.m. Ziff. 22.1. DTV-ADS entspricht im Grunde der gesetzlichen Ausgestaltung der §§ 806 ff. HGB a.F.: Der VR ist leistungsfrei, wenn 1. eine **Informationspflichtverletzung** (entspricht § 806 Abs. 1 HGB a.F.) vorliegt, 2. die Informationspflichtverletzung Auswirkungen auf den Eintritt des Versicherungsfalls oder die Höhe der Versicherungsleistung hatte (also **kausal** war, dies entspricht § 811 Abs. 3 HGB a.F.) und 3. der VN die Informationspflichtverletzung **verschuldete** (entspricht § 811 Abs. 2 HGB a.F.).

Mangels anderweitiger Regelung in Ziff. 22 DTV-ADS bleibt der VN zur Prämienzahlung verpflichtet (entspricht § 811 Abs. 2 HGB a.F. für den Fall der Ausübung des Rücktrittsrechts durch den VR). Der **einzige Unterschied** zwischen Ziff. 22.2. Abs. 1 S. 1 DTV-ADS 2009/2018 und den gesetzlichen Regelungen der §§ 806 ff. HGB a.F. besteht darin, dass der Vertrag nach den DTV-ADS **grundsätzlich fortbesteht**, während nach § 808 Abs. 2 HGB a.F. ein Rücktrittsrecht vom VR **ausgeübt** werden musste.

---

511 BGH, Urteil vom 28. April 1980 – II ZR 241/78 –, BGHZ 77, 88-93 = VersR 1980, 964-965: „Denn sie [die Leistungsfreiheit] läßt den **schuldlosen Versicherungsnehmer ohne jeden Schutz**. Sie kann nicht, wie Ritter/Abraham [...] meinen, damit gerechtfertigt werden, daß der Versicherungsnehmer, weil er durch die unrichtige Angabe mitgewirkt habe, daß der Versicherer sich von dem Umfang der Gefahr ein falsches Bild gemacht hat, jedenfalls die Folgen tragen müsse. Insoweit würde als angemessener Ausgleich für diesen - objektiven - Fehler des Versicherungsnehmers eine Regelung genügen, die derjenigen in § 20 Abs 3 ADS für einen ähnlich liegenden Sachverhalt vergleichbar ist, nämlich, daß der Versicherer eine der höheren Gefahr entsprechende Prämie erhalten soll." (Hervorhebungen durch den Verfasser).

(b) Rechtsfolgen

Nach beiden Regelungskomplexen muss der VR sowohl im Falle schuldloser Informationspflichtverletzung als auch im Falle von schuldhaften, aber nicht kausalen Informationspflichtverletzungen **leisten**. Im Umkehrschluss wird der VR im Falle einer schuldhaften, für Eintritt und Umfang des Versicherungsfalls kausalen Informationspflichtverletzung **leistungsfrei** und kann gleichzeitig die Prämie einbehalten („**Prämienverfall**").

(c) Vergleichbare Abweichungen zu übergeordneten Vorschriften

Die beiden speziell seeversicherungsrechtlichen Regelungskomplexe (Art. 806 ff. HGB a.F. bzw. Ziff. 22 DTV-ADS) weichen ferner von allgemeineren dispositiven Rechtsvorschriften (Vorschriften des ALR[512] bzw. Vorschriften des allgemeinen Schuldrechts[513]) ab: Bei Anwendung der im Verhältnis zu den 806 ff. HGB a.F. allgemeinen Vorschriften des ALR wäre der Vertrag bei Ausübung des Rücktrittsrechts auch dann rückabzuwickeln gewesen, wenn sich die Informationspflichtverletzung nicht auf Eintritt und Umfang des **Versicherungsfalls** ausgewirkt hätte.[514] Es kam nur auf die Kausalität für den **Vertragsschluss** an. Bei Rückabwicklung über die allgemeinen Vorschriften des Schuldrechts (c.i.c.) wird der VR ebenfalls als Konsequenz der Vertragslösung leistungsfrei, obwohl die Informationspflichtverletzung **keinen Einfluss** auf Eintritt und Umfang des Versicherungsfalls hatte.[515]

(d) Gleiche Regelungsziele

(aa) Regelungsziele der §§ 806 ff. HGB a.F.

Der VR haftete nach den § 806 ff. HGB a.F. nur (aber auch immer) dann, wenn der Versicherungsfall eintrat und das Risiko der vom VN gezahlten Prämie entsprach. Trat der der Versicherungsfall ein, aber das Risiko entsprach wegen einer (schuldhaften) Informationspflichtverletzung nicht der Prämie, blieb der VN dennoch zur Prämienzahlung verpflichtet, obwohl er nach Ausübung des Rücktrittsrechts durch den VR keine Leistung erhielt. **Die Regelungen der**

512 S. 122.

513 S. 108 f.

514 S. 122, Fn. 501.

515 Im Gegensatz zur Rechtslage zur Zeit des ALR und der Geltung der §§ 806 ff. HGB a.F. kann der VN heute allerdings die von ihm gezahlte Prämie nach Rücktritt des VR bei Vertragslösung über die c.i.c. zurückverlangen (§ 812 Abs. 1 S. 1 Alt. 1 BGB).

§§ 806 ff. HGB a.F. stellten den VR also letztlich so, als ob der VN vor Vertragsschluss alle Informationen korrekt abgegeben hätte. Mit anderen Worten: Der VR sollte nur zur Leistung verpflichtet sein, wenn das Risiko der (auf Basis der frei von Verschulden des VN gelieferten Informationen) kalkulierten Prämie entsprach.

(bb) Regelungsziel von Ziff. 22.2 DTV-ADS

Diesem Zweck dient Ziff. 22 DTV-ADS aus Sicht des durchschnittlichen Reeders als VN des Seeversicherungsvertrages auch heute. Insbesondere scheidet eine reine „**Straffunktion**" aus.[516] Anders ließe sich nicht erklären, dass der VR trotz **schuldhafter** Pflichtverletzung des VN gem. Ziff. 22.3. DTV-ADS bei anderweitiger Kenntnis der gefahrerheblichen Umstände weiter zur Leistung verpflichtet ist. Auch der Schutz vor **Irrtümern** kann nicht alleiniger Zweck von Ziff. 22 DTV-ADS sein.[517] Denn für den Zweck des Schutzes des VR vor Irrtümern wäre – wie bei den §§ 806 ff. HGB a.F. – eine Differenzierung nach verschuldeter oder unverschuldeter Pflichtverletzung überflüssig. **Die Regelung der Ziff. 22 DTV-ADS stellt den VR so, als ob der VN vor Vertragsschluss alle Informationen korrekt abgegeben hätte.** Mit anderen Worten: Der VR soll auch nach den DTV-ADS nur leisten müssen, wenn das Risiko der (auf Basis der Informationen des VN) kalkulierten Prämie entspricht.

---

516 Siehe zur Straffunktion S. 123.

517 Siehe zur Funktion des „Irrtumsschutzes" S. 122 f.

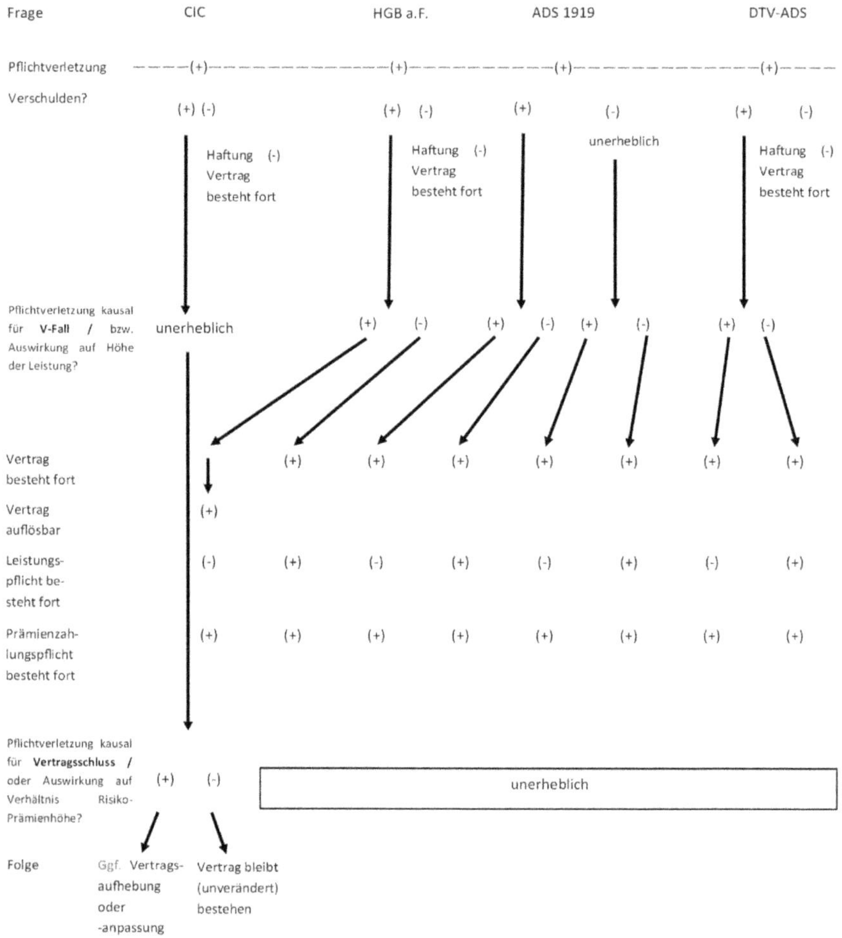

Quelle: Graphik erstellt durch Verfasser

Nach nun erfolgter Darstellung der Regelungsziele wird sogleich unter Teil 3.A.IV.2.b)cc)(5) aufgezeigt, dass die mit den §§ 806 ff. HGB a.F. und Ziff. 22 DTV-ADS 2009/2018 verfolgten Ziele mit den Zielsetzungen einer Garantievereinbarung vergleichbar sind. Deshalb ist Ziff. 22 DTV-ADS 2009/2018 als Garantievereinbarung auszulegen. Dies führt im Hinblick auf die Rechtsfolgen der Leistungsfreiheit und des Prämienverfalls zu einer Heranziehung der

§§ 249 ff. BGB als Prüfungsmaßstab der Inhaltskontrolle von Ziff. 22.2. Abs. 1 S. 1 DTV-ADS 2009/2018.

(5) Vergleichbare Interessenslagen bei der Garantie

Auch nach Feststellung identischer Regelungsziele der §§ 806 ff. HGB a.F. und Ziff. 22. DTV-ADS 2009/2018 ist noch nicht abschließend geklärt, wie der „Prämienverfall" nach Ziff. 22.2. Abs. 1 S. 1 DTV-ADS dogmatisch einzuordnen ist.

(a) Vergleich mit § 463 BGB a.F. und § 311 Abs. 2 BGB

Ein Vergleich mit der Regelung des § 463 BGB a.F.[518] oder dem § 311a Abs. 2 BGB auf Grundlage der Erwägungen *Harkes* kann Hilfestellung bei der dogmatischen Einordnung leisten:[519]

Die nach diesen Vorschriften eintretende Haftung zeichnet sich nach *Harke* durch eine Verschiebung des Garantieelementes aus. Diese Verschiebung gebe es auch bei der gewöhnlichen Haftung für culpa in contrahendo.[520] Das Garantieelement bestehe „[…] darin, dass einem potentiellen Vertragspartner die **Gewähr** für die Einhaltung vertraglicher Nebenpflichten schon im vorvertraglichen Stadium auferlegt wird, um ihn in gleicher Weise wie nach dem Vertragsschluss haftbar zu machen."[521] Bei § 463 BGB a. F. und § 311a Abs. 2 BGB n. F. diene die Garantie nicht zur Konstruktion des Haftungstatbestands, sondern der Bestimmung der **Rechtsfolge**.[522] Die vorvertragliche Rücksichtslosigkeit des arglistigen Verkäufers einer mangelhaften Sache und des Schuldners einer unmöglichen Leistung, der das Leistungshindernis mindestens fahrlässig verschwiegen hat, bewirke eine Haftung, wie sie eigentlich nur die **ausdrückliche Garantie der Mangelfreiheit oder Leistungsfähigkeit** auslöse.[523] Der Vertragsinhalt, der gewöhnlich lediglich für eine Haftung wegen schuldhafter Nichterfüllung sorge, werde um eine Vorstellung des Vertragspartners angereichert, die im allgemeinen nur in Kombination mit einem Verschuldensvorwurf haftungsbewehrt

518 § 463 BGB a.F. lautete: „Fehlt der verkauften Sache zur Zeit des Kaufes eine zugesicherte Eigenschaft, so kann der Käufer statt der Wandelung oder der Minderung Schadensersatz wegen Nichterfüllung verlangen. Das Gleiche gilt, wenn der Verkäufer einen Fehler arglistig verschwiegen hat."

519 *Harke*, ZVersWiss 2006, 391, 408.

520 *Harke*, ZVersWiss 2006, 391, 408.

521 *Harke*, ZVersWiss 2006, 391, 408.

522 *Harke*, ZVersWiss 2006, 391, 408.

523 *Harke*, ZVersWiss 2006, 391, 408.

sei: bei § 463 BGB a. F. um die Annahme, dass die Kaufsache nicht mangelhaft ist, bei § 311a Abs. 2 BGB um die Vorstellung, dass die Leistung möglich sei.[524] Nicht anders verhalte es sich bei der Sanktion einer fehlenden oder unrichtigen Gefahrenanzeige nach dem VVG.[525]

Diese Erwägungen *Harkes* in Bezug auf die Gefahrenanzeige können auch auf die §§ 806 ff. HGB a.F., bzw. Ziff. 22 DTV-ADS übertragen werden.[526]

Denn nach *Harke* führt das Abstellen auf „[...] **die vorvertragliche Fehlinformation durch den Versicherungsnehmer [...] zur Rücksicht auf die ansonsten irrelevante Vorstellung des Versicherers, er werde nicht aufgrund von Gefahren leistungspflichtig, die ihm der Versicherungsnehmer trotz Kenntnis nicht offengelegt hat.**“[527] So wie dem Verkäufer einer mangelhaften Sache und dem Schuldner einer unmöglichen Leistung die Garantie der Mangelfreiheit und der Leistungsmöglichkeit aufgezwungen werde, treffe den VN die Garantie dafür, dass nicht oder unrichtig angezeigte Umstände keine Leistungspflicht des VR begründen.[528]

Im Hinblick auf die §§ 806 ff. HGB a.F., bzw. Ziff. 22 DTV-ADS ist die Interessenlage des See-VR vergleichbar, wie folgend aufgezeigt wird.

(b) §§ 806 ff. HGB a.F. und Ziff. 22 DTV-ADS 2009/2018

Die §§ 806 ff. HGB a.F. und Ziff. 22 DTV-ADS zeichnen sich, wie die §§ 463 BGB a.F. und § 311a Abs. 1 BGB durch eine „Verschiebung eines Garantieelements“[529] aus: Beide Regelungen bewirken, dass der VN Auswirkungen zu Lasten des VR für den Fall der nicht korrekten Abgabe vorvertraglicher Informationen trägt.[530] Durch die Vereinbarung der Leistungsfreiheit und des „Prämienverfalls“ für den Fall einer schuldhaften, für Eintritt und Umfang des Versicherungsfalls kausalen Informationspflichtverletzung **verspricht der VN erkennbar, den VR so zu stellen, als ob er alle Informationen richtig abgegeben hätte.** Dieses Ergebnis kann über die gesetzlichen Regelungen der c.i.c. nicht ohne weitere Maßnahmen

524 *Harke*, ZVersWiss 2006, 391, 408.
525 *Harke*, ZVersWiss 2006, 391, 408.
526 Siehe sogleich unter (b).
527 *Harke*, ZVersWiss 2006, 391, 408 [Hervorhebung durch Verfasser].
528 *Harke*, ZVersWiss 2006, 391, 408.
529 Zum Begriff siehe *Harke*, ZVersWiss 2006, 391, 408.
530 *Cohn*, Der Versicherungs-Vertrag nach allgemeinen Rechtsprinzipien, 48.

des VR erreicht werden, weil dem VN im Falle der Rückabwicklung die Prämie aus § 812 Abs. 1 S. 1 Alt. 1 BGB zusteht.[531]

(c) Subsumtion unter die höchstrichterliche Definition einer Garantievereinbarung

Subsumiert man diese Erkenntnisse nun unter die höchstrichterliche Definition der Garantie "als einen „[...] Vertrag, durch den sich jemand verpflichtet, für den Eintritt eines bestimmten Erfolges einzustehen oder die Gefahr eines **künftigen Schadens** zu übernehmen,“[532] stellt der „Prämienverfall“ in Ziff. 22.2. Abs. 1 S. 1 DTV-ADS Teil der Rechtsfolge einer **Garantievereinbarung** dar. Der VR als Verwender bringt zum Ausdruck, dass er nicht allgemein vor den Folgen eines Vertragsschlusses unter Zugrundelegung falscher Informationen geschützt werden will, sondern nur für den Fall der Auswirkung vorvertraglicher Falschinformationen auf Eintritt des Versicherungsfalls oder die Höhe der Leistungspflicht. Anders als bei Einordnung als Vertragsstrafe[533] steht auch nicht entgegen, dass eine vertragliche Regelung den vorvertraglichen Bereich tangiert.[534]

(6) Zwischenergebnis

Die Vereinbarung der Leistungsfreiheit und des gleichzeitigen „Prämienverfalls“ für den Fall einer schuldhaften, für Eintritt und Umfang des Versicherungsfalls kausalen vorvertraglichen Anzeigepflichtverletzung in Ziff. 22 DTV-ADS ist als Garantiezusage des VN gegenüber dem VR auszulegen. Der Umfang dieser Garantie bestimmt sich nach den Grundsätzen **des Schadensersatzrechts.**[535]

---

531 Allerdings könnte der VR gegen diesen Rückforderungsanspruch möglicherweise Einwendungen gem. § 818 Abs. 2 BGB erheben oder mit anderen Schadensersatzansprüchen gem. den §§ 387 ff. BGB aufrechnen.

532 BGH, Urteil vom 13. Juni 1996 – IX ZR 172/95 – = NJW 1996, 2569-2571; *Marburger*, in: Staudinger, Vorbemerkungen zu §§ 780–782, 15. Bearbeitung, Rn. 17: „[...] ist der Garantievertrag ein im Wesentlichen gesetzlich nicht geregelter, einseitig verpflichtender Vertrag zur Sicherung des Garantieempfängers.“

533 Siehe dazu unter S. 117 f.

534 Vgl. zur Problematik Schlegelberger, 3. Aufl., § 19 ADS 1919, Anm. 8, der für die ADS auch vertritt, dass durch den Vertrag „in die Vergangenheit hinein Pflichten begründet“ werden können: "Der hergebrachten juristischen Konstruktion bereitet der Umstand, daß die Anzeigepflicht vor dem Vertragsschluß erfüllt werden muß, Schwierigkeit.[...] Als ob der Verkäufer nicht für die bei der Schließung des Kaufvertrags (positiv oder negativ) zugesicherten Eigenschaften der Kaufsache auf Grund des Kaufvertrags haftete."

535 BGH, Urteil vom 10. Februar 1999 – VIII ZR 70/98 – = NJW 1999, 1542-1544;

Daraus folgt auch, dass die Wirksamkeit des „Prämienverfalls" am Maßstab der **§§ 249 ff. BGB** zu messen ist. Die Regelung in Ziff. 22.2. Abs. 1 S. 1 DTV-ADS könnte daher eine **pauschalierte Schadensersatzregelung** im Sinne von § 308 Nr. 5 a und b BGB darstellen. § 309 Nr. 5 a und b BGB ist auf alle Schadensersatzansprüche im Sinne von § 249 BGB anzuwenden; es ist unerheblich, ob sie materiellen Schaden oder immateriellen Schaden betreffen, auf welchen Leistungsstörungen sie beruhen, oder ob an Verschulden anknüpft wird oder nicht.[536]

dd) Angemessenheit der Abweichung

(1) § 309 Abs. 1 Nr. 5 a BGB - § 252 S. 2 BGB

Eine „unangemessene Benachteiligung" im Sinne des § 307 Abs. 1 S. 1 BGB liegt „im Zweifel" vor, wenn die vertragliche Regelung von „wesentlichen Grundgedanken der gesetzlichen Regelung" abweicht, § 307 Abs. 2 Nr. 1 BGB. Eine „Abweichung" liegt hier darin, dass der VR bei einer Vertragslösung über die Vorschriften der c.i.c. die Prämie an den VN nach Bereicherungsrecht zurückgewähren müsste. Die Prämie stellt für sich genommen keinen Schaden im Sinne des § 249 Abs. 1 BGB dar. Vor dem Hintergrund der soeben aufgezeigten Interessenlage – der VR möchte so gestellt werden, als habe der VN keine Informationspflicht verletzt – könnte der „Prämienverfall" aber als Schadenspauschalierung im Sinne des § 309 Abs. 1 Nr. 5 a BGB einzuordnen sein.[537] § 309 Abs. 1 Nr. 5 a BGB orientiert sich an **§ 252 S. 2 BGB**.[538] Nach § 309 Abs. 1 Nr. 5 a BGB muss der **Verwender nachweisen**, dass der vereinbarte Betrag dem **typischen Schadensumfang** entspricht.[539] Eine Abweichung von einem „wesentlichen Grundgedanken der gesetzlichen Regelung" liegt vor, wenn diese gesetzliche Regelung nicht nur auf Zweckmäßigkeitserwägungen beruht, sondern dem

---

536 *Coester-Waltjen*, in: Staudinger, 15. Bearbeitung, § 309 Nr. 5 BGB, Rn. 12.

537 Vgl. für das Binnenversicherungsrecht *Hähnchen,* Hähnchen, Obliegenheiten und Nebenpflichten, 299: „Akzeptierte man die versicherungsrechtlichen Obliegenheiten als „echte Nebenpflichten", ergäbe sich auch aus dem allgemeinen Zivilrecht eine gesetzliche Grundlage für die Unwirksamkeit von harten, pauschal die Leistungsfreiheit vorsehenden Klauseln: § 309 Nr. 5 BGB", „Die Leistungsfreiheit des Versicherers bei Obliegenheitsverletzungen ist letztlich nichts anderes als ein pauschalisierter Schadensersatz, mit zusätzlichen pönalen Elementen").

538 BGH, Urteil vom 18. Februar 2015 – XII ZR 199/13 – = NJW-RR 2015, 690-692.

539 BGH, Urteil vom 18. Februar 2015 – XII ZR 199/13 – = NJW-RR 2015, 690-692; vgl. *Graf von Westphalen*, BB 2018, 323, 328.

Gerechtigkeitsgebot Ausdruck verleihen soll.[540] Nach der Rechtsprechung widerspricht eine „[...] Pauschalierung, die zu einer Bereicherung führt, weil sie sich nicht am gewöhnlichen Lauf der Dinge orientiert, [...] in wesentlichen Bezügen der gesetzlichen Regelung [... ,§ 307 Abs. 2 Nr. 1 BGB'] und ist deshalb in sachlicher Übereinstimmung mit [... ,§ 309 Abs. 1 Nr. 5 a BGB'] **grundsätzlich** unwirksam."[541] § 309 Abs. 1 Nr. 5 a BGB kann auch im unternehmerischen Geschäftsverkehr eine Leitbildfunktion im Sinne von § 307 Abs. 2 Nr. 1 BGB zukommen.[542] Wie eben aufgezeigt, orientiert sich § 309 Abs. 1 Nr. 5 a BGB an § 252 S. 2 BGB, sodass eine Leitbildfunktion konkret zu bejahen ist.

Ausgehend von diesen Grundsätzen ist der VR dafür beweisbelastet, dass die vom VN zu zahlende Prämie dem typischen, durch eine vorvertragliche Informationspflichtverletzung verursachten Schaden entspricht.[543] Zu fragen ist, in welcher Höhe dem VR ein Schaden steht, wenn der Vertrag über die Vorschriften der c.i.c. rückabgewickelt wird. Einen Anhaltspunkt zur Ermittlung der typischen Schadenshöhe kann an dieser Stelle ein systematischer Vergleich mit § 39 Abs. 1 S. 3 VVG und der hierzu ergangenen Rechtsprechung bieten, denn nach dieser Norm kann der VR für den Fall des Rücktritts wegen schuldhaften Zahlungsverzuges des VN nach § 37 Abs. 1 VVG eine **„angemessene Geschäftsgebühr"** verlangen. Nach § 39 Abs. 1 S. 3 VVG (§ 42 Abs. 2 S. 2 VVG a.F.) soll der VR nach den Motiven des Gesetzgebers nur seine Kosten und Aufwendungen erstattet bekommen, weil er im Falle des Rücktritts „[...] eine Gefahr überhaupt nicht getragen hat [...]".[544] Der Regelungsgehalt des § 39 Abs. 1 S. 3 VVG ist mit der hier untersuchten Konstellation der Vertragslösung über die c.i.c. vergleichbar. In beiden Situationen erleidet der VR einen Schaden durch die Vertragslösung aufgrund aus der Sphäre des VN stammenden Ursachen. Auch nach

540 BGH, Urteil vom 27. Juni 2007 – VIII ZR 149/06 – = NJW 2007, 3637-3640.

541 BGH, Urteil vom 28. Mai 1984 – III ZR 231/82 – = NJW 1984, 2941-2942; vgl. auch *Graf von Westphalen*, BB 2018, 323, 328: „Denn der Kerngedanke der nach § 309 Nr. 5a BGB zu beurteilenden Klausel besteht darin, das über die §§ 249 ff. BGB in Geltung gesetzte schadensersatzrechtliche Bereicherungsverbot zu berücksichtigen.".

542 S. 114 zu § 309 BGB.

543 Vgl. zur Problematik der Beweislast auch S. 135.

544 *Bundesaufsichtsamt für d. Versicherungs- u. Bausparwesen - Motive zum Versicherungsvertragsgesetz* (Hrsg.), Motive zum Versicherungsvertragsgesetz 1908, 112; § 40 Abs. 2 S. 2 VVG a.F. wurde vom Reformgesetzgeber ohne weitere Ausführungen in § 39 Abs. 1 S. 3 VVG übernommen, vgl. *Bundesministerium der Justiz,* Referentenentwurf - Entwurf eines Gesetzes zur Reform des Versicherungsvertragsrechts, 68 und *Deutscher Bundestag,* Bundestags-Drucksache 16/3945, 72 zu § 39 Abs. 1 S. 3 VVG.

Ziff. 22 DVT-ADS trägt der VR - wie dargestellt[545] - de facto kein Risiko für den Fall der schuldhaften, für den Versicherungsfall kausalen vorvertraglichen Informationspflichtverletzung. Bislang hielt die Rechtsprechung als „Geschäftsgebühr" 18,5 – 27,5 % der Jahresprämie für „angemessen".[546] Selbst wenn man dem See-VR im Vergleich zu § 39 Abs. 1 S. 3 VVG noch einen – von ihm darzulegenden – Gewinnanteil zugebilligte, stellt der vollständige „Prämienverfall" jedenfalls nicht den typischen Schadensumfang im Sinne des § 309 Abs. 1 Nr. 5 a BGB dar. Dem steht auch nicht entgegen, dass ein Reeder als durchschnittlicher VN den „Prämienverfall" wohl als vollständigen Verlust der Prämie für den Fall der vorvertraglichen Anzeigepflichtverletzung erkennen kann. Die Inhaltskontrolle hat nicht den Zweck, vor schwer erkennbaren Schadenspauschalierungen zu schützen, sondern „[...] unabhängig davon allgemein vor Klauseln [zu] schützen, bei denen das auf einen gegenseitigen Interessenausgleich gerichtete dispositive Gesetzesrecht durch einseitige Gestaltungsmacht des Klauselverwenders außer Kraft gesetzt wird."[547] Es bleibt festzuhalten, dass Ziff. 22.2. Abs. 1 S. 1 DTV-ADS 2009/2018 von § 252 S. 2 BGB respektive § 309 Abs. 1 Nr. 5 a BGB abweicht. Damit gilt zunächst die Vermutung der Unwirksamkeit gem. § 307 Abs. 2 Nr. 1 BGB.

(2) § 309 Abs. 1 Nr. 5 b BGB

Ziff. 22.2. Abs. 1 S. 1 DTV-ADS 2009 weicht auch von § 309 Nr. 5 b BGB ab. Die Klausel verstößt gegen § 309 Abs. 1 Nr. 5 b BGB, wenn sie dem Klauselgegner nicht ausdrücklich den Nachweis eines wesentlich **niedrigeren** oder völlig **fehlenden** Schadens ermöglicht.[548] Im unternehmerischen Verkehr muss das Recht des Gegenbeweises **nicht ausdrücklich** in der Klausel vorbehalten zu sein.[549] Allerdings darf auch einem Unternehmer die Möglichkeit des Nachweises eines

545 Siehe zur dogmatischen Einordnung der Leistungsfreiheit für den Fall der vorvertraglichen Informationspflichtverletzung S. 129.

546 LG Hamburg, Urteil vom 02. Oktober 1970 - 74 O 367/69 - = VersR 1971, 611; AG Arnsberg, Urteil vom 17. April 2007 – 3 C 519/06 – = NJW-RR 2007, 1254-1255; vgl. *Markopoulos*, Recht und Schaden 2013, 110, 110 ff..

547 Vgl. zu Entgeltklauseln BGH, Urteil vom 04. Juli 2017 – XI ZR 233/16 – = NJW 2017, 2995-2997.

548 *Coester-Waltjen*, in: Staudinger, 16. Bearbeitung, § 309 Nr. 5 BGB, Rn. 19

549 BGH, Urteil vom 20. März 2003 – I ZR 225/00 – = NJW-RR 2003, 1056-1060; *Coester-Waltjen*, in: Staudinger, 16. Bearbeitung, § 309 Nr. 5 BGB, Rn. 19; *Roloff*, in: *Erman/Westermann*, § 309 BGB, Rn. 51; *Grüneberg*, in: Palandt, 80. Aufl., § 309 BGB, Rn. 32.

fehlenden oder geringeren Schadens nicht abgeschnitten werden.[550] Auch ein konkludenter Ausschluss kann zur Unwirksamkeit der Klausel führen.[551] Ziff. 22.2. Abs. 1 S. 1 DTV-ADS 2009 dürfte nicht als Ausschluss des Nachweises des **fehlenden** Schadens auszulegen sein. Ziff. 22.2. Abs. 3 DTV-ADS 2009 sieht vor, dass der VN den Nachweis erbringen kann, dass die Falsch- oder Nichtanzeige keinen Einfluss auf den **Eintritt** des Versicherungsfalls oder den Umfang der Leistungspflicht gehabt hat. Damit wird dem VN jedenfalls der Nachweis ermöglicht, dass dem VR kein Schaden entstanden ist: Wenn der VN nachweisen kann, dass die Falschanzeige keinen Einfluss auf den Versicherungsfall hatte, weist er damit gleichzeitig nach, dass der VR auch nur gegen Erhalt der risikogerechten Prämie leisten muss.

Ziff. 22.2. Abs. 1 S. 1 DTV-ADS 2009 dürfte allerdings wegen Ausschlusses der Nachweismöglichkeit eines **geringeren** Schadens unwirksam sein. Ziff. 22.2. Abs. 1 S. 1 DTV-ADS 2009 schneidet dem VN den Nachweis eines geringeren Schadens ihrem Wortlaut nach nicht ab. Jedoch regelt sie ausdrücklich die Nachweismöglichkeiten hinsichtlich des nicht eingetretenen Schadens und hinsichtlich des fehlenden Verschuldens. Ein durchschnittlicher Reeder als VN wird die Regelung als abschließend verstehen: Der VR hat die Möglichkeiten zur Nachweiserbringung in Ziff. 22.2. DTV-ADS 2009 detailliert geregelt. Daher muss der durchschnittliche VN auch davon ausgehen, dass eine Nachweismöglichkeit geringeren Schadens ebenfalls ausdrücklich geregelt worden wäre. Die Unwirksamkeit der Klausel wird damit vor dem Hintergrund des § 309 Nr. 5 b BGB als gesetzliche Regelung im Sinne von § 307 Abs. 2 Nr. 1 indiziert.

c) *Abweichung von gesetzlicher Beweislastverteilung (haftungsbegründende Kausalität)*

Ziff. 22. DTV-ADS ist unter dem Gesichtspunkt der Abweichung in der Beweislastverteilung zur haftungs**begründenden** Kausalität unwirksam im Sinne von § 307 Abs. 1 S. 1 BGB. Die nach Ziff. 22.2. Abs. 1 S. 1 i.V.m. Ziff. 22.2. **Abs. 3** DTV-ADS vorgesehene Beweislastverteilung weicht im Sinne von § 307 Abs. 2 Nr. 1 BGB von der gesetzlichen Vorschrift des § 249 Abs. 1 BGB und § 309 Nr. 12 a BGB ab. Die Vermutungswirkung des § 307 Abs. 2 Nr. 1 BGB kann hier nicht widerlegt werden.

---

550 BGH, Urteil vom 19. September 2001 – I ZR 343/98 –, Rn. 42 = NJW-RR 2002, 1027-1030.

551 BGH, Urteil vom 19. September 2001 – I ZR 343/98 –, Rn. 42 = NJW-RR 2002, 1027-1030.

Im Hinblick auf den „**Prämienverfall**" und die **Leistungsfreiheit** als Rechtsfolge des Garantiefalls weichen Ziff. 22.2. Abs. 1 S. 1 und Abs. 3 DTV-ADS von der gesetzlichen Beweislastverteilung der Vorschriften der c.i.c. ab:[552] Nach den gesetzlichen Vorschriften der c.i.c. kann sich der VR nur dann vom Vertrag lösen – und so Leistungsfreiheit erreichen –, wenn er die haftungs**begründende** Kausalität der Anzeigepflichtverletzung beweist. Um die Rechtsfolge der Vertragslösung herbeizuführen, müsste er also beweisen, dass er bei richtiger und vollständiger vorvertraglicher Information den Vertrag nicht, und zwar auch nicht zu anderen (Prämien)-Bedingungen geschlossen hätte.

Dies folgt aus § 249 Abs. 1 BGB, wonach der Gläubiger für die haftungsbegründende Kausalität der Pflichtverletzung als ihm vorteilhafte Tatsache beweisbelastet ist.[553] Erst wenn ihm dieser Beweis gelingt, ist der VR im Ergebnis leistungsfrei. Zudem müsste er für die Durchsetzung von ihm tatsächlich entstandenen Schäden (z.B. einer „Geschäftsgebühr"[554]) ebenfalls die haftungsausfüllende Kausalität beweisen.

Nach Ziff. 22.2. Abs. 1 S. 1 und Abs. 3 DTV-ADS muss der VR hingegen lediglich beweisen, dass der VN eine vorvertragliche Informationspflicht verletzt hat.[555] Der Kausalitätsgegenbeweis – gerichtet auf fehlende Kausalität zwischen Informationspflichtverletzung und Eintritt des Versicherungsfalls – obliegt nach Ziff. 22.2. Abs. 3 DTV-ADS dem VN.[556] Selbiges gilt für den Gegenbeweis der Schuldlosigkeit, vgl. Ziff. 22.4. DTV-ADS. Der VR muss also nicht beweisen, dass er den Vertrag bei Kenntnis des Gefahrenumstandes gar nicht geschlossen hätte **(„Leistungsfreiheit anstatt Vertragslösung")**. Dies gilt auch für die haftungs**ausfüllenden** Kausalität hinsichtlich eines Prämienschadens **(„Prämienverfall anstatt Geschäftsgebühr als zu beweisender Schaden")**.[557]

Neben der Abweichung der Ziff. 22 DTV-ADS von § 249 Abs. 1 BGB ist § 309 Nr. 12 BGB zu berücksichtigen. Ein Verstoß gegen § 309 Nr. 12 BGB führt auch im unternehmerischen Rechtsverkehr zur Unangemessenheit einer von

---

552 Siehe S. 108 f.

553 *Ebert*, in: Erman, Vor § 249 BGB, Rn. 171.

554 Siehe zur haftungs**ausfüllenden** Kausalität die Ausführungen zum „Prämienverfall" vor dem Hintergrund des § 309 Abs. 1 Nr. 5 b BGB, S. 134 f.

555 *Dreyer*, in: Bruck/Möller, 9. Aufl., DTV-ADS 2009 Ziff. 22, Rn. 27 unter Verweis auf *Rolfs*, in: Bruck/Möller, 9. Aufl., § 19 VVG, Rn. 172.

556 *Dreyer, in:* Bruck/Möller, 9. Aufl., DTV-ADS 2009 Ziff. 22, Rn. 14 ff..

557 Siehe zur haftungs**ausfüllenden** Kausalität die Ausführungen zum „Prämienverfall" vor dem Hintergrund des § 309 Abs. 1 Nr. 5 b BGB, S. 134 f.

gesetzlichen Regelungen abweichenden Beweislastverteilung in AVB.[558] Verstöße gegen Normen, die nicht bloß Ausdruck formal-rechtlicher Zweckmäßigkeitserwägungen, sondern „typische Ausprägung des Gerechtigkeitsgebots" sind, führen zur Vermutungswirkung der „Unangemessenheit" gem. § 307 Abs. 2 Nr. 1 BGB.[559] Die gesetzliche Beweislastverteilung stellt eine „typische Ausprägung des Gerechtigkeitsgebots" dar.[560] Vor dem Hintergrund der Abweichung der Beweislast zur haftungs**begründenden** Kausalität ist die „Unangemessenheit" von Ziff. 22 DTV-ADS damit sowohl im Hinblick auf die Rechtsfolge der **„Leistungsfreiheit anstatt Vertragslösung" und den „Prämienverfall anstatt Geltendmachung einer Geschäftsgebühr"** zu vermuten:[561]

aa) Leistungsfreiheit anstatt Vertragslösung

Der Nachweis, einen Versicherungsvertrag aufgrund der vorvertraglichen Informationspflichtverletzung überhaupt nicht geschlossen zu haben, dürfte für den VR äußerst schwierig zu erbringen sein: Der VR muss unter Offenlegung seiner Geschäftsgrundsätze substantiiert darlegen, dass er den Vertrag bei Kenntnis des Gefahrumstandes überhaupt nicht geschlossen hätte.[562] Dem VR wird auch nicht die Beweiserleichterung der „Vermutung für aufklärungsrichtiges Verhalten"[563] zu Gute kommen. Inhalt dieser Vermutung ist, dass ein Geschädigter sich bei ordnungsgemäßer Aufklärung gegen das Geschäft entschieden hätte.[564] Es besteht aber gerade kein genereller Erfahrungssatz dahingehend, dass ein VR den Versicherungsvertrag bei Kenntnis zusätzlicher gefahrerheblicher Tatsachen

---

558 Vgl. *Coester-Waltjen*, in: Staudinger, 16. Bearbeitung, § 309 Nr. 12 BGB, Rn. 16.

559 Vgl. BGH, Urteil vom 27. Juni 2007 – VIII ZR 149/06 – = NJW 2007, 3637-3640; *Roloff*, in: Erman, § 307 BGB, Rn. 24.

560 *Bundesregierung*, Bundestags-Drucksache 7/3919, 38.

561 Vgl. *Roloff*, in: Erman, § 309 BGB, Rn. 145.

562 Vgl. *Rolfs, in:* Bruck/Möller, 9. Aufl., § 19 VVG, Rn. 176, wonach der VR im allgemeinen Versicherungsrecht aufgrund seiner sekundären Darlegungslast seine Geschäftsgrundsätze zum Abschluss von Versicherungsverträgen offenzulegen hat, wenn der VN geltend macht, keine Kenntnis über die maßgebenden Tatsachen zum Verfahren bei der Vertragsentscheidung durch den VR zu haben; vgl. auch BGH, Urteil vom 22. Februar 1995 – IV ZR 158/94 – = NJW-RR 1995, 725-726; OLG Düsseldorf, Urteil vom 30. November 1993 – 4 U 216/92 – = RuS 1994, 81.

563 BGH, Urteil vom 06. April 2001 – V ZR 402/99 – = NJW 2001, 2021-2022.

564 *Feldmann*, in: *Stoffels*, Stoffels, § 311 BGB, Rn. 172; Vgl. *Kindl*, in: Erman, § 311 BGB, Rn. 27.

überhaupt nicht geschlossen hätte.[565] Die Übernahme von Risiken gegen Entgelt (Prämie) macht gerade das Geschäftsmodell des VR aus.[566] Vor diesem Hintergrund ist allenfalls denkbar, dass der VR einen Versicherungsvertrag dann nicht geschlossen hätte, wenn das zu übernehmende, höhere Risiko nicht durch eine entsprechend höhere Prämie oder etwa einen Leistungsausschluss abgesichert werden kann.[567] Der VR wird in den meisten Fällen lediglich beweisen können, den Vertrag bei richtiger Information unter Vereinbarung einer höheren Prämie oder unter Ausschluss bestimmter Risiken geschlossen zu haben; nicht aber, den Vertrag überhaupt nicht geschlossen zu haben.

bb) Prämienverfall anstatt Geltendmachung einer Geschäftsgebühr

Ziff. 22.2. Abs. 1 S. 1 und Abs. 3 DTV-ADS weicht auch insoweit von der gesetzlichen Beweislastverteilung ab, als das der VR nach dispositivem Recht die haftungs**begründende** Kausalität zwischen Anzeigepflichtverletzung und einem entgangenen Gewinn oder sonstigen Schaden (nach Ziff. 22.2. Abs. 1 S. 1 DTV-ADS die „verfallene" Prämie) beweisen müsste.[568]

cc) Zwischenergebnis

Vor diesem Hintergrund besteht gem. § 307 Abs. 2 Nr. 1 BGB die Vermutung der „Unangemessenheit". Ziff. 22.2. Abs. 1 S. 1 und Abs. 3 DTV-ADS weicht unter dem Aspekt der zur Leistungsfreiheit und dem „Prämienverfall" führenden haftungs**begründenden** Kausalität von der Beweislastverteilung der gesetzlichen Regelung des § 249 Abs. 1 BGB und § 309 Nr. 12 BGB ab.

d) Vermutung nicht widerlegbar

Die Vermutung der Unwirksamkeit von Ziff. 22.2. Abs. 1 S. 1 und Abs. 3 DTV-ADS im Hinblick auf den Prämienverfall und die abweichende Beweislastverteilung

---

565 Dies kann daraus geschlossen werden, dass ein VR nur dann generell von einem Vertragsschluss absehen wird, wenn das Risiko aufgrund des nicht angezeigten Gefahrumstandes nicht mehr vorhersehbar ist, Zeichnungskapazitäten überschritten würden, oder der VN einschlägig vorbestraft ist, vgl. *Rolfs*, in: Bruck/Möller, 9. Aufl., § 19 VVG, Rn. 111 ff..

566 Vgl. *Beckmann*, in: Bruck/Möller, 10. Aufl., Generaleinführung, Einf. A., Rn. 285 ff..

567 *Deutscher Bundestag*, Bundestags-Drucksache 16/3945, 65; *Rolfs*, in: Bruck/Möller, 9. Aufl., § 19 VVG, Rn. 110 ff. und 145.

568 Siehe oben zur Einordnung des „Prämienverfalls" als Schadenspauschalierung, S. 132 f.

ist nicht widerlegbar. Die Vermutung der Unangemessenheit kann widerlegt werden, wenn sich unter Berücksichtigung der Gesamtumstände im Einzelfall ergibt, dass die Klausel den Vertragspartner nicht unangemessen benachteiligt.[569] Dies kann dann der Fall sein, wenn die Nachteile des anderen Vertragspartners durch die Gewährung anderer rechtlicher Vorteile kompensiert werden.[570] Eine Kompensation ist grundsätzlich nur durch konnexe, in Wechselbeziehung stehende Klauseln zugelassen.[571] Es ist eine Gesamtabwägung aller Vor- und Nachteile im Einzelfall durchzuführen.[572]

aa) Rechtliche Vorteile

Ziff. 22.2. Abs. 1 S. 1 und Abs. 3 DTV-ADS könnte für den VN im Vergleich zur gesetzlichen Regelung der Vertragslösung über die Regelungen der c.i.c. in einer Gesamtbetrachtung als vorteilhafter einzuordnen sein. Die Klausel sieht nicht nur eine den VR als Verwender begünstigende Schadenspauschalierung vor. Sie ist auch als **Ausschluss weiterer Regressmöglichkeiten** des VR zu Gunsten des VN auszulegen, soweit Ansprüche wegen schuldhafter, für den Versicherungsfall kausaler vorvertraglicher Informationspflichtverletzung betroffen sind. Ein solcher Ausschluss ergibt sich nicht unmittelbar aus dem Wortlaut von Ziff. 22 DTV-ADS. Er ergibt sich aber aus einer systematischen und teleologischen Auslegung der Klausel. Nach dem hier anzulegendem objektiv-generalisierenden Maßstab ist auf die Interessenslage der typischerweise beteiligten Verkehrskreise abzustellen.[573] Die Regelung der Rechtsfolge der Leistungsfreiheit bei gleichzeitigem Prämienverfall in Ziff. 22.2. Abs. 1 S. 1 DTV-ADS wäre zwecklos, wenn der VR über die vertragliche Regelung hinaus alternativ auch eine Vertragsaufhebung über die Grundsätze der c.i.c. verlangen könnte. So könnte der VR beispielsweise im Falle einer **nicht** für den Versicherungsfall – sondern nur den Vertragsschluss – **kausalen** vorvertraglichen Informationspflichtverletzung eine Vertragsaufhebung über die Vorschriften der c.i.c. verlangen.[574] Ein solches Verständnis der Klausel 22 DTV-ADS widerspricht aufgrund des

---

569 BGH, Urteil vom 28. Januar 2003 – XI ZR 156/02 – = NJW 2003, 1447-1449; *Beckmann*, in: Bruck/Möller, 10. Aufl., Einf. C, Rn. 318.

570 BGH, Urteil vom 25. Juni 1991 – XI ZR 257/90 – = NJW 1991, 2414-2416; BGH, Urteil vom 01. Dezember 1981 – KZR 37/80 – = NJW 1982, 644-646.

571 BGH, Urteil vom 29. November 2002 – V ZR 105/02 – = NJW 2003, 888-892; *R. Koch*, VersR 2011, 295, 297.

572 BGH, Urteil vom 19. Dezember 2007 – XII ZR 61/05 – = NJW-RR 2008, 818-822.

573 Siehe zur Auslegung von AVB S. 116.

574 Siehe oben unter S. 71.

Restriktionsprinzips einer an den Interessen des VN auszurichtenden Auslegung. Bei dieser Auslegung sind insbesondere Gegenstand und Zweck des Versicherungsvertrages und die daraus resultierenden „berechtigten Erwartungen"[575] des VN zu berücksichtigen.[576] Es widerspricht dem Zweck der Klausel, wenn der VR sich auch bei nicht für den Versicherungsfall kausalen vorvertraglichen Informationspflichtverletzungen über die Regelungen der c.i.c. lösen kann.[577]

bb) Rechtliche Nachteile

Die Nachteile der Abweichung zur gesetzlichen Beweislastverteilung hinsichtlich der haftungs**begründenden** Kausalität überwiegen jedoch die soeben aufgezeigten Vorteile: Der VR kann die Rechtsfolge einer vollständigen Vertragsaufhebung über die Vorschriften nur unter äußerst hohen Voraussetzungen herbeiführen. Insoweit hat der VN bei Anwendung des dispositiven Rechts deutlich mehr Vorteile als bei Heranziehung von Ziff. 22 DTV-ADS:

Wie soeben dargestellt, dürfte dem VR im Regelfall nur schwer der Nachweis gelingen, dass er den Vertrag bei Kenntnis des nicht angezeigten Gefahrenumstandes überhaupt nicht geschlossen hätte.[578] Der VN hätte im Fall des Scheiterns der Beweiserbringung durch den VR – und damit anders als nach Ziff. 22.2. Abs. 1 S. 1 und Abs. 3 DTV-ADS (**„Leistungsfreiheit anstatt rückwirkender Vertragslösung"**) – Anspruch auf die Versicherungsleistung. Sein Nachteil besteht in der Regel lediglich darin, eine dem höheren Risiko entsprechende Prämie zu zahlen.[579] Auch im Hinblick auf den Komplex **„Prämienverfall anstatt angemessener Geschäftsgebühr"** ist die vertragliche Beweislastregelung bei einer Gesamtabwägung nachteilig gegenüber der gesetzlichen Beweislastregelung. Der VR müsste nämlich bei Anwendung des § 249 Abs. 1 BGB unter Offenbarung seiner Geschäftsgrundsätze darlegen, in welcher Höhe ihm tatsächlich ein Schaden durch den Vertragsschluss entstanden ist.[580]

---

575 *R. Koch*, VersR 2015, 133, 136.

576 Vgl. BGH, Urteil vom 16. Oktober 1991 – IV ZR 257/90 – = NJW 1992, 315-316; *R. Koch*, VersR 2015, 133, 136; *Beckmann*, in: Bruck/Möller, 10. Aufl., Einf. C, Rn. 207.

577 Zum Zweck der Regelung vgl. S. 117 ff.

578 S. 137 f.

579 S. 140.

580 Vgl. *Markopoulos*, Recht und Schaden 2013, 110, 114 für § 39 Abs. 1 S. 3 VVG.

e) *Interessen des VR*

Die Benachteiligung des VN kann durch gewichtige Interessen des VR als Verwender in besonderen Ausnahmefällen gerechtfertigt sein.[581] Es gilt der Grundsatz, dass die gesetzlichen Vorschriften auf die Interessen des Verwenders in angemessenem Umfang Rücksicht zu nehmen haben.[582] Der Verwender muss zur Widerlegung der Vermutung des § 307 Abs. 2 Nr. 1 BGB gewichtige, auch die Interessen seines Vertragspartners berücksichtigende berechtigte Gegengründe vortragen, die eine abweichende Regelung noch als angemessenen Interessenausgleich erscheinen lassen.[583]

aa) *Preisargument*

Das Leistungsrisiko senkende Klauseln können auch zur Senkung von Versicherungsprämien führen („Preisargument").[584] Dieser wirtschaftliche Vorteil für die Gesamtheit der VN darf im Rahmen der Frage der Kompensation durch rechtliche Vorteile jedoch nicht berücksichtigt werden.[585]

bb) *Spezialprävention*

Die Sanktion der Leistungsfreiheit und die Umkehr der Beweislast kann eine abschreckende Wirkung erzielen.[586] Das Risiko massiver finanzieller Verluste aufgrund der Leistungsfreiheit des VR und der Beweislastumkehr hat zur Folge, dass der VN zur sorgfältigen Erfüllung vorvertraglicher Informationspflichten motiviert ist. Im Gegensatz dazu kann das nach dispositivem Recht bestehende Risiko zur Zahlungspflicht einer dem Risiko angemessen Zuschlagsprämie zur geringen Sorgfältigkeit des VN führen.[587] Bei einer Gesamtbetrachtung aller Versicherungsverträge liegt der Schluss nahe, dass die fehlende Äquivalenz

---

581 BGH, Urteil vom 17. Januar 1990 – VIII ZR 292/88 – = NJW 1990, 2065-2067; *Roloff, in:* Erman, § 307 BGB, Rn. 26.

582 *Roloff*, in: Erman, § 307 BGB, Rn. 26.

583 *Roloff*, in: Erman, § 307 BGB, Rn. 26.

584 BGH, Urteil vom 16. November 1992 – II ZR 184/91 – = NJW 1993, 2442-2444; *Wendland*, in: Staudinger, 16. Bearbeitung, § 307 BGB, Rn. 129.

585 BGH, Urteil vom 16. November 1992 – II ZR 184/91 – = NJW 1993, 2442-2444; *Wendland*, in: Staudinger, 16. Bearbeitung, § 307 BGB, Rn. 129.

586 *Ebert*, Pönale Elemente im deutschen Privatrecht, 268, 269.

587 Zum befürchteten Verlust der Präventionswirkung bei Aufhebung des Alles-oder-Nichts-Prinzips vor der VVG-Reform: *Lorenz*, VersR 2000, 2, 2, 11, *Armbrüster*, VersR 2003, 675, 675, 676 ff.; *Herrmann*, VersR 2003, 1333, 1333, 1341; *Marlow*, VersR 2007, 43.

zwischen Risiko und Prämie aufgrund fehlerhafter vorvertraglicher Information den VR an die Grenze seiner Leistungsfähigkeit bringen kann.[588] Allerdings hat der VVG-Reformgesetzgeber entschieden, dass für den Seeversicherungsvertrag das allgemeine Schuldrecht die gesetzliche Rechtsgrundlage ist. Damit geht einher, dass die Beweislastverteilung nach dem allgemeinen Schuldrecht die Interessen des VR wahrt. Soweit für den VR durch eine geringere Sorgfalt des VN höhere Risiken bestehen, kann der VR diese Risiken über eine entsprechende Erhöhung der Prämie kompensieren.

cc) Im Handelsverkehr geltenden Gewohnheiten und Gebräuche

Die Klausel hält auch bei angemessener Berücksichtigung der im Handelsverkehr geltenden Gewohnheiten und Gebräuche nach § 310 Abs. 1 Satz 2 Halbsatz 2 BGB der Inhaltskontrolle nicht stand. Nach dieser Vorschrift ist auf die Gewohnheiten und Gebräuche des Handelsverkehrs Rücksicht zu nehmen und darüber hinaus den Besonderheiten des kaufmännischen Geschäftsverkehrs angemessen Rechnung zu tragen.[589]

(1) Kein Handelsbrauch

Zu Gunsten des VR greift kein Handelsbrauch dahingehend, dass in der Seeversicherung der VR bei schuldhaften, vorvertraglichen Informationspflichtverletzungen des VN die für den Eintritt des Versicherungsfalls kausal waren, leistungsfrei wird und gleichzeitig die Prämie zu seinen Gunsten verfällt. Darüber hinaus besteht auch kein Handelsbrauch dahingehend, dass der VR nicht beweisen muss, den Vertrag bei Kenntnis des nicht angezeigten Umstandes nicht geschlossen zu haben. Das Bestehen eines Handelsbrauchs nach § 346 HGB setzt stets voraus, dass die am Vertrag Beteiligten im Zeitpunkt des jeweiligen

---

588 So stellt *Fleischer,* Informationsasymmetrie im Vertragsrecht, S. 507 die Motive zum VVG dar (*Bundesaufsichtsamt für d. Versicherungs- u. Bausparwesen - Motive zum Versicherungsvertragsgesetz* (Hrsg.), Motive zum Versicherungsvertragsgesetz 1908, 33), und verweist darauf, dass schon nach den Gesetzesmaterialien die Kenntnis der Art und Größe der Gefahr Voraussetzung dafür sei, dass Versicherungsgeschäft „sachgemäß betreiben" zu können. Wenn nun aber die Risikolage nicht dem Prämienaufkommen entspricht, weil die Risiken wegen falscher bzw. unvollständiger Angaben des VN nicht richtig eingeschätzt wurde, besteht die Möglichkeit, dass der VR aufgrund zu geringer Prämieneinnahmen seinen Leistungspflichten nicht vollständig nachkommen kann.

589 BGH, Urteil vom 04. Juli 2017 - XI ZR 562/15 –, BGHZ 215, 172-200 = NJW 2017, 2986-2994.

Vertragsschlusses davon ausgehen, es bestehe eine allgemeine Übung, die eine Verpflichtung auch ohne Abschluss einer darauf gerichteten Vereinbarung begründet.[590] Es ist unerheblich, dass in einer Vielzahl von gleichartigen Verträgen eine entsprechende Vereinbarung getroffen wird,[591] denn ein Handelsbrauch kann erst dann angenommen werden, wenn die in Allgemeinen Geschäftsbedingungen getroffene Regelung auch ohne besondere Vereinbarung oder Empfehlung freiwillig befolgt würde.[592] Dass eine Regelung wie in Ziff. 22 DTV-ADS üblich in der Seeversicherung ist, kann die Vermutung der Unangemessenheit daher nicht widerlegen.

(2) Keine Rechtfertigung durch Besonderheiten des unternehmerischen Geschäftsverkehrs

Nach der Rechtsprechung ist bei der Angemessenheitsprüfung zu beachten, dass „[...] [der] kaufmännische Rechtsverkehr [...] wegen der dort herrschenden Handelsbräuche, Usancen, Verkehrssitten und wegen der zumeist größeren rechtsgeschäftlichen Erfahrung der Beteiligten auf eine stärkere Elastizität der für ihn maßgeblichen vertragsrechtlichen Normen angewiesen [ist,] als der Letztverbraucher.“[593] Im Rahmen von § 310 Abs. 1 Satz 2 Halbsatz 2 BGB sind auch die „branchentypischen Interessen der Vertragschließenden zu berücksichtigen.“[594] Der [...] Regelungsgehalt der Klausel [muss] von den beteiligten Verkehrsgruppen generell als maßgeblich und angemessen erachtet werden“[595] Zu beachten ist auch, dass die gesetzliche Unwirksamkeitsvermutung auch für Verträge mit Unternehmern gilt.[596]

---

590 BGH, Urteil vom 25. November 1993 – VII ZR 17/93 – = NJW 1994, 659-660; BGH, Urteil vom 04. Juli 2017 – XI ZR 562/15 –, BGHZ 215, 172-200 = NJW 2017, 2986-2994; Vgl. für die Seeversicherung *Trölsch,* Die Obliegenheiten in der Seeversicherung, 192.

591 BGH, Urteil vom 04. Juli 2017 – XI ZR 562/15 –, BGHZ 215, 172-200 = NJW 2017, 2986-2994.

592 BGH, Urteil vom 02. Juli 1980 – VIII ZR 178/79 – = WM 1980, 1122-1124; BGH, Urteil vom 04. Juli 2017 – XI ZR 562/15 –, BGHZ 215, 172-200 = NJW 2017, 2986-2994.

593 BGH, Urteil vom 04. Juli 2017 – XI ZR 562/15 –, BGHZ 215, 172-200 = NJW 2017, 2986-2994

594 BGH, Urteil vom 04. Juli 2017 – XI ZR 562/15 –, BGHZ 215, 172-200 = NJW 2017, 2986-2994.

595 Fuchs in: Ulmer/Brandner/Hensen, 12. Aufl., § 307 BGB, Rn. 143.

596 BGH, Urteil vom 08. März 1984 – VII ZR 349/82 –, BGHZ 90, 273-280 = NJW 1984, 1750-175.

Auch ist ein Unternehmer als Vertragspartner des Verwenders ist generell schutzwürdig.[597]

(a) Seeversicherungsrecht des Vereinigten Königreichs als branchentypischer Vergleichsmaßstab

Die am Seeversicherungsvertrag beteiligten Verkehrskreise sind typischerweise international tätig.[598] Im internationalen Geschäftsverkehr kommt dem Seeversicherungsrecht des Vereinigten Königreichs eine besonders hohe Bedeutung zu.[599] Soweit eine Vertragsgestaltung nach dem Recht des Vereinigten Königreichs als üblich eingeordnet werden kann, kann sich hieraus ein Rückschluss auf die Üblichkeit einer Klausel im Sinne von § 310 Abs. 1 Satz 2 Halbsatz 2 BGB ziehen lassen.

Insbesondere könnte die Vermutung der Unwirksamkeit der Klausel Ziff. 22.2. Abs. 1 S. 1 und Abs. 3 DTV-ADS dann widerlegbar sein, wenn auch nach dem Recht des Vereinigten Königreichs der VR in Folge einer – **von ihm zu beweisenden**, für den Vertragsschluss kausalen – vorvertraglichen Informationspflichtverletzung **leistungsfrei** würde **und** er gleichzeitig die **Prämie einbehalten** könnte. Dies könnte den Schluss zulassen, dass eine derartige Regelung den kaufmännischen Gewohnheiten am internationalen Seeversicherungsmarkt entspricht.

(b) Voraussetzungen und Rechtsfolgen vorvertraglicher Informationspflichtverletzungen nach altem Recht

Bereits nach dem dispositiven Seeversicherungsrecht vor der Versicherungsrechtsreform im Jahre 2016 war es zumindest üblich, dass der VR die Prämie bei einfach fahrlässigen Anzeigepflichtverletzungen an den VN zurückzugewähren hatte. Anders war dies jedoch dann, wenn der VN eine Garantie für eine bestimmte Tatsache übernommen hatte; bei Eintritt des Garantiefalls war der VR leistungsfrei und die Prämie verfiel. Solche Vereinbarungen sind jedoch nach neuem Recht nicht mehr zulässig.[600]

---

597 BGH, Urteil vom 04. Juli 2017 – XI ZR 562/15 –, BGHZ 215, 172-200 = NJW 2017, 2986-2994.

598 *Deutscher Bundestag*, Bundestags-Drucksache 16/3945, 115.

599 Am internationalen Prämienaufkommen (Seekaskoversicherung) hat der britische Markt einen Anteil von knapp 20 %, vgl. *Seltmann*, Global Marine Insurance Report 2019, 33.

600 S. 148.

Die Seeversicherung ist für das Vereinigte Königreich im Marine Insurance Act (folgend „MIA") von 1906 geregelt. Der Insurance Act 2015[601] (folgend „IA 2015") setzte zahlreiche Bestimmungen des MIA 1906 außer Kraft und ersetzt diese. Die vorvertragliche Anzeigepflicht wurde durch die Sections 17 – 21 MIA 1906 und teilweise auch durch Vorschriften zu „**warranties**" nach den Sections 33 ff. MIA 1906 geregelt. Nach Section 18(1) MIA 1906 hatte der VN dem VR jeden erheblichen Umstand mitzuteilen, der ihm bekannt ist. Nach Section 18(2) MIA 1906 war jeder Umstand erheblich, der den VR in seiner Entscheidung über den Abschluss des Vertrages oder die Kalkulierung der Prämie beeinflussen konnte. Die Definition und die Rechtsfolgen einer fehlenden oder falschen vorvertraglichen Anzeige („nondisclosure" und „misrepresentation") waren in Section 18 und 20 MIA 1906 geregelt. Bei fehlender oder unrichtiger Anzeige hatte der VR das Recht, vom gesamten Vertrag **zurückzutreten**, sec. 18(1) und 20(1) MIA 1906. Der VR hatte die Prämie grundsätzlich zurückzugewähren, Section 84(3) MIA 1906.[602]

Der VR hatte zu **beweisen**, dass der nicht oder falsch angezeigte Umstand gefahrerheblich war („material") und dass er bei Kenntnis des Umstandes den Vertrag nicht oder nur zu anderen Bedingungen geschlossen hätte.[603]

Falls der VN für die Richtigkeit einer bestimmten Tatsache eine **Garantie** übernommen hatte, wurde der VR aufgrund einer (auch schuldlosen oder nicht für den Eintritt und Höhe des Versicherungsfalls kausalen) falsch abgegebenen Information von der Leistung frei, Section 33(3) MIA 1906. Eine „warranty" stellt ein besonderes, selbständiges, vertragliches Garantieversprechen des VN gegenüber dem VR dar; Der VN verpflichtet sich nicht nur, sondern übernimmt auch eine Garantie dafür, dass er bestimmte Leistungen erbringt.[604]

Section 33 MIA 1906 lautete:

"Nature of warranty.
(1) A warranty, in the following sections relating to warranties, means a promissory warranty, that is to say, a warranty by which the assured undertakes that some particular

601 In Kraft seit dem 12.08.2016.

602 Section 83(3) MIA 1906 lautet: "Where the policy is void, or is avoided by the insurer as from the commencement of the risk, the premium is returnable, provided that there has been no fraud or illegality on the part of the assured [...]"; vgl. *Trölsch,* Die Obliegenheiten in der Seeversicherung, 458.

603 *Gurses,* Marine Insurance Law, 54.

604 *Staats,* Zeitschrift für die gesamte Versicherungswissenschaft 1974, 489, 554; vgl. dazu auch *Trölsch,* Die Obliegenheiten in der Seeversicherung, 461.

> thing shall or shall not be done, or that some condition shall be fulfilled, or whereby he **affirms** or negatives **the existence of a particular state of facts.**
> (2) A warranty may be express or implied.
> (3) A warranty, as above defined, is a condition which must be exactly complied with, whether it be **material to the risk or not**. [Abs. 3 S. **2** gilt seit Inkrafttreten des IA 2015 nicht mehr:] If it be not so complied with, then, subject to any express provision in the policy, **the insurer is discharged from liability as from the date of the breach of warranty**, but without prejudice to any liability incurred by him before that date."[605]

Bei – unzutreffender – Zusicherung des VN, alle vorvertraglichen Informationen richtig und vollständig abgegeben zu haben, konnte der VN keinen Anspruch gegen den VR geltend machen. Der Vertrag – und mit diesem die Prämienleistungspflicht des VN – blieb bestehen.[606] Solche Vereinbarungen (**„basis of the contract clause"**) wurden teilweise als Ergänzung zu den ohnehin schon strengen Reglungen der vorvertraglichen Anzeigepflichten geschlossen.[607]

(c) Voraussetzungen und Rechtsfolgen vorvertraglicher Informationspflichtverletzungen nach neuem Recht

(aa) Insurance Act 2015

Der Gesetzgeber ersetzte die Vorschriften über die vorvertragliche Anzeigepflicht (Sections 18 ff. MIA 1906) durch die Sections 3 ff. des IA 2015. Er erachtete die Rechtsfolge des Rücktrittsrechts wegen der drastischen Auswirkungen als nicht mehr zeitgemäß.[608] Der IA 2015 unterscheidet zwischen vorsätzlichen und grob fahrlässigen („deliberate or reckless) oder fahrlässigen („neither deliberate nor reckless") Verstößen, Section 8(4)(a),(b) IA 2015. Im Fall eines „nonconsumer insurance contract" kann der VR den Vertrag bei vorsätzlichen und grob fahrlässigen Verstößen rückwirkend aufheben und die Prämie einbehalten, vgl. Schedule 1 Paragraph 2(a),(b), IA 2015. Die Paragraphs 4 ff., Part, 1, Schedule 1 zum IA 2015 sehen ein abgestuftes Rechtsfolgensystem bei (einfach) fahrlässigen Anzeigepflichtverletzungen vor.

---

605 Hervorhebung durch den Verfasser.

606 Lord Goff, The Good Luck [1991] 2 Lloyd's Rep. 191, 202-203: „It is possible that there may be obligations of the assured under the contract that will survive the discharge of the insurer from liability, as for example, a continuing liability to pay the premium."

607 *Trölsch,* Die Obliegenheiten in der Seeversicherung, 457.

608 Vgl. *The Law Commission and The Scottish Law Commission,* Insurance Contract Law: Business Disclosure; Warranties; Insurer's Remedies for Fraudulent Claims; and Late Payment, 132.

Die Paragraphs 1 ff. des Schedule 1 zum IA 2015 lauten:

„SCHEDULE 1
Insurers' remedies for qualifying breaches
PART 1Contracts
General

1 This Part of this Schedule applies to qualifying breaches of the duty of fair presentation in relation to non-consumer insurance contracts (for variations to them, see Part 2).
Deliberate or reckless breaches

2 If a qualifying breach was deliberate or reckless, the insurer—
(a) may avoid the contract and refuse all claims, and
(b)need not return any of the premiums paid.

Other breaches

3 Paragraphs 4 to 6 apply if a qualifying breach was neither deliberate nor reckless.
4 If, in the absence of the qualifying breach, the insurer would not have entered into the contract on any terms, the insurer may avoid the contract and refuse all claims, but must in that event return the premiums paid.
5 If the insurer would have entered into the contract, but on different terms (other than terms relating to the premium), the contract is to be treated as if it had been entered into on those different terms if the insurer so requires.

6(1) In addition, if the insurer would have entered into the contract (whether the terms relating to matters other than the premium would have been the same or different), but would have charged a higher premium, the insurer may reduce proportionately the amount to be paid on a claim.

(2) In sub-paragraph (1), "reduce proportionately" means that the insurer need pay on the claim only X% of what it would otherwise have been under an obligation to pay under the terms of the contract (or, if applicable, under the different terms provided for by virtue of paragraph 5), where—

$$X = \frac{\text{Premium actually charged}}{\text{Higher premium}} \times 100$$ "

Die Prämie ist danach grundsätzlich **zurückzugewähren**, wenn der VR den Vertrag nicht geschlossen hätte, Paragraph 4. Für den Fall, dass der VR den Vertrag zu einer höheren Prämie abgeschlossen hätte, kann der VR seine **Leistung** proportional im Verhältnis zwischen tatsächlich vereinbarter Prämie und bei Kenntnis des Umstandes kalkulierter Prämie reduzieren, Paragraphs 6 ff. Auch nach neuem dispositiven Gesetzesrecht trägt der VR die **Beweislast** dafür, dass er den Vertrag gar nicht oder nicht zu den vereinbarten Bedingungen geschlossen hätte, Section 8(1) IA 2015.[609] Ebenso trägt der VR die Beweislast für Vorsatz des VN, Section 8(2) IA 2015.

Ferner ist die Ausgestaltung einer vorvertraglichen Anzeigepflicht als „**warranty**" im Sinne der Section 33 MIA 1906 seit Inkrafttreten des IA 2015 nicht mehr zulässig, Section 9(1),(2).[610] Auch ist es in keinem Fall möglich, Section 9 abzubedingen, vgl. Section 16(1) IA 2015.[611]

(bb) P&I Rule Books

Der VR kann allerdings die Regelungen über die vorvertraglichen Anzeigepflichten nach den **Sections 2 ff. des IA 2015** gem. Section 16(2) **abbedingen**. Diese Möglichkeit nutzen außerhalb der Seekaskoversicherung insbesondere die großen P&I Clubs.[612] Beispielsweise heißt es in Rule 5 L ii. a. des UK P&I Club:

> „a) Section 8 [Rechte des VR bei vorvertraglicher Informationspflichtverletzung] of the Act is excluded. As a result any breach of the duty of fair presentation shall entitle the

---

609 Vgl. auch *UK Parliament,* Explanatory Notes - Insurance Act 2015 - Chapter 4, 12.

610 Section 9(2) des IA 2015 lautet: „Such a representation is **not** capable of being converted into a warranty by means of any provision of the non-consumer insurance contract (or of the terms of the variation), or of any other contract (and whether by declaring the representation **to form the basis of the contract** or otherwise)." (Hervorhebungen durch den Verfasser); *UK Parliament,* Explanatory Notes - Insurance Act 2015 - Chapter 4, 13: „83. Under the current law, an insurer may add a declaration to a non-consumer insurance proposal form or policy stating that the insured warrants the accuracy of all the answers given, or that such answers form the "basis of the contract". [...] This has the legal effect of converting representations into warranties. The insurer is discharged from liability for claims if the insured made any misrepresentation, even if it was immaterial and did not induce the insurer to enter into the contract. 84. **This section** [sec. 9 II] **abolishes basis of the contract clauses in non-consumer insurance.** [...]." (Hervorhebungen durch den Verfasser).

611 Section 16 I des Insurance Act 2015 lautet: „A term of a non-consumer insurance contract, or of any other contract, which would put the insured in a worse position as respects representations to which section 9 applies than the insured would be in by virtue of that section is to that extent of no effect."

612 The UK P&I, Rule 5L, NORTH Rule 6 (1), (2) (b), (c), West of England Rule 21 (1) (b),(c), Brittania Class 3 Rule 3 3 (5), Steamship Class 1 Rule 7 IV, London Class 5 Rule 43.1.1, Shipowners Rule 1, II A, B, Standard Section A 1.5.1. and 1.5.2.; vgl. auch *The Shipowners' Club,* Notice to Members concerning the International Group's position on the Insurance Act 2015.

> Association **to avoid** the policy, regardless of whether the breach of the duty of fair presentation is **innocent**, deliberate or reckless."[613]

Aus Rule 5 L ii. a. des UK P&I Club folgt damit, dass vorvertragliche Anzeigepflichtverletzungen dem VR ein **Rücktrittsrecht** auch für den Fall einer **schuldlosen** vorvertraglichen Informationspflichtverletzung einräumen – unabhängig davon, ob die Informationspflichtverletzung Einfluss auf Eintritt oder Umfang des Versicherungsfalls hatte. Allerdings hat der VR im Falle des Rücktritts nach Rule 5 L ii. a. des UK P&I Club die **Prämie zurück zu gewähren**.[614] Der VR muss lediglich beweisen, dass eine vorvertragliche Anzeigepflicht verletzt wurde.

(cc) Lloyd's Market Association - Musterklausel LMA 5257

Gleiches gilt auch für die englischen Seekaskoversicherungsbedingungen. Die Lloyd's Market Association (folgend „LMA") stellt für ihre Mitglieder Modellklauseln zur Verfügung,[615] die die Anwendung von Section 8(2) IA 2015 ausschließen.[616] So hat die Klausel LMA 5257 folgenden Inhalt:

> „Section 8(2) and Schedule 1 of the Insurance Act 2015 are excluded in their entirety. If the Insured breaches the duty of fair presentation, and the Insurer shows that but for the Insured's breach it would not have entered into the insurance contract at all, **or would have done so only on different terms**, then the Insurer may avoid the insurance contract and refuse all claims. If the breach was deliberate or reckless, the Insurer need not return any of the premiums paid. If the breach was not deliberate or reckless, the Insurer must return the premiums paid."[617]

Hervorzugeben ist, dass auch nach Klausel LMA5257 kein „Prämienverfall" stattfindet, solange keine vorsätzliche oder grob fahrlässige Pflichtverletzung begangen wurde. Wie häufig es zur Einbeziehung der Klausel LMA 5257 in den Seekaskovertrag kommt, ist schwer ermittelbar. Soweit sich der VR im Rechtsstreit darauf berufen möchte, dass Klausel LMA 5257 in der Seekaskoversicherung als im kaufmännischen Verkehr „üblich" im Sinne von § 310

---

613 *UK P&I Club,* Rules & Articles 2019 for UK (Europe), 42 (Hervorhebung durch den Verfasser).

614 Vgl. *Trölsch,* Die Obliegenheiten in der Seeversicherung, 458, wonach die Prämie zurückzugewähren ist, weil der VR aufgrund Ausübung des (gesetzlichen) Rücktrittsrechts kein Risiko getragen hat.

615 Siehe https://www.lmalloyds.com/actclauses, zuletzt abgerufen am 22.01.2020.

616 *Clarke/Soyer,* The Insurance Act 2015: A New Regime for Commercial and Marine Insurance Law, 103.

617 Hervorhebung durch den Verfasser.

Abs. 1 Satz 2 Halbsatz 2 BGB ist, ist dies für ihn problematisch. Der VR trägt nämlich die Beweislast für ihn vorteilhafte Tatsachen, hier die Entkräftung der Unwirksamkeitsvermutung.[618]

(dd) Hull and Machinery General Terms and Conditions 2019 der British Marine

Nicht alle Seeversicherungsbedingungen gewähren dem VR ein Rücktrittsrecht oder Leistungsfreiheit und „Prämienverfall" als alleinige Rechtsfolge vorvertraglicher Informationspflichtverletzungen. So orientieren sich die Hull and Machinery General Terms and Conditions 2019 der British Marine („small, medium-sized and specialist vessels") mit ihren den Klauseln 25 und 26 an der gesetzlichen Regelung des IA 2015:

> „26. Duty of Fair Presentation – Remedies for Breach – Proposing for this Insurance
> If the Assured or anyone acting on its behalf breaches the Assured's duty of fair presentation then the Insurers' remedies shall be as follows:
> 26.1 if such breach is deliberate or reckless, the Assured may:
> 26.1.1 treat the Policy as having been **terminated** from its inception; and
> 26.1.2 **retain** the premium;
> 26.2 if such breach is not deliberate or reckless and **the Insurers would not have entered into the Policy but for the breach**, the Insurers may by notice to the Assured treat the Policy as having been terminated from its inception in which case the Insurers shall **return premium**; and
> 26.3 in all other cases if, but for the said breach, the Insurers would have entered into the Policy but:
> 26.3.1 on different terms (other than terms relating to the premium), the Insurers may require that the Policy is treated as if it had been entered into on those different terms from the outset; or
> 26.3.2 **would have charged a higher premium**, the Insurers may reduce proportionately the amount to be paid on a claim (and, if applicable, the amount already paid on prior claims). In those circumstances, the Insurers shall pay only X% of what it would have been required to pay, where X = (premium actually charged/higher premium) x 100."[619]

---

618 Vgl. BGH, Urteil vom 11. Mai 2001 – V ZR 492/99 – = NJW 2001, 2464-2466; Fuchs, in: Ulmer/Brandner/Hensen, 12. Aufl., Vorbemerkungen zur Inhaltskontrolle, Rn. 109: „Sind allerdings auf der Basis seiner Darlegungen die Regelbeispiele des § 307 Abs. 2 erfüllt, obliegt es dem Verwender, die daraus folgende Vermutung einer unangemessenen Benachteiligung durch Rechtfertigungsgründe zu entkräften."; *Richters/Friesen*, in: BeckOGK-BGB, § 310 BGB, Rn. 72, Stand 01.07.2021.

619 Hervorhebung durch den Verfasser.

(ee) Lloyd's Market Association - Musterklausel LMA 9221

Hervorzuheben ist weiter, dass die LMA mit der Modelklausel (1)(b) LMA 9121[620] ein an Section 8(2) und Schedule 1 zum Insurance Act 2015 orientiertes abgestuftes System für den Fall vorvertraglicher Anzeigepflichtverletzungen zur Verfügung stellt.

(ff) Stellungnahme

Aus der Darstellung des Rechts der englischen Seeversicherung ergibt sich, dass keine Anhaltspunkte für eine „Üblichkeit" des Regelungsgehalts von Ziff. 22 DTV-ADS 2009 bestehen.

Nach den gesetzlichen und vertraglichen Regelungen des Vereinigten Königreichs wird auf **Rechtsfolgenseite** zumindest die Prämie bei (einfach) fahrlässigen Informationspflichtverletzungen zurückgewährt (Leistungsfreiheit bei gleichzeitiger Prämien**rückgewähr**), oder die Versicherungsleistung wird proportional zum höheren Risiko gekürzt. Ein „Prämienverfall" bei (einfach) **fahrlässiger Informationspflichtverletzung** und gleichzeitiger Leistungsfreiheit des VR ist wegen des ausdrücklichen Verbotes von „basis of the contract clauses" (sec. 9(2) IA 2015) **in keinem Fall möglich**. Dass die vertraglichen Regelungen der P&I Clubs in Abweichung vom dispositiven Recht eine erhebliche Erleichterung der Beweislast des VR[621] vorsehen, ändert nichts daran, dass er dem VN im Falle des Rücktritts **grundsätzlich**[622] **die Prämie zurückzugewähren hat.** Dies spricht gegen die Annahme einer „kaufmännischen Gewohnheit" im Hinblick auf den Regelungsgehalt von Ziff. 22.2. Abs. 1 S. 1 DTV-ADS.

Auch im Hinblick auf die **Beweislastverteilung** zeigt sich eine erhebliche Diskrepanz: Nach Ziff. 22.2. Abs. 1 S. 1 und Abs. 3 DTV-ADS hat der VR für die Rechtsfolge Leistungsfreiheit und gleichzeitigen „Prämienverfall" lediglich das Vorliegen einer schuldhaften, vorvertraglichen Informationspflichtverletzung zu beweisen. Nach dem IA 2015 muss der VR sogar beweisen, dass er den Vertrag nicht oder nur zu anderen Bedingungen geschlossen hätte. Für die Seekaskoversicherung sehen beispielsweise die Hull-Terms der Britisch Marine oder Modellklausel der LMA 92121 eine ausdrückliche Einbeziehung eines am IA 2015 orientierten abgestuften Rechtsfolgensystems vor. Auch dies spricht gegen die

620 Siehe https://www.lmalloyds.com/actclauses, zuletzt abgerufen am 22.01.2020.

621 Beweis lediglich einer vorvertraglichen Informationspflichtverletzung anstatt des Beweises, den Vertrag gar nicht oder zu anderen Bedingungen geschlossen zu haben.

622 Ausgenommen ist vorsätzliches und grob fahrlässiges Verhalten, vgl. in Rule 5 L ii. a. des UK P&I Club, S. 148 f.

Annahme einer „kaufmännischen Gewohnheit“ im Hinblick auf den Regelungsgehalt von Ziff. 22.2. Abs. 1 S. 1 und Abs. 3 DTV-ADS. Es zeigt sich, dass ein Rückgriff auf die „alte“ Rechtslage durch Abbedingung des IA 2015 keineswegs selbstverständlich ist. Vielmehr nehmen einige Marktteilnehmer die Grundgedanken des IA 2015 ausdrücklich in die seeversicherungsrechtlichen AVB auf.

Darüber hinaus spricht gegen die Annahme einer „kaufmännischen Gewohnheit“, dass die wirksame Abbedingung des abgestuften Rechtsfolgensystems strengen **Transparenzanforderungen** genügen muss, vgl. sec. 17 IA 2015. Selbst wenn man eine „Üblichkeit“ der Abbedingung annehmen würde, müsste auf diese Abweichung nach dispositivem englischen Recht ausdrücklich hingewiesen werden.[623] Der GDV selbst wies im Zusammenhang mit der zunächst geplanten Einbeziehung der Seeversicherung in das VVG darauf hin, dass jegliche Abweichungen der AVB vom dispositivem Recht zur Vermeidung von Rechtsunsicherheit geprüft werden müssen.[624] Ziff. 22.2. Abs. 1 S. 1 DTV-ADS 2009/2018 weist aber nicht darauf hin, dass von den gesetzlichen Vorschriften der c.i.c. abgewichen wird. Weiter spricht gegen die Annahme einer „kaufmännischen Gewohnheit“, dass vor der englischen Versicherungsrechtsreform eine Ursache für die Bevorzugung des Skandinavischen Seeversicherungsrechts durch die **Reeder** darin gesehen wurde, dass das englische Recht nicht deren Anforderungen genügte.[625] Aus diesem Grund kann das strenge Rechtsfolgensystem des MIA 1906 in seiner alten Fassung oder in Form vertraglicher Regelungen auch nicht als „kaufmännische Gewohnheit“ eingeordnet werden.

Ziff. 22.2. Abs. 1 S. 1 und Abs. 3 DTV-ADS entsprechen damit nicht kaufmännischen Gewohnheiten im Sinne von § 310 Abs. 1 Satz 2 Halbsatz 2 BGB. Es kann nicht festgestellt werden, dass eine Abweichung von dem System der proportionalen Leistungsfreiheit des IA 2015 durch AVB für die englische Seekaskoversicherung als „marküblich“ oder von den beteiligten Verkehrskreisen

---

623 So heißt es in LMA 5257: „Section 8(2) and Schedule 1 of the Insurance Act 2015 are excluded in their entirety.“.

624 *Gesamtverband der Deutschen Versicherungswirtschaft e. V*, GDV, Stellungnahme vom 07.06.2004 zum Abschlussbericht der Kommission zur Reform des Versicherungsvertragsrechts vom 19.04.2004, 112; *Schleif*, Seerechtsschutzversicherung, 134.

625 *Soyer*, Reforming Marine and Commercial Insurance Law, 92: „First, in a competitive world reinsurance business will find its way to London only if the content of the applicable law — almost inevitably English law — meets the needs of reinsureds. This may clearly be seen by the movement of many ship owners away from contracts governed by English law in favour of marine insurance placed in Scandinavia under the Norwegian Plan.“

als „maßgeblich und angemessen" angesehen wird. Für das Vorliegen einer „Marktüblichkeit" im Sinne von § 310 Abs. 1 S. 2 Hs. 2 BGB wäre ohnehin der VR beweisbelastet.[626]

f) Zwischenergebnis

Die Vermutung der „Unangemessenheit" kann auch nach einer Abwägung der Interessen von VN und VR nicht widerlegt werden. Das Preisargument ist nicht zu berücksichtigen. Soweit der VR durch potenziell höhere Sorgfaltswidrigkeit des VN höheren Risiken ausgesetzt ist, kann er diese Risiken durch entsprechende Prämienkalkulation eindämmen. Auch rechtfertigen „Besonderheiten des kaufmännischen Verkehrs" vor dem Hintergrund des § 310 Abs. 1 Satz 2 Halbsatz 2 BGB keine Einordnung von Ziff. 22 DTV-ADS als angemessen. Ein Erfahrungssatz, dass der Regelungsgehalt der Ziff. 22.2. Abs. 1 S. 1 und Abs. 3 DTV-ADS von den beteiligten Verkehrsgruppen generell als maßgeblich und angemessen erachtet wird, besteht nicht und erscheint im Hinblick auf die dispositive Rechtslage des englischen (See-)Versicherungsrechts auch fernliegend.

V. Rechtsfolge

Es stellt sich die Frage, welche Rechtsfolgen sich aus der Unwirksamkeit von Ziff. 22.2. Abs. 1 S. 1 und Abs. 3 DTV-ADS ergeben. Damit trägt der folgende Abschnitt zur Beantwortung der **4. Ausgangsfrage dieser Arbeit** („Was sind die Folgen einer nach AGB-Recht inhaltlich unwirksamen Klausel?"[627]) bei. Die Rechtsfolgen bei Unwirksamkeit einer Klausel werden in § 306 BGB geregelt. § 306 Abs. 1 BGB regelt zunächst, dass der Vertrag „im Übrigen wirksam" bleiben soll. Soweit eine Klausel unwirksam im Sinne des § 307 Abs. 1 S. 1 BGB ist, richtet sich der Inhalt des Vertrages nach den gesetzlichen Vorschriften, vgl. § 306 Abs. 2 BGB. Auch vor dem Hintergrund der 1. Ausgangsfrage dieser Arbeit[628] ist zu klären, ob Vorschriften des BGB für die Seeversicherung eine interessensgerechte Lösung darstellen; sollte dies nicht der Fall sein, könnte die Vertragslücke im Wege der ergänzenden Vertragsauslegung zu füllen sein.[629] Ausnahmsweise kann auch die Unwirksamkeit des gesamten Vertrages gem. § 306 Abs. 3 BGB in

626 Vgl. BGH, Urteil vom 11. Mai 2001 – V ZR 492/99 – = NJW 2001, 2464-2466.

627 S. 24.

628 „Sind die Regelungen des HGB und des BGB sachgerecht für die spezielle Materie des (See-)Versicherungsrechts", S. 24.

629 Vgl. zu den Grundsätzen und Voraussetzungen der ergänzenden Vertragsauslegung im Fall von fehlender oder unwirksamer Einbeziehung von AVB S. 41 ff.

Betracht kommen, nämlich dann, wenn das Festhalten am Vertrag unter Beachtung der durch den § 306 Abs. 2 BGB vorgesehenen Änderungen eine unzumutbare Härte für eine Vertragspartei darstellen würde.

1. *Unwirksamkeit der Klausel im Ganzen*

Eine Unwirksamkeit nach den §§ 307 ff. BGB betrifft die Klausel grundsätzlich im Ganzen und nicht nur den gegen das Klauselverbot verstoßenden Teil der Klausel.[630] Grund hierfür ist das Verbot einer geltungserhaltenden Reduktion, nach dem das risikolose Verwenden unwirksamer Klauseln in Aussicht auf die Reduktion auf einen gerade noch zulässigen Kern nicht gefördert werden soll.[631] Allerdings kann eine Klausel unter Umständen dann wirksam bleiben, wenn sie sprachlich und inhaltlich abtrennbare Bestimmungen enthält.[632] Für eine Wirksamkeit müsste nach dem Wegstreichen des unwirksamen Teils der Klausel ein aus sich heraus verständlicher Klauselrest verbleiben.[633]
Ziff. 22.2. Abs. 1 S. 1 DTV-ADS 2009/2018 lautet:

> „Bei unvollständigen oder unrichtigen Angaben ist der Versicherer von der Verpflichtung zur Leistung frei."

Ziff. 22.2. Abs. 3 DTV-ADS 2009/2018 lautet:

> „Ist der Versicherungsfall bereits eingetreten, darf der Versicherer den Versicherungsschutz nicht versagen, wenn der Versicherungsnehmer nachweist, dass die unvollständige oder unrichtige Angabe weder auf den Eintritt des Versicherungsfalls noch auf den Umfang der Leistungspflicht Einfluss gehabt hat."

Die Klauseln enthalten keine sprachlich oder inhaltlich abtrennbare Bestimmung. Insbesondere bliebe kein aus sich heraus verständlicher Klauselrest bestehen, wenn der problematische Passus „[...] von der Verpflichtung zur Leistung frei" gestrichen würde. Auch kann Ziff. 22.2. Abs. 3 DTV-ADS als Beweislastregel nicht gesondert bestehen bleiben, weil sie sich auf die Regelung zur Rechtsfolge der Leistungsfreiheit bezieht und ohne Ziff. 22.2. Abs. 1 S. 1 DTV-ADS im Hinblick auf Abs. 3 kein „verständlicher Klauselrest" verbleibt. Ziff. 22.2. Abs. 1 S. 1 und Abs. 3 DTV-ADS sind damit im Ganzen unwirksam im Sinne des § 306 Abs. 2 BGB.

---

630 *Grüneberg, in:* Palandt, 80. Aufl., § 306 BGB, Rn. 5.
631 *Grüneberg*, in: Palandt, 80. Aufl., § 306 BGB, Rn. 6.
632 *Grüneberg*, in: Palandt, 80. Aufl., § 306 BGB, Rn. 6.
633 Sog. „blue pencil-test", vgl. Grüneberg, in: Palandt, 80. Aufl., § 306 BGB, Rn. 7.

2. *Gesetzliche Vorschrift im Sinne des § 306 Abs. 2 BGB*

Weiter ist die Frage zu klären, welche Vorschrift aufgrund der Unwirksamkeit von Ziff. 22.2. Abs. 1 S. 1 und Abs. 3 DTV-ADS als „gesetzliche Vorschrift" im Sinne des § 306 Abs. 2 BGB anzusehen ist. Konkret ist also zu fragen, welche „gesetzliche Vorschrift" die Rechtsfolge einer vorvertraglichen Informationspflichtverletzung regelt. Die Rechtsfolge vorvertraglicher Informationspflichtverletzungen ist gesetzlich in § 249 Abs. 1 BGB geregelt.[634]

a) Gesetzliche Vorschriften des Schadensersatzrechts

Die §§ 249 ff. BGB enthalten dispositive Regelungen zu Art und Umfang des Schadensersatzes. Sie stellen daher die gesetzlichen Vorschriften zur Regelung der Rechtsfolgen vertraglicher und deliktischer Verletzungshandlungen dar. Die §§ 249 ff. BGB sind auch anwendbar, soweit ein Vertragspartner ein Garantieversprechen abgegeben hat, der Garantiefall eingetreten ist und der Vertrag keine Regelung im Hinblick auf die aus dem Eintritt des Garantiefalls resultierenden Rechtsfolgen vorsieht.[635] Dies ist insofern relevant, als das die Vereinbarung der vorvertraglichen Anzeigepflicht für sich betrachtet (auszulegen als Teil einer Garantievereinbarung[636]) nach Ziff. 22.1 DTV-ADS nicht unwirksam ist.

Der VN muss den VR bei vorvertraglicher Abgabe einer Falschinformation nach den Regeln der § 249 ff. BGB so stellen, als ob er sämtliche gefahrerheblichen Informationen bei Vertragsschluss vollständig und zutreffend gegenüber dem VR abgegeben hätte. Im Falle einer Falschinformation ist dahingehend zu differenzieren, ob der VR den Vertrag bei Kenntnis der vollständigen, richtigen Informationslage zu anderen Bedingungen (z.B. gegen höhere Prämie oder Risikoausschluss) oder überhaupt nicht abgeschlossen hätte.[637] Beides müsste der VR beweisen.[638]

Im ersten Fall kann der VR eine dem tatsächlichen Risiko entsprechende höhere Prämie vom VN in Form eines Vertrauensschadens nachfordern.[639]

---

634 Siehe oben S. 71.
635 Vgl. oben S. 117 f.
636 S. 117 ff.
637 Vgl. S. 137.
638 Vgl. S. 137 ff.
639 Vgl. BGH, Urteil vom 19. Mai 2006 – V ZR 264/05 –, BGHZ 168, 35-43 = NJW 2006, 3139-3142, wonach der Geschädigte auch verlangen kann, so gestellt zu werden, „[...] als habe er mit dem anderen Teil einen für ihn besseren Vertrag geschlossen. Das setzt aber voraus, dass ein solcher Vertrag bei erfolgter Aufklärung zustande gekommen wäre, was der Geschädigte darzulegen und zu beweisen hat.".

Im zweiten Fall kann der VR die vollständige Rückabwicklung des Vertrages einschließlich gegenseitiger Rückgewähr der bereits ausgetauschten Leistungen verlangen.[640] Demnach hat der VR bereits durch den VN gezahlte Prämien zurückzugewähren. Etwaige Schäden muss der VR gesondert geltend machen. Soweit in Folge eines Versicherungsfalls bereits eine Versicherungsleistung an den VN gezahlt wurde, hat der VN diese Versicherungsleistung an den VR zurückzugewähren.

b) Vorschriften über die ergänzende Vertragsauslegung

Ein Rückgriff auf § 249 Abs. 1 BGB könnte den Interessen der Beteiligten zuwiderlaufen, sodass auf die Grundsätze der ergänzenden Vertragsauslegung zurückzugreifen ist.[641] Auch die Vorschriften über die ergänzende Vertragsauslegung nach den §§ 133, 157 BGB stellen gesetzliche Vorschriften im Sinne des § 306 Abs. 2 BGB dar.[642]

Voraussetzung für die Eröffnung des Anwendungsbereichs der ergänzenden Vertragsauslegung ist nach ständiger Rechtsprechung, dass „[…] die Vereinbarung der Parteien eine Regelungslücke – eine planwidrige Unvollständigkeit – aufweist. Eine solche Regelungslücke liegt vor, wenn die Parteien einen Punkt übersehen oder wenn sie ihn bewusst offengelassen haben, weil sie ihn im Zeitpunkt des Vertragsschlusses für nicht regelungsbedürftig gehalten haben, und

640 Vgl. BGH, Urteil vom 31. Januar 1962 – VIII ZR 120/60 – = NJW 1962, 1196-1199; BGH, Urteil vom 26. September 1997 – V ZR 29/96 – = NJW 1998, 302-305; Nach *Grüneberg*, in: Palandt, 80. Aufl., § 311 BGB, Rn. 55 reicht es aus, wenn in die persönliche Willensfreiheit des Geschädigten eingegriffen wurde: „[…] Ist infolge des pflichtwidrigen Verhaltens des anderen Teils ein Vertrag zustande gekommen, hat der Geschädigte Anspruch auf Rückgängigmachung des Vertrages. […] Bereits der Eingriff in die persönliche Entscheidungsfreiheit begründet den Anspruch auf Rückgängigmachung des Vertrages", vgl. auch *Fleischer*, AcP 2000, 91, 91, 93. Nach ständiger Rechtsprechung (vgl. z.B. BGH, Urteil vom 26. September 1997, aaO) ist erforderlich, dass ein Vermögensschaden entstanden ist. Ein solcher Schaden liegt vor, wenn die rechnerische Gegenüberstellung der Vor- und Nachteile des Vertrages ein Überwiegen der Nachteile ergibt (vgl. z.B. BGH, Urteil vom 26. September 1997, aaO). Im Fall unvollständiger oder falscher Informationen zu gefahrerheblichen Umständen vor Vertragsschluss dürfte die durch den VR kalkulierte Prämie nicht dem tatsächlichen Risiko entsprechen, sodass in der Regel auch der von der ständigen Rechtsprechung geforderte Vermögensschaden gegeben sein wird. Ein Streitentscheid ist somit entbehrlich.

641 Vgl. *Koch*, in: Bruck/Möller, 9. Aufl., § 209 VVG, Rn. 208.

642 BGH, Urteil vom 03. Dezember 2014 – VIII ZR 370/13 –, juris = NJW 2015, 1167-1169.

wenn sich diese Annahme nachträglich als unzutreffend herausstellt [...]."[643] Eine planwidrige Unvollständigkeit liegt nur vor, wenn „[...] der Vertrag eine Bestimmung vermissen lässt, die erforderlich ist, um den ihm zu Grunde liegenden Regelungsplan der Parteien zu verwirklichen, mithin wenn ohne die Vervollständigung des Vertrags eine angemessene, interessengerechte Lösung nicht zu erzielen wäre."[644] Eine ergänzende Vertragsauslegung scheidet aus, wenn der Rekurs auf das dispositive Recht dem mutmaßlichen Parteiwillen widerspricht.[645] Für die Ermittlung des mutmaßlichen Parteiwillens ist ein „[...] objektiv generalisierender Maßstab [anzulegen], der am Interesse der typischerweise beteiligten Verkehrskreise (und nicht nur der konkret beteiligten Parteien) ausgerichtet sein muss."[646]

Ausgehend von diesem Maßstab ist konkret zu fragen, ob die Regelungen der §§ 249 ff. BGB den Interessen eines durchschnittlichen Reeders als VN und eines durchschnittlichen VR als Parteien eines Seeversicherungsvertrages gerecht werden.[647]

Um diese Fragen beantworten zu können, wird zunächst kurz dargestellt, welche Ziele die – AGB-rechtlich unwirksame – Regelung der Ziff. 22.2. Abs. 1 S. 1 und Abs. 3 DTV-ADS 2009/2018 verfolgte und inwieweit die Klausel zu einer interessensgerechten Regelung beigetragen hatte.

Im nächsten Schritt wird geprüft, ob die Regelungen der §§ 249 ff. BGB eine interessensgerechte Lösung darstellen können. Dazu wird untersucht, ob bzw. in welchem Maße die Regelungen der §§ 249 ff. BGB das ursprünglich mit Ziff. 22.2. Abs. 1 S. 1 und Abs. 3 DTV-ADS 2009/2018 verfolgt Ziel erreichen können.

Weiter wird geprüft, ob im Wege der ergänzenden Vertragsauslegung auf die gem. § 209 VVG für die Seeversicherung nicht anwendbaren Normen des VVG zurückgegriffen werden könnte und falls ja, ob durch Heranziehung dieser

---

643 BGH, Urteil vom 15. November 2012 – VII ZR 99/10 – = NJW 2013, 678-680.

644 BGH, Urteil vom 03. Dezember 2014 – VIII ZR 370/13 – = NJW 2015, 1167-1169, *Stoffels*, Stoffels, 247 spricht von „[...]'überschießende[r]' Benachteiligungswirkung"; einige Senate des BGH tendieren dazu, den Anwendungsbereich der ergänzenden Vertragsauslegung erst dann zu eröffnen, wenn die dispositive Gesetzesreglung für den Verwender zu „unzumutbaren" Ergebnissen führt, so z.B. in BGH, Urteil vom 09. Februar 2011 – VIII ZR 295/09 – = NJW 2011, 1342-1346, vgl. dazu *Mäsch*, in: Staudinger, 16. Bearbeitung, § 306 BGB, Rn. 40.

645 S. 43 ff.

646 Vgl. S. 46 f. und S. 48.

647 Dies für die Seeversicherung im Hinblick auf das dispositive Recht des BGB generell anzweifelnd: *Koch*, in: Bruck/Möller, 9. Aufl., § 209 VVG, Rn. 208.

Normen eine im Vergleich zur Anwendung der §§ 249 ff. BGB interessensgerechtere Regelung herbeiführt wird.

aa) Ziel von Klausel 22.2. Abs. 1 S. 1 DTV-ADS 2009/2018

Übergeordnetes Interesse des VR ist es, sein Geschäftsmodell „Risikoabsicherung gegen Prämie" nachhaltig wirtschaftlich betreiben zu können.[648] Übergeordnetes Interesse des Reeders als VN der Seeversicherung ist es, das versicherte Objekt gegen die Gefahren der Seeschifffahrt abzusichern, insbesondere vor existenzbedrohenden Ereignissen geschützt zu sein.

Die Rechtsfolge der Leistungsfreiheit anstatt der Rückabwicklung des Vertrages oder Ersatz des Vertrauensschadens über die gesetzlichen Vorschriften der c.i.c. führt - vereinfacht dargestellt - dazu, dass der VR so gestellt wird, als ob der VN vor bzw. bei Vertragsschluss alle gefahrerheblichen Informationen vollständig und korrekt abgegeben hätte.[649] Dieses Ziel kann der VR über Ziff. 22.2. Abs. 1 S. 1 DTV-ADS 2009/2018 dadurch erreichen, dass er dem VN eine unvollständige oder unrichtige Angabe nachweist. In diesem Fall besteht für den VR keine Leistungspflicht und er ist auch nicht zur Prämienrückgewähr verpflichtet. Es besteht insoweit eine relativ geringe Beweislast für den VR.[650]

bb) Anwendung der §§ 249 ff. BGB

Der VR kann das mit der Klausel der Leistungsfreiheit verfolgte Ziel auch bei Anwendung der §§ 249 ff. BGB als Rechtsfolgenreglung für den Fall vorvertraglicher Informationspflichtverletzungen erreichen:

> Hätte nämlich er den Vertrag bei Kenntnis der entsprechenden Gefahrumstände überhaupt nicht geschlossen, hat er gegen den VN einen Anspruch auf Aufhebung des Vertrages.[651] In der Konsequenz kann er gegebenenfalls geleistete Zahlungen zurückfordern.[652] Zwar wäre der VR infolge der Vertragsaufhebung zur Rückgewähr der vom VN geleisteten Prämie verpflichtet.[653] Er könnte aber in Höhe der Prämie einen Schadensersatzanspruch gegen den VN geltend machen, wenn die vom VN gezahlte Prämie

---

648 Dafür ist auch erforderlich, dass nicht nur die tatsächlich übernommenen Risiken, sondern auch die rechtlichen Regelungen im Wesentlichen einheitlich sind, vgl. *Beckmann*, in: Bruck/Möller, 10. Aufl., Einf. A. Rn. 290.

649 Vgl. S. 110 und S. 127 f.

650 S. 110 f.

651 S. 71.

652 S. 72.

653 Siehe oben S. 72.

dem typischen, durch eine vorvertragliche Informationspflichtverletzung verursachten Schaden entspricht.[654]

Hätte er den Vertrag auch in Kenntnis der tatsächlichen Gefahrumstände, aber zu einer höheren Prämie geschlossen, könnte er die Differenz zur ursprünglich vereinbarten Prämie als Vertrauensschaden geltend machen.[655]

Die Anwendung der §§ 249 ff. BGB als gesetzliche Regelung der Rechtsfolge im Falle eines Garantiefalls der „vorvertraglichen Falschinformation“[656] hat allerdings erhebliche Auswirkungen auf die Beweislastsituation. Während der VR für eine Leistungsfreiheit über Ziff. 22.2. Abs. 1 S. 1 i.V.m. Abs. 3 DTV-ADS 2009/2018 dem VN lediglich den Eintritt des Garantiefalls, namentlich der „vorvertraglichen Falschinformation“ beweisen muss, hat er im Falle der Anwendung der §§ 249 ff. BGB neben dem Eintritt des Garantiefalls auch die Kausalität der vorvertraglichen Falschinformation für den Vertragsschluss bzw. für die unterlassene Vereinbarung einer höheren Prämie zu beweisen. Dies dürfte den VR in der Regel vor erhebliche Beweisschwierigkeiten stellen.[657] Im Vergleich zu den Regelungen der Ziff. 22.2. Abs. 1 S. 1 und Abs. 3 DTV-ADS 2009/2018 werden die Interessen des VR gerade im Hinblick auf drohende Beweisschwierigkeiten aufgrund abweichender Beweislast durch die §§ 249 ff. BGB weniger gewahrt, als bei Anwendung der Rechtsfolgenregelung der „Leistungsfreiheit“ nach Ziff. 22.2. Abs. 1 S. 1 und Abs. 3 DTV-ADS 2009/2018.

Für den VN ist der Rückgriff auf die §§ 249 ff. BGB auf der einen Seite vorteilhafter als der Rückgriff auf die Rechtsfolge der Leistungsfreiheit des VR und des Prämienverfalls nach Ziff. 22.2. Abs. 1 S. 1 und Abs. 3 DTV-ADS 2009/2018. Gerade die Beweislastregelung der §§ 249 ff. BGB ist für den VN als günstiger zu beurteilen.

Auf der anderen Seite kann der VR im Fall einer **nicht** für den Versicherungsfall – sondern nur den Vertragsschluss – **kausalen** vorvertraglichen Informationspflichtverletzung eine Vertragsaufhebung über die Vorschriften der c.i.c. verlangen.[658] Dies wäre nach Ziff. 22.2. Abs. 1 S. 1 und Abs. 3 DTV-ADS 2009/2018 aufgrund des Restriktionsprinzips nicht möglich: Es widerspräche dem

---

654 Siehe oben zu § 252 S. 2 BGB, S. 132 f.

655 Siehe oben S. 132 f.

656 Siehe oben S. 117 ff. zur Einordung der vorvertraglichen Falschinformation als vereinbarten Garantiefall.

657 S. 135 ff.

658 S. 139.

Zweck der Klausel,[659] wenn der VR sich auch bei **nicht** für den Versicherungsfall kausalen vorvertraglichen Informationspflichtverletzungen über die Regelungen der c.i.c. vom Vertrag (und damit von der Leistungspflicht) lösen könnte.[660]

cc) Normen des VVG als interessensgerechtere Lösung?

Die Heranziehung von Rechtsfolgenregelungen des VVG zu vorvertraglichen Anzeigepflichtverletzungen über die Grundsätze der ergänzenden Vertragsauslegung könnten den Interessen der Parteien im Vergleich zur Anwendung der §§ 249 ff. BGB besser gerecht werden.

In Betracht kommt zunächst eine Heranziehung des § 131 Abs. 1 VVG.

(1) § 131 VVG

§ 131 VVG enthält in Abweichung von den §§ 19 Abs. 2 ff. VVG Sonderregeln für die Rechtsfolge der Verletzung vorvertraglicher Anzeigepflichtverletzungen in der Transportversicherung.[661] Im Binnenversicherungsrecht wird auch die Schiffskaskoversicherung der Transportversicherung zugeordnet, vgl. § 130 Abs. 2 VVG.[662] Einer Heranziehung des § 131 Abs. 1 S. 1 VVG im Wege ergänzender Vertragsauslegung steht jedoch entgegen, dass die Vorschrift **inhaltsgleich** mit Ziff. 22.2. Abs. 1 S. 1 DTV-ADS 2009/2018 ist. Eine inhaltsgleiche Ersetzung unwirksamer Klauseln unterläuft jedoch die gesetzliche Sanktion des § 307 Abs. 1 BGB und ist „[...] schon deshalb mit den Grundsätzen der ergänzenden Vertragsauslegung nicht zu vereinbaren."[663] Die Inhaltsgleichheit besteht dabei sowohl im Hinblick auf die Rechtsfolge der Leistungsfreiheit und des „Prämienverfalls", als auch hinsichtlich der Beweislastumkehr.[664]

---

659 Sanktion nur bei für Eintritt und Umfang des Versicherungsfalls kausalen vorvertraglichen Falschinformationen, vgl. S. 117 und S. 139.

660 S. 117 ff. und S. 139.

661 *Schneider, in:* Bruck/Möller, 9. Aufl., § 131 VVG, Rn. 13.

662 *Schneider*, in: Bruck/Möller, 9. Aufl., § 130 VVG, Rn. 65 ff..

663 BGH, Urteil vom 12. Oktober 2005 – IV ZR 162/03 – = NJW 2005, 3559-3567.

664 So hat sich der VN nach *Schneider*, in: Bruck/Möller, 9. Aufl., § 131 VVG, Rn. 27 für jegliches Verschulden zu entlasten, und auch den Kausalitätsgegenbeweis zu erbringen, Rn. 28. Daher ist § 131 Abs. 1 VVG inhaltsgleich mit dem Rechtsfolgensystem der Leistungsfreiheit nach Ziff. 22.2. DTV-ADS 2009/2018.

(2) §§ 19 ff. VVG

Mangels „Inhaltsgleichheit“ kommt aber das Rechtsfolgensystem der §§ 19 Abs. 2 ff. VVG in Betracht.

Das Rechtsfolgensystem der §§ 19 ff. VVG erscheint auf den ersten Blick interessengerechter, da es im Vergleich zu den §§ 249 ff. BGB ausdifferenzierter ist.[665] Dies dürfte nicht verwundern, da die §§ 249 ff. BGB die allgemeine schuldrechtliche Regelung beinhalten, während die §§ 19 ff. VVG ein speziell versicherungsrechtliches System darstellen.

Nach § 19 Abs. 2 VVG kann der VR vom Vertrag zurücktreten, wenn der VN eine vorvertragliche Anzeigepflicht gem. § 19 Abs. 1 VVG verletzt. Allerdings ist das Rücktrittsrecht des VR aus § 19 Abs. 2 VVG gem. § 19 Abs. 3 VVG ausgeschlossen, wenn der VN die Anzeigepflicht weder vorsätzlich noch grob fahrlässig verletzt hat. Auch bei grob fahrlässiger Verletzung der Anzeigepflicht ist das Rücktrittsrecht des VR ausgeschlossen, wenn er den Vertrag auch bei Kenntnis der nicht angezeigten Umstände, wenn auch zu anderen Bedingungen geschlossen hätte, § 19 Abs. 4 S. 1 VVG.

Selbst wenn der VR vom Vertrag zurücktreten kann, ist er von der Verpflichtung zur Leistung gem. § 21 Abs. 2 S. 1 VVG auch dann nicht befreit, wenn die Verletzung der Anzeigepflicht sich weder auf einen Umstand bezieht, der für den Eintritt oder die Feststellung des Versicherungsfalls, noch für die Feststellung oder den Umfang der Leistungspflicht des VR ursächlich ist. Die Prämie kann der VR nur dann einbehalten, wenn der VN eine vorvertragliche Anzeigepflicht vorsätzlich oder grob fahrlässig verletzt hat, § 39 Abs. 1 S. 2 i.V.m. § 19 Abs. 2 und Abs. 3 VVG.

Das Rechtsfolgensystem des VVG ist differenzierter und damit auch als interessensgerechter im Vergleich zur Anwendung der §§ 249 ff. BGB anzusehen:

Aus der Sicht des VR dürften die Regelungen des VVG vor allem unter Beweislastgesichtspunkten vorteilhafter als die Regelungen der c.i.c. sein: Sofern der VR eine Anzeigepflichtverletzung bewiesen hat, wird kraft Gesetzes vermutet, dass dem VN grobe Fahrlässigkeit zur Last fällt.[666] Um Leistungsfreiheit zu erreichen, muss er nicht wie bei § 249 Abs. 1 BGB den schwer zu führenden Beweis dahingehend antreten, den Vertrag bei Kenntnis des Umstandes gar nicht geschlossen zu haben. Er muss ebenfalls nicht den Beweis antreten, den Vertrag bei Kenntnis des Umstandes zu anderen Bedingungen abgeschlossen zu haben,

665 Zweifel an einer sachgerechten Lösung (see-)versicherungsrechtlicher Sachverhalte über die Normen des BGB waren ein Anlass für diese Arbeit, S. 24.

666 *Rolfs*, in: Bruck/Möller, 9. Aufl., § 19 VVG, Rn. 175.

um zumindest die höhere Prämie als „Schaden" geltend zu machen. Denn nach dem VVG trägt der VN im Hinblick auf den Ausschluss des Rücktrittsrechts des VR die Beweislast dafür, dass der VR bei grob fahrlässiger Pflichtverletzung des VN den Vertrag auch bei Kenntnis der nicht angezeigten Umstände geschlossen hätte.[667]

Im Hinblick auf den Einbehalt der Prämie ist der VR durch § 39 Abs. 1 S. 2 i.V.m. § 19 Abs. 2 und Abs. 3 VVG ebenfalls besser gestellt als bei Anwendbarkeit der §§ 249 ff. BGB: Selbst wenn ihm der – schwierige – Beweis gelungen wäre, den Vertrag bei Kenntnis der Umstände nicht abgeschlossen zu haben, müsste er in einem zweiten Schritt beweisen, dass ihm ein Schaden in Höhe der Prämie entstanden ist.[668] Gem. den § 39 Abs. 1 S. 2 i.V.m. § 19 Abs. 2 und Abs. 3 VVG behielte der VR den Anspruch auf die Prämie, sofern dem VN der Nachweis einfacher Fahrlässigkeit nicht gelingt.

Der VN ist durch einen Rückgriff auf die §§ 19 ff. VVG im Vergleich zur Anwendung der §§ 249 ff. BGB insbesondere dadurch geschützt, dass der VR sich **nicht** durch den Nachweis, bei Kenntnis des Umstandes **den Vertrag nicht** geschlossen zu haben, von der Leistungspflicht befreien kann. Dies ist für den VN insbesondere dann von Vorteil, wenn der falsch angezeigte Umstand auf den Eintritt oder Umfang des Versicherungsfalls überhaupt keinen Einfluss hatte.[669]

Zudem sind die Regelungen der §§ 19 ff. VVG für den VN auch unter dem Gesichtspunkt des Verschuldensgrades vorteilhafter als die §§ 249 ff. BGB: Während die §§ 249 ff. BGB als Rechtsfolgenregelungen nicht nach dem Verschuldensgrad differenzieren, scheidet ein Rücktrittsrecht des VR nach den §§ 19 Abs. 3 S. 1, Abs. 4 S. 1 VVG bei nur einfacher Fahrlässigkeit aus. Für eine Rückabwicklung über die c.i.c. genügt es, wenn der VN auch nur einfach fahrlässig eine Anzeigepflicht verletzt hat.

Wegen der aufgezeigten Abweichungen bei den Voraussetzungen zur Ausübung des Rücktrittsrechts, des Eintritts der Leistungsfreiheit und der abweichenden Beweislastverteilung ist das Rechtsfolgensystem der §§ 19 ff. VVG nicht „inhaltsgleich" mit Ziff. 22.2. DTV-ADS 2009/2018 und kann daher im Wege ergänzender Vertragsauslegung herangezogen werden.[670]

---

667 *Rolfs*, in: Bruck/Möller, 9. Aufl., § 19 VVG, Rn. 176, allerdings unter Verweis auf die sekundäre Behauptungslast des VR.

668 Vgl. oben S. 132 ff. im Zusammenhang mit der angemessenen Geschäftsgebühr.

669 Vgl. oben S. 139 f.

670 § 131 VVG hingegen ist „inhaltsgleich" mit Ziff. 22.2. DTV-ADS 2009/2018, siehe S. 160.

dd) Entgegenstehender Wille des Gesetzgebers

Für Fälle fehlender Einbeziehung von Seeversicherungsbedingungen in den Vertrag (Konstellation 1), oder einer anfänglichen Regelungslücke im Vertragswerk (Konstellation 2) wurde bereits festgestellt, dass auf die Vorschriften des VVG im Wege der ergänzenden Vertragsauslegung zurückgegriffen werden kann.[671] Es ist nichts dafür ersichtlich, warum nicht auch im Falle agb-rechtlicher Unwirksamkeit (Konstellation 3) im Wege ergänzender Vertragsauslegung auf Normen des VVG zurückgegriffen werden kann.[672]

ee) Zwischenergebnis

Die Regelungen der §§ 19 Abs. 2 ff. VVG als Rechtsfolgeregelungen vorvertraglicher Anzeigepflichtverletzungen sind ausdifferenzierter als die §§ 249 ff. BGB. Sie gleichen die Interessen des VN und des VR besser aus. Der durchschnittliche See-VN und See-VR wird bei Kenntnis der Unwirksamkeit von Ziff. 22.2. Abs. 1 S. 1 und Abs. 3 DTV-ADS 2009/2018 die Anwendung der §§ 19 Abs. 2 ff. VVG anstelle eines Rückgriffs auf die gesetzlichen Regelungen der §§ 249 ff. BGB vereinbaren. Deshalb dürfte der Rückgriff auf die §§ 249 ff. BGB als Rechtsfolgenregelung für den Fall des Eintritts des Garantiefalls „unvollständiger bzw. fehlerhafter vorvertraglicher gefahrerheblicher Informationen" dem mutmaßlichen Willen der typischerweise am Seeversicherungsvertrag beteiligten Vertragsparteien widersprechen. Dies führt dazu, dass die Normen der §§ 19 Abs. 2 ff. VVG im Rahmen der ergänzenden Vertragsauslegung gem. § 306 Abs. 2 i.V.m. den §§ 133, 157 BGB heranzuziehen sind.

3. Unzumutbare Härte, § 306 Abs. 3 BGB

Trotz Rückgriffs auf die §§ 19 Abs. 2 ff. VVG im Wege der ergänzenden Vertragsauslegung kann das Festhalten am Vertrag eine unzumutbare Härte für eine Vertragspartei darstellen, vgl. § 306 Abs. 3 BGB. Hier kann sich eine solche insbesondere für den VR im Hinblick auf die Differenzierung nach dem

---

671 S. 41 f.

672 So im Ergebnis auch *Koch*, in: Bruck/Möller, 9. Aufl., § 209 VVG, Rn. 208: „In diesem Fall [in Fällen, in denen feststeht, dass die Parteien die gesetzliche Regelung nicht wollten] wäre ein Rückgriff auf die Regelungen des VVG zu prüfen und im Zweifel vorzunehmen, da dessen Regelungen am ehesten dem entsprechen, was die Parteien bei sachgerechter Abwägung der wechselseitigen Interessen nach Treu und Glauben redlicherweise vereinbart hätten, wenn ihnen die Nichteinbeziehung und/oder Unwirksamkeit der Klausel bekannt gewesen wäre."

Verschuldensgrad ergeben. Denn anders als nach Ziff. 22.2. DTV-ADS wird der VR bei einfacher Fahrlässigkeit des VN nicht leistungsfrei. Für den Verwender kann eine „unzumutbare Härte" nur angenommen werden, wenn durch den Wegfall der AGB das Vertragsgleichgewicht grundlegend gestört wird.[673] Hierfür genügt nicht schon jeder wirtschaftliche Nachteil auf Seiten des Verwenders, sondern vielmehr eine einschneidende Störung des Äquivalenzverhältnisses, die das Festhalten an dem Vertrag für ihn unzumutbar macht, vorliegen.[674] Häufig hat der Verwender ein Interesse an der Auflösung des Vertrages, da er durch die Anwendung des dispositiven Rechts in der Regel Nachteile im Vergleich zur ursprünglichen Vertragsgestaltung erleidet.[675] Eine Anwendung des dispositiven Rechts führt daher regelmäßig nicht zur Bejahung einer „unzumutbare Härte" im Sinne des § 306 Abs. 2 BGB, weil das dispositive Recht gerade die vom Gesetzgeber vorgesehene Risikoverteilung abbildet.[676] Eine „unzumutbare Härte" liegt nur dann vor, wenn in Folge der Anwendbarkeit des § 306 Abs. 2 BGB eine „krasse Äquivalenzstörung" hervorgerufen wird.[677]

Vorliegend werden die Interessen des VR durch den Rückgriff auf die §§ 19 Abs. 2 VVG im Ergebnis besser geschützt, als bei Anwendung des § 249 Abs. 1 BGB: Während der VR bei einer Vertragslösung über die c.i.c. beweisen müsste, den Vertrag überhaupt nicht oder nur mit anderem Inhalt geschlossen zu haben, ist er bei Anwendung der §§ 19 Abs. 2 VVG ff. zunächst nur dafür beweispflichtig, dass der VN eine vorvertragliche Anzeigepflicht verletzt hat. Darüber hinaus stellt sich die Frage, ob die bei Vertragsschluss vereinbarte Prämie vor dem Hintergrund der Anwendbarkeit der §§ 19 Abs. 2 VVG ff. in einem „krassen" Missverhältnis zum (neuen) Leistungsrisiko steht. Auf den ersten Blick erscheint die Annahme eines solchen „krassen Missverhältnisses" nicht fernliegend: Der VN dürfte weitaus häufiger „einfach fahrlässig", als „grob fahrlässig" oder gar „vorsätzlich" gefahrerhebliche Informationen falsch abgeben. Insofern steht eine erhebliche Ausdehnung des Risikos im Raum, dass die kalkulierte Prämie nicht dem tatsächlichen Risiko entspricht. Vor dem Hintergrund der im Seeversicherungsrecht – gerade im Seekasko- und Seehaftpflichtbereich – sehr hohen Versicherungswerte kann eine Ausweitung des Haftungsrisikos erhebliche, wenn nicht sogar existentielle Auswirkungen auf die Wirtschaftlichkeit

673 BGH, Urteil vom 09. Mai 1996 – III ZR 209/95 – = NJW-RR 1996, 1009-1010.
674 BGH, Urteil vom 09. Mai 1996 – III ZR 209/95 – = NJW-RR 1996, 1009-1010.
675 *Roloff*, in: Erman, § 306 BGB, Rn. 16.
676 BGH, Urteil vom 07. November 1985 – IX ZR 40/85 – = NJW 1986, 928-930.
677 BGH, Urteil vom 22. Februar 2002 – V ZR 26/01 – = NJW-RR 2002, 1136-1137.

des Geschäftsbetriebs haben.[678] Allerdings hat die höchstrichterliche Rechtsprechung bereits in einem Fall, in dem AVB vollständig nicht in den Versicherungsvertrag einbezogen wurden, das Merkmal „unzumutbarer Härte" als nicht erfüllt angesehen.[679] Wenn aber in einem solchen Extremfall eine „unzumutbare Härte" verneint wird, spricht dies auch im vorliegenden Fall gegen eine Gesamtunwirksamkeit des Vertrages gem. § 306 Abs. 3 BGB. Darüber hinaus ist bei der Beantwortung der Frage, ob eine „unzumutbare Härte" im Sinne des § 306 Abs. 3 BGB vorliegt, stets zu berücksichtigen, dass auch der VN im Falle der Unwirksamkeit des Versicherungsvertrages unter Umständen existenziellen Risiken ausgesetzt ist. Der Zweck der AGB-Kontrolle, den Vertragspartner des Verwenders vor unangemessenen Klauseln zu schützen,[680] würde konterkariert, wenn das Merkmal „unzumutbare Härte" vorschnell zu Gunsten des VR bejaht würde. Eine andere Frage ist hingegen, ob sich aus dem Risiko der Rechtsfolgen unwirksamer Klauseln im Seeversicherungsrecht nicht ein Handlungsbedarf des Gesetzgebers ergibt. Denn auch wenn der Vertrag nicht gem. § 306 Abs. 3 BGB gesamtunwirksam ist, dürften die unbestreitbaren Auswirkungen auf das Äquivalenzverhältnis des Seeversicherungsvertrages im Speziellen und auf die Rechtssicherheit im Allgemeinen nicht förderlich für den Seeversicherungsstandort Deutschland sein.[681]

B. Klausel zu Gefahrerhöhungen: Pflichten und Rechtsfolgen bei Gefahrerhöhungen (Ziff. 24.3. DTV-ADS 2009/2018)

Die Rechtsfolgen der Leistungsfreiheit und des Prämienverfalls treten nach den DTV-ADS nicht nur im Falle vorvertraglicher **Falschinformation** durch den VN ein, sondern auch im Falle der **Nichtanzeige** einer Gefahrerhöhung nach Ziff. 24.3 DTV-ADS 2009/2018. Mit Blick auf die erheblichen wirtschaftlichen Auswirkungen der Rechtsfolgen der Leistungsfreiheit und des Prämienverfalls stellt sich die Frage nach der agb-rechtlichen Wirksamkeit von Ziff. 24.3

678 Vgl. dazu auch S. 57 f.

679 BGH, Urteil vom 21. Dezember 1981 – II ZR 76/81 – = NJW 1982, 824-825.

680 Siehe oben S. 108 f.

681 Siehe oben zur 5. Ausgangsfrage „Kann die durch die Anwendung des HGB und des BGB hervorgerufene Unsicherheit ordnungspolitisch durch eine Neukodifikation des Seeversicherungsrechts oder andere gesetzgeberische Maßnahmen beseitigt werden?", S. 213 ff. und S. 223 ff.

DTV-ADS. Bei den DTV-ADS 2009/2018 handelt es sich um AGB.[682] Die Klausel dürfte nicht überraschend im Sinne des § 305c Abs. 1 BGB sein[683] und wird damit in der Regel wirksam in den Seeversicherungsvertrag einbezogen.

I. § 307 Abs. 3 S. 1 BGB: Abweichung oder Ergänzung

Der Anwendungsbereich der Inhaltskontrolle ist eröffnet, weil Ziff. 24.3 DTV-ADS 2009/2018 gem. § 307 Abs. 3 S. 1 BGB von einer gesetzlichen Regelung abweicht:[684]

1. § 249 Abs. 1 BGB (Schadensumfang)

Im dispositiven Gesetzesrecht regeln die §§ 249 ff. BGB die Rechtsfolgen einer vertraglichen Nebenpflichtverletzung.[685] Anders als nach dem HGB a.F. darf der VN gem. Ziff. 24.1. DTV-ADS 2009/2018 die Gefahr selbstständig ändern.[686] In Abweichung zur Rechtslage bei Abschluss eines Seeversicherungsvertrages **ohne** Einbeziehung von Seeversicherungsbedingungen dürfte die **privatautonom vereinbarte** Pflicht zur Anzeige einer Gefahrerhöhung in Ziff. 24.2 DTV-ADS 2009/2018 als **leistungsbezogene** Nebenpflicht im Sinne von § 241 **Abs. 1** BGB einzuordnen sein.[687] Denn anders als nach der Rechtslage ohne Einbeziehung eines Vertragswerkes, sehen die DTV-ADS 2009/2018 mit Ziff. 24.4 ein **Prämienanpassungsrecht** des VR vor. Das Prämienanpassungsrecht gleicht denjenigen Nachteil aus, den der VR durch das ausgeübte Gefahränderungsrecht des VN erleiden kann.[688] Soweit ein Prämienanpassungsrecht gegeben ist, dient die Pflicht zur Anzeige von Gefahrerhöhungen der Durchsetzung eben dieses

---

682 S. 106 f.

683 Vgl. zu den Voraussetzungen von § 305c Abs. 1 BGB die Ausführungen zu Ziff. 22.2. Abs. 1 S. 1 DTV-ADS, S. 108 f.

684 Vgl. zur Eröffnung des Anwendungsbereichs der Inhaltskontrolle S. 112 f.

685 S. 84.

686 *Dreyer*, in: Bruck/Möller, 9. Aufl., DTV-ADS 2009 Ziff. 24, Rn. 1.

687 Vgl. Koch, in: Bruck/Möller, 9. Aufl., Ziff. 13 AHB, Rn. 2; *Lücke*, in: Prölss/Martin, 30. Aufl., Ziff. 13 AHB, Rn. 2; *Schimikowski*, in: *Rüffer/Halbach/Schimikowski u. a.* (Hrsg.), Versicherungsvertragsgesetz, Ziff. 13 AHB, Rn. 2; siehe auch S. 80 zu den Rechtsgrundlagen vertraglicher Anzeigepflichtverletzungen ohne Einbeziehung eines Vertragswerks; a.A. *Dreyer*, in: Bruck/Möller, 9. Aufl., DTV-ADS 2009 Ziff. 24, Rn. 5: „Die Anzeigepflicht ist keine echte Rechtspflicht, sondern Obliegenheit."

688 Vgl. *Dreyer*, in: Bruck/Möller, 9. Aufl., DTV-ADS 2009 Ziff. 24, Rn. 1: „Im **Gegenzug** [zum Recht der Gefahrerhöhung] hat der VN eine entsprechende Gefahränderung anzuzeigen […]." (Hervorhebung durch den Verfasser).

Prämienanpassungsrechts und stellt damit eine leistungsbezogene Nebenpflicht im Sinne von § 241 Abs. 1 BGB dar.[689]

Für den Fall einer **leistungs**bezogenen Nebenpflichtverletzung regeln, ebenso wie im Fall einer Aufklärungspflichtverletzung im Sinne von § 241 Abs. 2 BGB, die §§ 249 ff. BGB Art und Umfang des Schadensersatzes.

Insbesondere hat der Schädiger nach § 249 Abs. 1 BGB denjenigen Zustand wiederherzustellen, der bestehen würde, wenn der zum Ersatz verpflichtende Umstand nicht eingetreten wäre. § 249 Abs. 1 BGB stellt auf den **konkret** entstandenen Schaden ab. Nach Ziff. 24.3. DTV-ADS 2009/2018 tritt die Rechtsfolge der Leistungsfreiheit grundsätzlich immer dann ein, wenn der VN vorsätzlich oder grob fahrlässig eine Gefahrerhöhung nicht angezeigt hat, und sich die Gefahrerhöhung auf den Eintritt des Versicherungsfalls und den Umfang der Leistungspflicht ausgewirkt hat. Die Rechtsfolge der Leistungsfreiheit tritt also auch dann ein, wenn der Schaden des VR (Prämiendifferenz) geringer ist als die Höhe des Leistungsanspruch des VN. Damit liegt eine Abweichung im Sinne von § 307 Abs. 3 S. 1 BGB zwischen der Klausel und der dispositiven Gesetzesvorschrift des § 249 Abs. 1 BGB vor.

2. *Dispositive Vorschriften über Vertragsstrafen nach den §§ 339 ff. BGB*

In Abgrenzung zur Rechtslage eines lediglich unter Vereinbarung der essentialia abgeschlossenen Seeversicherungsvertrages sind bei Einbeziehung privatautonomer Vertragswerke grundsätzlich auch die Regelungen über Vertragsstrafen nach den §§ 339 ff. BGB anwendbar. Fraglich ist hier, ob die Rechtsfolge der Leistungsfreiheit nach Ziff. 24.3 DTV-ADS 2009/2018 als Vertragsstrafenvereinbarung einzuordnen ist. In Betracht kommt eine Einordung als Vertragsstrafe im Sinne der §§ 340 Abs. 1, 341 Abs. 1 Abs. 1 jeweils in Verbindung mit § 342 BGB. Sollte Ziff. 24.3. DTV-ADS 2009/2018 als eine Vertragsstrafenvereinbarung einzuordnen sein, könnte eine Abweichung im Sinne von § 307 Abs. 3 S. 1 BGB im Hinblick auf § 343 BGB („Herabsetzung der Vertragsstrafe") vorliegen.

---

689 Vgl. *Koch*, in: Bruck/Möller, 9. Aufl., Ziff. 13 AHB, Rn. 2, wonach eine Pflicht zur Anzeige von Gefahrerhöhungen nach Ziff. 13.1. S. 1 AHB 2012 eine leistungsbezogene Nebenpflicht darstellt.

a) §§ 340 Abs. 1, 341 Abs. 1 Abs. 1 jeweils i.V.m. § 342 BGB

Nach § 340 Abs. 1 BGB (amtliche Überschrift „Strafversprechen für Nichterfüllung") kann der Gläubiger die verwirkte Strafe statt der Erfüllung verlangen.

Unter den bloßen Wortlaut des § 340 Abs. 1 BGB subsumiert, spricht zunächst für eine Einordnung der Ziff. 24.3. DTV-ADS 2009/2018 als Vertragsstrafe, dass die Vereinbarung der Anzeigepflicht nach Ziff. 24.2. DTV-ADS 2009/2018 eine „Verbindlichkeit" darstellt, deren Erfüllung der VR als leistungsbezogene Nebenpflicht auch verlangen kann. Darüber hinaus muss die Rechtsfolge der Leistungsfreiheit aber auch eine „Strafe" darstellen.

Eine Vertragsstrafe ist von der Vereinbarung einer Schadenspauschale abzugrenzen.[690] Abgrenzungskriterium ist dabei, ob die Vereinbarung ausschließlich dem Zweck der vereinfachten Durchsetzung von Schadensersatzansprüchen dient, oder ob es „auch und vor allem darum geht, „Druck" auf den Schuldner zur Erfüllung seiner Verbindlichkeit auszuüben."[691] Demnach muss die Vereinbarung der Leistungsfreiheit als Rechtsfolge neben der Funktion einer vereinfachten Durchsetzbarkeit von Schadensersatzansprüchen[692] **zusätzlich** das Ziel einer Verhaltensbeeinflussung des VN für die Zukunft haben.

Die Auslegung von Klausel 24.3. DTV-ADS 2009/2018 nach den §§ 133, 157 BGB ergibt zunächst, dass mit der Rechtsfolge der Leistungsfreiheit aus Sicht eines objektiven Empfängers eine verhaltenssteuernde Wirkung bezweckt werden soll:

Für die Bejahung des Zweckes einer Verhaltenssteuerung der Leistungsfreiheitsklausel spricht zwar, dass die Motivation des VN zur Anzeige gefahrerhöhender Umstände vermindert sein dürfte, wenn er im Versicherungsfall höchstens mit der Zahlung der Zuschlagsprämie nach Ziff. 24.4. DTV-ADS 2009/2018 rechnen muss. Wenn keine ausreichenden Anreize zur Anzeige von Gefahrerhöhungen bestehen, läuft der VR Gefahr, mangels Unkenntnis über die gefahrerhöhenden Umstände eine risikoadäquate Anpassung der Prämie nicht

---

690 *Grüneberg, in:* Palandt, 80. Aufl., § 276 BGB, Rn. 26; *Graf von Westphalen*, in: *Graf von Westphalen*, BB 2018, 323, 324.

691 BGH, Urteil vom 06. November 1967 – VIII ZR 81/65 –, BGHZ 49, 84-90; BGH, Urteil vom 25. November 1982 – III ZR 92/81 –, NJW 1983, 1542-1542; *Grüneberg*, in: Palandt, 80. Aufl., § 276 BGB, Rn. 26.

692 Die vereinfachte Durchsetzbarkeit von Schadensersatzansprüchen ist hier wie auch bei der (unzulässigen) Schadenspauschalierung bei vorvertraglichen Anzeigepflichtverletzungen zu bejahen, vgl. S. 132 ff., da der VR im Versicherungsfall nicht tätig werden müsste, um Schadensersatz zu erlangen. Er müsste auch keinen Beweis über die Schadenshöhe (haftungsausfüllende Kausalität) antreten.

durchsetzen zu können.[693] Für ihn besteht das Risiko, dass er gegenüber einer Vielzahl von VN leistungspflichtig wird, obwohl er in der Gesamtschau aller Vertragsbeziehungen keine dem Risiko adäquate Prämie erhalten hat.[694] Das Risiko der Leistungsfreiheit des VR bei Nichtanzeige wird daher den VN motivieren, ihm bekanntgewordene Risikoerhöhungen stets anzuzeigen. Die Rechtsfolge der Leistungsfreiheit hat im Falle der Nichtanzeige hat daher für einen objektiven Betrachter eine verhaltenssteuernde Zielsetzung. Sie ist daher als Vertragsstrafe im Sinne des § 340 Abs. 1 BGB auszulegen.

Problematisch ist allerdings, dass der VR nach dem Wortlaut des § 340 Abs. 1 BGB die Vertragsstrafe statt der Erfüllung „**verlangen**" kann. Die Rechtsfolge der Leistungsfreiheit nach Klausel 24.3. DTV-ADS 2009/2018 tritt allerdings unabhängig von einem „Verlangen" des VR ein. Der Wortlaut des § 340 Abs. 1 BGB muss vor diesem Hintergrund so ausgelegt werden, dass der Gläubiger der Verbindlichkeit (hier der VR im Hinblick auf die Anzeigepflicht) vom Schuldner (hier der VN als die Vertragsstrafe Versprechender) ein **aktives Tun**, beispielsweise eine Strafzahlung, **verlangen** kann. Wegen des fehlenden Erfordernisses aktiven Tuns des VR erscheint die Einordnung der „automatischen" Rechtsfolge der Leistungsfreiheit auf den ersten Blick problematisch. Das Problem kann allerdings bei systematischer Betrachtung durch Heranziehung des § 342 BGB gelöst werden:

Aus dem Wortlaut des § 342 BGB folgt, dass Inhalt einer Strafe nicht nur in der „Zahlung einer Geldsumme" bestehen muss. Auch eine andere „Leistung" kann als Vertragsstrafe versprochen werden. Eine Auslegung nach dem **Wortlaut** „Leistung" führt zwar ebenfalls dazu, dass die „Leistungsfreiheit" als Rechtsfolge keine Vertragsstrafe im Sinne der §§ 339 ff. BGB darstellen kann. Eine Auslegung nach dem Sinn und Zweck ergibt jedoch, dass die Leistungsfreiheit als eine Vertragsstrafe angesehen werden muss: Klauseln, die ein dem Schuldner grundsätzlich zustehendes Recht **ausschließen**, haben dieselbe Wirkung und Zielsetzung wie eine Zahlungspflicht als Vertragsstrafe.[695]

---

693 Diese Situation ist vergleichbar mit der Begründung zur vorvertraglichen Anzeigepflicht, vgl. S. 141 f.; der ist VR hier ebenfalls auf korrekte Informationen angewiesen, um das Risiko abschätzen zu können. Ein Unterschied besteht lediglich darin, dass der VR hier **nach** Vertragsschluss Maßnahmen zur Gewährleistung des Äquivalenzverhältnisses (Ausübung des Anpassungsrechts nach Ziff. 24.4) trifft.

694 Vgl. S. 141 f.

695 *Rieble*, in: Staudinger, 16. Bearbeitung, § 339 BGB, Rn. 456, Stand 09.05.2021; vgl. BGH, Urteil vom 24. April 1991 – VIII ZR 180/90 – NJW-RR 1991, 1013-1015, wonach die Leistungsfreiheit des Garantiegebers im Falle der Nichterfüllung von Mitwirkungspflichten durch den Garantienehmers die gleiche Wirkung einer Vertragsstrafe hat.

Festzuhalten bleibt damit, dass Ziff. 24.3 DTV-ADS 2009/2018 eine Vertragsstrafe im Sinne des § 340 Abs. 1 BGB in Verbindung mit § 342 BGB darstellt. Für den Fall, dass der VN die Anzeigepflicht aus Ziff. 24.2 DTV-ADS 2009/2018 zwar grundsätzlich, aber unvollständig oder unrichtig erfüllt, ist § 341 Abs. 1 BGB einschlägig.

b) Keine Abweichung im Sinne von § 307 Abs. 3 S. 1 BGB

Zur Eröffnung des Anwendungsbereichs einer Inhaltskontrolle der Klausel ist nach § 307 Abs. 3 S. 1 BGB erforderlich, dass eine Abweichung vom dispositiven Gesetzesrecht vorliegt. Ziff. 24.3. DTV-ADS 2009/2018 weicht allerdings **nicht** von § 340 Abs. 1 BGB in Verbindung mit § 342 BGB ab. Diese Vorschriften lassen eine Vertragsstrafenvereinbarung nämlich grundsätzlich zu.

c) § 343 BGB

Ziff. 24.3. DTV-ADS 2009/2018 weicht von § 343 BGB ab. § 343 BGB sieht ein Herabsetzungsrecht des Schuldners durch richterliche Ermäßigung bei „unverhältnismäßig" hoher Vertragsstrafe vor.[696] Ziff. 24.3. DTV-ADS 2009/2018 weicht dann von § 343 BGB ab, wenn ein Herabsetzungsrecht des VN generell ausgeschlossen wird. Ob Ziff. 24.3. DTV-ADS 2009/2018 das Herabsetzungsrecht ausschließt, geht aus dem Wortlaut allerdings nicht eindeutig hervor. Damit muss eine Auslegung der Klausel am Maßstab der §§ 133, 157 BGB erfolgen.[697] Es ist daher konkret zu fragen, ob ein durchschnittlicher Reeder als VN eines Seeversicherungsvertrages die Klausel dahingehend versteht, dass das Herabsetzungsrecht des § 343 BGB ausgeschlossen sein soll. Dies dürfte der Fall sein: Es ist davon auszugehen, dass der durchschnittliche Reeder als VN der Seeversicherung nicht annehmen wird, die Rechtsfolge der (vollständigen) Leistungsfreiheit durch Ausübung eines Herabsetzungsrechts abwenden oder abmildern zu können. Für diese Sichtweise spricht etwa die Erwägung, dass der VR schon nach § 27 S. 1 Alt. 2 ADS 1919 leistungsfrei wurde, sofern der VN eine Anzeigepflicht nach § 26 ADS 1919 verletzte.[698] Zudem sieht § 132 Abs. 2 S. 1 VVG für die Binnen-Transportversicherung die Leistungsfreiheit des VR für den Fall der Nichtanzeige einer Gefahrerhöhung vor.

---

696 Vgl. *Rieble*, in: Staudinger, 16. Bearbeitung, § 343 BGB, Rn. 1.

697 Siehe zu den Grundsätzen der Auslegung einer Klausel S. 117 ff.

698 Bei der Auslegung einer AGB-Klausel ist auch deren Entstehungsgeschichte zu berücksichtigen, S. 122.

Ziff. 24.3. DTV-ADS 2009/2018 ist somit dahingehend auszulegen, dass eine Herabsetzung nach § 343 BGB für den VN ausgeschlossen ist. Damit liegt eine Abweichung im Sinne von § 307 Abs. 3 S. 1 BGB vor.

d) § 348 HGB

Der Eröffnung des Anwendungsbereichs der AGB-Kontrolle nach § 307 Abs. 3 S. 1 BGB steht im Hinblick auf § 343 BGB allerdings § 348 HGB entgegen.

Nach§ 348 HGB kann eine von einem Kaufmann im Betriebe seines Handelsgewerbes versprochene Strafe nicht auf Grund der Vorschriften des § 343 des Bürgerlichen Gesetzbuchs herabgesetzt werden.

See-VN und See-VR sind regelmäßig Kaufleute im Sinne des HGB.[699] Die Leistungsfreiheit als Vertragsstrafe ist auch „im Betriebe" eines Handelsgewerbes versprochen. Daher kann sich der VN auch nach dispositivem Gesetzesrecht nicht auf § 343 BGB berufen. Ziff. 24.3 DTV-ADS 2009/2018 weicht somit nicht vom Gesetzesrecht ab, soweit der VN Kaufmann im Sinne des HGB ist.

3. Beweislastverteilung

Ähnlich wie bei der Ziff. 22.2. Abs. 1 S. 1 DTV-ADS 2009/2018 weicht auch Ziff. 24.3 DTV-ADS 2009/2018 von der gesetzlichen Beweislastverteilung - hier der Beweislastverteilung nach den §§ 280 Abs. 1, § 241 Abs. 1 bzw. Abs. 2 BGB i.V.m. § 249 Abs. 1 BGB - ab.

a) Dispositives Recht

Nach dispositiver Gesetzeslage trägt der Geschädigte die Beweislast dafür, dass der Schädiger eine Pflicht verletzt hat, diese Pflichtverletzung zu einem Schaden (**haftungsbegründende** Kausalität) geführt hat, und der Schaden in der geltend gemachten Höhe entstanden ist (**haftungsausfüllende** Kausalität).[700]

b) Ziff. 24.3 DTV-ADS

Nach Ziff. 24.3 DTV-ADS trägt der VR lediglich die Beweislast für die Anzeigepflichtverletzung (und das Vorliegen einer Gefahrerhöhung).[701] Will der VN die Rechtsfolge der Leistungsfreiheit abwenden, muss er beweisen, dass er nicht vorsätzlich oder grob fahrlässig gehandelt hat.[702] Es liegt auch vor dem Hintergrund

---

699 Siehe oben S. 106.

700 S. 86 f.

701 *Dreyer*, in: Bruck/Möller, 9. Aufl., DTV-ADS 2009 Ziff. 24, Rn. 23.

702 *Dreyer*, in: Bruck/Möller, 9. Aufl., DTV-ADS 2009 Ziff. 24, Rn. 5.

der gesetzlichen Vermutung des § 280 Abs. 1 S. 1 BGB eine Abweichung im Sinne des § 307 Abs. 3 S. 1 BGB vor, weil der Schädiger sich von der Vermutung entlasten kann, ohne den Vollbeweis der Einhaltung der verkehrserforderlichen Sorgfalt erbringen zu müssen.[703] Ferner trägt der VN die Beweislast dafür, dass die Anzeigepflichtverletzung nicht kausal für den Eintritt des Versicherungsfalls (haftungsbegründende Kausalität) oder den Umfang der Leistungspflicht (haftungsausfüllende Kausalität) war.[704]

4. *Prämienverfall*

Vergleichbar mit Ziff. 22.2 Abs. 1 S.1 DTV-ADS, „verfällt" die Prämie nach Ziff. 24.3 DTV-ADS. Der VN bleibt für den Fall der Leistungsfreiheit des VR zur Prämienzahlung verpflichtet („Prämienverfall"). Anders als bei vorvertraglichen Anzeigepflichtverletzungen[705] könnte der Prämienverfall bei vertraglichen Anzeigepflichtverletzungen auch als Vertragsstrafe zu qualifizieren sein: Es ist abzugrenzen zwischen einer Schadenspauschalierung und einer Vertragsstrafe. Wesentliches Abgrenzungsmerkmal ist ein erkennbar vorrangig **verhaltenssteuernder** Zweck der Klausel.[706] Die Klausel ist nach den §§ 133, 157 BGB auszulegen.[707] Neben der Rechtsfolge vollständiger Leistungsfreiheit dürfte auch dem „Prämienverfall" eine erkennbar verhaltenssteuernde Wirkung innewohnen. Zwar wird der „Prämienverfall" in vielen Fällen im Verhältnis zu den wirtschaftlichen Folgen der Leistungsfreiheit für den VN nicht mehr besonders stark ins Gewicht fallen. Dennoch ist auch ihr eine verhaltenssteuernde Wirkung zuzusprechen, weil eine Leistungsfreiheit den VN wirtschaftlich so treffen kann, als ob der VR sich rückwirkend vom Vertrag, z.B. im Wege eines Rücktritts, gelöst hat.[708] Während der VN im Falle eines Rücktritts aber die Prämie zurückgezahlt bekommt, verfällt die Prämie nach Ziff. 24.3. DTV-ADS 2009/2018. So betrachtet, belastet der „Prämienverfall" den VN unter Umständen sogar stärker als ein ausgeübtes Rücktrittsrecht. Der Prämienverfall ist daher auch erkennbar dazu geeignet, den VN zu mehr Sorgfalt bei der der Einhaltung seiner vertraglichen Anzeigepflicht anzuhalten.

---

703 Vgl. BGH, Urteil vom 14. November 1989 – X ZR 116/88 – = NJW-RR 1990, 446-448; *Riehm*, in: BeckOGK-BGB, § 280 BGB, Rn. 363, Stand 01.04.2021.

704 Vgl. *Dreyer*, in: Bruck/Möller, 9. Aufl., DTV-ADS 2009 Ziff. 24, Rn. 5.

705 Siehe oben S. 117.

706 Vgl. S 168 f.

707 S. 168 f.

708 Dazu sogleich unter Teil 3.B.I.5.

5. *Rücktrittsrechte*

Nach der Regelung von Ziff. 24.3. DTV-ADS 2009/2018 tritt im Falle einer Anzeigepflichtverletzung die Rechtsfolge der Leistungsfreiheit ein; der Vertrag wird aufrechterhalten. Die Leistungsfreiheit als Rechtsfolge vertraglicher Anzeigepflichtverletzungen kann den VN wirtschaftlich sogar härter treffen als ein ausgeübtes Rücktrittsrecht des VR (Stichwort „Prämienverfall“). Daher ist zu prüfen, ob die Voraussetzungen für die Ausübung eines gesetzlichen Rücktrittsrechts höher sind als für die Herbeiführung der Rechtsfolge der Leistungsfreiheit nach Ziff. 24.3. DTV-ADS 2009/2018. In diesem Fall ist eine Abweichung im Sinne von § 307 Abs. 3 S. 1 BGB gegeben und der Anwendungsbereich der Inhaltskontrolle auch im Hinblick auf das jeweilige gesetzliche Rücktrittsrecht eröffnet.

Unterschiede in den Voraussetzungen eines **gesetzlichen Rücktrittsrechts** und der **Herbeiführung der Rechtsfolge der Leistungsfreiheit** haben auch Auswirkungen auf die Prüfungsmaßstäbe der Angemessenheitskontrolle der Klausel. Sofern dem VR nach dispositiver Rechtslage kein gesetzliches Rücktrittsrecht zusteht, stützt dies die Einordnung der Klausel als Vertragsstrafe: Der VR kann seine Leistungsfreiheit nicht durch einen Rücktritt herbeiführen, was wiederum für die Annahme einer „verhaltenssteuernden“ Zielsetzung der Klausel spräche.[709]

a) § 324 BGB

Ein Rücktrittsrecht wegen Verletzung der Anzeigepflicht einer Gefahrerhöhung scheidet gem. § 324 BGB, anders als bei bloßer Anwendung dispositiven Rechts, aus.[710] § 324 BGB ist grundsätzlich nur bei Nebenpflichtverletzungen anwendbar („[...] Pflicht nach § 241 Abs. 2 BGB [...]“).[711] Aufgrund des Prämienanpassungsrechts des VR nach Ziff. 24.4 DTV-ADS 2009/2018 stellt die Anzeigepflicht aus Ziff. 24.2. DTV-ADS keine Nebenpflicht im Sinne des § 241 Abs. 2 BGB, sondern eine **leistungs**bezogene Nebenpflicht im Sinne des § 241 **Abs. 1** BGB dar.[712]

---

709 Vgl. *Weiler*, in: BeckOGK-BGB, § 309 Nr. 6 BGB, Rn. 43, Stand 01.06.2021, wonach eine Voraussetzung für die Einordung als Vertragsstrafe (hier vor dem Hintergrund des § 309 Ziff. 6 BGB) sei, dass der Verwender die Leistungsfreiheit nicht nach dispositivem Recht herbeiführen kann.

710 Vgl. S. 84 f.

711 S. 84 f.

712 S. 80 f.

b) § 323 Abs. 1 BGB

Es liegt keine Abweichung von § 323 BGB vor, weil dessen Anwendungsbereich im Hinblick auf die Einordnung des Seeversicherungsvertrages als Dauerschuldverhältnis und der damit einhergehenden Voraussetzung der „Zumutbarkeit“ einer Rückabwicklung nicht eröffnet ist. Wäre § 323 BGB anwendbar, wäre ein Rücktritt (mit Folge der Leistungsfreiheit des VR) im Falle einer Anzeigepflichtverletzung nur unter besonders hohen Voraussetzungen möglich; Die Leistungsfreiheit nach Ziff. 24.3 tritt demgegenüber bereits unter geringen Voraussetzungen ein.

aa) Anzeigepflicht als „Leistung“ im Sinne von § 323 Abs. 1 BGB

Voraussetzung für ein Rücktrittsrecht ist zunächst, dass der „[…] Schuldner eine fällige Leistung nicht, oder nicht vertragsgemäß […]“ erbringt, § 323 Abs. 1 BGB. Dem Wortlaut der Norm ist nicht eindeutig zu entnehmen, ob unter das Tatbestandsmerkmal „Leistung“ auch eine **leistungs**bezogene Nebenpflicht im Sinne von § 241 Abs. 1 BGB fällt.

Für eine Anwendbarkeit des § 323 Abs. 1 BGB auf **leistungs**bezogene Nebenpflichten spricht der Wille des Gesetzgebers.[713] Es lassen sich keine Anhaltspunkte dafür finden, dass der Gesetzgeber § 323 BGB auf synallagmatische Leistungspflichten beschränkten wollte.

Dem steht auch nicht die Auslegung nach dem Zweck der §§ 320 ff. BGB entgegen.[714]

Der Zweck der §§ 320 ff. BGB liegt darin, auf Störungen des Synallagmas zu reagieren.[715] Die Pflicht zur Anzeige von Gefahrerhöhungen steht im Synallagma, sodass insoweit der Anwendungsbereich des § 323 Abs. 1 BGB eröffnet erscheint. Dies ist ergibt eine Auslegung nach den Grundsätzen der §§ 133, 157 BGB.[716] Wie bereits dargestellt, sind die Hauptpflichten des Seeversicherungsvertrages

---

713 *Deutscher Bundestag*, Bundestags-Drucksache 14/6040, 183; *Westermann*, in: Erman, § 324 BGB, Rn. 5; vgl. *Schwarze*, in: Staudinger, 16. Bearbeitung, § 323 BGB, Rn. B 5 ff. m.w.N.

714 Vgl. *Ernst*, in: MüKo-BGB, 8. Aufl., § 323 BGB, Rn. 13.

715 *Ernst*, in: MüKo-BGB, 8. Aufl., § 323 BGB, Rn. 13; vgl. auch *Looschelders*, in: BeckOGK-BGB, § 323 BGB, Rn. 29, Stand 01.08.2021: "Den Parteien steht es aber frei, typische Nebenleistungspflichten in das Austauschverhältnis einzubeziehen. Entscheidend ist damit, welche Bedeutung die jeweiligen Pflichten nach dem Gesetz oder dem Willen der Parteien im Rahmen des jeweiligen Schuldvertrages haben."

716 Vgl. *Ernst*, in: MüKo-BGB, 8. Aufl., § 323 BGB, Rn. 14.

die Pflicht zur Risikoabsicherung durch den VR und die Zahlung einer Versicherungsprämie durch den VN.[717] Auch vom objektiven Empfängerhorizont eines See-VN ist erkennbar, dass der VR sein Geschäft nur dann ordnungsgemäß betreiben kann, wenn die Prämie in einem angemessenen Verhältnis zum Risiko steht. Nach Ziff. 24.1 DTV-ADS 2009/2018 ist dem VN eine vorsätzliche Gefahränderung gestattet. Nach Ziff. 24.4 DTV-ADS 2009/2018 gebührt dem VR für Gefahrerhöhungen eine Zuschlagsprämie. Es ist daher für den See-VN erkennbar, dass der VR auf die Einhaltung der Anzeigepflicht aus Ziff. 24.2. DTV-ADS 2009/2018 angewiesen ist, um sein Versicherungsgeschäft wirtschaftlich betreiben zu können. Als Alternative hätte der VR zur Begrenzung seines Geschäftsrisikos nur die Möglichkeit, seine Haftung auf die Risikolage zu beschränken, die zur Zeit des Vertragsschlusses bestand. Vorsätzliche Gefahrerhöhungen wären ausgeschlossen. Dann bedürfte es keines Prämienanpassungsrechts zum Schutze des VR. Die Prämie wäre immer äquivalent zum übernommenen Risiko. Es ist ersichtlich, dass solche Verträge für den See-VN aufgrund der fehlenden Flexibilität äußerst unattraktiv wären. Es ist weiterhin ersichtlich, dass das auf die Prämienzahlungspflicht des VN (als Hauptlicht des Vertrages) einwirkende Prämienanpassungsrecht des VR nur dann ausgeübt werden kann, wenn der VR von Gefahrerhöhungen Kenntnis erlangt. Es ist daher objektiv erkennbar, dass die Anzeigepflicht des VN äußerst eng mit der Prämienzahlungspflicht als Hauptpflicht des Vertrages verbunden ist. Weil die Höhe des übernommenen Risikos und die Höhe der Prämie für den wirtschaftlichen Betrieb des Versicherungsgeschäfts immer in einem äquivalenten Verhältnis zueinanderstehen müssen, wirkt die Anzeigepflicht aus Ziff. 24.2. DTV-ADS 2009/2018 erkennbar auf das Synallagma ein. § 323 Abs. 1 BGB ist somit anwendbar im Falle der Verletzung einer Anzeigepflichtverletzung in Gestalt einer leistungsbezogenen Nebenpflicht.

bb) Rücktrittsrechte in Dauerschuldverhältnissen

Einer Anwendbarkeit des § 323 Abs. 1 BGB steht auch nicht der bei Dauerschuldverhältnissen primär heranzuziehende § 314 BGB entgegen. Zwar ist auf Dauerschuldverhältnisse grundsätzlich § 314 BGB (Kündigungsrecht) anzuwenden.[718] Allerdings kommt bei Dauerschuldverhältnissen ein „[…] Rücktrittsrecht auch in Betracht, wenn eine vollständige Rückabwicklung unschwer

717 S. 56.
718 *Deutscher Bundestag,* Bundestags-Drucksache 14/6040, 117.

möglich und nach der Interessenlage der Beteiligten **sachgerecht** ist."[719] Anders als bei einem Arbeitsverhältnis erscheint die vollständige Rückabwicklung bei einem Seeversicherungsvertrag grundsätzlich durchführbar. Es müssten lediglich gezahlte Prämien, und im Versicherungsfall gewährte Versicherungsleistungen zurückgezahlt werden. Weitere Voraussetzung für einen Rücktritt von einem Dauerschuldverhältnis ist aber, dass eine vollständige Rückabwicklung nach der Interessenslage der Beteiligten „**sachgerecht**" ist.[720]

(1) Rücktritt „sachgerecht" im Hinblick auf den Grundsatz von Treu und Glauben

Die besondere Prägung des (See-)Versicherungsvertrages durch den Grundsatz von Treu und Glauben[721] kann zu einer Absenkung der Anforderungen eines Rücktrittsrechts führen: Zum einen sind bei besonderen Treueverhältnissen höhere Anforderungen an die Pflicht zur Rücksichtnahme der anderen Partei zu stellen,[722] zum anderen kann aus dem vergangenen Verhalten des Schuldners – hier der Pflichtverletzung – die Prognose weiterer Integritätsschäden des Gläubigers folgen.[723]

---

719 BGH, Urteil vom 19. Februar 2002 – X ZR 166/99 – = NJW 2002, 1870-1872 (Hervorhebung durch den Verfasser); die parallele Anwendbarkeit des § 323 BGB neben § 314 BGB für Dauerschuldverhältnisse befürwortend auch *Ernst*, in: MüKo-BGB, 8. Aufl., § 323 BGB, Rn. 36; mit Einschränkungen auch *Grigoleit,* FS Lorenz 2014, 795, 801 ff..

720 Vgl. zu der vergleichbaren Problematik an die Anforderungen an die „Zumutbarkeit" bei Ausübung eines Rücktrittsrechts bei Dauerschuldverhältnissen bei Nebenpflichtverletzungen auch *Westermann*, in: Erman, § 324 BGB, Rn. 6 und *Ernst*, in: MüKo-BGB, 8. Aufl., § 324 BGB, Rn. 6, die beiden von hohen Voraussetzungen ausgehen.

721 BGH, Urteil vom 28. November 1963 – II ZR 64/62 – = BGHZ 40, 387-391; H. *Baumann/Koch*, in: Bruck/Möller, 10. Aufl., § 1 VVG, Rn. 266; Sofern die ADS 1919 vereinbart werden, sieht § 13 ADS 1919 sogar eine besondere Treuepflicht für den Seeversicherungsvertrag vor.

722 Vgl. *Schwarze*, in: Staudinger, 16. Bearbeitung, § 324 BGB, Rn. 41.

723 So weist z.B. *Schwarze*, in: Staudinger, 16. Bearbeitung, § 324 BGB, Rn. 38 ff. darauf hin, dass sich aus dem vergangenen Verhalten einer Partei die Prognose erheblicher Pflichtverletzungen für die Zukunft ergeben kann, die wiederum eine rückwirkende Aufhebung des gesamten Vertrages rechtfertigen kann.

(2) Entgegenstehende Wertung des § 323 Abs. 5 S. 1 BGB

Allerdings ist die Wertung des § 323 Abs. 5 S. 1 BGB zu berücksichtigen, „[...] wonach ein Rücktritt bei schon vom Schuldner bewirkten Teilleistungen nur in Betracht kommt, wenn der Gläubiger an den Teilleistungen kein Interesse hat.“[724] Diese Wertung ist auch auf Dauerschuldverhältnisse übertragbar, in denen der Schuldner bereits ordnungsgemäße Leistungen erbracht hat.[725] Bei einem Seeversicherungsvertrag hat der VN in der Regel seine Prämie ordnungsgemäß geleistet und bis zum Zeitpunkt der nicht angezeigten Gefahrerhöhung seine Leistungspflicht ordnungsgemäß erbracht. Ausgehend von der Einordnung des § 314 BGB als leges speciales[726] und dem damit verbundenen Vorrang der Aufrechterhaltung des Vertrages für die Vergangenheit sind hohe Anforderungen an das Merkmal der „**Sachgerechtheit**“ einer vollständigen Rückabwicklung des Vertrages zu stellen. Der VR erhält bis zum Zeitpunkt der Gefahrerhöhung eine risikoäquivalente Prämie. Es ist nicht ersichtlich, warum der VR an den bis zum Zeitpunkt der Gefahrerhöhung ausgetauschten Leistungen (Risikoübernahme gegen risikoadäquate Prämie) kein Interesse haben sollte. Der VR ist wegen des Gefahränderungsrechts des VN aus Ziff. 24.1. DTV-ADS 2009/2018 dem Risiko ausgesetzt, dass die bei Vertragsschluss vereinbarte Prämie durch nachträgliche Gefahrerhöhungen nicht mehr äquivalent zum Risiko ist. Das Interesse des VR, eine möglichst risikoadäquate Prämie zu erhalten, ist durch sein Prämienanpassungsrecht aus Ziff. 24.4. DTV-ADS 2009/2018 geschützt.[727] In den besonderen Fällen der Gefahränderung in Form des Wechsels der Bereederung oder der Klassifikation (Ziff. 25 und Ziff. 26 DTV-ADS 2009/2018) kann sich der VR durch Kündigung für die Zukunft vom Vertrag lösen, vgl. Ziff. 25.2. bzw. Ziff. 26.1. S. 2 DTV-ADS 2009/2018). Weiter ist zu berücksichtigen, dass der Gläubiger für nicht leistungsbezogene Nebenpflichtverletzungen in der Regel über § 280 Abs. 1 BGB Schadensersatz verlangen kann.[728] Es ist daher davon auszugehen, dass die Ausübung eines Rücktrittsrecht nach § 323 Abs. 1 BGB vor

724 *Looschelders, in:* BeckOGK-BGB, § 323 BGB, Rn. 36, Stand 01.12.2019.

725 *Grigoleit,* FS Lorenz 2014, 795, 804 ff.; *Looschelders*, in: BeckOGK-BGB, § 323 BGB, Rn. 36, Stand 01.08.2021.

726 Vgl. *Deutscher Bundestag,* Bundestags-Drucksache 14/6040, 117.

727 Vgl. *Dreyer*, in: Bruck/Möller, 9. Aufl., DTV-ADS 2009 Ziff. 24, Rn. 1 „Im Gegenzug [...].“

728 *Westermann*, in: Erman, § 324 BGB, Rn. 6; *Schwarze*, in: Staudinger, 16. Bearbeitung, § 324 BGB, Rn. 38: „Die Verletzung der Rücksichtnahmepflicht als solche bietet keinen ausreichenden Grund für den Rücktritt vom Vertrag, zumal ein daraus resultierender Integritätsschaden bereits durch § 280 Abs 1 ausgeglichen wird.“

dem Hintergrund des Vorrangs des § 314 BGB ausscheidet. Dem VR stehen in Form des Prämienanpassungsrechts und der Möglichkeit der Geltendmachung von Schadensersatzansprüchen ausreichende Kompensationsmöglichkeiten zur Verfügung. Das Merkmal der „**Sachgerechtheit**" einer vollständigen Rückabwicklung des Vertrages wird daher in der Regel nicht erfüllt sein.

Ausgehend von diesem Maßstab weicht Ziff. 24.3. DTV-ADS 2009/2018 im Sinne von § 307 Abs. 3 S. 1 BGB von § 323 Abs. 1 BGB ab. Das Rücktrittsrecht aus § 323 Abs. 1 BGB kann nur unter hohen Voraussetzungen ausgeübt werden. Diese Feststellung hat zudem Auswirkungen auf den Maßstab der Inhaltskontrolle nach den §§ 307 Abs. 2 und Abs. 1 BGB: Ein ausgeübtes Rücktrittsrecht hat für den VN wirtschaftlich vergleichbare Folgen, wie der Eintritt der Rechtsfolge der Leistungsfreiheit nach Ziff. 24.3. DTV-ADS 2009/2018. Die hohen dispositiv-gesetzlichen Voraussetzungen an die Ausübbarkeit eines Rücktrittsrechts könnten daher auch als ein Argument gegen die Angemessenheit von Ziff. 24.3. DTV-ADS 2009/2018 herangezogen werden, worauf an späterer Stelle eingegangen wird.[729]

c) Zwischenergebnis

Die Verletzung der Anzeigeplicht aus Ziff. 24.2. DTV-ADS 2009/2018 kann trotz der Rechtsnatur des Seeversicherungsvertrages als Dauerschuldverhältnis und der daraus folgenden vorrangigen Anwendbarkeit des § 314 BGB auch den Anwendungsbereich des § 323 Abs. 1 BGB eröffnen. Allerdings wird die vollständige Rückabwicklung des Vertrages aufgrund einer vertraglichen Anzeigepflichtverletzung nie „sachgerecht" sein.

6. Zusammenfassung der Abweichungen im Sinne von § 307 Abs. 3 S. 1 BGB

Ziff. 24.3. DTV-ADS 2009/2018 stellt eine Vertragsstrafenvereinbarung dar. Die Klausel weicht vor dem Hintergrund des § 348 HGB grundsätzlich nicht von § 343 BGB ab, da die Beteiligten in der Regel Kaufleute im Sinne der §§ 1 ff. HGB sind. Im Hinblick auf die Einordnung der Klausel als Rechtsfolgenregelung liegt aber eine Abweichung von § 249 Abs. 1 BGB vor. Nach § 249 Abs. 1 BGB hat der Schädiger nur den konkret entstandenen Schaden zu ersetzen, nach Ziff. 24.3. DTV-ADS 2009/2018 ist der VR vollständig leistungsfrei, sofern der VN vorsätzlich oder grob fahrlässig gehandelt hat.

729 S. 193.

Es sind ferner Abweichungen von der gesetzlichen Beweislastverteilung gegeben. Der VN hat, anders als nach dispositivem Recht, zu beweisen, dass die Anzeigepflichtverletzung nicht kausal für den Eintritt des Versicherungsfalls war (haftungsbegründende Kausalität) oder dass die Anzeigepflichtverletzung nicht kausal für den Umfang der Leistungspflicht war (haftungsausfüllende Kausalität).

Weil die Leistungsfreiheit nach Ziff. 24.3. DTV-ADS 2009/2018 grundsätzlich immer eintritt, wenn die Anzeigepflicht vorsätzlich oder grobfahrlässig verletzt wurde, und kausal für Eintritt des Versicherungsfalls und des Umfangs der Leistungspflicht war, liegt auch eine Abweichung von § 323 Abs. 1 BGB vor. Die Ausübung eines Rücktrittsrechts bei Dauerschuldverhältnissen ist jedoch nur bei Vorliegen hoher Voraussetzungen („Sachgerechtheit" der Rückabwicklung) möglich, die bei vertraglichen Anzeigepflichtverletzungen in der Regel nicht erfüllt sein werden.

II. Inhaltskontrolle

Ziff. 24.3. DTV-ADS 2009/2018 ist im Hinblick auf die soeben aufgezeigten Abweichungen von den gesetzlichen Regelungen unwirksam gem. § 307 Abs. 1 und Abs. 2 BGB. Die Klausel benachteiligt den VN „unangemessen".[730] Eine Klausel ist dann unwirksam, wenn sie die bei der fraglichen Art von Rechtsgeschäften regelmäßigen und typischerweise bestehenden Interessen des betroffenen Kundenkreises nicht angemessen berücksichtigt.[731] Eine „unangemessene Benachteiligung" im Sinne des § 307 Abs. 1 S. 1 BGB ist im Zweifel dann anzunehmen, wenn eine Bestimmung mit wesentlichen Grundgedanken der gesetzlichen Regelung, von der abgewichen wird, nicht zu vereinbaren ist, vgl. § 307 Abs. 2 Nr. 1 BGB. Abweichungen von wesentlichen Grundgedanken der gesetzlichen Regelung indizieren eine unangemessene Benachteiligung des Vertragspartners.[732] Diese gesetzliche Unwirksamkeitsvermutung gilt auch für Verträge mit Unternehmern.[733] Die Vermutung des § 307 Abs. 2 Nr. 1 BGB ist widerlegt, wenn die Klausel den Kunden auf der Grundlage einer umfassenden Interessenabwägung nicht unangemessen benachteiligt. Dies kann der Fall sein, wenn die Abweichung vom gesetzlichen Leitbild sachlich gerechtfertigt oder wenn die

730 Siehe zum Maßstab der Inhaltskontrolle S. 113 f.

731 Siehe S. 113.

732 Siehe S. 114.

733 Siehe S. 114.

Erreichung des gesetzlichen Schutzzweckes auf andere Weise sichergestellt ist.[734] Letzteres ist bei Ziff. 24.3. DTV-ADS jedoch nicht der Fall.

1. Leistungsfreiheit anstatt Schadensersatz

Die Leistungsfreiheit nach Ziff. 24.3. DTV-ADS 2009/2018 als Rechtsfolge einer vertraglichen Anzeigepflichtverletzung ist im Hinblick auf die Abweichung von § 249 Abs. 1 BGB und den Grundsätzen des zivilrechtlichen Bereicherungsverbotes „unangemessen“ im Sinne von § 307 Abs. 1 S. 1 BGB:

a) § 309 Ziff. 6 BGB i.V.m. §§ 310 Abs. 1 S. 2, 307 Abs. 2 Nr. 1 BGB

Ein Verstoß gegen § 309 Ziff. 6 BGB i.V.m. §§ 310 Abs. 1 S. 2, 307 Abs. 2 Nr. 1 BGB scheidet aus. Ziff. 24.3. DTV-ADS ist als „Vertragsstrafe“ auszulegen.[735] Eine Vertragsstrafenklausel verstößt gegen § 309 Ziff. 6 BGB i.V.m. §§ 310 Abs. 1 S. 2, 307 Abs. 2 Nr. 1 BGB allerdings nur dann, wenn eine Vertragsstrafe für den Fall der Nichtabnahme, der verspäteten Abnahme der Leistung oder den Fall des Zahlungsverzuges oder der Vertragslösung vereinbart ist. Dies ist hier nicht der Fall, weil die Vertragsstrafe für den Fall der unterlassenen Gefahrerhöhungsanzeige vereinbart wird.

b) § 309 Ziff. 5 lit. a) BGB i.V.m. §§ 310 Abs. 1 S. 2, 307 Abs. 2 Nr. 1 BGB

Aufgrund der Einordnung von Ziff. 24.3. DTV-ADS als Vertragstrafenvereinbarung kann die Klausel nicht gleichzeitig eine Schadenspauschale im Sinne von § 309 Ziff. 5 lit. a) BGB darstellen. Die „Doppelfunktionalität der Vertragsstrafe“, also neben dem Element der Verhaltenssteuerung auch eine erleichterte Schadloshaltung, rückt diese Klausel zwar in die Nähe einer Schadenspauschale, kann aber nicht zu einer Eröffnung des Anwendungsbereichs sowohl von § 309 Ziff. 6 BGB i.V.m. §§ 310 Abs. 1 S. 2, 307 Abs. 2 Nr. 1 BGB als auch von § 309 Ziff. 5 lit. a) BGB i.V.m. §§ 310 Abs. 1 S. 2, 307 Abs. 2 Nr. 1 BGB führen.[736]

c) § 307 Abs. 1 S. 1 BGB

Ziff. 24.3. DTV-ADS 2009/2018 ist jedoch unter dem Gesichtspunkt der Einordnung als Vertragsstrafe im Hinblick auf die **Höhe** unangemessen im Sinne des

---

734 Siehe oben S. 114.

735 S. 168 f.

736 Vgl. *Weiler, in:* BeckOGK-BGB, § 309 Nr. 5 BGB, Rn. 57, 58, Stand 01.06.2021.

§ 307 Abs. 1 S. 1 BGB. Eine Vertragsstrafenvereinbarung in AGB muss trotz ihrer Druck- und Kompensationsfunktion auch die Interessen des Vertragspartners ausreichend berücksichtigen.[737] Die Unangemessenheit einer vertragsmäßig ausbedungenen Vertragsstrafe ist insbesondere dann indiziert, „[...] wenn die Sanktion außer Verhältnis zum Gewicht des Vertragsverstoßes und zu dessen Folgen für den Vertragspartner steht.[738] Die „Folgen für den Vertragspartner" liegen im möglichen Schaden, der beim Verwender durch das mit der Vertragsstrafe sanktionierte Verhalten des Vertragspartners „ausgelöst wird".[739]

Eine Vertragsstrafe hat einen erkennbaren Bezug zu Ihrer Funktion zu bewahren und darf nicht außer Verhältnis zu dieser Funktion stehen.[740] Die Funktion der Leistungsfreiheitsklausel liegt hier in der Verhaltenssteuerung („Motivation zur Anzeige von Gefahrerhöhungen nach verkehrsüblicher Sorgfalt") und der Schadenskompensation.[741] Eine Vertragsstrafe kann unangemessen im Sinne von § 307 Abs. 1 S. 1 BGB sein, wenn sie die Interessen des Schuldners nur unzureichend berücksichtigt.[742] Die Frage, ob dies der Fall ist, hängt von verschiedenen, variablen Faktoren ab, die jeweils in ihrer Gesamtheit zu würdigen sind.[743] Derartige Faktoren können das Gewicht der Pflichtverletzung, der Schaden beim Gläubiger und beim Schuldner, das Entgelt, die Vertragslaufzeit, und der Zusammenhang mit anderen Vereinbarungen sein:

---

737 BGH, Urteil vom 30. Mai 2012 – IV ZR 87/11 (KG) = NJW 2012, 2577; BGH, Versäumnisurteil vom 23. Januar 2003 – VII ZR 210/01 – = NJW 2003, 1805-1809; Vgl. auch BGH, Urteil vom 07. Mai 1997 – VIII ZR 349/96 – = NJW 1997, 3233-3235; *Kähler*, in: BeckOGK-BGB, § 307 BGB, Vertragsstrafenklausel, Rn. 133 ff., Stand 15.07.2021; *Koch*, in: Bruck/Möller, 9. Aufl., AHB 2012, Ziff. 13, Rn. 15.

738 BGH, Urteil vom 30. Mai 2012 – IV ZR 87/11 (KG) = NJW 2012, 2577; vgl. auch BGH, Urteil vom 07. Mai 1997 – VIII ZR 349/96 – = NJW 1997, 3233-3235; zum „Gewicht" des Pflichtverstoßes BGH, Urteil vom 12. Januar 1994 – VIII ZR 165/92 – = NJW 1994, 1060-1069.

739 BGH, Urteil vom 30. Mai 2012 – IV ZR 87/11 (KG) = NJW 2012, 2577; vgl. BGH, Urteil vom 07. Mai 1997 – VIII ZR 349/96 – = NJW 1997, 3233-3235.

740 *Kähler, in:* BeckOGK-BGB, § 307 BGB, Vertragsstrafenklausel, Rn. 133, Stand 15.07.2021.

741 Siehe oben S. 168.

742 BGH, Urteil vom 07.05.1997 - VIII ZR 349/96 = NJW 1997, 3233; *Kähler*, in: BeckOGK-BGB, § 307 BGB, Vertragsstrafenklausel, Rn. 134, Stand 15.07.2021.

743 *Kähler*, in: BeckOGK-BGB, § 307 BGB, Vertragsstrafenklausel, Rn. 134, Stand 15.07.2021.

aa) Gewicht der Pflichtverletzung

Das Gewicht einer Pflichtverletzung kann angesichts der Druckfunktion der Vertragsstrafe für eine „Angemessenheit" der Klausel sprechen.[744] Das Gewicht einer Pflichtverletzung ist auf Grundlage der Art und Dauer der sanktionierten Verletzung, sowie dem Verschuldensgrad zu ermitteln.[745]

(1) Vorsätzliche und grob fahrlässige Pflichtverletzungen

Auch die Form des sanktionierten Verschuldens ist bei der Bewertung der Angemessenheit der Höhe der Vertragsstrafe zu berücksichtigen.[746] Ziff. 24.3. DTV-ADS sanktioniert lediglich **vorsätzliche und grob fahrlässige** Verstöße. Dies kann als ein Argument für eine Angemessenheit herangezogen werden, da es sich bei vorsätzlichen und grob fahrlässigen Anzeigepflichtverletzungen unter dem Gesichtspunkt der Verschuldensform um eine gewichtige Pflichtverletzung handelt.

(2) Auswirkungen der Anzeigepflichtverletzung

Die Nichtanzeige einer Gefahrerhöhung kann dazu führen, dass das Äquivalenzverhältnis von Prämie und Risiko dauerhaft, also auch bis zum Ende eines Seeversicherungsverhältnisses gestört wird. Somit kann eine einzelne Anzeigepflichtverletzung Auswirkungen auf einen erheblichen Vertragszeitraum haben. Je nach Umfang der Gefahrerhöhung kann auch das Äquivalenzverhältnis von Risiko und Prämie in variablem Umfang gestört sein. Denkbar sind sowohl geringfügige Gefahrerhöhungen als auch erhebliche Gefahrerhöhungen. Letztere kann zum Beispiel in Gestalt der Verdopplung des Risikos vorliegen. Bereits bei geringfügigen Störungen des Äquivalenzverhältnisses kann für den VR der störungsfreie Betrieb eines Geschäfts erheblich beeinträchtigt sein, weil er aufgrund der Kalkulation des Risikos nach dem Gesetz der großen Zahl in jedem Vertragsverhältnis auf eine angemessene Prämie angewiesen ist.[747] Auch diese

---

744 BGH, Urteil vom 12. Januar 1994 – VIII ZR 165/92 – = NJW 1994, 1060-1069; vgl. *Kähler*, in: BeckOGK-BGB, § 307 BGB, Vertragsstrafenklausel, Rn. 17 und 136 ff., Stand 15.07.2021.

745 BGH, Urteil vom 31. August 2017 – VII ZR 308/16 – = NJW 2017, 3145-3147; BGH, Urteil vom 20. Januar 2016 – VIII ZR 26/15 – = NJW 2016, 1230-1233; BGH, Urteil vom 12. Januar 1994 – VIII ZR 165/92 – = NJW 1994, 1060-1069.

746 BGH, Urteil vom 31. August 2017 – VII ZR 308/16 – = NJW 2017, 3145-3147.

747 Vgl. dazu S. 141 f.

Erwägungen können als Argument für eine Angemessenheit herangezogen werden.

(3) Interesse des Verwenders an weiter Formulierung

Grundsätzlich können Verwender die Pflichtverletzungen im Einzelnen nicht im Voraus kennen und haben damit auch ein berechtigtes Interesse an einer weit gefassten Definition des Begriffs der Pflichtverletzung, die auch geringfügige Verstöße erfasst.[748] Ausgehend von diesem Maßstab ist mit Hinblick auf den Umfang der **erfassten Anzeigepflichtverletzungen** unschädlich, dass Ziff. 24.3. DTV-ADS auch Anzeigepflichtverletzungen mit relativ geringen Auswirkungen auf das Äquivalenzverhältnis erfasst. Eine andere Frage ist indes, ob auch Anzeigepflichtverletzungen mit relativ geringen Auswirkungen auf das Äquivalenzverhältnis mit der harschen Sanktion der **vollständigen Leistungsfreiheit** belegt werden dürfen; denn gerade in diesem Fall kann das Verhältnis zwischen Verstoß und Strafhöhe unverhältnismäßig sein.[749]

bb) Schaden beim Gläubiger

Eine Vertragsstrafe kann den Schuldner „unangemessen" benachteiligen, wenn sie außer Verhältnis zum beim Gläubiger zu erwartendem Schaden steht.[750] „Ist dieselbe Vertragsstrafe für verschiedene Handlungen vorgesehen, muss sie für die geringste Verletzung noch angemessen sein."[751] Insoweit stellt sich die Frage wie der „zu erwartende Schaden" zu ermitteln ist.

(1) Anteil an der Versicherungsleistung

Der Schaden des VR könnte bei Eintritt des Versicherungsfalls in der Auszahlung desjenigen **Anteils der Versicherungsleistung** bestehen, für den der VR

---

748 Vgl. *Kähler*, in: BeckOGK-BGB, § 307 BGB, Vertragsstrafenklausel, Rn. 138, Stand 15.07.2021.

749 Dies ist zu trennen von der Frage, ob die Rechtsfolge der Leistungsfreiheit unter dem Gesichtspunkt des **Umfangs** der Vertragsstrafe selbst angemessen ist, siehe sogleich unter Teil 3.B.II.1.c)bb) („Schaden beim Gläubiger").

750 BGH, Urteil vom 20. Januar 2016 – VIII ZR 26/15 – = NJW 2016, 1230-1233; BGH, Urteil vom 07. Mai 1997 – VIII ZR 349/96 – = NJW 1997, 3233-3235; BGH, Urteil vom 30. Mai 2012 – IV ZR 87/11 (KG) = NJW 2012, 2577; *Kähler*, in: BeckOGK-BGB, § 307 BGB, Vertragsstrafenklausel, Rn. 143, Stand 15.07.2021; *Graf von Westphalen*, BB 2018, 323, 324.

751 BGH, Urteil vom 20. Januar 2016 – VIII ZR 26/15 – = NJW 2016, 1230-1233; vgl. auch BGH, Urteil vom 31. August 2017 – VII ZR 308/16 – = NJW 2017, 3145-3147.

proportional keine entsprechend höhere Prämie durchsetzen konnte.[752] So hat der VR dem dispositivem englischen Seeversicherungsrecht nach Gefahrerhöhungen nur entsprechend dem Risiko zu leisten, für das er eine äquivalente Prämie erhalten hat; der Leistungsanspruch des VN wird proportional zum erhöhten Risiko gekürzt, soweit der Vertrag nicht an das erhöhte Risiko angepasst wurde.[753] Der VR schuldet vertraglich die Risikotragung gegen Zahlung einer angemessenen („äquivalenten") Prämie.[754] Soweit in Folge der Anzeigepflichtverletzung eine Prämiendifferenz besteht, trägt der VR ein proportional zur Prämiendifferenz höheres Risiko, ohne hierfür eine ausreichende Gegenleistung zu erhalten. Gegen die Einordnung eines Anteils an der Versicherungsleistung als Schaden ist jedoch anzuführen, dass der VN nach Ziff. 24.1 DTV-ADS die Gefahr sogar selbstständig erhöhen darf. Die Vereinbarung der Rechtsfolge der Leistungsfreiheit soll nach der Auslegung vor dem Hintergrund der §§ 133, 157 BGB das **Prämienanpassungsrecht** des VR schützen und berührt nicht den Anspruch des VN auf die Versicherungsleistung.[755] Für den durchschnittlichen Reeder als VN der Seeversicherung ist erkennbar, dass der VR grundsätzlich auch im Falle von Gefahrerhöhung leisten will, allerdings nur gegen den Erhalt einer adäquaten Prämie. Primär sichert Ziff. 24.1. DTV-ADS 2009/2018 also den Prämienanpassungsanspruch des VR ab. Diese Auslegung deckt sich im Ergebnis mit der Ansicht der höchstrichterlichen Rechtsprechung zur Haftpflichtversicherung, wonach die entgangene Prämiendifferenz den zu erwartenden „Schaden" darstellt.[756]

---

752 Dieser Gedanke wird bei der Gesamtabwägung eine Rolle spielen, da eine derartige Kürzung der Versicherungsleistung die Interessen beider Seiten jedenfalls besser berücksichtigt, als eine vollständige Leistungsfreiheit.

753 Vgl. S. 189 f.

754 Siehe z.B. S. 54.

755 Hierfür spricht auch das Argument *Kochs*, in: Bruck/Möller, 9. Aufl., AHB 2012, Ziff. 13, Rn. 14, zur abzulehnenden Heranziehung von Sanktionsregelungen bei Obliegenheitsverletzungen: „Gegen die Heranziehung der Sanktionsregelungen bei Obliegenheitsverletzungen bestehen dogmatische Bedenken, da es **bei der Prämienanpassung wegen Risikoveränderungen nicht um den Anspruch des VN auf die Versicherungsleistung geht**." (Hervorhebung durch den Verfasser), zudem lasse die Verletzung einer Vertragspflicht den Anspruch des VN auf die Versicherungsleistung völlig unberührt.

756 Vgl. BGH, Urteil vom 30. Mai 2012 – IV ZR 87/11 = NJW 2012, 2577-2578.

(2) Prämiendifferenz

Der zu erwartende Schaden liegt hier daher in der Differenz zwischen ursprünglich vereinbarter Prämie und dem Prämienanspruch in Folge des ausgeübten Prämienanpassungsrechts zuzüglich möglicher Verzugsschäden.[757]

(3) Verhältnis zwischen Prämiendifferenz und Höhe der Vertragsstrafe

Es stellt sich weiter die Frage, ab welchem Verhältnis zwischen Prämiendifferenz und Höhe der Vertragsstrafe „Unangemessenheit" im Sinne des § 307 Abs. 1 S. 1 BGB vorliegt.

Für die Berufshaftpflichtversicherung hat der BGH entschieden, dass eine Strafe in Höhe des **fünffachen** Betrages der Prämiendifferenz außer Verhältnis zum Schaden steht.[758] Dieser Grundsatz ist auch auf die Seeversicherung übertragbar, da die Interessenlage (Kompensation von Schäden des VR durch Anzeigepflichtverletzung des VN und Schutz des VN vor übermäßiger Kompensationspflicht) gleich ist. Bei den in der Seekaskoversicherung üblicherweise absicherten Interessen dürfte die Leistungsfreiheit regelmäßig den fünffachen Betrag der Prämiendifferenz übersteigen.[759] Ausgehend von diesem Maßstab ist die vollständige Leistungsfreiheit des VR nach Ziff. 24.1. DTV-ADS 2009/2018 als unangemessen hohe Vertragsstrafe zu werten.

cc) Schaden beim Schuldner

Zu untersuchen ist weiter, welche (positiven) Folgen das Begehen der sanktionierten Pflichtverletzung für den Schuldner hätte,[760] denn der Schuldner soll

---

757 Vgl. BGH, Urteil vom 30. Mai 2012 – IV ZR 87/11 = NJW 2012, 2577-2578, wonach der in Folge einer Anzeigepflichtverletzung für den VR entstehende Schaden in Höhe desjenigen „Prämienvorteils" des VN besteht, den der VR wegen der falschen Angaben des VN nicht durchsetzen kann.

758 BGH, Urteil vom 30. Mai 2012 – IV ZR 87/11 = NJW 2012, 2577-2578.

759 Der Streit, ob und wenn ja unter welchen Voraussetzungen eine Vertragsstrafe bereits bei dreifacher Höhe der Prämiendifferenz unangemessen sein kann (ohne Einschränkung z.B. Knappmann, in; Prölss/Martin, 27. Aufl., 27. Aufl., § 8 AHB, Rn. 3 / mit Einschränkung z.B. *R. Johannsen*, in: Bruck, 8. Aufl., Anm. E 23; *Prölss*, in: Prölss/Martin, 27. Aufl., 27. Aufl., § 27 AHB, Rn. 3a, ist hier daher nicht zu entscheiden.

760 BGH, Urteil vom 30. Mai 2012 – IV ZR 87/11 (KG) = NJW 2012, 2577 f.; BGH, Urteil vom 12. Januar 1994 - VIII ZR 165/92 – = NJW 1994, 1060-1069; *Graf von Westphalen*, in: *Graf von Westphalen*, BB 2018, 323, 324.

nicht von einer Pflichtverletzung profitieren.[761] Die Sanktion soll allerdings auch nicht den typischerweise zu erwartenden Gewinn des Schuldners aus dem Geschäft grundsätzlich aufzehren.[762] Dies soll nur ausnahmsweise dann der Fall sein, „[...] wenn auch der Gläubiger von dem Geschäft in Folge der Pflichtverletzung nicht mehr profitiert."[763] Soweit die Wahrscheinlichkeit der Entdeckung eines Vertragsbruchs gering ist, kann die Überschreitung des zu erwartenden Gewinns gerechtfertigt sein.[764] Der durch den Vertragsverstoß „zu erwartende Gewinn" des VN liegt in der Prämiendifferenz.[765] Nach der höchstrichterlichen Rechtsprechung ist eine Vertragsstrafe in fünffacher Höhe der Prämiendifferenz unangemessen. Diese Erwägungen sprechen für eine unangemessene Benachteiligung des See-VN.

dd) Sonstige Aspekte

Aufgrund der vorzunehmenden Gesamtbetrachtung und durchzuführenden Abwägung aller Vor- und Nachteile der Klausel im Gesamtkontext des Vertrages sind jedoch weitere Aspekte in die Angemessenheitsprüfung einzubeziehen.[766] Wie bereits zu Ziff. 22.2. Abs. 1 S. 1 DTV-ADS ausgeführt, kann das „Preisargument", also die prämiensenkende Auswirkung risikoeinschränkender Klauseln, nicht in die Abwägung einbezogen werden.[767]

---

761 BGH, Urteil vom 21. März 1990 – VIII ZR 196/89 – = NJW-RR 1990, 1076-1078; *Kähler*, in: BeckOGK-BGB, § 307 BGB, Vertragsstrafenklausel, Rn. 148, Stand 15.07.2021.

762 BGH, Versäumnisurteil vom 23. Januar 2003 – VII ZR 210/01 – = NJW 2003, 1805-1809; BGH, Urteil vom 12. Mai 1998 – KZR 18/97 – = NJW-RR 1998, 1508-1509;

763 *Kähler*, in: BeckOGK-BGB, § 307 BGB, Vertragsstrafenklausel, Rn. 149, Stand 15.07.2021.

764 BGH, Urteil vom 25. Oktober 2012 – I ZR 169/10 – = NJW 2013, 2683-2686, wonach die geringe Entdeckungswahrscheinlichkeit eines Vertragsverstoßes Einfluss auf die Auslegung einer Klausel dahingehend haben kann, ob die Vertragsstrafe jeweils für einzelne Verstöße, oder zusammengefasst für eine Mehrzahl an Verstößen als vereinbart gelten sollte; *Kähler*, in: BeckOGK-BGB, § 307 BGB, Vertragsstrafenklausel, Rn. 152, Stand 15.07.2021.

765 Auch der BGH, Urteil vom 30. Mai 2012 – IV ZR 87/11 = NJW 2012, 2577-2578, stellt auf die Prämiendifferenz ab.

766 Vgl. z.B. BGH, Urteil vom 19. Dezember 2007 – XII ZR 61/05 – = NJW-RR 2008, 818-822; *Eckelt*, in: BeckOGK-BGB, § 307 BGB, Rn. 86 f., Stand 15.07.2021; *Grüneberg*, in: Palandt, 80. Aufl., § 307 BGB, Rn. 13 ff.

767 Siehe oben S. 141.

(1) Nachteile für den VN bei Anwendung von Gesetzesrecht

Bei Anwendung des dispositiven Gesetzesrechts hätte der VN nicht nur für vorsätzliche und grob fahrlässige Anzeigepflichtverletzungen einzustehen, sondern auch für **einfach** fahrlässige. Dieser Vorteil erscheint im Vergleich zu den drastischen wirtschaftlichen Folgen der Leistungsfreiheit Ziff. 24.1 DTV-ADS gering, da bei Anwendung des dispositiven Rechts die Haftung auf den tatsächlichen Schaden beschränkt ist.[768]

(2) Im Handelsverkehr geltende Gewohnheiten und Gebräuche

Es wurde bereits zu Ziff. 22.2. Abs. 1 S. 1 DTV-ADS festgestellt, dass das für die Annahme eines Handelsbrauchs im Sinne des § 346 HGB das Merkmal der „Freiwilligkeit" erforderlich ist.[769] Auch im Hinblick auf Ziff. 24.1 DTV-ADS kann nicht angenommen werden, dass die Parteien des Seeversicherungsvertrages von einer „allgemeinen Übung" ausgehen, wonach die Rechtsfolge der Leistungsfreiheit im deutschen Seeversicherungsrecht auch ohne gesonderte darauf gerichtete Vereinbarung begründet wird. Das dem so ist, lässt sich auch anhand der folgenden Ausführungen zur internationalen Rechtslage argumentieren, wonach jedenfalls eine Leistungsfreiheit bei grob fahrlässigen Anzeigepflichtverletzungen während der Vertragslaufzeit nicht als üblich angesehen werden kann.

(3) Rechtfertigung durch Besonderheiten des unternehmerischen Geschäftsverkehrs

Vor dem Hintergrund von § 310 Abs. 1 Satz 2 Halbsatz 2 BGB sind auch die „branchentypischen Interessen der Vertragschließenden" zu berücksichtigen.[770] Weil das Seeversicherungsgeschäft stark international –insbesondere durch das Recht des Vereinigten Königreichs – geprägt ist, können aus einem Vergleich mit der Rechtslage des Rechts des Vereinigten Königreichs Anhaltspunkte für die Bewertung der Angemessenheit der Klausel gewonnen werden. Sofern das Rechtsfolgensystem für vertragliche Anzeigepflichtverletzungen mit den Ziff.

768 Bei Anwendung dispositiven Rechts könnte der VR sich nicht im Wege des Rücktritts vom Vertrag lösen und Leistungsfreiheit erreichen, S. 174 ff.; die erfolgreiche Geltendmachung eines Schadensersatzanspruchs in Höhe der Leistungspflicht scheidet praktisch aus, weil die Prämiendifferenz infolge nicht erfolgter Prämienanpassung den aus der Nichtanzeige resultierenden Schaden darstellt, vgl. S. 185.

769 Siehe oben S. 143.

770 Siehe zu den Einzelheiten oben S. 143.

24.1. DTV-ADS ff. vergleichbar ist, könnte dies für eine Angemessenheit der Klausel im Sinne von § 307 Abs. 1 S. 1 BGB sprechen.

(a) Seeversicherungsrecht des Vereinigten Königreichs vor der Reform

Vor der Reform des (See-)Versicherungsrechts im Vereinigten Königreich wurde zwischen „increase of risk“ und „alteration of risk“ unterschieden. Ein „increase of risk“ stellte eine bloße Erhöhung der Eintrittswahrscheinlichkeit des Versicherungsfalls dar, während bei einer „alteration of risk“ die Art des Risikos geändert wurde. Die „increase of Risk“ führte nicht zur Leistungsfreiheit des VR. Begründet wurde dies damit, dass Risikoerhöhungen von der Vereinbarung der Parteien bei Vertragsschluss erfasst wurden.[771] Im Falle einer „alteration of risk“, also einer Änderung der Art des Risikos musste der VN mit dem VR eine **„variation“** des Vertrages aushandeln.[772] War keine „variation“ ausgehandelt, war der VR frei von der Leistung.[773] In Bezug auf das Verhandeln der „variation“ war der VN gegenüber den VR verpflichtet, die für die „variation“ wesentlichen Umstände („material to the additional risk beeing accecpted by the variation“) mitzuteilen.[774] Rechtsfolge einer Falschanzeige war das Recht des VR zur Lösung von der „variation“, nicht aber vom gesamten Vertrag.[775]

Gegen eine unkontrollierbare „increase of risk“ während der Vertragslaufzeit konnte sich der VR durch **Garantien („warranties“)** schützen.[776] Rechtsfolge eines Verstoßes gegen eine „warranty“ war nach Section 33(3) des MIA 1906 die

771 Law Guarantee Trust and Accident Society v Munich Reinsurance Company [1912] 1 Ch 138, at 153.

772 Vgl. *The Law Commission and The Scottish Law Commission,* Insurance Contract Law: Business Disclosure; Warranties; Insurer's Remedies for Fraudulent Claims; and Late Payment, 146.

773 Hartley v Buggin (1781) 3 Dougl. 39; Shaw v Robberds (1837) 6 A & E. 75; Company of African Merchants Ltd. v British & Foreign Marine Insurance Co. Ltd. (1873) L.R. 8 Ex 154.

774 Manifest Shipping Co Ltd v Uni-Polaris Insurance Co Ltd (The Star Sea) [2001] UKHL 1, [2003] 1 AC 469 by Lord Hobhouse at [54] *The Law Commission and The Scottish Law Commission,* Insurance Contract Law: Business Disclosure; Warranties; Insurer's Remedies for Fraudulent Claims; and Late Payment, 146.

775 *The Law Commission and The Scottish Law Commission,* Insurance Contract Law: Business Disclosure; Warranties; Insurer's Remedies for Fraudulent Claims; and Late Payment, 146, 147, 386.

776 *Trölsch,* Die Obliegenheiten in der Seeversicherung, 461: „Das Hauptinstrument der Versicherer, das Risiko abzuschätzen, einzugrenzen und auf gleichbleibendem Niveau zu halten, stellt [...] die ‚warranty‘ dar.“

Leistungsfreiheit des VR ab dem Zeitpunkt des „breach of warranty".[777] Dies galt unabhängig davon, ob und in welchem Umfang sich der „breach" auf den Eintritt des Versicherungsfalls ausgewirkt hatte, insbesondere war es unerheblich, ob der VN den „breach" vor Eintritt des Versicherungsfalls behoben hatte, Section 34(2) MIA 1906.[778] Konsequenz war eine Aufrechterhaltung des Vertrages, einschließlich der Prämienzahlungspflicht des VN, die jedoch vor dem Hintergrund der Leistungsfreiheit des VR **praktisch** auch als Auflösung des Vertrages betrachtet werden konnte.[779]

(b) Seeversicherungsrecht des Vereinigten Königreichs nach der Reform

(aa) „Variation"

Nach der Reform des Versicherungsrechts im Jahr 2015 sieht Section 3 des IA 2015 eine Anzeigepflicht vor, die nach Section 2(2) IA 2015 auch für „variations" bei Nichtverbraucherversicherungsverträgen besteht. Section 8 IA 2015 sieht in Verbindung mit Schedule 1 zum IA 2015 ein differenziertes Rechtsfolgensystem für Anzeigepflichtverletzungen vor: Nur bei besonders schweren Verstößen kann der VR sich vom Vertrag lösen, Schedule 1, Part 2, Sec. 2(a) zu Section 8(2) IA 2015; erfasst werden „deliberate" und „reckless"[780] Verstöße – also nur **vorsätzliche** und grob fahrlässige Verstöße. In Abweichung von Section 84 MIA 1906 kann der VR nach Schedule 1, Part 3 zu Section 8 IA 2015 die Prämie auch generell bei vorsätzlichen, und nicht nur bei betrügerischen oder sonst rechtswidrigen Anzeigepflichtverletzungen einbehalten.[781] Für den Fall, dass der VR

777 *The Law Commission and The Scottish Law Commission,* Insurance Contract Law: Business Disclosure; Warranties; Insurer's Remedies for Fraudulent Claims; and Late Payment, 159.

778 *The Law Commission and The Scottish Law Commission,* Insurance Contract Law: Business Disclosure; Warranties; Insurer's Remedies for Fraudulent Claims; and Late Payment, 146, 147, 386.

779 Bank of Nova Scotia v Hellenic Mutual War Risks Association (Bermuda) Ltd (The Good Luck) [1992] 1 AC 233, [1991] 3 All ER 1, Lord Goff, at 263: „[…] and it is, strictly speaking, more accurate to keep to the carefully chosen words in section 33(3) of the Act, rather than to speak of the contract being brought to an end, though that may be the practical effect."; Vgl. auch *The Law Commission and The Scottish Law Commission,* Insurance Contract Law: Business Disclosure; Warranties; Insurer's Remedies for Fraudulent Claims; and Late Payment, 159.

780 "Recklessness", *Merriam-Webster Legal Dictionary,* Merriam-Webster Legal Dictionary.

781 *UK Parliament,* Explanatory Notes - Insurance Act 2015 - Chapter 4, 23: „Section 84 of the 1906 Act sets out an insurer's duties to return premiums. Section 84(3)(a) states

eine Einigung über die „variation" bei Kenntnis des nicht angezeigten gefahrerheblichen Umstandes zu einer höheren Prämie abgeschlossen hätte, hat er im Versicherungsfall das Recht zur proportionalen Leistungskürzung.[782]

Auf der einen Seite können die Vertragsparteien die Vorschriften des IA gem. Section 16(2)(3) IA 2015 **abbedingen.**[783] Von dieser Möglichkeit machen z.B. die P&I-Clubs in erheblichem Umfang Gebrauch.[784] Für die **Seekaskoversicherung** sieht die LMA Modellklausel 5258 die Abbedingung von Section 10 des IA 2015 vor.[785] Auf der anderen Seite stellt die LMA mit der Modelklausel (2) (b) LMA 9121[786] ein an Section 8(2) und Schedule 1 zum Insurance Act 2015 orientiertes abgestuftes System für den Fall von Anzeigepflichtverletzungen bei „variations" zur Verfügung.

(bb) „Warranties"

Nach neuer Rechtslage ist das Rechtsfolgensystem für den Fall des „breach of warranty" deutlich versicherungsnehmerfreundlicher ausgestaltet. So führt der „breach of warranty" nicht mehr zwingend zur Leistungsfreiheit des VR, Sections 10(2) IA 2015 ff. Insbesondere ist der VR weiter zur Leistung verpflichtet, wenn z.B. der Versicherungsfall vor dem „breach of warranty" eintrat, oder der „breach of warranty" wieder geheilt wurde, Section 10(4)(a),(b) IA 2015. Auch diese Regeln können jedoch vertraglichen zwischen Unternehmern abbedungen werden, Section 16(2) IA 2015. Von dieser Möglichkeit haben z.B. P&I-Clubs Gebrauch gemacht.[787] Für die **Seekaskoversicherung** sieht die LMA Modellklausel 5258 die Abbedingung von Section 10 des IA 2015 vor.[788] Wiederum

---

that where the policy is avoided by the insurer from the commencement of the risk, the premium is returnable, provided that there has been no fraud or illegality on the part of the assured. Under paragraph 12, this is to be read subject to the provisions of Schedule 1, which allows the insurer to retain premiums for deliberate or reckless breaches of the duty of fair presentation."

782 *UK Parliament,* Explanatory Notes - Insurance Act 2015 - Chapter 4, 22: „For example, if an insurer only charged £10,000 but would have charged £15,000 had the insured made a fair presentation, the insurer is entitled to reduce the amount to be paid on a claim by a third."; Vgl. auch Schedule 1, Part 2, Paragraph 11(2) zum IA 2015.

783 S. oben S. 152 zu vorvertraglichen Anzeigepflichten.

784 Siehe z.B. S. oben S. 152 zu vorvertraglichen Anzeigepflichten.

785 S. 151.

786 Siehe https://www.lmalloyds.com/actclauses, zuletzt abgerufen am 22.01.2020.

787 Vgl. z.B. Rule 5 L ii. b. des UK P&I Club.

788 *Clarke/Soyer,* The Insurance Act 2015: A New Regime for Commercial and Marine Insurance Law, 103.

sieht Section 7 der LMA Modellklausel 5264 („Wraparound Clause")[789] vor, dass die Risikotragung des VR im Falle des „breach of warranty" lediglich „suspended" („pausiert") ist.

(c) Zwischenergebnis

Hervorzuheben ist, dass nach Schedule 1, Part 2, Paragraph 8 zum IA 2015 nur **vorsätzliche** und grob fahrlässige Anzeigepflichtverletzungen nur Leistungsfreiheit und Prämienverfall führen. Für den Seekaskobereich kann nicht ermittelt werden, ob VR die VN-freundlichen Regelungen des IA 2015 gewöhnlich abbedingen, oder sogar unter Rückgriff auf die VN-freundlichen Modellklauseln LMA 9121 oder 5264 ausdrücklich in den Seekaskovertrag einbeziehen. Aus der vorgehenden Untersuchung des englischen Seeversicherungsrechts kann damit nicht gefolgert werden, dass Leistungsfreiheitsklauseln mit gleichzeitigem Prämienverfall und der entsprechenden Beweisregelungen zu Lasten des VN im Falle grob fahrlässiger Anzeigepflichtverletzungen als „branchenüblich" im Sinne von gem. § 310 Abs. 1 S. 2 BGB anzusehen sind.

(4) Interessenwahrende, mildere Mittel – Verstoß gegen das Übermaßverbot

Die Rechtsfolge der Leistungsfreiheit dürfte gegen das sogenannte „Übermaßverbot" verstoßen. Danach kann eine Unverhältnismäßigkeit einer Klausel dann vorliegen, wenn ein relativ geringer Vertragsverstoß zu unproportional schwerwiegenden Sanktionen führen kann.[790] Der Bundesgerichtshof wendet das Übermaßverbot auch auf die Angemessenheitsprüfung von AGB-Klauseln an.[791]

Eine Unverhältnismäßigkeit einer Klausel kann angenommen werden, wenn ein relativ geringer Vertragsverstoß zu unproportional schwerwiegenden Sanktionen führen kann.[792] Ein Verstoß gegen das Übermaßverbot kann auch darin

---

789 Abrufbar unter https://www.lmalloyds.com/actclauses, zuletzt abgerufen am 22.01.2020.

790 BVerfG, Beschluss vom 07. Februar 1990 – 1 BvR 26/84 –, BVerfGE 81, 242-263; *Wendland*, in: Staudinger, 16. Bearbeitung, § 307 BGB, Rn. 162.

791 BGH, Urteil vom 29. April 2010 – Xa ZR 5/09 – = NJW 2010, 1958-1961 oder BGH, Urteil vom 23. Juni 2004 – VIII ZR 361/03 – = NJW 2004, 2586-2587 (Schönheitsreparaturen); Siehe auch *Wendland*, in: Staudinger, 16. Bearbeitung, § 307 BGB, Rn. 162 m.w.N..

792 BGH, Urteil vom 04. Juli 2017 – XI ZR 562/15 – = NJW 2017, 2986-2994; BGH, Urteil vom 13. Mai 2014 – XI ZR 405/12 – = NJW 2014, 2420-2431.

liegen, dass der Verwender seine Interessen auf einem für den Vertragspartner weniger einschneidenden Weg erreichen könnte.[793] Ausgehend von diesen Maßstäben erscheint Ziff. 24.3. DTV-ADS 2009/2018 unbillig, denn die Vertragsstrafe erscheint unverhältnismäßig hoch und es sind mildere, gleich effektive Alternativen vorhanden:

(a) Unverhältnismäßig hohe Vertragsstrafe

Der VR hat zwar grundsätzlich ein berechtigtes Interesse an der Risikominimierung durch verhaltenssteuernde Vertragsstrafen.[794] Nach der Rechtsprechung des BGH ist jedoch bereits eine Vertragsstrafe in Höhe der fünffachen Prämiendifferenz unangemessen.[795] Die Auswirkung der Leistungsfreiheit gem. Ziff. 24.3. DTV-ADS 2009/2018 kann angesichts der versicherten Werte schnell ein Vielfaches der Prämiendifferenz betragen.

(b) Mildere, gleich effektive Alternativen

Darüber hinaus könnte der VR sein Interesse an einer effektiven Reduzierung von vorsätzlichen oder grob fahrlässigen Anzeigepflichtverletzungen auch durch ein weniger einschneidendes Rechtsfolgensystem erreichen. So zeigt beispielsweise der – wegen § 209 VVG – nicht auf die Seeversicherung anwendbare § 26 Abs. 2 S. 1 i.V.m. § 26 Abs. 1 S. 2 VVG, dass auch innerhalb grob fahrlässiger Verstöße eine Differenzierung nach der Schwere des Verschuldens möglich ist. Nach diesen Vorschriften kann der VR seine Leistung in einem der Schwere des Verschuldens des VN entsprechenden Verhältnis kürzen. Eine solche Regelung wäre weniger einschneidend als Ziff. 24.3. DTV-ADS, würde aber dennoch in Anbetracht der teilweisen Leistungsfreiheit eine verhaltenssteuernde Wirkung auf den VN haben.

---

793 Vgl. BGH, Urteil vom 29. April 2010 – Xa ZR 5/09 – = NJW 2010, 1958-1961: „Für die Wahrung der Interessen der Beklagten an einer autonomen Gestaltung ihrer Tarifstruktur genügte zur Vermeidung einer Umgehung dieser Struktur eine Regelung, die den Kunden gegebenenfalls zur Zahlung eines höheren Entgelts verpflichtet, wenn die Beförderung auf einer vorangehenden Teilstrecke nicht angetreten wird. Dazu wäre es etwa ausreichend [...]“; vgl. *Wendland*, in: Staudinger, 16. Bearbeitung, § 307 BGB, Rn. 98: „Aus dem Grundsatz der Verhältnismäßigkeit folgt zunächst das Gebot eines möglichst geringfügigen oder schonenden Eingriffs in die Rechte des Vertragspartners [...]“.

794 S. 167 f., und S. 182 f.

795 S. 185.

Denkbar wäre eine proportionale Kürzung der Versicherungsleistung entsprechend der Reglungen in Schedule 1, Part 2, Paragraph 11(2) zu Section 8(2) IA 2015. In der Konsequenz leistet der VR bei dieser Regelung nur für das Risiko, dass in Folge richtiger und vollständiger Informationen durch den VN Vertragsgrundlage geworden ist:

> Schedule 1, Part 2, Paragraph 11 zu Section 8(2) IA 2015 lautet:
> „Proportionate reduction
> 11(1) If this paragraph applies, the insurer may reduce proportionately the amount to be paid on a claim arising out of events after the variation.
> (2) In sub-paragraph (1), "reduce proportionately" means that the insurer need pay on the claim only Y% of what it would otherwise have been under an obligation to pay under the terms of the contract (whether on the original terms, or as varied, or under the different terms provided for by virtue of paragraph 9(3)(a) or 10(3)(a), as the case may be), where—
>
> $$Y = \frac{\text{Total premium actually charged}}{P} \times 100$$
>
> (3) In the formula in sub-paragraph (2), "P"—
> (a)in a paragraph 9(3)(b) case, is the total premium the insurer would have charged,
> (b)in a paragraph 10(2) case, is the original premium,
> (c)in a paragraph 10(3)(b) case, is the original premium if the insurer would not have changed it, and otherwise the increased or (as the case may be) reduced total premium the insurer would have charged."

(5) Anforderungen an die Ausübung eines Rücktrittsrechts

Die Rechtsfolge der Leistungsfreiheit kann für den VN ähnlich drastische Auswirkungen haben, wie die Ausübung eines Rücktrittsrechts.[796] Nach den Wertungen der §§ 323 ff. BGB kann der VR ein Rücktrittsrecht bei Dauerschuldverhältnissen jedoch nur unter **besonders hohen Voraussetzungen** ausüben. In der Regel wird es bei vertraglichen Anzeigepflichtverletzungen in der Seeversicherung am Merkmal der „Sachgerechtheit" im Hinblick auf die vollständige Rückabwicklung fehlen – trotz der Einordung der Anzeigepflicht nach Ziff. 24.2. DTV-ADS als auf das Synallagma einwirkende leistungsbezogene Nebenpflicht im Sinne von § 241 Abs. 1 BGB.[797] Der VR kann ihm entstandene Nachteile in der Regel auf anderen Wegen, etwa durch Geltendmachung eines

---

796 Siehe oben S. 175 ff.
797 S. 177 f.

Schadensersatzanspruchs ausgleichen.[798] Gerade vor dem Hintergrund, dass die Leistungsfreiheit für den VN wirtschaftlich einer rückwirkenden Vertragslösung gleichkommt (oder ihn unter dem Gesichtspunkt des „Prämienverfalls" sogar härter treffen kann), erscheint die vollständige Leistungsfreiheit als Rechtsfolge einer Anzeigepflichtverletzung daher „unangemessen" im Sinne von § 307 Abs. 1 S. 1 BGB.

ee) Abwägung

Die Rechtsfolge der Leistungsfreiheit gem. Ziff. 24.3. DTV-ADS steht außer Verhältnis zum durch den Vertragsverstoß „zu erwartendem Schaden" des VR bzw. dem „zu erwartendem Gewinn" des VN.[799] Es liegt ein Verstoß gegen das „Übermaßverbot" vor.[800] Insbesondere stünden dem VR andere gleich geeignete und effektive, aber mildere Mittel zur Verhaltenssteuerung zur Verfügung. Alle diese Aspekte sprechen für eine Unangemessenheit der Klausel. Gegen eine Unangemessenheit kann auch nicht die „kaufmännische Gewohnheit" der Sanktion der Leistungsfreiheit angeführt werden, weil diese auf Grundlage dieser Untersuchung nicht festgestellt werden kann.[801] Selbst wenn entgegen der hier vertretenen Auffassung eine „kaufmännische Gewohnheit" bejaht würde, führte dies nicht automatisch zur Präjudizierung der Klausel als „angemessen" im Sinne von § 307 Abs. 1 S. 1 BGB.[802] Die Üblichkeit einer Klausel kann als ein Kriterium unter vielen bei der Angemessenheitsprüfung zu berücksichtigen sein.[803] Der „Branchenüblichkeit" harscher Rechtsfolgen bei Anzeigepflichtverletzungen nach dem Recht des Vereinigten Königreichs stünde das starke Missverhältnis zwischen Schaden des VR bzw. dem Gewinn des VN und der möglichen existenzbedrohenden Folge der Leistungsfreiheit[804] gegenüber. Aus diesem Grund

---

798 S. 177 f.

799 S. 183 ff.

800 S. 191 f.

801 S. 191 f.

802 So rechtfertigt beispielsweise nach BGH, Urteil vom 23. Februar 1984 – VII ZR 274/82 – = NJW 1985, 3016-3018 die jahrelange, branchenübliche Verwendung von AGB es nicht, eine Billigung aller ihrer Bestimmungen durch die beteiligten Verkehrskreise zu unterstellen; *Wendland*, in: Staudinger, 16. Bearbeitung, § 307 BGB, Rn. 153.

803 BGH, Urteil vom 27. Februar 1985 – VIII ZR 85/84 – = NJW 1985, 2693-2696; *Wendland*, in: Staudinger, 16. Bearbeitung, § 307 BGB, Rn. 153.

804 Vgl. zur existenzbedrohenden Folge der Leistungsfreiheit *Ebert*, Pönale Elemente im deutschen Privatrecht, 270 und BGH, Urteil vom 11. Februar 1987 – IVa ZR 194/85 – = NJW 1987, 2238-2240.

fällt auch der Vorteil des VN, bei Anwendung des Gesetzesrechts auch für einfach fahrlässige Verstöße haften zu müssen, kaum ins Gewicht. Die Wertungen der §§ 323 ff. BGB sprechen ebenfalls gegen eine Angemessenheit der Klausel.[805] Es ist auch nicht ersichtlich, dass die Interessen des VR nur durch die einschneidende Rechtsfolge der Leistungsfreiheit gewahrt werden könnten. Vor diesem Hintergrund bleibt festzuhalten, dass die Rechtsfolge der Leistungsfreiheit gem. Ziff. 24.3. DTV-ADS 2009/2018 nach einer Gesamtabwägung auch unter Einbeziehung der Wertungen des § 310 Abs. 1 Satz 2 Halbsatz 2 BGB als „unangemessen" im Sinne des § 307 Abs. 1 S. 1 BGB anzusehen ist. Damit die Klausel bereits unter dem Gesichtspunkt der Leistungsfreiheit als unverhältnismäßig hohe Vertragsstrafe „unwirksam" gem. § 307 Abs. 1 S. 1 BGB.

2. Abweichungen in der Beweislastverteilung

Unabhängig von der hier vertretenen Ansicht ergibt sich eine Unangemessenheit der Klausel auch aus der Abweichung des Klauselinhalts von der gesetzlichen Beweislastverteilung.[806] Der VN ist entgegen den § 280 Abs. 1 S. 1 BGB i.V.m. § 249 Abs. 1 BGB mit einem Kausalitätsgegenbeweis belastet. Die Vorschriften der §§ 280 und 249 BGB stellen gesetzliche Vorschriften im Sinne des § 307 Abs. 2 Nr. 1 BGB dar. Von diesen weicht Ziff. 24.3. DTV-ADS jeweils ab. Vor diesem Hintergrund ist eine „Unangemessenheit" im Sinne des § 307 Abs. 1 S. 1 BGB indiziert.[807] Diese Vermutungswirkung könnte widerlegt werden, wenn sich unter Berücksichtigung der Gesamtumstände im Einzelfall ergibt, dass die Klausel den Vertragspartner nicht unangemessen benachteiligt.[808] Anders als bei Betrachtung der Leistungsfreiheit als Rechtsfolge vorvertraglicher Anzeigepflichtverletzungen gem. Ziff. 22.2. Abs. 1 S. 1 DTV-ADS[809] ist nicht ersichtlich, dass Ziff. 24.3. DTV-ADS dem VN anderweitige Vorteile im Vergleich zu den Gesetzesvorschriften in diesem Regelungszusammenhang gewährt. Während der VN im Hinblick auf Ziff. 22.2. Abs. 1 S. 1 DTV-ADS in Ansehung der Vorschriften der c.i.c. ohnehin einer Vertragslösungsmöglichkeit des VR ausgesetzt war, ist er dies im Hinblick auf vertragliche Anzeigepflichtverletzungen vor dem

---

805 S. 177.

806 Zur Abweichung siehe S. 171.

807 Siehe zu den Einzelheiten der Indizierung der Unangemessenheit durch eine Abweichung vor dem Hintergrund des § 307 Abs. 2 Nr. 1 BGB näher S. 132.

808 Siehe dazu S. 138 f.

809 S. 139.

Hintergrund der hohen Anforderungen an die §§ 323, 324 BGB gerade nicht.[810] Die Vermutung der „Unangemessenheit“ kann soweit nicht widerlegt werden. Es könnten andere gewichtige Gründe, die der Vermutung der Unangemessenheit entgegenstehen, vorliegen.[811] Zu berücksichtigen ist, dass die gesetzlichen Vorschriften grundsätzlich auf die Interessen des Verwenders in angemessenem Umfang Rücksicht nehmen.[812] Der VR kann sein Interesse an der Begrenzung des Risikos unterlassener Anzeigen und damit der beeinträchtigten Durchsetzung risikoadäquater Prämien durch mildere Maßnahmen als durch die Rechtsfolge der **vollständigen** Leistungsfreiheit gleich effektiv wahren.[813] Die Rechtsfolge der vollständigen Leistungsfreiheit ist daher nicht unbedingt zur Interessenswahrung erforderlich.

3. Prämienverfall

Der „Prämienverfall“, also die auch für den Fall der Leistungsfreiheit fortbestehende Pflicht des VN zur Prämienzahlung, dürfte ebenfalls „unangemessen“ im Sinne von § 307 Abs. 1 S. 1 BGB sein. Weil der „Prämienverfall“ im Falle vertraglicher Anzeigepflichten als „verhaltenssteuernd“ einzuordnen ist,[814] liegt im Prämienverfall auch eine Vertragsstrafe. Die Wirksamkeit dieser Vereinbarung ist allein am Maßstab des § 307 Abs. 1 S. 1 BGB zu prüfen.[815] Maßgebliche Kriterien der Abwägung sind wiederum das Gewicht des durch die Anzeigepflichtverletzung zu erwartenden Schadens des VR und Gewinns des VN, sowie weitere Aspekte.[816]

a) Zu erwartender Schaden

Der durch die Anzeigepflichtverletzung zu erwartende Schaden und Gewinn liegt in der Prämiendifferenz.[817] Nach der Rechtsprechung ist eine Vertragsstrafe jedenfalls unangemessen, wenn sie den fünffachen Betrag der Prämiendifferenz

810 S. 178.
811 Siehe S. 141.
812 BGH, Urteil vom 17. Januar 1990 – VIII ZR 292/88 – = NJW 1990, 2065-2067; *Roloff*, in: Erman, § 307 BGB, Rn. 26.
813 Vgl. dazu S. 191 f.
814 Siehe zu den Voraussetzungen der Einordnung einer Regelung als Vertragsstrafe S. 167.
815 Vgl. bereits zur Rechtsfolge der Leistungsfreiheit S. 180 ff.
816 Vgl. S. 180 ff.
817 S. 185.

übersteigt.[818] Ausgehend von diesem Maßstab ist im Hinblick auf den „Prämienverfall" zu fragen, in welchem Umfang eine Risikoerhöhung damit ein Prämienanpassungsanspruch gegeben ist. Vor dem Hintergrund der Rechtsprechung könnte der „Prämienverfall" dann angemessen sein, wenn sich das Risiko um mehr als 20 % erhöht hat. Denn in diesem Fall übersteigt der Prämienverfall nicht das fünffache der Prämiendifferenz. Umgekehrt ist der Prämienverfall unangemessen im Hinblick auf alle Fälle von Anzeigepflichtverletzungen, in denen sich das Risiko um weniger als 20 % erhöht. Weil die Klausel aber nicht nach dem Grad der Risikoerhöhung differenziert, spricht viel für eine Unangemessenheit der Klausel unter dem Gesichtspunkt des „Prämienverfalls".[819]

b) § 310 Abs. 1 Satz 2 Halbsatz 2 BGB

Gegen eine Unangemessenheit könnte eine Betrachtung unter Einbeziehung der Wertungen des § 310 Abs. 1 Satz 2 Halbsatz 2 BGB sprechen. Bei der Berücksichtigung der im Handelsverkehr geltenden Gewohnheiten ist auch auf die Rechtslage zur Seeversicherung im Vereinigten Königreich einzugehen.[820] Für den Fall, dass es sich um einen „increase of risk" handelt, und der VN gegen eine risikobeschränkende „warranty" verstößt, bleibt der Vertrag – und mit ihm grundsätzlich auch die Prämienzahlungspflicht des VN – aufrechterhalten.[821] Für den Fall einer „alteration of risk", also Änderung der Art des Risikos,[822] ist eine „variation" auszuhandeln. Anzeigepflichtverletzungen können nach dispositivem Recht zur proportionalen Leistungskürzung führen. Im Hinblick auf die Prämie sieht Schedule 1, Part 3, zu Section 8 IA 2015 in Abweichung zu Section 84(3)(a) MIA 1906 vor, dass der VR die Prämie nicht nur bei betrügerischen oder sonst rechtswidrigen Anzeigepflichtverletzungen, sondern auch bei **vorsätzlichen** und grob fahrlässigen Anzeigepflichtverletzungen einbehalten kann.[823]

---

818 S. 185.

819 Die Vertragsstrafe muss auch für den geringsten Verstoß (hier unterhalb der 20%-Grenze liegenden Erhöhungen) der Höhe nach angemessen sein, vgl. S. 183 f.

820 Siehe zu den Einzelheiten S. 143 f. und S. 187 ff.

821 Vgl. Lord Goff, The Good Luck [1991] 2 Lloyd's Rep. 191, 202-203: „It is possible that there may be obligations of the assured under the contract which survive the discharge of the insurers from liability, for example, a continuing liability to pay premium".

822 Siehe oben S. 188.

823 Siehe oben S. 197.

c) *Abwägung*

Im Rahmen der Prüfung des § 307 Abs. 1 S. 1 BGB hat eine umfassende Abwägung aller Vor- und Nachteile der Klausel zu erfolgen.[824] Der Prämienverfall erfasst auch Gefahrerhöhungen unterhalb der 20%-Grenze.[825] Selbst wenn die Klausel - entgegen der hier vertretenen Ansicht - unter dem Gesichtspunkt der Rechtsfolge der Leistungsfreiheit für sich betrachtet **nicht** für „unangemessen" gewertet wird, ergibt sich eine Unangemessenheit von Ziff. 24.3. DTV-ADS jedenfalls aus der Kumulation der Abweichungen vom Gesetzesrecht: Die Leistungsfreiheit steht in der Regel in keinen Verhältnis zum durch die Anzeigepflichtverletzung entstandenen Schaden, die Beweislastverteilung weicht erheblich vom dispositivem Gesetzesrecht ab, und obwohl die Leistungsfreiheit für den VN wirtschaftlich die Auswirkung eines Rücktrittsrechts hat, erhält er nicht seine Prämie zurück. Aus der Kumulation dieser Aspekte ergibt sich insgesamt eine „Unangemessenheit" im Sinne des § 307 Abs. 1 S. 1 BGB.

III. Rechtsfolge

Nach § 306 Abs. 1 BGB bleibt der Vertrag bei unwirksamen Vertragsbedingungen „im Übrigen wirksam".[826] Die durch die unwirksame Klausel entstandene Vertragslücke ist durch die „gesetzlichen Vorschriften" zu schließen, § 306 Abs. 2 BGB.[827] „Gesetzliche Vorschriften" im Sinne des § 306 Abs. 2 BGB umfassen auch die Vorschriften der §§ 133, 157 BGB über die ergänzende Vertragsauslegung.[828]

1. §§ 280 Abs. 1, § 241 Abs. 1 BGB i.V.m. § 249 Abs. 1 BGB

Dispositive gesetzliche Vorschriften für den Fall von Vertragsverletzungen stellen die §§ 280 Abs. 1, § 241 Abs. 1 BGB i.V.m. § 249 Abs. 1 BGB dar.[829] Bei Streichung von Ziff. 24.3. DTV-ADS würde die Anzeigepflicht aus Ziff. 24.2. DTV-ADS fortbestehen. Der VR könnte dann den ihm der Anzeigepflichtverletzung entstandenen Schaden gem. §§ 280 Abs. 1, § 241 Abs. 1 bzw. Abs. 2 BGB i.V.m. § 249 Abs. 1 BGB geltend machen. Er muss insoweit beweisen, dass ihm

---

824 Vgl. S. 112 ff. und S. 180 ff.
825 Vgl. S. 185.
826 Vgl. auch die Ausführungen zu Ziff. 22.2. Abs. 1 S. 1, S. 153.
827 Siehe oben S. 155 f.
828 BGH, Urteil vom 03. Dezember 2014 – VIII ZR 370/13 – = NJW 2015, 1167-1169.
829 S. 166.

in Folge der Anzeigepflichtverletzung ein Schaden entstanden ist (haftungsbegründende Kausalität zwischen Pflichtverletzung und unterlassener Geltendmachung des Prämienanpassungsanspruchs). Darüber hinaus hätte er darzulegen und zu beweisen, in welcher konkreten Höhe ihm ein Schaden entstanden ist (haftungsausfüllende Kausalität im Hinblick auf die Prämiendifferenz).

2. *Rückgriff auf Normen des VVG im Wege ergänzender Vertragsauslegung*

Wie auch bei Ziff. 22.2. Abs. 1 S. 1 DTV-ADS ist im Wege der ergänzenden Vertragsauslegung zur Füllung etwaiger Lücken auf Normen des VVG zurückzugreifen.[830] Der Anwendungsbereich der ergänzenden Vertragsauslegung ist eröffnet, weil der Rückgriff auf die §§ 280 Abs. 1, § 241 Abs. 1 bzw. Abs. 2 BGB i.V.m. § 249 Abs. 1 BGB aus Sicht der typischerweise Beteiligten keine „angemessene, interessensgerechte Lösung" darstellt.[831]

a) Interessen der Beteiligten

aa) Interessen des VN

Die Anwendung des dispositiven Gesetzesrechts hat für den VN den Nachteil, dass er auch für **einfach** fahrlässige Verstöße haften würde. Auf der anderen Seite hat der VN den erheblichen Vorteil, dass er nur für denjenigen Schaden haftet, den er auch tastsächlich verursacht.

bb) Interessen des VR

Auf Seiten des VR ergäben sich aus der Anwendung dispositiven Gesetzesrechts nur Nachteile gegenüber Ziff. 24.3. DTV-ADS. Insbesondere entfiele die abschreckende, verhaltenssteuernde Wirkung der Rechtsfolge der Leistungsfreiheit vollständig.

cc) Recht zur Gefahrerhöhung

Auch ist das Recht zur Gefahrerhöhung in Ziff. 24.1. DTV-ADS 2009/2018 positiv für den VN zu berücksichtigen. Würden die Parteien einen Seeversicherungsvertrag nur unter Einigung über die essentialia abschließen, würde der VR zwar ebenfalls für ein erhöhtes Risiko haften.,[832] es ist aber davon auszugehen,

830 Siehe zu den Einzelheiten S. 160 ff.
831 Siehe zu den Einzelheiten S. 160 ff.
832 Vgl. S. 81 ff.

dass der VR dieses „weite“ Risiko durch eine entsprechend hoch kalkulierte Prämie kompensieren würde. Bei der Situation unter Einbeziehung der DTV-ADS 2009/2018 ist für den VN erkennbar, dass der VR seine Prämie auf Grundlage der bei Vertragsschluss bestehenden Risikolage kalkuliert hat, und bei Erhöhung des Risikos durch die Prämienanpassung einen entsprechenden Ausgleich erhalten möchte. Dies ist für den VN gegenüber einer von Anfang an hohen Prämie gegen Versicherungsschutz für sämtliche zu erwartenden Schwankungen des Risikos von Vorteil. Es ist für den VN grundsätzlich wirtschaftlicher, eine Prämie nur für solche Risikolagen zu zahlen, die auch tatsächlich bestehen. Der VN profitiert also mittelbar auch von dem den DTV-ADS 2009/2018 ausgehenden Regelungsgefüge. Es für den VN auch erkennbar, dass der VR im Gegenzug auch auf Einhaltung der vertraglichen Informationspflichten angewiesen ist. Bestünden keine ausreichenden Anreize zur Erfüllung der Informationspflichten, gäbe es für den VR insgesamt das Risiko eines Missverhältnisses zwischen Prämienaufkommen und tatsächlicher Risikolage. Dies würde die Wirtschaftlichkeit des Geschäftsbetriebes des VR negativ beeinträchtigen. Für die Zukunft könnte der VR auf diese Problematik nur durch eine höhere Prämie reagieren, die er an den VN weiterreichen würde. Es bleibt festzuhalten, dass eine Anwendung der §§ 280 Abs. 1, § 241 Abs. 1 bzw. Abs. 2 BGB i.V.m. § 249 Abs. 1 BGB damit für beide Seiten keine „angemessene, interessensgerechte“ Lösung darstellt. Mithin ist der Anwendungsbereich der ergänzenden Vertragsauslegung nach den §§ 133, 157 BGB eröffnet.

b) Rechtsfolgensystem des VVG für vertragliche Anzeigepflichtverletzung

Durch einen Rückgriff auf Normen des VVG kann die Vertragslücke nicht sachgerecht geschlossen werden.[833]

aa) § 132 Abs. 2 VVG

§ 132 Abs. 2 VVG kann nicht für eine Lückenfüllung herangezogen werden; die Norm ist hinsichtlich der Rechtsfolge der Leistungsfreiheit und ihrer Voraussetzungen, sowie bezüglich des „Prämienverfalls“ und der Beweislastverteilung inhaltsgleich mit Ziff. 24.3. DTV-ADS 2009/2018.[834] Daher kann die

---

833 *Koch*, in: Bruck/Möller, 9. Aufl., § 209 VVG, Rn. 208; vgl. auch die Ausführungen zu Ziff. 22.2. Abs. 1 S. 1 DTV-ADS auf S. 156 f, insb. S. 160.

834 Der VR ist grundsätzlich leistungsfrei, wenn der VN die Anzeigepflicht weder vorsätzlich noch grob fahrlässig verletzt hat, siehe *Schneider*, in: Bruck/Möller, 9. Aufl., § 132 VVG, Rn. 16, zudem trägt der VN die Beweislast für fehlenden Vorsatz bzw.

Vorschrift auch nicht im Wege der ergänzenden Vertragsauslegung herangezogen werden.[835]

bb) § 26 Abs. 2 S. 1 i.V.m. § 26 Abs. 1 S. 2 VVG

Eine Lückenfüllung durch § 26 Abs. 2 S. 1 i.V.m. § 26 Abs. 1 S. 2 VVG kommt in Betracht. Sie scheidet im Ergebnis jedoch aufgrund von „Inhaltsgleichheit" mit Ziff. 24.3. DTV-ADS aus.

Das Regelungsgefüge der § 26 Abs. 2 S. 1 i.V.m. § 26 Abs. 1 S. 2 VVG entspricht am ehestem dem der Ziff. 24.1. ff. DTV-ADS. Die Regelungskomplexe haben gemeinsam, dass dem VN eine Anzeigepflicht für Gefahränderungen auferlegt wird, vgl. § 23 Abs. 2 VVG und Ziff. 24.2. DTV-ADS 2009/2018. Gemeinsam haben die Regelungskomplexe außerdem, dass einfach fahrlässige Anzeigepflichtverletzungen nicht zur Leistungsfreiheit führen, vgl. § 26 Abs. 2 S. 2 VVG und Ziff. 24.3. DTV-ADS. Die Regelungen unterscheiden sich allerdings auch voneinander: Während § 26 Abs. 2 S. 2 VVG die Leistungsfreiheit nur im Falle einer **vorsätzlichen** Anzeigepflichtverletzung **vollständig** eintreten lässt, erfasst Ziff. 24.3. DTV-ADS auch **grob fahrlässige** Anzeigepflichtverletzungen. § 26 Abs. 2 S. 2 Hs. 2 VVG sieht in Verbindung mit § 26 Abs. 1 S. 2 VVG für grob fahrlässige Anzeigepflichtverletzungen eine Leistungskürzung „[...] in einem der **Schwere des Verschuldens des Versicherungsnehmers entsprechenden Verhältnis** [...]"[836] vor.

Einer Heranziehung dieser Rechtsfolgenregelung im Wege der ergänzenden Vertragsauslegung steht jedoch entgegen, dass die Vorschrift auf das **Verschulden**, nicht aber auf die **Auswirkungen** der Anzeigepflichtverletzung abstellt. Zur „Unangemessenheit" von Ziff. 24.3. DTV-ADS hat jedoch gerade die Unverhältnismäßigkeit zwischen der Leistungsfreiheit als Vertragsstrafe und den zu erwartenden Schäden („Prämiendifferenz") des VR geführt – Ziff. 24.3. differenziert nicht zwischen geringfügigen und schweren Auswirkungen der Anzeigepflichtverletzung.[837] Wegen dieser fehlenden Differenzierung sind die Regelungen der § 26 Abs. 2 S. 2 Hs. 2 VVG in Verbindung mit § 26 Abs. 1 S. 2 VVG als

grobe Fahrlässigkeit und den Mangel an Kausalität zwischen Gefahrerhöhung und Versicherungsfall (Rn. 19).

835 Vgl. BGH, Urteil vom 12. Oktober 2005 – IV ZR 162/03 – = NJW 2005, 3559-3567, und S. 160 zur vergleichbaren Problematik bei § 131 VVG.

836 Hervorhebung durch den Verfasser.

837 Siehe oben S. 183 f.

„inhaltsgleich“ mit Ziff. 24.3. DTV-ADS zu werten; aus diesem Grund scheidet eine Heranziehung im Wege der ergänzenden Vertragsauslegung aus.[838]

c) Proportionale Leistungskürzung entsprechend dem IA 2015

Den an einem Seeversicherungsvertrag Beteiligten dürfte vor dem Hintergrund der Internationalität des Seeversicherungsgeschäfts das Rechtsfolgenregime der der Reglungen in Schedule 1, Part 2, Paragraph 11 (1),(2) zu Section 8(2) des IA 2015 zu Anzeigepflichtverletzungen bei „variations“ bekannt sein.[839] Diese Regelungen sehen eine **proportionale** Leistungskürzung vor, die sich konkret an dem nicht oder fehlerhaft angezeigten Risiko orientiert. Es erscheint nicht fernliegend, dass die am Seeversicherungsvertrag Beteiligten im Falle der Kenntnis der Unwirksamkeit der Ziff. 24.3. DTV-ADS vor dem Hintergrund der Unverhältnismäßigkeit eine Regelung entsprechend Schedule 1, Part 2, Paragraph 11 (1),(2) zu Section 8(2) des IA 2015 vereinbaren würden. Im Rahmen der ergänzenden Vertragsauslegung ist zu ermitteln, welche Ersatzregelung den Interessen der Beteiligten am ehesten gerecht wird.[840]

aa) Argumente gegen die Heranziehung des IA

Schedule 1, Part 2, Paragraph 11 (1),(2) zu Section 8(2) des IA 2015 knüpft anders als die Rechtsprechung des BGH zur Angemessenheit einer Vertragsstrafe bei Anzeigepflichtverletzungen in Versicherungsverträgen nicht an die „Prämiendifferenz“,[841] sondern an denjenigen Anteil am Leistungsanspruch des VN an, für den der VR infolge der Anzeigepflichtverletzung keine adäquate Prämie erhalten hat.[842] Durch den Rückgriff auf die Vorschriften des IA 2015 wird dem Sachverhalt also ein von der Rechtsprechung des BGH abweichendes Verständnis des „Schadens“ zugrunde gelegt. Dieses Verständnis und die Anwendung der Regelungen des IA 2015 über die ergänzende Vertragsauslegung könnte

838 Vgl. vorgehend S. 160 f.

839 Vgl. hierzu vorgehend S. 189 f. und S. 192 f. (Regelungen des IA als mildere, gleich effektive Mittel zur Reduzierung des Risikos von Anzeigepflichtverletzungen).

840 Vgl. S. 156 ff.

841 Vgl. S. 185.

842 Bereits bei der Ermittlung des typischerweise durch die Anzeigepflichtverletzung entstehenden Schadens wurde der Gedanke aufgeworfen, ob der Schaden des VR nicht in der Prämiendifferenz, sondern in der proportional zur Prämiendifferenz ausgezahlten oder auszuzahlenden höheren Versicherungsleistung liegt, vgl. S. 183 f.

wiederum zu einer „unangemessenen" Abweichung von den Grundsätzen des deutschen Schadensrechts führen, wie an folgendem Beispiel deutlich wird:

Der Versicherungswert beträgt 100 Mio. €, die Prämie beträgt 1 Mio. €, der VN erhöht das Risiko um 5 % und zeigt die Gefahrerhöhung nicht an, es kommt zum Totalverlust. Die „Prämiendifferenz" beträgt nach den Grundsätzen des BGH in diesem Fall 50.000 €. Bei Anwendung der Regelungen des IA 2015 müsste der VR dem VN 95,24 Mio. € zahlen. Geht man mit dem BGH davon aus, dass der Schaden des VR lediglich 50.000 € beträgt, wird der Leistungsanspruch des VN bei Rückgriff auf die Regelungen des IA um knapp 5 Mio. € reduziert - ein Verhältnis von 1 zu 100.

Nach der Rechtsprechung des BGH ist eine Vertragsstrafe jedenfalls dann „unverhältnismäßig", wenn sie das fünffache der Prämiendifferenz übersteigt.[843]

Allerdings kann das Ergebnis einer ergänzenden Vertragsauslegung selbst nicht einer AGB-Kontrolle unterzogen werden und kann daher auch nicht unangemessen im Sinne des § 307 Abs. 1 S. 1 BGB sein.[844]

bb) „Sachgerechte Lösung"

Eine Regelung entsprechend Schedule 1, Part 2, Paragraph 11 (1),(2) zu Section 8(2) des IA 2015 ist auch sach- und interessensgerecht:

Die Regelung knüpft an den konkreten Auswirkungen der Nichtanzeige an. Sofern sich das Risiko beispielsweise um lediglich ein Prozent erhöht hat, wird die Versicherungsleistung auch nur proportional um 1 % gekürzt.

Bereits diese drohende Kürzung kann bei entsprechend hohen Versicherungssummen eine verhaltenssteuernde Wirkung erzielen, wie sie der VR mit Ziff. 24.3 DTV-ADS erreichen wollte. Durch die Regelung der proportionalen Kürzung stehen die Auswirkungen der Nichtanzeige und die Leistungskürzung immer in einem entsprechenden Verhältnis zueinander.

Im Wege der ergänzenden Vertragsauslegung kann also auf Schedule 1, Part 2, Paragraph 11 (1),(2) zu Section 8(2) des IA 2015 zurückgegriffen werden, um die infolge der Unwirksamkeit von Ziff. 24.3 DTV-ADS entstandene Lücke zu füllen.

---

843 S. 192.

844 BGH, Urteil vom 31. Oktober 1984 – VIII ZR 220/83 – = NJW 1985, 621-623; *Stoffels*, 248.

C. Klausel zum Übergang von Ersatzansprüchen (50.2. DTV-ADS 2009/2018)

Ziff. 50.2. DTV-ADS könnte ähnlich wie Ziff. 22.2. Abs. 1 S. 1 und Ziff. 24.3. DTV-ADS gem. § 307 Abs. 1 S. 1 BGB unwirksam sein. Voraussetzung ist zunächst die Eröffnung des Anwendungsbereichs der AGB-Kontrolle, also eine Abweichung von einer gesetzlichen Vorschrift gem. § 307 Abs. 3 S. 1 BGB.[845]

I. Abweichung im Sinne des § 307 Abs. 3 S. 1 BGB

Als „gesetzliche Vorschrift“ für den ursprünglich durch § 804 Abs. 1 HGB a.F. geregelten Lebenssachverhalt des Anspruchsübergangs nach Versicherungsleistung sind grundsätzlich die §§ 426, 421 BGB anzuwenden.[846] Auf den ehemals durch § 804 Abs. 1 HGB a.F. geregelten Fall der Leistung des VR an den VN im Falle der Schädigung durch einen Dritten ist insbesondere § 426 Abs. 2 S. 1 BGB anzuwenden. § 426 Abs. 2 S. 1 BGB stellt einen Fall des gesetzlichen Forderungsübergangs („Legalzession“) dar. Fraglich ist, ob Ziff. 50.2. DTV-ADS im Sinne des § 307 Abs. 3 S. 1 BGB zu Lasten des VN von § 426 Abs. 2 S. 1 BGB abweicht.

1. *Wortlaut der Ziff. 50.2 DTV-ADS*

Ziff. 50.2 DTV-ADS könnte als antizipierte, bedingte Abtretungsvereinbarung auszulegen sein.[847] Gegen diese Auslegung spricht jedoch auf den ersten Blick der Wortlaut, der durch die Formulierung „gehen“ auf einen Automatismus hindeutet.

2. *Entstehungsgeschichte*

Neben dem Wortlaut ist bei der Auslegung einer seeversicherungsrechtlichen Klausel auch auf den Horizont eines durchschnittlichen VN der Seeversicherung unter Beachtung der historischen Entwicklung einer Klausel abzustellen.[848] Ziff. 50.2. DTV-ADS entspricht im Wesentlichen der **Legalzessionsnorm** des § 804 Abs. 1 HGB a.F. („[…] so tritt er, soweit er […] in die Rechte […]

---

845 Vgl. zu Voraussetzungen im Einzelnen S. 112 f.

846 S. 98.

847 So *Schwampe*, Seeschiffsversicherung, Ziff. 50, Rn. 15, 16; vgl. auch *Harms*, in: Rüffer/Halbach/Schimikowski, 4. Aufl., Vorbem. §§ 130–141: "[...] sind im Bereich der Seeversicherung wie zwischen VN und VR vereinbarte Vorausabtretungen der Regressansprüche unter der Bedingung und im Umfange der Zahlung des VR zu verstehen."

848 Vgl. S. 120.

ein […]"). Vor diesem Hintergrund erscheint ein Verständnis als antizipierte, bedingte Abtretungsvereinbarung zunächst nicht selbstverständlich. Ziff. 50.2. DTV-ADS stimmt inhaltlich mit der Regelung des § 426 Abs. 2 S. 1 BGB überein und könnte daher als kontrollfreie „deklaratorische Klausel" auszulegen sein. „Deklaratorische Klauseln"[849] sind nicht der Inhaltskontrolle unterworfen.[850] Einer Einordnung als deklaratorische Klausel stünde es jedoch entgegen, wenn Ziff. 50.2 DTV-ADS **auch** Konstellationen erfasst, in denen der VR an den VN nach verbotener Eigenmacht einen Dritten leistet. In Fällen der Leistung nach verbotener Eigenmacht eines Dritten ist § 255 BGB anstelle des § 426 Abs. 2 S. 1 BGB anzuwenden.[851] Bei § 255 BGB handelt es sich, anders als bei § 426 Abs. 2 S. 1 BGB, nicht um eine Legalzessionsnorm. Ziff. 50.2. DTV-ADS wäre also nur dann „deklaratorischer" Natur, wenn nach dem Versicherungsvertrag keine Fälle verbotener Eigenmacht im Sinne von § 856 Abs. 1 BGB erfasst sind. Ob dies der Fall ist, ist im Wege der Auslegung zu ermitteln.

a) Einbeziehung des Verlustrisikos durch Piraterie

Als verbotene Eigenmacht im Sinne von § 856 Abs. 1 BGB kommt insbesondere „Piraterie" bzw. „Seeräuberei" im Hinblick auf das versicherte Schiff in Betracht. Art. 101 des Seerechtsübereinkommens der Vereinten Nationen „[…] definiert Piraterie zur See als jede rechtswidrige Gewalttat oder Freiheitsberaubung oder jede Plünderung, welche die Besatzung oder die Fahrgäste eines privaten Schiffes zu privaten Zwecken begehen und die gerichtet ist auf Hoher See gegen ein anderes Schiff oder gegen Personen oder Vermögenswerte an Bord dieses Schiffes, oder an einem Ort, der keiner staatlichen Hoheitsgewalt untersteht, gegen ein Schiff, Personen oder Vermögenswerte."[852] Ausgehend von dieser Definition kann Piraterie zum Besitzverlust gem. § 856 Abs. 1 BGB führen, wenn der unmittelbare Besitz am Schiff ohne oder gegen den Willen des rechtmäßigen Besitzers entzogen wird.

Die Gefahr der Piraterie ist gem. Ziff. 35.1.4 S. 1 DTV-ADS **grundsätzlich ausgeschlossen**. In diesem Fall kann Ziff. 50.2. DTV-ADS nur solche Fälle umfassen, in denen nach dispositivem Recht § 426 Abs. 2 S. 1 BGB anzuwenden ist. Dann ist Ziff. 50.2. DTV-ADS rein deklaratorisch zu verstehen und eröffnet nicht den Anwendungsbereich der Inhaltskontrolle.

---

849 *Grüneberg*, in: Palandt, 80. Aufl., § 307 BGB, Rn. 50.
850 BGH, Urteil vom 15. Mai 1991 – VIII ZR 38/90 – = NJW 1991, 1750-1754.
851 S. 98.
852 *Hans-Christoph Enge/Schwampe*, Transportversicherung, 354.

b) Einbeziehung des Verlustrisikos durch Piraterie

Für den Fall der Einbeziehung des Verlustrisikos durch Piraterie in den Vertrag kann Ziff. 50.2 DTV-ADS nicht als deklaratorische Klausel eingeordnet werden. Weil die Klausel nicht differenziert, werden auch die Fälle der Zahlung des VR an den VN bei Verlust durch Piraterie erfasst. Auf diese Konstellation wäre nach dispositivem Recht § 255 BGB anwendbar. Bei Anwendung des § 255 BGB hätte der VR lediglich einen **Anspruch** auf Abtretung der Ersatzansprüche des VN gegen den Schädiger. § 255 BGB fordert nach seinem Wortlaut eine **aktive** Handlung des Geschädigten, namentlich die Abtretungshandlung. Wenn Ziff. 50.2. DTV-ADS aber in dieser Konstellation nicht mehr als „deklaratorisch" ausgelegt werden kann, kommt nur noch ein Verständnis als **antizipierte**, bedingte Abtretungsvereinbarung in Betracht.[853] Ziff. 50.2. DTV-ADS nimmt dem VN in diesem Fall die Möglichkeit, über den Zeitpunkt der Abtretung selbst entscheiden zu können und weicht somit im Sinne von § 307 Abs. 3 S. 1 BGB von § 255 BGB ab.

II. Inhaltskontrolle

Lediglich für den Fall, dass die Parteien auch Piraterie, und damit den Besitzverlust durch verbotene Eigenmacht in den Seeversicherungsvertrag einbezogen haben, ist der Anwendungsbereich für eine Inhaltskontrolle der Klausel eröffnet. Die Klausel könnte „unangemessen" im Sinne des § 307 Abs. 1 S. 1 BGB sein.[854] § 307 Abs. 2 Nr. 1 BGB indiziert eine „Unangemessenheit", soweit eine Klausel vom Grundgedanken einer gesetzlichen Regelung abweicht. Hier liegt eine Abweichung von § 255 BGB vor. Es müsste jedoch auch eine Abweichung von **wesentlichen Grundgedanken** des § 255 BGB gegeben sein.[855] § 255 BGB ist Ausdruck des schadensrechtlichen Bereicherungsverbots.[856] Der Geschädigte soll nicht in unangemessener Art und Weise (§ 242 BGB) zu Lasten des Schädigers bessergestellt werden, als er ohne das Schadensereignis stehen würde.[857] Ausgehend von diesem Maßstab erscheint eine Abweichung von wesentlichen

853 So im Ergebnis auch *Schwampe,* Seeschiffsversicherung, Ziff. 50, Rn. 17, 18.

854 Zu den Maßstäben der Inhaltskontrolle vgl. S. 113 ff.

855 *Schwampe,* Seeschiffsversicherung, Ziff. 50, Rn. 17 kritisiert in diesem Zusammenhang *Bodis,* Transportrecht 2008, 1, 11, der nicht prüfe, ob eine Abweichung von wesentlichen Grundgedanken gegeben sei.

856 BGH, Urteil vom 17. Januar 2013 – III ZR 11/12 – = NJOZ 2013, 1383; BGH, Urteil vom 15. April 2010 – IX ZR 223/07 – = NJW 2010, 1961-1965.

857 Urteil vom 15. April 2010 – IX ZR 223/07 – = NJW 2010, 1961-1965.

Grundgedanken der gesetzlichen Regelung fernliegend. § 255 BGB schützt den VR, und nicht den VN. Für den VN sind zudem bei Anwendung von Ziff. 50.2. DTV-ADS als antizipierte, bedingte Abtretungsvereinbarung keinerlei Nachteile im Vergleich zur Anwendung des § 255 BGB ersichtlich.[858] Im Gegenteil erscheint die Anwendung der Regelung des § 255 BGB für den VN sogar nachteilig gegenüber der Anwendung von Ziff. 50.2. DTV-ADS. Während der VR bei letzterer zu einer zügigen Leistung bereit sein wird, ist bei Anwendung des § 255 BGB wegen der Einforderung der Abtretungserklärung eher eine Verzögerung der Versicherungsleistung zu erwarten. Der VR wird entsprechend dem Wortlaut des § 255 BGB erst dann leisten, wenn der VN **aktiv** seine Ersatzansprüche wegen des Besitzverlustes an den VR abgetreten hat. Vor diesem Hintergrund bleibt festzuhalten, dass Ziff. 50.2. DTV-ADS nicht von „wesentlichen Grundgedanken" des § 255 BGB zu Lasten des VN abweicht. Sonstige Anhaltspunkte für eine „Unangemessenheit" im Sinne des § 307 Abs. 1 S. 1 BGB sind nicht gegeben. Die Klausel hält damit der Inhaltskontrolle stand.[859]

D. Klausel zum Prämienverzug (Klausel 20.5. DTV-ADS 2009/2018)

Ziff. 20.5 DTV-ADS 2009/2018 führt im Fall des Zahlungsverzuges des VN nach Fristsetzung durch den VR zur Leistungsfreiheit des VR.[860] Der Vertrag bleibt aufrechterhalten. Die Inhaltskontrolle der Klausel könnte ergeben, dass diese „unangemessen" im Sinne des § 307 Abs. 1 S. 1 BGB ist. Dazu müsste jedoch zunächst der Anwendungsbereich der Inhaltskontrolle eröffnet sein.

---

858 Eine andere, für die Inhaltskontrolle von Ziff. 50.2. DTV-ADS 2009/2018 nicht relevante Frage ist, ob § 255 BGB oder § 426 Abs. 2 S. 1 BGB im Verhältnis zwischen Schädiger und VR „interessensgerechter" ist, siehe S. 93 ff.

859 So im Ergebnis auch *Schwampe*, Seeschiffsversicherung, Ziff. 50, Rn. 17, allerdings mit abweichender Begründung: § 255 BGB werde im Versicherungsrecht durch die Legalzession ersetzt, woran sich durch die VVG-Reform auch für die Seeversicherung nichts geändert habe. Diese Begründung überzeugt allerdings nach hier vertretener Auffassung nicht, weil im Zuge der VVG-Reform Normen des VVG weder direkt noch analog auf die Seeversicherung anzuwenden sind, S. 40 ff.

860 Siehe oben S. 100.

I. § 307 Abs. 3 S. 1 BGB: Abweichung oder Ergänzung

Ziff. 20.5 DTV-ADS müsste im Sinne von § 307 Abs. 3 S. 1 BGB von einer gesetzlichen Vorschrift abweichen.[861] Hier dürfte eine solche Abweichung sowohl im Hinblick auf die „Leistungsfreiheit" des VR, als auch im Hinblick auf den „Prämienverfall" zu Lasten des VN vorliegen.

1. *Leistungsfreiheit als Abweichung von § 326 Abs. 1 BGB*

Es kommt insbesondere eine Abweichung von des § 326 Abs. 1 BGB in Betracht. Nach dieser gesetzlichen Vorschrift entfällt die Leistungspflicht des VR nur dann, wenn der VN gem. § 275 BGB die Prämie nicht leisten braucht.[862] Weil es sich bei der Prämienzahlungspflicht um eine Geldleistungspflicht handelt, kann die Prämienleistungspflicht des VN jedoch nicht gem. § 275 BGB entfallen. Daher weicht Ziff. 20.5 DTV-ADS 2009/2018 im Sinne von § 307 Abs. 3 S. 1 BGB von § 326 Abs. 1 BGB ab.

2. *„Prämienverfall"*

Obwohl die Leistungsfreiheit des VR im Versicherungsfall für den VN die Wirkung eines Rücktritts haben kann, erhält der VN in Abweichung von den gesetzlichen Rücktrittsregelungen des BGB bereits gezahlte Prämien nicht zurück („Prämienverfall").[863] Anders als beispielsweise im Falle der Leistungsfreiheit in Folge vorvertraglicher Anzeigepflichtverletzungen nach Ziff. 22.2. Abs. 1 S. 1 DTV ADS führt Ziff. 20.5 DTV-ADS nicht zusätzlich zum „Prämienverfall" zu Lasten des VN, da er die Prämie für die betroffene Versicherungsperiode bisher nicht geleistet hat. Anders als bei Ziff. 22.2. Abs. 1 S. 1 DTV ADS besteht mangels geleisteter Prämie unter diesem Gesichtspunkt keine Abweichung von gesetzlichen Regelungen wie den §§ 812 ff. BGB oder § 249 Abs. 1 BGB.

II. Inhaltskontrolle

Eine Inhaltskontrolle der Klausel könnte ergeben, dass diese „unangemessen" und damit „unwirksam" im Sinne des § 307 Abs. 1 S. 1 BGB ist. Hier kommt insbesondere eine „Unangemessenheit" im Sinne des § 307 Abs. 2 Nr. 1 BGB, namentlich die Abweichung der Klausel von einem wesentlichen Grundgedanken einer

---

861 Vgl. zu Voraussetzungen im Einzelnen S. 112 f.

862 Siehe oben S. 102 f.

863 Vgl. hierzu die Ausführungen zu Ziff. 22.2. Abs. 1 S. 1 DTV-ADS, S. 109 ff.

gesetzlichen Norm in Betracht. In diesem Fall folgt aus der Abweichung die Vermutung der „Unangemessenheit" im Sinne des § 307 Abs. 1 S. 1 BGB.[864]

Nach der höchstrichterlichen Rechtsprechung ist ein Grundgedanke des § 326 BGB (§ 323 BGB a.F.), dass „[...] bei der Abwicklung gestörter gegenseitiger Verträge auf das Verhältnis von Leistung und Gegenleistung angemessen Rücksicht zu nehmen ist."[865] Klauseln, die dem Verwender einen Anspruch auf die Gegenleistung gewähren, wenn dieser selbst nicht leistet, widersprechen einem wesentlichen Grundgedanken des § 326 Abs. 1 BGB.[866] Dafür spricht auch, dass selbst das Leistungsverweigerungsrecht aus § 320 BGB nach § 309 Nr. 2 BGB nicht zu Gunsten des Verwenders beschnitten werden darf.[867]

Die Vermutung der „Unangemessenheit" kann widerlegt werden, wenn sich unter Berücksichtigung der Gesamtumstände im Einzelfall ergibt, dass die Klausel den Vertragspartner im Einzelfall nicht unangemessen benachteiligt.[868] Dabei ist zu prüfen, ob sich durch im Beziehung zur problematischen Klausel konnexe andere Klauseln für den Vertragspartner im Vergleich zur dispositiven Rechtslage ein Vorteil ergibt („**Kompensation**").[869] Ziff. 20.5 DTV-ADS könnte bei gemeinsamer Betrachtung von Ziff. 20.6 DTV-ADS (Kündigungsrecht des VR) als Ausschluss eines grundsätzlich auch beim Seeversicherungsvertrags als Dauerschuldverhältnis bestehenden gesetzlichen Rücktrittsrechts[870] auszulegen sein. Dieser Ausschluss führt aber nicht zu einer „Kompensation" der aus der Abweichung von § 326 Abs. 1 BGB resultierenden Nachteile: Der VR hätte nach ausgeübtem Rücktrittsrecht nach § 323 Abs. 1 BGB gem. den §§ 346 ff. BGB

---

864 Vgl. S. 132 ff.

865 BGH, Urteil vom 02. Oktober 1981 – I ZR 201/79 – NJW 1982, 181-182; vgl. auch BGH, Urteil vom 04. Juni 1970 – VII ZR 187/68 – = NJW 1970, 1596: "Die [...] die bestimmt, daß bei vorzeitiger Beendigung eines Auftrags 'ohne berechtigten Grund' der Berufsangehörige ohne Rücksicht auf die von ihm bis zur Lösung des Vertragsverhältnisses tatsächlich erbrachten Dienstleistungen **stets Anspruch auf die volle ursprünglich vereinbarte Vergütung hat, widerspricht Treu und Glauben** und ist deshalb als Bestandteil allgemeiner Geschäftsbedingungen [...] rechtsunwirksam." (Hervorhebungen durch den Verfasser); zustimmend auch *Schwarze*, in: Staudinger, 16. Bearbeitung, § 326 BGB, Rn. B 83.

866 Vgl. Fn 865.

867 *Schwarze*, in: Staudinger, 16. Bearbeitung, § 326 BGB, Rn. B 83.

868 Vgl. S. 138 f.

869 Vgl. S. 138 f.

870 Für den Fall des Zahlungsverzuges kann dem VR ausnahmsweise ein gesetzliches Rücktrittsrecht aus § 323 Abs. 1 BGB zustehen, siehe S. 100.

zumindest die Prämie zurückzugewähren. Daher wäre ein ausgeübter Rücktritt grundsätzlich vorteilhafter für den VN als die Aufrechterhaltung des Vertrages bei Leistungsfreiheit des VR.[871] Der konkludente Ausschluss eines gesetzlichen Rücktrittsrechts kann die Unwirksamkeitsvermutung des § 307 Abs. 1 Nr. 1 BGB daher nicht erschüttern.

III. Rechtsfolgen

Der Vertrag bleibt grundsätzlich wirksam, vgl. § 306 Abs. 1 BGB.[872] Soweit die Klausel unwirksam ist, richtet sich der Inhalt des Vertrages nach den gesetzlichen Bestimmungen, § 306 Abs. 2 BGB.[873]

1. Dispositives Recht

Der VR kann im Fall des Erstprämienverzuges trotz der Einordnung des Seeversicherungsvertrages als Dauerschuldverhältnis ausnahmsweise gem. § 323 Abs. 1 BGB vom Vertrag zurücktreten. Alternativ steht ihm bis zur Zahlung durch den VN ein Leistungsverweigerungsrecht gem. § 320 Abs. 1 S. 1 BGB zu. Etwaige Verzugsschäden kann der VR gem. den §§ 280 Abs. 1, 286, 288 in Verbindung mit § 249 Abs. 1 BGB geltend machen.

2. Ergänzende Vertragsauslegung

Zu den gesetzlichen Vorschriften im Sinne des § 306 Abs. 2 BGB zählen auch die Vorschriften der §§ 133, 157 BGB über die ergänzende Vertragsauslegung.[874] Der Anwendungsbereich der ergänzenden Vertragsauslegung ist dann eröffnet, wenn die Anwendung des dispositiven Rechts dem „mutmaßlichen Parteiwillen" widerspricht.[875] Zu fragen ist zunächst, ob die Anwendung des § 320 Abs. 1 S. 1 BGB den Interessen der Parteien zuwiderläuft. Für den VR besteht das Risiko, dass er so lange mit der Geltendmachung des Versicherungsleistungsanspruchs durch den VN rechnen muss, bis der VN seine Prämie tatsächlich gezahlt hat („[...] bis zur Bewirkung der Gegenleistung [...]"). Der „pünktliche Eingang

---

871 So jedenfalls im Fall des Verzuges mit der Erstprämie. Im Fall des Verzuges mit Folgeprämien stünde dem VR ohnehin kein Rücktrittsrecht nach dispositivem Recht zu, siehe S. 101.

872 S. 154.

873 S. 154.

874 S. 156 ff.

875 S. 156 ff.

fälliger Prämien" ist „wesentliche Bedingung für einen ordnungsgemäßen Geschäftsbetrieb" durch den VR.[876] Der VR kann sich von dieser Ungewissheit jedoch durch ein gem. § 323 Abs. 1 BGB bestehendes Rücktrittsrecht ausnahmsweise vom Vertrag lösen.[877] Der VN erscheint vor dem Hintergrund der aus Ziff. 20.4. S. 2 DTV-ADS 2009/2018 folgenden 14-tägigen Aufforderungsfrist auch hinreichend in seinen Interessen geschützt. Eine Zahlungsfrist von zwei Wochen ist als „angemessen" im Sinne des § 323 Abs. 1 BGB zu werten. Die Pflicht zur Prämienzahlung ist dem VN bekannt. Sollte es aufgrund innerbetrieblich fehlerhafter Abläufe beim VN zu einem Zahlungsverzug kommen, hat der VN im Hinblick auf die zweiwöchige Frist ausreichend Gelegenheit, die Prämienzahlung nachzuholen und einem Rücktritt durch den VR zu entgehen. Ausgehend von diesen Erwägungen erscheint die Heranziehung der §§ 37 ff. VVG im Wege der ergänzenden Vertragsauslegung nicht erforderlich.

876 *Beckmann*, in: Bruck/Möller, 9. Aufl., § 37 VVG, Rn. 3.
877 Siehe S. 100 f.

Teil 4. Handlungsbedarf

Ausgangspunkt dieser Arbeit ist die Frage, inwieweit die Vorschriften des BGB und des HGB „sachgerecht“ für das Seeversicherungsrecht sind (Ausgangsfrage 1).[878] Es wurde die Vermutung aufgestellt, dass sich im Hinblick auf die **Wesensverschiedenheit** der Normen des BGB im Vergleich zu Normen des Versicherungsrechts Auswirkungen auf die Rechtslage für den Fall fehlerhafter oder fehlender Einbeziehung seeversicherungsrechtlicher Versicherungsbedingungen und deren AGB-rechtlicher Wirksamkeit ergeben können (Ausgangsfragen 2 bis 4).[879]

Der Gesetzgeber ging davon aus, der Einfluss verbraucherrechtlicher Leitbilder des Binnenversicherungsrechts könne negativen Einfluss auf **die internationale Wettbewerbsfähigkeit** deutscher VR haben.[880] Weiter bestünde an der Beibehaltung der §§ 778 ff. HGB a.F. **kein hinreichendes praktisches Bedürfnis**, weil sich die Regelungen durch AVB als **sachgerecht** und für die Parteien als **ausreichend** erwiesen hätten.[881]

Zu klären ist, ob diese Annahmen des Gesetzgebers zutreffend sind; verneinendenfalls ist zu klären, welche Konsequenzen sich hieraus für die Seeversicherung ergeben.

A. Aktuelle Rechtslage nicht sachgerecht

Wie soeben dargelegt, geht der Gesetzgeber von einer „sachgerechten“ Regelung der Seeversicherung durch AVB aus. Dies führt zu der Frage, unter welchen Voraussetzungen von der „Sachgerechtheit“ einer Regelung ausgegangen werden kann. Es erscheint zweckmäßig, in Anlehnung an das Merkmal der „Sachgerechtheit“ im Rahmen der ergänzenden Vertragsauslegung[882] zu fragen, ob die jetzige Rechtslage zu einem bestmöglichen Ausgleich der Interessen der Beteiligten führt. Wegen der Wirkung der allgemeinen dispositiven Normen des BGB und des HGB auf die Seeversicherung muss diese Frage mit „nein“ beantwortet werden: Wie eingangs dieser Arbeit vermutet[883] führt insbesondere

878 S. 24.
879 S. 24.
880 *Deutscher Bundestag,* Bundestags-Drucksache 16/3945, 115, abgedruckt auf S. 23.
881 *Deutscher Bundestag,* Bundestags-Drucksache 16/3945, 115, abgedruckt auf S. 23.
882 Vgl. zu den Voraussetzungen der ergänzenden Vertragsauslegung S. 41 f. und S. 156 ff.
883 S. 27.

die Ausstrahlungswirkung des dispositiven Rechts auf die Inhaltskontrolle zur Unwirksamkeit der im Rahmen dieser Arbeit überprüften Klauseln. Die ausschließliche Anwendbarkeit der Normen des BGB und HGB führt also **mittelbar** auch dazu, dass die **seeversicherungsrechtlichen Bedingungswerke** („Regelungen durch AVB“[884]) sich als nicht sachgerecht für die Parteien erweisen: In Teilen unwirksame AVB können nicht als sachgerechter („interessensgerechter“) Regelungsrahmen eingeordnet werden. Wie sogleich unter Teil 4.B. aufgezeigt wird, ruft der Mangel an speziellen dispositiven (see-)versicherungsrechtlichen Gesetzesvorschriften Rechtsunsicherheit hervor.

B. Dispositives Recht als Maßstab adäquater, gerechter Ordnung

Dispositives „[…] Recht […] soll nicht nur als Aushilfe für lückenhaft gestaltete Vertragswerke begriffen werden, **sondern als Maßstab einer adäquaten, gerechten Ordnung des betreffenden Lebensverhältnisses**, an dem sich alle partikularen Ordnungen in Form vertraglicher Vereinbarungen messen lassen müssen.“[885] Dispositives Recht soll einen Beitrag zu vertrauensbegründender Rechtssicherheit in Form „gesteigerter Vorhersehbarkeit“ erbringen.[886] Rechtssicherheit zu schaffen, ist eine der „grundlegenden Aufgaben des Rechts“.[887] Die Rechtsordnung muss „verlässlich“ sein.[888] Ausgehend von diesem Maßstab, hat der VVG-Reformgesetzgeber für die Seeversicherung das Gegenteil der mit der Reform angestrebten Ziele erreicht. Rechtsunsicherheit ist für keinen der typischerweise Beteiligten „sachgerecht“ und führt zu einer Verschlechterung der Wettbewerbsfähigkeit deutscher Seeversicherer.

Im Folgenden wird anhand einer Betrachtung **konkreter Problemkonstellationen** aufgezeigt, wie der Reformgesetzgeber durch seine Entscheidung der Ausklammerung der Seeversicherung aus dem VVG und gleichzeitiger ersatzloser Streichung der §§ 778 ff. HGB a.F. Rechtsunsicherheit hervorgerufen hat. Rechtsunsicherheit kann sich für die Beteiligten aus anfänglichen Vertragslücken

884 *Deutscher Bundestag,* Bundestags-Drucksache 16/3945, 115, abgedruckt auf S. 23.

885 *Cziupka,* Dispositives Vertragsrecht, 510 (Hervorhebung durch den Verfasser).

886 Vgl. *Cziupka,* Dispositives Vertragsrecht, 50, 51.

887 *Huster/Rux,* in: *Epping/Hillgruber* (Hrsg.), Beck'scher Online-Kommentar GG, Art. 20 GG, Rn. 181, Stand 15.02.2019.

888 BVerfG, Urteil vom 24. Juli 1968 – 1 BvR 537/65 –, BVerfGE 24, 75-103; *Grzeszick,* in: *Maunz/Dürig/Di Fabio et al.,* Maunz/Dürig, Art. 20 GG, Rn. 50

(Teil 4.B.I), insbesondere bei unwirksamer Einbeziehung von AVB (Teil 4.B.II) und durch nach AGB-Recht unwirksame Klauseln (Teil 4.B.III) ergeben.

I. Anfängliche Vertragslücken

Weil die Parteien des Seeversicherungsvertrages in der Regel seeversicherungsrechtliche Bedingungswerke in den Seeversicherungsvertrag einbeziehen,[889] ergänzen die Normen des BGB und des HGB lediglich den Vertragsinhalt. Typischerweise kommt es also nicht zu dem Fall, dass sich der gesamte Inhalt des Vertrages alleine nach dem BGB und dem HGB geregelt wird. Ausgangsfrage 1 dieser Bearbeitung[890] ist daher vordergründing in Ansehung des Zusammenspiels der gesetzlichen Normen des BGB und des HGB mit den in der Regel vereinbarten Versicherungsbedingungen zu beantworten. Es ist zu klären, ob und wenn ja in welchem Umfang die Änderung der Rechtslage Auswirkungen auf die Vertragsverhältnisse der Beteiligten hat. Die Untersuchung hat gezeigt, dass insbesondere Normen des BGB dort eine Auswirkung auf das Vertragsverhältnis haben, wo es zu Lücken im Vertrag kommt. Eine Reglungslücke kann vorliegen, wenn die Parteien einen regelungsbedürftigen Aspekt nicht in den Vertrag aufnehmen („Konstellation 2“).[891] In diesem Fall der anfänglichen Vertragslücke ist auf Normen des BGB zurückzugreifen.[892] Zu den Normen des BGB zählen auch die Vorschriften über die ergänzende Vertragsauslegung nach den §§ 133, 157 BGB.

Bei der Prüfung der Eröffnung des Anwendungsbereichs der ergänzenden Vertragsauslegung ist zu ermitteln, ob die Anwendung von Vorschriften des BGB oder des HGB dem mutmaßlichen, am Interesse der typischerweise beteiligten Verkehrskreise zu ermittelnden Willen der Parteien zuwiderläuft.[893] Konkret ist also zu fragen, ob über die Normen des BGB die anfängliche Vertragslücke „sachgerecht“ geschlossen werden kann. Diese Frage kann jedoch nur durch Beachtung des **konkreten Einzelfalls** beantwortet werden.[894]

---

889 *Hans-Christoph Enge/Schwampe*, Transportversicherung, 47 ff..

890 „Sind die Regelungen des HGB und des BGB sachgerecht für die spezielle Materie des (See-)Versicherungsrechts?“, S. 24.

891 S. 42.

892 Vgl. S. 43 f.

893 S. 46 ff..

894 S. 46.

II. Fehlende Einbeziehung von seeversicherungsrechtlichen AVB

Sofern es zu einem seltenen Fall fehlender oder unwirksamer Einbeziehung seeversicherungsrechtlicher AVB kommt, ist allein auf die Normen des BGB und des HGB zurückzugreifen.[895] Die Untersuchung anhand ausgewählter, vormals teilweise durch die §§ 778 ff. HGB a.F. geregelter Lebenssachverhalte hat ergeben, dass das BGB nicht immer zu einem gerechten Interessensausgleich der Beteiligten führt.

Dies kann am Beispiel der vorvertraglichen Anzeigepflicht verdeutlicht werden: Im Rahmen dieser Bearbeitung wurde im Hinblick auf die ergänzende Vertragsauslegung im Falle von Vertragslücken festgestellt, dass auch Normen des VVG zur Lückenfüllung herangezogen werden können, soweit die Anwendung der jeweiligen Norm den Parteiinteressen eher gerecht wird, als eine Anwendung der dispositiven Vorschrift des BGB.[896] Dieser Teil der Untersuchung kann daher auch zur Beantwortung der Frage beitragen, ob die Anwendung bloß des dispositiven Gesetzesrechts für die Parteien „sachgerecht", bzw. „interessensgerecht" ist. Unter Beweislastgesichtspunkten ist zum Beispiel die Anwendung der Vorschriften der c.i.c. besonders für den VR problematisch: Er wird in der Regel kaum beweisen können, den Vertrag bei Kenntnis der nicht korrekt abgegeben Informationen nicht, und zwar auch nicht zu anderen Konditionen abgeschlossen zu haben.[897] Dass eine – nur im Wege ergänzender Vertragsauslegung mögliche – Heranziehung der Normen des VVG zu vorvertraglichen Anzeigepflichtverletzungen und ihren Rechtsfolgen die Interessen der Beteiligten besser ausgleicht als die gesetzlichen Vorschriften der c.i.c., zeigt, dass die Normen des allgemeinen Schuldrechts für die Seeversicherung **keinen „adäquaten, gerechten"**[898] **Ausgleich** der Interessen gewährleisten.

III. Inhaltskontrolle und Folgen unwirksamer Klauseln

Die Antwort zur 3. Ausgangsfrage[899] kann zur Beantwortung der 1. Ausgangsfrage beitragen: Sofern seeversicherungsrechtliche Klauseln infolge der

895 S. 53 ff.

896 S. 156 ff., insb. S. 158 f.

897 S. 137.

898 Vgl. zur „Aufgabe" des dispositiven Rechts „als Maßstab einer adäquaten, gerechten Ordnung des betreffenden Lebensverhältnisses" S. 214.

899 „Halten seeversicherungsrechtliche Klauseln vor dem Hintergrund der Anwendbarkeit der Normen des HGB und des BGB einer AGB-Kontrolle stand?", S. 24.

Auswirkungen der VVG-Reform einer inhaltlichen AGB-Kontrolle nicht standhalten, spricht dies für eine fehlende „Sachgerechtheit“ der Normen des BGB und des HGB im Hinblick auf die Seeversicherung. Dispositives Recht soll einen „adäquaten, gerechten“[900] Ausgleich der Interessen gewährleisten und stellt ein „vertrauenssurrogierendes Mittel der Kooperationsförderung“ dar.[901] Es hat die Aufgabe, die Verbesserung der Funktionsfähigkeit des Marktes durch den Einsatz transaktionskostensenkender Maßnahmen zu erreichen.[902] Sofern das Risiko der Unwirksamkeit besteht, führt dies zu Rechtsunsicherheit. Rechtsunsicherheit kann wiederum dazu führen, dass potenzielle VN vom Abschluss eines Seeversicherungsvertrages nach deutschem Recht absehen und andere Rechtsrahmen bevorzugen.

1. *AGB-rechtliche Unwirksamkeit zentraler Klauseln*

Im Rahmen dieser Arbeit wurde festgestellt, dass drei von vier untersuchten zentralen Klauseln der DTV-ADS 2008/2019 unwirksam im Sinne des § 307 Abs. 1 S. 1 BGB sind. Die Unwirksamkeit resultiert aus dem Prüfungsmaßstab des für das (See-)Versicherungsrecht grundsätzlich wesensfremden BGB.

2. *Rolle des § 310 Abs. 1 Satz 2 Halbsatz 2 BGB*

Die Vorschrift des § 310 Abs. 1 Satz 2 Halbsatz 2 BGB ermöglicht die Berücksichtigung von kaufmännischen Besonderheiten der betroffenen Verkehrskreise.[903] Nach dem Referentenentwurf zum VVG kann über die Vorschrift die „[...] in der Transportversicherung, insbesondere in der Seeversicherung geübte internationale Praxis bei der gerichtlichen Inhaltskontrolle maßgeblich [...]“[904] berücksichtigt werden. Auch ein Rückgriff auf § 310 Abs. 1 Satz 2 Halbsatz

900 Vgl. zur „Aufgabe“ des dispositiven Rechts „als Maßstab einer adäquaten, gerechten Ordnung des betreffenden Lebensverhältnisses“ S. 214.

901 *Cziupka,* Dispositives Vertragsrecht, 507.

902 *Cziupka,* Dispositives Vertragsrecht, 513.

903 *Bundesministerium der Justiz,* Referentenentwurf - Entwurf eines Gesetzes zur Reform des Versicherungsvertragsrechts, 184; vgl. auch *Koch,* in: Bruck/Möller, 9. Aufl., § 209 VVG, Rn. 207.

904 *Bundesministerium der Justiz,* Referentenentwurf - Entwurf eines Gesetzes zur Reform des Versicherungsvertragsrechts, 184; zu beachten ist, dass die Ausführungen im Referentenentwurf noch vor der Entscheidung zur Ausklammerung der Seeversicherung von den Normen des VVG gemacht wurden.

2 BGB verhindert eine Wertung einer seeversicherungsrechtlichen Klausel als „unangemessen" jedoch nicht zwingend:

So hat beispielsweise die Inhaltskontrolle der Ziff. 22.2. Abs. 1 S. 1 DTV-ADS unter den Gesichtspunkten der Beweislastverteilung und des „Prämienverfalls" gerade gezeigt, dass auch unter Berücksichtigung der englischen Rechtslage eine „Unangemessenheit" der deutschen Klausel bestehen kann.[905]

3. *Rechtsunsicherheit durch ergänzende Vertragsauslegung*

4. Ausgangsfrage dieser Arbeit ist, was die Folgen inhaltlich unwirksamer Klauseln sind.[906] Inhaltlich unwirksame Klauseln können zu Vertragslücken führen, die durch dispositive Gesetzesvorschriften zu schließen sind. Insbesondere können solche Vertragslücken durch die ergänzende Vertragsauslegung geschlossen werden.[907] Die ergänzende Vertragsauslegung ist jedoch nicht geeignet, eine aus der Unwirksamkeit der Klausel resultierende Rechtsunsicherheit zu beseitigen: Zum einen kann eine **ergänzende Vertragsauslegung nur einmalig**, nämlich bei fehlender Kenntnis der Parteien von der Unwirksamkeit einer Klausel, durchgeführt werden.[908] Soweit gerichtlich die Unwirksamkeit einer Klausel festgestellt wurde, wären alle auf das Urteil folgenden Seeversicherungsverträge in Kenntnis der Unwirksamkeit geschlossen. Zum anderen führt ein Gericht die ergänzende Vertragsauslegung durch. Es ist für die Parteien nur schwer prognostizierbar, welche Ersatzregelung in den Augen des Gerichts als „dem mutmaßlichen Willen der Beteiligten" entsprechend angesehen wird.[909] Bereits im Rahmen dieser Bearbeitung hat sich gezeigt, dass in der einen Situation auf Normen des VVG zurückgegriffen werden kann.[910] In einer anderen

---

905 S. 151 ff.

906 S. 24.

907 Vgl. z.B. S. 155 ff., insb. S. 156.

908 Siehe BGH, Urteil vom 18. Juni 2010 – V ZR 196/09 – = NJW-RR 2010, 1311-1312, wonach es bei einem „bewussten Offenlassen" an der zur Eröffnung des Anwendungsbereichs der ergänzenden Vertragsauslegung erforderlichen „planwidrigen" Regelungslücke fehlt.

909 Vgl. zur „schöpferischen Rechtsfindung" nur *Säcker*, in: MüKo-BGB, 8. Aufl., Einl. BGB, Rn. 153: „Die Aufgabe der Rspr. kann insbesondere erfordern, Wertvorstellungen, die der verfassungsmäßigen Rechtsordnung immanent, aber in den Texten der geschriebenen Gesetze nicht oder nur unvollkommen zum Ausdruck gelangt sind, in einem Akt des bewertenden Erkennens, dem auch willenhafte Elemente nicht fehlen, ans Licht zu bringen und in Entscheidungen zu realisieren.".

910 S. 160 f.

Situation kann der Rückgriff auf Normen des VVG wiederum ausscheiden und beispielsweise auf Vorschriften aus dem Versicherungsrecht des Vereinigten Königreichs zurückzugreifen sein.[911] Gerade im Hinblick auf die rechtliche Einordnung der Leistungsfreiheitsklauseln als Rechtsfolge des Garantiefalls vorvertraglicher Falschinformation hat sich gezeigt, wie umfangreich die Ermittlung der AGB-rechtlichen Kontrollstäbe sein kann.[912] Aus dieser Schwierigkeit der Maßstabsfindung ergibt sich für die Seeversicherung eine erhebliche Rechtsunsicherheit. Vor diesem Hintergrund kann festgehalten werden, dass die infolge der VVG-Reform anwendbaren Normen des BGB nicht „sachgerecht" für das Seeversicherungsrecht anzusehen sind – die 1. Ausgangsfrage dieser Arbeit[913] ist damit klar mit „nein" zu beantworten.

C. Historische Entwicklung des Seeversicherungsrechts

Die Entscheidung des VVG-Reformgesetzgebers zur Unterwerfung der Seeversicherung unter die Normen des allgemeinen Schuldrechts erscheint auch im Lichte der historischen Entwicklung der Seeversicherung als unglücklich. Eingangs wurde aufgezeigt, dass sich das Versicherungsrecht losgelöst vom allgemeinen Zivilrecht entwickelte.[914] Das Versicherungsrecht sollte unter anderem deshalb nicht durch das BGB geregelt werden, weil es dem Handelsrecht mit den im „[…] Handel durchaus eigentümliche[n] Institute[n] und Rechtssätze[n] […], [die] miteinander in innerem und geschichtlichen Zusammenhange [stehen]", zuzuordnen sei.[915] Das Ergebnis dieser Arbeit bestätigt, dass die Einschätzung der Vorkommissionen zum Entwurf des BGB auch mehr als 100 Jahre später zutrifft. Soweit der VVG-Reformgesetzgeber im Jahre 2008 soweit

911 S. 202 f.

912 Vgl. z.B. S. 57 ff.: Es hat sich gezeigt, dass mangels spezieller gesetzlicher Regelungen auf das allgemeine Schuldrecht zurückzugreifen ist; insbesondere wurde im Hinblick auf die Frage zur Anwendbarkeit des § 324 BGB auf vorvertragliche Pflichtverletzungen deutlich, dass für die Seeversicherung grundsätzliche Fragen des allgemeinen Schuldrechts eine erhebliche Bedeutung haben können: So hätte die Anwendbarkeit des § 324 BGB wegen des „Zumutbarkeitskriteriums" auch Auswirkungen auf die Frage der Vertragslösung nach den Grundsätzen der c.i.c. gehabt, vgl. auch *Mankowski*, ZGS 2003, 91–93.

913 „Sind die Regelungen des HGB und des BGB sachgerecht für die spezielle Materie des (See-)Versicherungsrechts?", S. 24.

914 Vgl. S. 24.

915 Siehe S. 25.

möglich Abweichungen des Versicherungsrechts vom allgemeinen Schuldrecht reduzieren wollte, erfordern die Besonderheiten des (See-)Versicherungsrecht auch heute eigenständige, spezielle Regelungen (vgl. sogleich unter Teil 4.C.I). Der VVG-Reformgesetzgeber hat zudem verkannt, dass die ersatzlose Streichung der §§ 778 ff. HGB a.F. gerade das Gegenteil von der angestrebten Steigerung der Flexibilität der Beteiligten bewirkte (sogleich unter Teil 4.C.II).

I. Vermeidung von Abweichungen zwischen Schuldrecht und VVG

Mit der VVG-Reform 2008 hat der Gesetzgeber angestrebt, Abweichungen zwischen Versicherungsrecht und allgemeinem Schuldrecht zu reduzieren: Es war eine grundsätzliche Zielsetzung des VVG-Reformgesetzgebers, **Abweichungen vom Schuldrecht** auf solche Punkte zu beschränken, „[...] bei denen sachliche Unterschiede dies rechtfertigen“.[916] Die vollständige Unterwerfung des Seeversicherungsrechts unter das allgemeine Schuldrecht als dispositive Gesetzesordnung könnte daher sogar dem ausdrücklichen Willen des Gesetzgebers entsprechen.

Allerdings hat die vorliegende Arbeit gerade gezeigt, dass in der (See-)Versicherung zahlreiche „sachliche Unterschiede“ zu den gewöhnlich durch das allgemeine Schuldrecht geregelten Sachverhalten bestehen. Hier sei beispielhaft wiederum auf den Bereich der vorvertraglichen Informationspflichten verwiesen, bei deren Verletzung die Instrumentarien des allgemeinen Schuldrechts nicht interessensgerecht für die Beteiligten des Seeversicherungsvertrages sind.[917] Durch die Entscheidung des VVG-Reformgesetzgebers wurde der in wesentlichen Regelungsbereichen außerhalb des bürgerlich-rechtlichen Systems stehende (See)Versicherungsvertrag als Vertrag „sui generis“[918] zu einem atypischen Vertrag im Sinne des Schuldrechts. So betrachtet, ist durch die Entscheidung des VVG-Reformgesetzgebers für die Seeversicherung gerade derjenige Zustand eingetreten, der in der Entstehungsphase des BGB noch vermieden werden sollte:[919] **Die alleinige Regelung eines versicherungsrechtlichen Sachbereichs durch wesensfremde Normen des BGB.**

---

916 *Deutscher Bundestag*, Bundestags-Drucksache 16/3945, 47.
917 S. 156 ff., insb. S. 158 f.
918 Vgl. oben S. 26.
919 Vgl. S. 25 f.

II. Verkennung der Auswirkungen der ersatzlosen Streichung der §§ 778 ff. HGB a.F.

Die Grunderwägungen des VVG-Reformgesetzgebers von 2008 und des historischen BGB-Gesetzgebers decken sich darin, dass eine erhöhte Flexibilität dort nötig ist, wo ein größeres Maß an Beweglichkeit und Übereinstimmung mit dem Recht anderer Nationen erforderlich ist.[920] Durch die Entscheidung des VVG-Reformgesetzgebers im Jahre 2008 wurde die Vertragsfreiheit der Beteiligten eines Seeversicherungsvertrages allerdings mit Blick auf die nach dem BGB durchzuführende AGB-Kontrolle **eher eingeschränkt als wie beabsichtigt erweitert**. Die Entscheidung des VVG-Reformgesetzgebers hat dazu geführt, dass seeversicherungsrechtliche Klauseln nunmehr am Maßstab des BGB und nicht mehr am Maßstab der thematisch sachnäheren Regeln der §§ 778 ff. HGB a.F. zu kontrollieren sind. Klar ist, dass der Gesetzgeber die Bedeutung der AGB-Kontrolle für seeversicherungsrechtliche Klauseln grundsätzlich erkannte.[921] Offen bleibt daher, warum der VVG-Reformgesetzgeber sich letztlich für die ersatzlose Streichung der §§ 778 ff. HGB a.F. und die Ausnahme der Seeversicherung vom VVG in § 209 VVG entschieden hat. Denn es dürfte für den VVG-Reformgesetzgeber auf der Hand gelegen haben, dass auch die Normen des BGB als Maßstab in der AGB-Kontrolle ungewollte Auswirkungen auf seeversicherungsrechtliche AVB haben können. Festzuhalten bleibt bereits an dieser Stelle, dass die Entscheidung des Gesetzgebers soweit ersichtlich ein **Novum der Gesetzgebungsgeschichte** darstellt. Der Seeversicherungsvertrag ist der erste Vertragstyp, für den spezielle dispositive Vorschriften aufgehoben anstatt eingeführt wurden. Die Arbeit hat aufgezeigt, dass eine solche Entscheidung gerade aufgrund der Besonderheiten der Materie des Versicherungsrechts problematische Konsequenzen haben kann.

D. Zusammenfassung

Die Annahme des Gesetzgebers, an der Aufrechterhaltung der §§ 778 ff. HGB a.F. bestünde kein hinreichendes praktisches Bedürfnis, hat sich als unzutreffend erwiesen. Selbst wenn man die Auffassung vertritt, die §§ 778 ff. HGB a.F. seinen „vollkommen veraltet“[922], hatten sie als spezielle (see-)versicherungsrechtliche

---

920 Vgl. S. 25 f.

921 *Deutscher Bundestag,* Bundestags-Drucksache 16/3945, 115, allerdings mit Blick auf die „Gefahr“ verbraucherrechtlicher Leitbilder des VVG.

922 *Deutscher Bundestag,* Bundestags-Drucksache 16/3945, 115.

Normen noch einen stabilisierenden Einfluss auf die agb-rechtliche Inhaltskontrolle seeversicherungsrechtlicher Klauseln.[923] Dem kann zwar entgegengehalten werden, dass trotz Geltung der §§ 778 ff. HGB a.F. auch in der Vergangenheit seeversicherungsrechtliche Klauseln einer AGB-Kontrolle nicht immer standgehalten haben.[924] Mit dem Entfall spezieller (see)versicherungsrechtlicher Normen als Kontrollmaßstab seeversicherungsrechtlicher Klauseln ist die Rechtsunsicherheit infolge des höheren Risikos unwirksamer Klauseln allerdings erheblich gestiegen. Die Arbeit hat gezeigt, dass Normen des allgemeinen Schuldrechts als nicht „sachgerecht" für die Materie des Seeversicherungsrechts zu werten sind, weil sie unabsehbare Auswirkungen auf die Wirksamkeit seeversicherungsrechtlicher Vertragsbedingungen haben können.

---

923 *Schleif*, TranspR 2009, 18, 138; vgl. auch *Büchner/Jürss*, VersR 2004, 1090, 1090 f..
924 *Remé*, VersR 2008, 756, 758.

Teil 5. Lösungswege

Es wurde festgestellt, dass der jetzige Rechtszustand in der Seeversicherung den Zielsetzungen dispositiven Gesetzesrechts zuwiderläuft. Auch ist der Lösungsweg einer ergänzenden Vertragsauslegung nur übergangsweise geeignet, interessengerechte Lösungen herbeizuführen.[925]

Möglichweise kann eine Änderung der Rechtslage dazu führen, dass ein für die Seeversicherung vertrauens- und kooperationsfördernder Rahmen geschaffen wird. Zu untersuchen ist in diesem Zusammenhang, wie ein solcher vertrauens- und kooperationsfördernder Rahmen gestaltet werden könnte.

Zur Auflösung des unsicheren Rechtszustands bestehen für den Gesetzgeber folgende drei Möglichkeiten:

1. Er könnte eine dispositive gesetzliche Regelung schaffen, die wenigstens Leitbilder vorgibt.[926]
2. Der Gesetzgeber könnte die Seeversicherung in § 310 Abs. 4 S. 1 BGB vollständig von der AGB-Kontrolle freistellen.
3. Der Gesetzgeber könnte den Ausschluss der Seeversicherung aus § 209 VVG ersatzlos streichen.[927] So fänden die Normen des VVG Anwendung auf die Seeversicherung. Bei Großrisiken und laufenden Versicherungen könnte ohnehin auch von den halbzwingenden Vorschriften des VVG abgewichen werden, § 210 Abs. 1 VVG.

A. Bewertung der Alternativen

Es wurde bereits dargestellt, dass dispositives Vertragsrecht durch die Zurverfügungstellung eines vertrauensfördernden gesetzlichen Rahmens **Transaktionskosten senken und** zugleich eine **Maßstabsfunktion** für eine gerechte Regelung

---

925 Eine ergänzende Vertragsauslegung ist nur solange möglich, wie die Beteiligten keine Kenntnis von der Unwirksamkeit der problematischen Klausel(n) haben, siehe oben, S. 226 f.

926 *Schwampe*, Seeschiffsversicherung, 432; *Koch*, in: Bruck/Möller, 9. Aufl., § 209 VVG, Rn. 208; *Richartz*, Die Schiffsbetriebsunterbrechungsversicherung in der Seeversicherung, 85, 86; *Schleif*, Seerechtsschutzversicherung, 138.

927 Im Ergebnis ebenso: *Ehlers*, TranspR, Sonderbeilage 2004, XIV, XVII; *Koch*, in: Bruck/Möller, 9. Aufl., § 209 VVG, Rn. 208; **a. A.** *Schleif*, TranspR 2009, 18, 24; *Remé*, VersR 2008, 756, 760.

des betroffenen Lebensbereiches bieten soll.[928] Bei der Prüfung von Alternativen zur jetzigen Rechtslage sollte ferner die Zielsetzung des Gesetzgebers bei der VVG-Reform 2008 berücksichtigt werden.

Zielsetzung des VVG-Reform-Gesetzgebers war die **Stärkung der Wettbewerbsfähigkeit** der deutschen Seeversicherer, die nicht durch eine nicht „gänzlich ausschließbare“ Ausstrahlung verbraucherrechtlicher Leitbilder des VVG gefährdet werden sollte.[929]

Das Ziel des Gesetzgebers, die Steigerung der Wettbewerbsfähigkeit der deutschen Seeversicherer, wird aktuell aufgrund der Anwendbarkeit des allgemeinen Schuldrechts auf seeversicherungsrechtliche Bedingungswerke als Maßstab in der AGB-Inhaltskontrolle verfehlt.[930] Durch die Anwendbarkeit des BGB auch auf spezielle versicherungsrechtliche Sachverhalte ist eine Rechtsunsicherheit entstanden, die gerade die Wettbewerbsfähigkeit beeinträchtigt. Die vorgeschlagenen Alternativen müssten also geeignet sein, die bestehende **Rechtsunsicherheit zu beseitigen.**

I. Streichung des Ausschlusses der Seeversicherung in § 209 VVG

Während der VVG-Reform haben die Interessensverbände der Reeder und auch der VR gerade darauf hingewirkt, dass die Seeversicherung aus dem Anwendungsbereich des VVG weiter ausgenommen wird.[931] Hauptkritikpunkt an einer Einbeziehung des Seeversicherungsrechts in das VVG war die befürchtete Gefahr des Einflusses verbraucherrechtlicher Leitbilder des VVG auf die fast ausschließlich von erfahrenen und spezialisierten Unternehmern abgeschlossenen Seeversicherungsgeschäfte durch eine AGB-Kontrolle.[932] Auch wenn der Gesetzgeber

928 Siehe oben, S. 214.

929 *Deutscher Bundestag*, Bundestags-Drucksache 16/3945, 115.

930 S. 214 ff.

931 Vgl. beispielsweise *Verband Deutscher Reeder*, Stellungnahme des VDR zum Referententwurf eines Gesetzes zur Reform des Versicherungsvertragsrechts, einsehbar in dem beim Bundesministerium der Justiz zur VVG-Reform archivierten Akten, S. 1 ff.; *Gesamtverband der Deutschen Versicherungswirtschaft e. V*, GDV, Stellungnahme vom 15.05.2006 zum Referentenentwurf eines Gesetzes zur Reform des Versicherungsvertragsrechts vom 13. März 2006, 57; *Gesamtverband der Deutschen Versicherungswirtschaft e. V*, Kernpunkte des GDV zur Reform des Versicherungsvertragsgesetzes (VVG), 42.

932 *Verband Deutscher Reeder*, Stellungnahme des VDR zum Referententwurf eines Gesetzes zur Reform des Versicherungsvertragsrechts, einsehbar in dem beim Bundesministerium der Justiz zur VVG-Reform archivierten Akten, S. 1 ff.; *Gesamtverband*

diese Gefahr als gering einschätzte, so hat er diese dennoch als ausreichend hoch dafür angesehen, die Seeversicherung letztlich aus dem Anwendungsbereich des VVG zu streichen.[933] Zu untersuchen ist daher, ob bei Einbeziehung in das VVG tatsächlich die Gefahr eines verbraucherrechtlichen Einflusses auf die Seeversicherung besteht. Wären sämtliche Versicherungssparten der Seeversicherung als Großrisiko einzuordnen, schützt § 210 VVG vor den Einschränkungen der Vertragsfreiheit durch das VVG.[934] Eine Einordnung als Großrisiko kommt aber nur für die Seekasko,- Seegüter- und für die Seehaftpflichtversicherung sicher in Betracht.[935] Für die Loss of Hire- und die Seerechtsschutzversicherung kommt es hingegen auf das Überschreiten von mindestens zwei der drei in § 210 Abs. 2 Nr. 3 VVG genannten Kennzahlen an.[936]

Trotz Einordnung der Seeversicherung als Großrisiko kann es zu Problemen hinsichtlich des Ausschlusses von VVG-Normen kommen. Um einen Ausschluss sämtlicher oder zwingender. bzw. halbzwingender Normen des VVG zu erreichen, müssten diese im Rahmen einer Klausel ausdrücklich abbedungen werden.[937] Es darf bezweifelt werden, dass eine pauschale Ausschlussklausel wirksam wäre.[938] Insbesondere dürfte das Merkmal der „Klarheit" als Kriterium der Wirksamkeit gem. § 307 Abs. 1 S. 2 BGB nicht gegeben sein.[939] So ist beispielsweise für den Klauselgegner bei Auflistung bloßer Paragraphenketten nicht ersichtlich, welche Auswirkungen ein solcher Ausschluss auf den Vertrag hätte.[940] Liegt eine solche Unklarheit vor, gilt wiederum das VVG für den entsprechenden Anwendungsbereich.

Denkbar ist, die entsprechenden Normen des VVG in den Seeversicherungsbedingungen einzeln im Zusammenhang des jeweiligen Regelungsbereiches auszuschließen.[941] Allerdings kann dieses Vorgehen dort zu kaum abschätzbaren

---

der Deutschen Versicherungswirtschaft e.V, GDV, Stellungnahme vom 15.05.2006 zum Referentenentwurf eines Gesetzes zur Reform des Versicherungsvertragsrechts vom 13. März 2006, 57 ff..

933 *Deutscher Bundestag*, Bundestags-Drucksache 16/3945, 115.

934 Vgl. *Koch*, in: Bruck/Möller, 9. Aufl., § 209 VVG, Rn. 208.

935 *Koch*, in: Bruck/Möller, 9. Aufl., § 209 VVG, Rn. 208.

936 *Koch*, in: Bruck/Möller, 9. Aufl., § 209 VVG, Rn. 208; *Schleif*, Seerechtsschutzversicherung, 135, 136.

937 *Büchner/Jürss*, VersR 2004, 1090, 1093; *Schleif*, Seerechtsschutzversicherung, 134.

938 *Büchner/Jürss*, VersR 2004, 1090, 1093; *Schleif*, Seerechtsschutzversicherung, 134; a.A. *Johannsen*, VersR 2005, 319, 323.

939 *Schleif*, Seerechtsschutzversicherung, 134.

940 *Schleif*, Seerechtsschutzversicherung, 134.

941 *Schleif*, Seerechtsschutzversicherung, 134.

Auswirkungen führen, wo Verstrickungen mit internationalen Bedingungswerken vorliegen.[942] Zusammenfassend bleibt festzuhalten, dass die bloße Streichung der Seeversicherung aus § 209 VVG in der Praxis – gerade im Hinblick auf die Bezugnahme zu internationalen Bedingungswerken in den AVB – ebenfalls zu nicht unerheblicher Rechtsunsicherheit führt. Allerdings ist positiv zu bewerten, dass anders als nach jetzigem Rechtszustand immerhin auf versicherungsrechtliche und nicht lediglich allgemein schuldrechtliche Normen zurückgegriffen werden kann.

II. Neukodifikation des Seeversicherungsrechts

Es stellt sich die Frage, ob eine Neukodifikation des Seeversicherungsrechts in VVG, HGB oder einem eigenen Gesetz eine sinnvolle Lösung darstellt.

Der Vorteil einer Neukodifikation des Seeversicherungsrechts liegt in der Möglichkeit, einen speziellen, auf die Besonderheiten des Seeversicherungsrechts zugeschnittenen, Rahmen zu schaffen. Eine Neukodifikation birgt jedoch auch Risiken. So ist beispielsweise zu klären, inwieweit für allgemeine Regelungen auf Vorschriften des VVG oder des BGB verwiesen werden soll oder ggf. sogar muss. Wie bereits aufgezeigt, sollte ein neues Seeversicherungsrecht sowohl einen sachgerechten, speziell auf die Besonderheiten des Seeversicherungsgeschäfts zugeschnittenen Rahmen bereitstellen, als auch den Akteuren die Möglichkeit zur eigenständigen Schaffung sachgerechter individueller Regelungen bieten. Wird der Rahmen durch detaillierte Regelungen zu eng gezogen, ist aufgrund der Gefahr einer leitbildorientierten AGB-Kontrolle mit Rechtsunsicherheit zu rechnen, wenn die individuellen Vereinbarungen zu stark vom vorgegebenen Rahmen abwichen. Für den Fall einer zu weiten, wenig detaillierten Regelung besteht wiederum die Gefahr, dass auf das BGB als Auslegungsmaßstab zurückgegriffen werden muss. Dieser Rückgriff kann, wie in dieser Arbeit aufgezeigt, zu nicht sachgerechten Ergebnissen führen und ebenfalls Rechtsunsicherheit zur Folge haben.

Der Weg zu einem, neuen ausbalancierten kodifizierten Seeversicherungsrecht erscheint überdies langwierig. Der Konflikt zwischen sachgerechter

---

942 *Büchner/Jürss*, VersR 2004, 1090, 1093; *Schleif*, Seerechtsschutzversicherung, 134; *Gesamtverband der Deutschen Versicherungswirtschaft e. V*, GDV, Stellungnahme vom 07.06.2004 zum Abschlussbericht der Kommission zur Reform des Versicherungsvertragsrechts vom 19.04.2004, 112; *Gesamtverband der Deutschen Versicherungswirtschaft e. V*, GDV, Stellungnahme vom 15.05.2006 zum Referentenentwurf eines Gesetzes zur Reform des Versicherungsvertragsrechts vom 13. März 2006, 59.

Regelung einerseits, und Vertragsfreiheit andererseits, dürfte zwischen den beteiligten Akteuren und dem Gesetzgeber zu zahlreichen intensiven Kontroversen führen. Dies zeigte sich bereits bei der VVG-Reform im Jahre 2008.[943]

B. Vorschlag

Die aufgezeigten Probleme bei einer Eingliederung der Seeversicherung in das VVG oder auch einer Neukodifikation könnten durch eine kurzfristige Maßnahme vermieden werden, die zudem dem gesetzgeberischen Ziel der Gewährleistung hoher Flexibilität gerecht wird: **Die Ausnahme der Seeversicherung von der AGB-Kontrolle** durch einen Ausschluss in § 310 Abs. 4 S. 1 BGB:

Es fällt auf, dass die Rechtsunsicherheit in erster Linie im Zusammenhang mit der AGB-Kontrolle der seeversicherungsrechtlichen Klauselwerke entsteht. Eine Lösung des Problems unwirksamer Klauseln könnte daher darin liegen, die Seeversicherung vom Anwendungsbereich der AGB-Kontrolle auszuschließen. Für den unternehmerischen Bereich wird in jüngerer Zeit vermehrt gefordert, den B2B-Verträge vom Anwendungsbereich der AGB-Kontrolle generell auszunehmen.[944] Begründet wird dies mit dem Argument **geringer Schutzbedürftigkeit** und der Notwendigkeit **höherer Flexibilität**.[945] In diesem Lichte betrachtet sind die Forderungen der beteiligten Akteure nach einem Höchstmaß an Vertragsfreiheit in dem hochspezialisierten und internationalen Seeversicherungsgeschäft gut nachvollziehbar. Auch ist der Gesetzgeber, wie aufgezeigt, selbst davon ausgegangen, mit der VVG-Reform 2008 für die Seeversicherung ein Höchstmaß an Vertragsfreiheit gewährleistet zu haben.[946] Dieses Ziel wird jedoch wegen des Zusammenspiels von AGB-Kontrolle, Seeversicherungsbedingungen und dem allgemeinen Schuldrecht als Prüfungsmaßstab nicht erreicht. Es liegt daher nahe, den Ansatzpunkt zur Lösung des Problems der Rechtsunsicherheit

943 Vgl. z.B. die Stellungnahmen der involvierten Verbände: *Gesamtverband der Deutschen Versicherungswirtschaft e.V*, GDV, Stellungnahme vom 07.06.2004 zum Abschlussbericht der Kommission zur Reform des Versicherungsvertragsrechts vom 19.04.2004; *Verband Deutscher Reeder*, Stellungnahme des VDR zum Referentenentwurf eines Gesetzes zur Reform des Versicherungsvertragsrechts, einsehbar in dem beim Bundesministerium der Justiz zur VVG-Reform archivierten Akten.

944 Vgl. zur Diskussion im Einzelnen die Fundstellen unter Fn. 415 (S. 107).

945 Fn. 415 (S. 107).

946 *Deutscher Bundestag*, Bundestags-Drucksache 16/3945, 115.

durch eine am allgemeinen Schuldrecht ausgerichtete AGB-Kontrolle in einem Ausschluss des Seeversicherungsrechts von der AGB-Kontrolle zu suchen.[947]

Den Ausschluss bestimmter Rechtsgebiete von der AGB-Kontrolle sieht das Gesetz bereits de lege lata in § 310 Abs. 4 S. 1 BGB vor: Hiernach findet eine AGB-Kontrolle unter anderen nicht auf den Gebieten des Erb-, Familien- und Gesellschaftsrechts statt.

Begründet wurde der Ausschluss dieser Rechtsgebiete vom Gesetzgeber damit, dass der Schutz des AGB-Rechtes dort **„nicht erforderlich, angemessen, oder systemgerecht erscheint"**.[948] Der Gesetzgeber hat mit der VVG-Reform bereits den Versuch unternommen, eine Beeinträchtigung der Vertragsfreiheit für den Bereich der Seeversicherung durch vermeintlich verbraucherschützende Normen des VVG zu verhindern. Der Gesetzgeber hat dabei allerdings verkannt, dass er für den Bereich der Seeversicherung als hochspezielle Versicherungsrechtsmaterie **vorgelagert** ansetzen muss: Die größtmögliche Vertragsfreiheit kann für die Seeversicherung nur durch einen Ausschluss dieser Materie von der AGB-Kontrolle erreicht werden. Wenn der Gesetzgeber sich nicht dazu durchringen kann, ein spezielles Seeversicherungsgesetz zu schaffen und gleichzeitig eine Regelung durch das VVG als nicht sinnvoll betrachtet, muss er die Problematik der Rechtsunsicherheit durch eine am BGB ausgerichtete Inhaltskontrolle seeversicherungsrechtlicher Klauseln im Wege einer Freistellung von der Inhaltskontrolle lösen.

Dass eine AGB-Kontrolle auf dem Bereich des Seeversicherungsrechts ebenso wie eine AGB-Kontrolle auf dem Bereich des Erb-, Familien- und Gesellschaftsrechts als **nicht erforderlich, angemessen oder systemgerecht** einzuordnen ist, zeigt folgende Argumentation:

I. AGB-Kontrolle nicht erforderlich

Eine Inhaltskontrolle des Seeversicherungsrechts ist nicht erforderlich, wenn kein milderes Mittel gleicher Eignung zur Verfügung steht. Ausgangspunkt dieser Überprüfung muss der Schutzzweck der AGB-Kontrolle sein. Dieser besteht im Schutz vor **situativer Unterlegenheit** des Klauselgegners und der Vermeidung der wohlfahrtsverringernden Wirkung von AGB.[949] Gegen eine pauschale

---

947 So auch *Schüngel*, Die Zukunft des Rechtsinstituts der Großen Haverei, 157; vgl. auch *Zeller*, Die Deckung von Haftpflicht-Risiken im Rahmen der Seekaskoversicherung, 45.

948 *Bundesregierung*, Bundestags-Drucksache 7/3919, 14, 41, (Hervorhebung durch den Verfasser).

949 Siehe oben S. 107; *Leuschner*, AcP 2007, 491, 492, 504.

Ausnahme des Bereichs der Seeversicherung in § 310 Abs. 4 S. 1 BGB sind allerdings keine Argumente ersichtlich. Reeder, Makler und VR verfügen nahezu in allen Fällen über die notwendigen juristischen und finanziellen Ressourcen, um eine situative Unterlegenheit zu vermeiden. Für die Seeversicherung wäre damit auch bei vollumfänglicher Privatautonomie der Schutz vor situativer Unterlegenheit gewährleistet. Eine Bereichsausnahme der Seeversicherung in § 310 Abs. 4 S. 1 BGB stellt damit ein weniger einschneidendes, gleich effektives Mittel im Vergleich zur jetzigen Situation dar.

II. AGB-Kontrolle nicht systemgerecht

Für eine Bereichsausnahme der Seeversicherung spricht zudem, dass eine AGB-Kontrolle der Seeversicherung – jedenfalls am Maßstab des BGB – nicht systemgerecht ist. Mit der VVG-Reform verfolgte der Gesetzgeber für die Seeversicherung ausdrücklich das Ziel, die Gefahr der Unwirksamkeit seeversicherungsrechtlicher Klauseln aufgrund der Einflüsse des verbraucherschützenden VVG zu vermeiden.[950] Wenn aber schon Normen des VVG nicht für eine Inhaltskontrolle herangezogen werden sollen, ist es ebenso als systemfremd anzusehen, wenn Normen des allgemeinen Schuldrechts zum AGB-Prüfungsmaßstab für seeversicherungsrechtliche Klauseln werden. Wie sich im Rahmen dieser Arbeit gezeigt hat, passen die Regeln des allgemeinen Schuldrechts häufig nicht zu den besonderen Interessenlagen des (See-)Versicherungsgeschäfts. Nicht ohne Grund entwickelte sich das Versicherungsrecht auch historisch selbstständig vom allgemeinen bürgerlichen Recht.[951] Damit ist der jetzige Rechtszustand als nicht systemgerecht zu werten.

III. Zwischenergebnis

Es wurde die These aufgestellt, dass zur Beseitigung der Probleme des jetzigen Rechtszustandes die Seeversicherung als Bereichsausnahme neben dem Familien-, Erb- und Gesellschaftsrecht in § 310 Abs. 4 S. 1 BGB aufgenommen werden sollte. Der Gesetzgeber hat diese Rechtsgebiete ausweislich seiner Gesetzesbegründung von der AGB-Kontrolle ausgenommen, weil eine AGB-Kontrolle hier weder als erforderlich, angemessen oder systemwidrig anzusehen ist.[952] Eine AGB-Kontrolle des Bereichs der Seeversicherung ist ebenfalls

950 *Deutscher Bundestag*, Bundestags-Drucksache 16/3945, 115.

951 S. 24.

952 *Bundesregierung*, Bundestags-Drucksache 7/3919, 14, 41.

als nicht erforderlich zu werten und erscheint systemwidrig. Aus diesem Grund ist eine Bereichsausnahme der Seeversicherung neben dem Familien-, Erb- und Gesellschaftsrecht in § 310 Abs. 4 S. 1 BGB angezeigt.
§ 310 Abs. 4 S. 1 BGB könnte wie folgt ergänzt werden:

> „Dieser Abschnitt findet keine Anwendung bei Verträgen auf dem Gebiet des Erb-, Familien-, Gesellschafts- und **Seeversicherungsrechts** sowie auf Tarifverträge, Betriebs- und Dienstvereinbarungen."

Teil 6. Zusammenfassung der Ergebnisse

1. Die Arbeit hat gezeigt, dass nach der VVG-Reform im Jahr 2008 Vorschriften des VVG weder direkt[953] noch analog[954] auf die Seeversicherung angewendet werden können. Hingegen ist eine Heranziehung von Normen des VVG im Rahmen der ergänzenden Vertragsauslegung möglich.[955] Es erfolgte eine vertiefte Auseinandersetzung mit der Frage, wann eine gesetzliche Regelung nach dem mutmaßlichen Willen der Parteien „nicht gewollt" ist. Es wurde festgestellt, dass im Fall fehlender oder fehlerhafter Einbeziehung von seeversicherungsrechtlichen Bedingungen in der Regel die bisherige Geschäftsbeziehung als Auslegungshilfe dienen kann.[956] In der Regel werden die Parteien in der Vergangenheit grundsätzlich auf AVB zurückgegriffen haben, sodass eine Anwendung dispositiver Normen grundsätzlich dem mutmaßlichen Willen der Parteien entgegenstehen dürfte.[957] Die Anwendung dispositiven Rechts im Wege ergänzender Vertragsauslegung scheidet auch dann aus, wenn hierdurch der Vertragszweck gefährdet wäre. Ob dies der Fall ist, ist im Einzelfall zu prüfen. Einer Anwendung dispositiven Rechts steht es auch entgegen, wenn die Anwendung dieser Vorschriften der Interessenslage der typischerweise beteiligten Verkehrskreise zuwiderläuft.[958] Es erscheint nicht geboten, zwingende oder halbzwinge Normen des VVG von der ergänzenden Vertragsauslegung auszuschließen.[959] Allerdings können Normen, die vorrangig dem Verbraucherschutz dienen, den Interessen der Beteiligten Verkehrskreise entgegenstehen.[960]

2. Für den Fall, dass keine AVB in den Vertrag einbezogen wurden, gestaltet sich die Ermittlung der Rechtsgrundlagen teilweise schwierig. Insbesondere zeigt sich, dass eine Notwendigkeit zur Auseinandersetzung mit unterschiedlichen Auffassungen zur Anwendbarkeit bestimmter Normen des allgemeinen

953 S. 40.
954 S. 41.
955 S. 47.
956 S. 45.
957 S. 45.
958 S. 48.
959 S. 49 f.
960 S. 49 f.

Schuldrechts. So zeigt sich am Beispiel des Rücktrittsrechts wegen vorvertraglicher Informationspflichtverletzungen gem. § 808 Abs. 1 HGB a.F., dass ein Rücktrittsrechtsrecht nach dem BGB erst nach umfassender Auslegung ausgeschlossen werden kann.[961] Abweichend von § 808 Abs. 1 HGB a.F. ist eine Vertragslösung bei fehlender Einbeziehung von AVB nur über die Vorschriften der c.i.c. möglich.[962] Gewährte Leistungen sind rückabzuwickeln. Dies gilt auch für die Prämie. Soweit der VR durch die vorvertragliche Informationspflichtverletzung einen Schaden erlitten hat, muss er die Schäden nach dem Schadensersatzrecht geltend machen.

3. Auch im Falle fehlender Einbeziehung von AVB bestehen Informationspflichten des VN im Hinblick auf Gefahrerhöhungen. Rechtsgrundlage ist dann § 241 Abs. 2 BGB.[963] Der VR kann unter sehr engen Voraussetzungen vom Vertrag zurücktreten.[964]

4. Zwischen dem Schädiger und dem VR sind nach wertender Auslegung im Lichte der Rechtsprechung grundsätzlich die §§ 421 ff. BGB anzuwenden.[965] Der Übergang des Regressanspruches des VN auf den VR richtet sich dabei nach § 426 Abs. 2 S. 1 BGB („gesetzlicher Forderungsübergang"). Nur in sehr engen Ausnahmefällen (Besitzverlust aufgrund von Piraterie) kann auch § 255 BGB anzuwenden sein.[966]

5. Im Falle des Zahlungsverzuges mit der Erstprämie hat der VR ein Rücktrittsrecht gem. § 323 Abs. 1 BGB.[967] Die Rückabwicklung des Vertrages richtet sich nach § 346 Abs. 1 BGB. Soweit der VR den Vertrag aufrechterhalten will, steht ihm wegen der Versicherungsleistung ein Zurückbehaltungsrecht nach § 320 Abs. 1 S. 1 BGB zu.[968]

6. Die DTV-ADS 2009/2018 stellen AGB im Sinne der §§ 305 ff. BGB dar.[969] Obwohl die untersuchten Klauseln der DTV-ADS 2009/2018 teilweise deutlich

961 S. 57 ff..
962 S. 71.
963 Die Informationspflichtverletzung kann eine leistungsbezogene Nebenpflicht im Sinne des § 241 Abs. 1 BGB darstellen, wenn ein Prämienanpassungsrecht des VR gegeben ist, S. 81.
964 S. 84 f.
965 S. 93 ff..
966 S. 97.
967 S. 100.
968 S. 102.
969 S. 106.

von der dispositiven Rechtslage abweichen, sind sie nicht „ungewöhnlich“ im Sinne des § 305c Abs. 1 BGB.[970] Die Reeder als „durchschnittliche VN“ der Seeversicherung rechnen mit den Abweichungen vom dispositiven Recht, weil die Klauseln als „üblich“ anzusehen sind.

7. Im Rahmen der Prüfung der “Abweichung“ des Regelungsgehalts der Klausel von dispositiven Vorschriften (§ 307 Abs. 3 S. 1 BGB) zeigte sich erneut, mit welchen Schwierigkeiten die Ermittlung der dispositiven Norm verbunden ist.[971] Die Rechtsfolge der Leistungsfreiheit nach Ziff. 22.2. Abs. 1 S. 1 DTV-ADS 2009/2018 kann den VN sogar wirtschaftlich stärker treffen als der Rücktritt des VR vom Vertrag: So bewirkt die Rechtsfolge der Leistungsfreiheit im Falle vorvertraglicher Informationspflichtverletzung, dass der VN zum einen die Versicherungsleistung nicht erhält, zum anderen aber auch die Prämie nicht zurückgewährt („Prämienverfall“). Am Beispiel der Leistungsfreiheit und des „Prämienverfalls“ wurde aufgezeigt, dass Ziff. 22.2. Abs. 1 S. 1 DTV-ADS 2009/2018 die vertragliche Vereinbarung der Rechtsfolge eines Garantiefalls darstellt.[972] Garantiefall ist eine unzutreffende oder unvollständige Informationslage zu Lasten des VR vor Vertragsschluss, die Einfluss auf den Eintritt des Versicherungsfalls oder den Schadenumfang hatte.[973] Die Arbeit hat gezeigt, dass die Rechtsfolge einer solchen Garantievereinbarung im Rahmen einer Angemessenheitskontrolle am Maßstab des § 249 Abs. 1 BGB zu bewerten ist.

8. Die Arbeit hat weiterhin gezeigt, dass Ziff. 22.2. Abs. 1 S. 1 DTV-ADS 2009/2018 nicht im Hinblick auf die Leistungsfreiheit unter dem Aspekt der „Schadenshöhe“, sondern unter dem Aspekt der Abweichung von der gesetzlichen Beweislastverteilung „unangemessen“ im Sinne des § 307 Abs. 1 S. 1 BGB ist.[974] Die Rechtsfolge der Leistungsfreiheit **an sich** kann nicht „unangemessen“ von einer gesetzlichen Regelung abweichen, weil nach den gesetzlichen Vorschriften der c.i.c. eine Vertragsaufhebung bereits unter weniger strengen Voraussetzungen als nach Ziff. 22.2. Abs. 1 S. 1 DTV-ADS 2009/2018 möglich ist. Ziff. 22.2. Abs. 1 S. 1 DTV-ADS 2009/2018 weicht allerdings sowohl im Hinblick auf die Leistungsfreiheit als auch im Hinblick auf den „Prämienverfall“ unter dem **Gesichtspunkt der Beweislast unangemessen** von der dispositiven Rechtslage ab.[975] Die

970 Vgl. S. 111 im Zusammenhang mit Ziff. 22.2. Abs. 1 DTV-ADS.
971 S. 115 ff.
972 S. 131.
973 S. 131.
974 S. 135.
975 S. 135

Vermutung des § 307 Abs. 2 Nr. 1 BGB kann auch nicht widerlegt werden. Insbesondere kann auch nicht über § 310 Abs. 1 Satz 2 Halbsatz 2 BGB auf eine „kaufmännische Gewohnheit“ zurückgegriffen werden.[976] So hat die Untersuchung seeversicherungsrechtlicher Bestimmungen des Vereinigten Königreichs ergeben, dass eine vollständige Leistungsfreiheit und „Prämienverfall“ nach dispositivem Gesetzesrecht grundsätzlich nicht (mehr) vorgesehen sind.[977] Nach der Entscheidung des Reformgesetzgebers des Vereinigten Königreichs kann der VR grundsätzlich nicht mehr vom Vertrag zurücktreten. Die Leistung wird proportional gekürzt. Die infolge der Unwirksamkeit von Ziff. 22.2. Abs. 1 S. 1, Abs. 3 DTV-ADS entstehende Vertragslücke wird nicht durch § 249 Abs. 1 BGB, sondern im Wege der ergänzenden Vertragsauslegung durch das abgestufte Rechtsfolgensystem der §§ 19 ff. VVG für vorvertragliche Anzeigepflichtverletzungen gefüllt.[978]

9. Im Hinblick auf Ziff. 24.3. DTV-ADS wurde festgestellt, dass es sich bei der **vertraglichen** Pflicht zur Anzeige von Gefahrerhöhungen um eine **leistungs**bezogene Nebenpflicht im Sinne von § 241 Abs. 1 BGB handelt.[979] Der VR kann sich in der Regel nicht durch Rücktritt gem. § 323 Abs. 1 BGB rückwirkend vom Vertrag lösen.[980] Die Rechtsfolge der Leistungsfreiheit stellt eine **Vertragsstrafe** im Sinne der §§ 340 ff. BGB dar,[981] auf die § 309 Ziff. 5 lit. a) BGB nicht anwendbar ist.[982] Allerdings ist die Angemessenheit der Klausel nach § 307 Abs. 1 S. 1 BGB zu prüfen. Die Rechtsfolge der Leistungsfreiheit benachteiligt den VN wegen der Unverhältnismäßigkeit zwischen Auswirkungen der Leistungsfreiheit und dem durch die Pflichtverletzung hervorgerufenen Schaden „unangemessen“ im Sinne des § 307 Abs. 1 S. 1 BGB.[983] Eine Unangemessenheit ergibt sich auch aus den Abweichungen in der Beweislastverteilung und hinsichtlich des „Prämienverfalls“. Die durch die Unwirksamkeit entstandene Vertragslücke ist nicht durch Normen des VVG, sondern durch den Grundsatz der proportionalen Leistungskürzung nach Schedule 1, Part 2, Paragraph 11 (1),(2) zu Section 8(2) des IA 2015 zu füllen.[984]

976 S. 152.
977 S. 146 ff.
978 S. 161 f.
979 S. 166.
980 S. 174 ff.
981 S. 180.
982 S. 180.
983 S. 194 f.
984 S. 202 f.

10. Ziff. 50.2. DTV-ADS 2009/2018 weicht grundsätzlich nicht von § 426 Abs. 2 S. 1 BGB ab.[985] Soweit ein Fall des Besitzverlustes durch Piraterie vorliegt, ist die Abweichung von § 255 BGB als dispositive Norm nicht „unangemessen".

11. Ziff. 20.5 DTV-ADS 2009/2018 ist „unangemessen" im Sinne von § 307 Abs. 1 S. 1 BGB.[986] Ziff. 20.5 DTV-ADS 2009/2018 weicht vom Grundgedanken des § 326 Abs. 1 BGB ab. Die entstandene Lücke kann aber durch den Rückgriff auf dispositives Gesetzesrecht angemessen geschlossen werden.[987] Im Falle von Zahlungsverzug mit der Erstprämie kann der VR gem. § 323 Abs. 1 BGB vom Vertrag zurücktreten, oder aber ein Zurückbehaltungsrecht gem. § 320 Abs. 1 S. 1 BGB geltend machen.

12. Die Arbeit hat gezeigt, dass **gesetzgeberischer Handlungsbedarf** besteht.[988] Der VVG-Reformgesetzgeber wollte die internationale Wettbewerbsfähigkeit der deutschen Seeversicherer nicht beeinträchtigen. Er ging davon aus, die Regelung durch AVB sei „sachgerecht" und „ausreichend". Dabei hat der Gesetzgeber verkannt, dass gerade die ersatzlose Streichung der §§ 778 ff. HGB a.F. bewirkt, dass teilweise sachfremde Normen des BGB über die AGB-Inhaltskontrolle auf die seeversicherungsrechtlichen Bedingungswerke einwirken können. Wie aufgezeigt, halten ausgewählte Klauseln der Inhaltskontrolle nicht stand. Dies führt zu **Rechtsunsicherheit**, die sich negativ auf die internationale Wettbewerbsfähigkeit der deutschen Seeversicherer auswirkt. Aufgrund der vorstehenden Aspekte kann die Regelung der Seeversicherung lediglich durch AVB auch nicht als „sachgerecht" angesehen werden.

13. Der Gesetzgeber kann diese Rechtsunsicherheit unter anderem durch Streichung des Ausschlusses der Seeversicherung in § 209 VVG oder durch Schaffung einer neuen seeversicherungsrechtlichen Rahmenordnung (Neukodifikation) beseitigen.[989] Im Hinblick auf das ursprünglich durch den Gesetzgeber verfolgte Ziel höherer Flexibilität in der Seeversicherung und Förderung der Vertragsfreiheit der am Seeversicherungsvertrag Beteiligten bietet sich als relativ kurzfristig umsetzbare Maßnahme jedoch die

985 S. 204 f.
986 S. 208 f.
987 S. 210.
988 S. 213 ff.
989 S. 226.

Ausnahme der Seeversicherung aus dem Anwendungsbereich der AGB-Kontrolle in § 310 Abs. 4 S. 1 BGB an.[990]

990 S. 227 f.

Literaturverzeichnis

Armbrüster, Christian, Abstufungen der Leistungsfreiheit bei grob fahrlässigem Verhalten des VN, Versicherungsrecht 2003, 675 (zitiert: *Armbrüster,* VersR 2003, 675).

Armbrüster, Christian, Neues vom BGH zur D&O-Versicherung, Neue Juristische Wochenschrift 2016, 2155 (zitiert: *Armbrüster,* NJW 2016, 2155).

Bähr, Otto, Entwurf eines Reichsgesetzes über den Versicherungsvertrag, S.l. (zitiert: *Bähr,* Entwurf eines Reichsgesetzes über den Versicherungsvertrag).

Bamberger, Heinz Georg (Begr.), Kommentar zum Bürgerlichen Gesetzbuch , Band 1: §§ 1 - 610 - CISG, 3. Aufl., München 2012 (zitiert: Bamberger/Roth, 3. Aufl.).

Becker, Felix, Die Reichweite der AGB-Kontrolle im unternehmerischen Geschäftsverkehr aus teleologischer Sicht, Juristenzeitung 2010, 1098 (zitiert: *Becker,* JZ 2010, 1098).

Beckmann, Roland Michael/Matusche-Beckmann, Annemarie/Armbrüster, Christian, Versicherungsrechts-Handbuch, 3. Aufl., München 2015 (zitiert: *Beckmann/Matusche-Beckmann/Armbrüster,* Versicherungsrechtshandbuch).

Bodis, Jan Otto, Das Quotenvorrecht im deutschen und englischen Transportversicherungsrecht, Transportrecht 2008, 1 (zitiert: *Bodis,* Transportrecht 2008, 1).

Börnsen, Ernst Wilhelm, Strukturen der Gesamtschuld: Versuch einer Präzisierung 1969 (zitiert: *Börnsen,* Strukturen der Gesamtschuld).

Bruck, Ernst, Das Privatversicherungsrecht, Mannheim, Berlin, Leipzig 1930 (zitiert: *Bruck,* Privatversicherungsrecht).

Bruck, Ernst/Möller, Hans (Begr.), Kommentar zum Versicherungsvertragsgesetz, §§ 1 - 32 - Band 1, 9. Aufl., Berlin 2008 (zitiert: Bruck/Möller, 9. Aufl.).

Bruck, Ernst/Möller, Hans (Begr.), Kommentar zum Versicherungsvertragsgesetz, §§ 1 - 18 - Band 1, 10. Aufl., Berlin 2021 (zitiert: Bruck/Möller, 10. Aufl.).

Bruck, Ernst/Möller, Hans (Begr.), Kommentar zum Versicherungsvertragsgesetz, §§ 33 - 73 - Band 2, 9. Aufl., Berlin 2010 (zitiert: Bruck/Möller, 9. Aufl.).

Bruck, Ernst/Möller, Hans (Begr.), Kommentar zum Versicherungsvertragsgesetz, §§ 74 - 99 - Band 3, 8. Aufl. 2010 (zitiert: Bruck/Möller, 8. Aufl.).

Bruck, Ernst/Möller, Hans (Begr.), Kommentar zum Versicherungsvertragsgesetz, §§ 100-124 VVG - Band 4, 9. Aufl., Berlin 2013 (zitiert: Bruck/Möller, 9. Aufl.).

Bruck, Ernst (Begr.), Kommentar zum VVG: §§ 149 - 158a VVG, 8. Aufl., Berlin 1970 (zitiert: Bruck, 8. Aufl.).

Bruck, Ernst/Möller, Hans (Begr.), Kommentar zum Versicherungsvertragsgesetz, §§ 209 - 216 - Band 11, 9. Aufl., Berlin 2013 (zitiert: Bruck/Möller, 9. Aufl.).

Bruck, Ernst/Möller, Hans (Begr.), Kommentar zum Versicherungsvertragsgesetz, §§ 130-141 - Band 6 - Teilband 2, 9. Aufl., Berlin 2015 (zitiert: Bruck/Möller, 9. Aufl.).

Büchner, Christian/Jürss, Wolfgang, VVG-Reform: Die Seeversicherung unter der Flagge des § 203 n. F. (§ 187 a. F.) VVG?, Versicherungsrecht 2004, 1090 (zitiert: *Büchner/Jürss*, VersR 2004, 1090).

Bundesministerium der Justiz, Referentenentwurf - Entwurf eines Gesetzes zur Reform des Versicherungsvertragsrechts, Bundesministerium der Justiz, Berlin, 13.03.2006, http://www.gesmat.bundesgerichtshof.de/gesetzesmaterialien/16_wp/versvertrg/versvertrg-index.htm (zugegriffen am 02.11.2016).

Bundesregierung, Bundestags-Drucksache 7/3919, Begründung der Bundesregierung zum Gesetzentwurf eines Gesetzes zur Regelung des AGB-Rechts der Allgemeinen Geschäftsbedingungen (AGB-Gesetz), Bundesregierung, 06.08.1975.

Busche, Jan, Staudinger - Eckpfeiler des Zivilrechts, 2018. Aufl., Berlin 2018 (zitiert: *Busche*, Eckpfeiler des Zivilrechts).

Canaris, Claus-Wilhelm, Sondertagung Schuldrechtsmodernisierung, Juristenzeitung 2001, 499 (zitiert: *Canaris*, Juristenzeitung 2001, 499).

Clarke, Malcolm/Soyer, Bariş, The Insurance Act 2015: A New Regime for Commercial and Marine Insurance Law, Abingdon 2017 (zitiert: *Clarke/Soyer*, The Insurance Act 2015: A New Regime for Commercial and Marine Insurance Law).

Cohn, Ludwig, Der Versicherungs-Vertrag nach allgemeinen Rechtsprinzipien, Breslau 1873 (zitiert: *Cohn*, Der Versicherungs-Vertrag nach allgemeinen Rechtsprinzipien).

Cziupka, Johannes, Dispositives Vertragsrecht, Funktionsweise und Qualitätsmerkmale gesetzlicher Regelungsmuster, Studien zum Privatrecht 5, Tübingen 2010 (zitiert: *Cziupka*, Dispositives Vertragsrecht).

Dauner-Lieb, Barbara/Langen, Werner (Begr.), Kommentar zum Bürgerlichen Gesetzbuch, §§ 241 - 610 - Band 2, Baden-Baden 2012 (zitiert: Nomos-Anwaltskommentar, 2. Aufl.).

Deutsch, Erwin/Iversen, Thore, Versicherungsvertragsrecht, 7. Aufl., Karlsruhe, Baden 2015 (zitiert: *Deutsch/Iversen*, Versicherungsvertragsrecht).

Deutscher Bundestag, Bundestags-Drucksache 14/6040, Gesetzesbegründung zum Entwurf eines Gesetzes zur Modernisierung des Schuldrechts, Deutscher Bundestag, 14.05.2001.

Deutscher Bundestag, Bundestags-Drucksache 14/7052, Beschlussempfehlung und Bericht des Rechtsausschusses des Deutschen Bundestages zum Entwurf eines Gesetzes zur Modernisierung des Schuldrechts, Rechtsausschuss des Deutschen Bundestages, 09.10.2001.

Deutscher Bundestag, Bundestags-Drucksache 16/3945, Gesetzesbegründung zum Gesetzesentwurf der Bundesregierung zur Reform des Versicherungsvertragsrechts, Bundesregierung, Berlin, 20.12.2006.

Deutscher Bundestag, Bundestags-Drucksache 17/10309, Wortprotokoll - Protokoll Nr. 99 - Öffentliche Anhörung zum Gesetzentwurf der Bundesregierung - Entwurf eines Gesetzes zur Reform des Seehandelsrechts -.

Diewald, Gabriele, Grammatikalisierung, Eine Einführung in Sein und Werden grammatischer Formen, Germanistische Arbeitshefte 36, Berlin 1997 (zitiert: *Diewald*, Grammatikalisierung).

DPA, Warnung vor Gesetzesflut, 08.02.2010, https://www.nwzonline.de/wirtschaft/warnung-vor-gesetzesflut_a_1,0,2994409998.html (zugegriffen am 24.11.2019).

Duvinage, Angela, Die Vorgeschichte und die Entstehung des Gesetzes über den Versicherungsvertrag, Hamburger Reihe A, Hamburger Zentrum für Versicherungswissenschaft Bd. 67, Karlsruhe 1987 (zitiert: *Duvinage*, Die Vorgeschichte und die Entstehung des Gesetzes über den Versicherungsvertrag).

Ebert, Ina, Pönale Elemente im deutschen Privatrecht, Von der Renaissance der Privatstrafe im deutschen Recht, Jus privatum 86, Tübingen 2004 (zitiert: *Ebert*, Pönale Elemente im deutschen Privatrecht).

Ehlers, Henning, Auswirkungen der Reform des Versicherungsvertragsgesetzes (VVG) auf das Transportversicherungsrecht, Versicherungsrecht 2007, 5 (zitiert: *Ehlers*, VersR 2007, 5).

Ehlers, Henning, Brauchen wir noch ein Recht der Seeversicherung?, Transportrecht, Sonderbeilage 2004, XIV (zitiert: *Ehlers*, TranspR, Sonderbeilage 2004, XIV).

Enge, Hans Joachim, Transportversicherung, Recht und Praxis in Deutschland und England, 3. Aufl., Wiesbaden 1996 (zitiert: *Enge*, Transportversicherung).

Enge, Hans-Christoph/Schwampe, Dieter, Transportversicherung, Recht und Praxis, 4. Aufl., Wiesbaden 2012 (zitiert: *Enge/Schwampe*, Transportversicherung).

Entwurf eines Handelsgesetzbuchs für die Preussischen Staaten - Band 2, Nebst Motiven, Berlin 1857.

Flach, Franz, Auswirkungen des neuen Versicherungsvertragsrechts auf die Transportversicherungssparten, Transportrecht 2008, 56 (zitiert: *Flach,* Transportrecht 2008, 56).

Fleischer, Holger, Informationsasymmetrie im Vertragsrecht, Eine rechtsvergleichende und interdisziplinäre Abhandlung zu Reichweite und Grenzen vertragsschlußbezogener Aufklärungspflichten, Schriften des Instituts für Arbeits- und Wirtschaftsrecht der Universität zu Köln 85, München 2001 (zitiert: *Fleischer,* Informationsasymmetrie im Vertragsrecht).

Fleischer, Holger, Konkurrenzprobleme um die culpa in contrahendo - Fahrlässige Irreführung versus arglistige Täuschung, Archiv für die civilistische Praxis 2000, 91 (zitiert: *Fleischer,* AcP 2000, 91).

Ganster, Bastian, Die Prämienzahlung im Versicherungsrecht: Grundlagen und ausgewählte Problemfelder vor dem Hintergrund der VVG-Reform 2008, Veröffentlichungen des Seminars für Versicherungslehre der Universität Frankfurt am Main / Goethe-Universität Frankfurt am Main / Seminar für Versicherungslehre, Karlsruhe 2008 (zitiert: *Ganster,* Die Prämienzahlung im Versicherungsrecht).

Gesamtverband der Deutschen Versicherungswirtschaft e.V, Befreiung der Seeversicherung und der Luftfahrttransportversicherung vom Anwendungsbereich des VVG, einsehbar beim Bundesministerium der Justiz in den archivierten Materialien zur VVG-Reform, 19.06.2006.

Gesamtverband der Deutschen Versicherungswirtschaft e.V, Kernpunkte des GDV zur Reform des Versicherungsvertragsgesetzes (VVG), 15.05.2006.

Gesamtverband der Deutschen Versicherungswirtschaft e.V, Stellungnahme zum Referentenentwurf eines Gesetzes zur Reform des Versicherungsvertragsrechts vom 13. März 2006, Gesamtverband der Deutschen Versicherungswirtschaft e.V, 15.05.2006.

Gesamtverband der Deutschen Versicherungswirtschaft e.V, Stellungnahme des GDV zum Referentenentwurf eines Gesetzes zur Reform des Versicherungsvertragsrechts vom 13. März 2006, einsehbar in dem beim Bundesministerium der Jusitz zur VVG-Reform archivierten Akten, Befreiung von der Seeversicherung und der Luftfahrt-Transportversicherung vom Anwendungsbereich des VVG, Gesamtverband der Deutschen Versicherungswirtschaft e.V, 19.06.2006.

Gesamtverband der Deutschen Versicherungswirtschaft e.V, Stellungnahme zum Abschlussbericht der Kommission zur Reform des Versicherungsvertragsrechts vom 19. April 2004, 07.06.2004.

Geßler, Ernst/Schlegelberger, Franz (Begr.), Seeversicherungsrecht, 3. Aufl., Berlin 1960 (zitiert: *Schlegelberger,* 3. Aufl.).

Goldschmidt, Levin, Über Plan und Methode für die Aufstellung des Entwurfs eines Deutschen bürgerlichen Gesetzbuchs, Exposé zur Vorbereitung des BGB, 19.3.1874.

Graf von Westphalen, Friedrich, Gegen eine Lockerung der Regeln des AGB-Rechts im unternehmerischen Verkehr, Transportrecht 2018, 268 (zitiert: *Graf von Westphalen*, Transportrecht 2018, 268).

Graf von Westphalen, Friedrich, Was bleibt von Vertragsstrafeklauseln und Schadenspauschalen in Bestellbedingungen?, Betriebs-Berater 2018, 323 (zitiert: *Graf von Westphalen*, BB 2018, 323).

Graf von Westphalen, Friedrich, Wider die angebliche Unattraktivität des AGB-Rechts, Betriebsberater 2010, 195 (zitiert: *Graf von Westphalen*, BB 2010, 195).

Greite, Söhnke Manfred, Die Versicherung von Großrisiken im Sinne des § 210 Abs. 2 VVG, Schriftenreihe Schriften zum Versicherungs-, Haftungs- und Schadensrecht, Hamburg 2015 (zitiert: *Greite*, Die Versicherung von Großrisiken im Sinne des § 210 Abs. 2 VVG).

Grigoleit, Hans Christoph, Dauerschuldverhältnisse und allgemeines Leistungsstörungsrecht, in: Manfred Wandt, Peter Reiff, Dirk Looschelders et al. (Hrsg.), Versicherungsrecht, Haftungs- und Schadensrecht: Festschrift für Egon Lorenz zum 80. Geburtstag, Karlsruhe 2014, S. 795–816 (zitiert: *Grigoleit*, FS Lorenz 2014).

Grunewald, Barbara/Maier-Reimer, Georg/Westermann, Harm Peter (Begr.), Erman BGB, Kommentar, 15. Aufl., Köln 2017 (zitiert: Erman).

Gsell, Beate (Begr.), Beck-Online Großkommentar zum BGB, München (zitiert: BeckOGK-BGB).

Gurses, Ozlem, Marine Insurance Law 2016 (zitiert: *Gurses*, Marine Insurance Law).

Hagen, Otto, Seeversicherungsrecht, Veröffentlichungen des Deutschen Vereins für Versicherungs-Wissenschaft 62, Berlin 1938a (zitiert: *Hagen*, Seeversicherungsrecht).

Hähnchen, Susanne, Obliegenheiten und Nebenpflichten, Eine Untersuchung dieser besonderen Verhaltensanforderungen im Privatversicherungsrecht und im allgemeinen Zivilrecht unter besonderer Berücksichtigung der Dogmengeschichte, Tübingen 2012 (zitiert: *Hähnchen*, Hähnchen, Obliegenheiten und Nebenpflichten).

Hammacher, Winfried M., Die Grundzüge des allgemeinen Seeversicherungsrechts in der deutschen Gesetzgebung des 18. Jahrhunderts vor dem Hintergrund der älteren europäischen Seeversicherungsgesetzgebung 1982 (zitiert: *Hammacher*, Die Grundzüge des allgemeinen Seeversicherungsrechts in der deutschen Gesetzgebung des 18. Jahrhunderts).

Hau, Wolfgang / Poseck, Roman, Beck-Online Kommentar BGB, 59. Edition, (zitiert: *BeckOK BGB)*.

Harke, Jan Dirk, Allgemeines Schuldrecht, Enzyklopädie der Rechts- und Staatswissenschaft, Berlin, Heidelberg 2010 (zitiert: *Harke*, Allgemeines Schuldrecht).

Harke, Jan Dirk, Versicherungsvertragliche Anzeigepflicht und Garantiehaftung für culpa in contrahendo, Zeitschrift für die gesamte Versicherungswissenschaft 2006, 391 (zitiert: *Harke*, ZVersWiss 2006, 391).

Herrmann, Harald, Ist der VVG-Reformvorschlag zum Recht der Obliegenheiten europarechtskonform?, Versicherungsrecht 2003, 1333 (zitiert: *Herrmann*, VersR 2003, 1333).

Jakobs, Horst Heinrich/Schubert, Werner, Die Beratung des Bürgerlichen Gesetzbuchs / Materialien zur Entstehungsgeschichte des BGB, In systematischer Zusammenstellung der unveröffentlichten Quellen, Berlin 1978 (zitiert: *Jakobs/Schubert*, Die Beratung des Bürgerlichen Gesetzbuchs).

Johannsen, Ralf, Zur Einbeziehung des Seeversicherungsrechts in die VVG-Reform, Versicherungsrecht 2005, 319 (zitiert: *Johannsen*, VersR 2005, 319).

Kalka, Michael, Die Nebenpflichten im Lebensversicherungsvertrage, Zugleich ein Beitrag zur Frage der Obliegenheiten des Versicherungsrechts, Freiburg i. B. 1964 (zitiert: *Kalka*, Die Nebenpflichten im Lebensversicherungsvertrage - Zugleich ein Beitrag zur Frage der Obliegenheiten des Versicherungsrechts).

Kiesselbach, Georg Arnold, Die wirtschafts- und rechtsgeschichtliche Entwickelung der Seeversicherung in Hamburg, Hamburg 1901 (zitiert: *Kiesselbach*, Die wirtschafts- und rechtsgeschichtliche Entwickelung der Seeversicherung in Hamburg).

Kleiner, Stefan, Der Duden, In zwölf Bänden; das Standardwerk zur deutschen Sprache, 7. Aufl., Berlin 2015 (zitiert: *Kleiner*, Der Duden).

Koch, Peter, Zur Geschichte der versicherungsvertragsrechtlichen Kodifikationen in Deutschland und Österreich, S. 299–323 (zitiert: *Koch*, Festschrift für Reimer Schmidt 1976).

Koch, Robert, Das Claims-made-Prinzip in der D&O-Versicherung auf dem, Versicherungsrecht 2011, 295 (zitiert: *Koch*, VersR 2011, 295).

Koch, Robert, Die Auslegung von AVB, Versicherungsrecht 2015, 133 (zitiert: *Koch*, VersR 2015, 133).

Koch, Robert, Verteilung nicht ausreichender Versicherungssumme in D&O-Innenhaftungsfällen, Versicherungsrecht 2016, 1469-1475 (zitiert: *Koch*, VersR 2016, 1469).

Kommission 1 zur Vorbereitung des BGB, Anlage 3 zum Protokoll über die 3. Sitzung der Kommission = abgedruckt in Jakobs/Schubert, 22.9.1874.

Kommission zur Reform des Versicherungsvertragsrechts, Abschlussbericht zum Entwurf, 19.04.2004, https://www.jura.uni-hamburg.de/media/einrichtungen/sem-versicherungsrecht/gesetzesaenderungen/abschlussbericht-der-vvg-kommission-2004-04-19.pdf (zugegriffen am 28.02.2020).

Krebs, Peter/Jung, Stefanie, Law Screening - ein neuer Ansatz zum Umgang mit der Gesetzesflut, Betriebs-Berater 2014, 3081 (zitiert: *Krebs/Jung*, BB 2014, 3081).

Krüger, Wolfgang (Begr.), Münchener Kommentar zum BGB: Band 2: §§ §§ 241-310, 8. Aufl., München 2019 (zitiert: MüKo-BGB, 8. Aufl.).

Krüger, Wolfgang (Begr.), Münchener Kommentar zum BGB: Band 3: §§ 311-432, 8. Aufl., München 2019 (zitiert: MüKo-BGB, 8. Aufl.).

Laband, Paul, Anmerkung zum Aufsatz von Ludwig Cohn, Der Versicherungsvertrag nach allgemeinen Rechtsprinzipien, Zeitschrift für das gesamte Handels- und Wirtschaftsrecht (zitiert: *Laband*, Zeitschrift für das gesamte Handels- und Wirtschaftsrecht, 644).

Langheid, Theo (Begr.), Münchener Kommentar zum Versicherungsvertragsgesetz: §§ 1 - 99 VVG - Band 1, 2. Aufl., München 2016 (zitiert: Müko-VVG, 2. Aufl.).

Langheid, Theo/Wandt, Manfred (Begr.), Münchener Kommentar zum Versicherungsvertragsgesetz - Band 3: Nebengesetze, systematische Darstellungen, 2. Aufl., München 2017 (zitiert: MüKo-VVG, 2. Aufl.).

Larenz, Karl/Canaris, Claus-Wilhelm, Methodenlehre der Rechtswissenschaft, 3. Aufl., Berlin 1995 (zitiert: *Larenz/Canaris*, Methodenlehre der Rechtswissenschaft).

Leuschner, Lars, Gebotenheit und Grenzen der AGB-Kontrolle, Weshalb M&A-Verträge nicht der Inhaltskontrolle der §§ 305 ff. BGB unterliegen, Archiv für die civilistische Praxis 2007, 491 (zitiert: *Leuschner*, AcP 2007, 491).

Lewis, William, Lehrbuch des Versicherungsrechts, Stuttgart 1889 (zitiert: *Lewis*, Lehrbuch des Versicherungsrechts).

Lorenz, Egon, Der subjektive Risikoausschluß durch § 61 VVG und die Sonderregelung in § 152 VVG, Versicherungsrecht 2000, 2 (zitiert: *Lorenz*, VersR 2000, 2).

Mankowski, Peter, § 324 BGB ist keine Lösung für die fahrlässige Täuschung, Zeitschrift für das gesamte Schuldrecht 2003, 91 (zitiert: *Mankowski*, ZGS 2003, 91).

Markopoulos, Titos, Zur Bestimmung der angemessenen Geschäftsgebühr bei der Rückabwicklung von Versicherungsverträgen, Recht und Schaden 2013, 110 (zitiert: *Markopoulos*, Recht und Schaden 2013, 110).

Martin, Anton, Kommentar zum Sachversicherungsrecht, 3. Auflage, München 1992 (zitiert: *Martin*, Sachversicherungsrecht).

Marlow, Sven, Die Verletzung vertraglicher Obliegenheiten nach der VVG-Reform: Alles nichts, oder?, Versicherungsrecht 2007, 43 (zitiert: *Marlow*, VersR 2007, 43).

Maßmann, Carsten, Die Taxe im Seeversicherungsrecht, Versicherungsrechtliche Studien 77, Frankfurt am Main 2007 (zitiert: *Maßmann*, Die Taxe im Seeversicherungsrecht).

Maunz, Theodor/Dürig, Günter/Di Fabio, Udo et al., Grundgesetz, Kommentar, 88. Aufl., Beck-Online, München 2019.

Medicus, Dieter/Petersen, Jens, Bürgerliches Recht, 26. Aufl., Academia iuris, München 2017 (zitiert: *Medicus/Petersen*, Bürgerliches Recht).

Meinert, Thorsten, Das Bereicherungsverbot im deutschen Seeversicherungsrecht, Mit einem Exkurs zum Entschädigungsprinzip im englischen Seeversicherungsrecht, Versicherungsrechtliche Studien 56, Frankfurt am Main, Berlin 1998 (zitiert: *Meinert*, Das Bereicherungsverbot im deutschen Seeversicherungsrecht).

Merriam-Webster Legal Dictionary, https://www.merriam-webster.com (zugegriffen am 23.02.2020) (zitiert: Merriam-Webster Legal Dictionary, Merriam-Webster Legal Dictionary).

Miśtal, Anna, Rechtsfolgen der Verletzung von Pflichten und Obliegenheiten des Versicherungsnehmers nach deutschem und polnischem Recht, Karlsruhe 2006 (zitiert: *Miśtal*, Rechtsfolgen der Verletzung von Pflichten und Obliegenheiten des Versicherungsnehmers nach deutschem und polnischem Recht).

Möller, Hans, Die versicherten Gefahren in der Seeversicherung, Hansa 1937, 1028 (zitiert: *Möller*, Hansa 1937, 1028).

Müller, Werner/Griebeler, Carsten/Pfeil, Julia, Für eine maßvolle AGB-Kontrolle im unternehmerischen Geschäftsverkehr, Betriebsberater 2009, 2658 (zitiert: *Müller/Griebeler/Pfeil*, BB 2009, 2658).

Müller-Collin, Dagmar, Die Allgemeinen Deutschen Seeversicherungsbedingungen (ADS) und das AGB-Gesetz, Veröffentlichungen des Seminars für Versicherungswissenschaft der Universität Hamburg und des Vereins zur Förderung der Versicherungswissenschaft in Hamburg e.V Reihe A, Rechtswissenschaft 81, Karlsruhe 1994 (zitiert: *Müller-Collin*, Die Allgemeinen Deutschen Seeversicherungsbedingungen (ADS) und das AGB-Gesetz).

Münch, Joachim, Die "nicht wie geschuldet" erbrachte Leistung und sonstige Pflichtverletzungen, Juristische Ausbildung 2002, 361 (zitiert: *Münch*, Jura 2002, 361).

Muthers, Christof, Der Rücktritt vom Vertrag, Eine Untersuchung zur Konzeption der Vertragsaufhebung nach der Schuldrechtsreform, Nomos Universitätsschriften Recht 524, Baden-Baden 2008 (zitiert: *Muthers*, Der Rücktritt vom Vertrag).

Neugebauer, Ralph, Versicherungsrecht vor dem Versicherungsvertragsgesetz, Zur Entwicklung des modernen Binnenversicherungsrechts im 19. Jahrhundert, Studien zur europäischen Rechtsgeschichte 51, Frankfurt am Main 1990 (zitiert: *Neugebauer*, Versicherungsrecht vor dem Versicherungsvertragsgesetz).

Oetker, Hartmut, AGB-Kontrolle im Zivil- und Arbeitsrecht, Archiv für die civilistische Praxis 2012, 202 (zitiert: *Oetker*, AcP 2012, 202).

Palandt, Otto (Begr.), Kommentar zum Bürgerlichen Gesetzbuch, 80. Aufl., München 2021 (zitiert: Palandt, 80. Aufl.).

Paschke, Marian, Stellungnahme Paschke zu dem Gesetzentwurf der Bundesregierung - Entwurf eines Gesetzes zur Reform des Seehandelsrechts (RegE-HGB), Bundestags-Drucksache 17/10309, Fakultät für Rechtswissenschaft, Universität Hamburg, Institut für Seerecht und Seehandelsrecht, 24.10.2012.

Pfeiffer, Thomas, Aushandlung und Verhandlung von Vertragsklauseln im Unternehmensverkehr: Die Korrekturbedürftigkeit des deutschen AGB-Begriffs, Zeitschrift für das gesamte Schuldrecht 2004, 401 (zitiert: *Pfeiffer*, ZGS 2004, 401).

Pohlmann, André, Die Haftung wegen Verletzung von Aufklärungspflichten, Ein Beitrag zur culpa in contrahendo und zur positiven Forderungsverletzung unter Berücksichtigung der Schuldrechtsreform, Schriften zum bürgerlichen Recht 268, Berlin 2002 (zitiert: *Pohlmann*, Die Haftung wegen Verletzung von Aufklärungspflichten).

Prahl, Albert, Aufsätze: Zum Regress mit Ersatzansprüchen der Gefahrperson in der Schadensversicherung, Versicherungsrecht 2018, 385 (zitiert: *Prahl*, VersR 2018, 385).

Prölss, Erich Robert/Martin, Anton (Begr.), Kommentar zum Versicherungsvertragsgesetz, 27. Aufl., München 2004 (zitiert: Prölss/Martin, 27. Aufl.).

Prölss, Erich Robert/Martin, Anton (Begr.), Kommentar zum Versicherungsvertragsgesetz, 30. Aufl., München 2018 (zitiert: Prölss/Martin, 30. Aufl.).

Prüssmann, Heinz/Rabe, Dieter (Begr.), Seehandelsrecht, Fünftes Buch des Handelsgesetzbuches ; mit Nebenvorschriften und internationalen Übereinkommen, 4. Aufl., München 2000 (zitiert: Prüssmann/Rabe, 4. Aufl.).

Reichs-Justizamt, Entwurf eines Gesetzes über den Versicherungsvertrag nebst den Entwürfen eines zugehörigen Einführungsgesetzes und eines Gesetzes, betreffend Abänderungen der Vorschriften des Handelsgesetzbuches über die Seeversicherung, Berlin, 1903.

Reichstag, Begründung des Entwurfs (1907), Stenographische Berichte über die Verhandlungen des Reichstags, XII. Legislaturperiode., I. Session, 1907, Anlage 1 zu Nr. 364, Reichstag, 1907.

Reichstag, Reichstagsvorlage, Begründung zum VVG (1906).

Remé, Thomas M., Dass Seeversicherungsrecht bleibt Kaufmannsrecht, Versicherungsrecht 2008, 756 (zitiert: *Remé*, VersR 2008, 756).

Remé, Thomas M., Ein neues Gesetz für die Seeversicherung?, Versicherungsrecht 1979, 989 (zitiert: *Remé*, VersR 1979, 989).

Richartz, Svenja, Die Auswirkungen der verabschiedeten Neuregelung des VVG auf das Seeversicherungsrecht, Transportrecht 2007, 300 (zitiert: *Richartz*, TranspR 2007, 300).

Richartz, Svenja, Die Schiffsbetriebsunterbrechungsversicherung in der Seeversicherung, Hamburg 2012 (zitiert: *Richartz*, Die Schiffsbetriebsunterbrechungsversicherung in der Seeversicherung).

Ritter, Carl/Abraham, Hans-Jürgen, Das Recht der Seeversicherung, Ein Kommentar zu den allgemeinen deutschen Seeversicherungs-Bedingungen, 2. Aufl., Hamburg 1967 (zitiert: *Ritter/Abraham*, Das Recht der Seeversicherung).

Röpling, Gerhard, Die Geschichte der englischen Seeversicherung, Bayern 1954a (zitiert: *Röpling*, Die Geschichte der englischen Seeversicherung).

Röpling, Gerhard, Die Geschichte der englischen Seeversicherung, Veröffentlichungen des Seminars für Versicherungslehre der Universität Köln 10, Weissenburg/Bayern 1956b (zitiert: *Röpling*, Die Geschichte der englischen Seeversicherung).

Rüffer, Wilfried/Halbach, Dirk/Schimikowski, Peter (Begr.), Handkommentar zum Versicherungsvertragsgesetz, 4. Aufl. 2020 (zitiert: Rüffer/Halbach/Schimikowski, 4. Aufl.).

Rüßmann, Helmut, Die Abgrenzung der Gesamtschuld von anderen Schuldnermehrheiten - BGHZ 59, 97, Juristische Schulung 1974, 292 (zitiert: *Rüßmann*, Juristische Schulung 1974, 292).

Schäfers, Dominik, Das Verhältnis der vorvertraglichen Anzeigepflicht (§§ 19 ff. VVG) zur Culpa in contrahendo, Versicherungsrecht 2010, 301 (zitiert: *Schäfers*, VersR 2010, 301).

Schäfers, Dominik, Die vorvertragliche Anzeigepflicht des Versicherungsnehmers und das allgemeine Leistungsstörungsrecht, Zugleich zum System der Haftung für vorvertragliche Pflichtverletzungen, Münsteraner Reihe Band 129, s.l. 2014 (zitiert: *Schäfers*, Die vorvertragliche Anzeigepflicht des Versicherungsnehmers und das allgemeine Leistungsstörungsrecht).

Schleif, Elmar, Die Seerechtsschutzversicherung, Freight, demurrage & defence insurance, Veröffentlichungen des Seminars für Versicherungswissenschaft der Universität Hamburg und des Vereins zur Förderung der Versicherungswissenschaft in Hamburg e.V., Reihe A 112, Karlsruhe 2008 (zitiert: *Schleif*, Seerechtsschutzversicherung).

Schleif, Elmar, Die Seeversicherung in der VVG-Reform, Transportrecht 2009, 18 (zitiert: *Schleif*, TranspR 2009, 18).

Schleif, Elmar, Die Seeversicherung nach altem und neuem VVG, Versicherungsrecht 2010, 1281 (zitiert: *Schleif*, VersR 2010, 1281).

Schulze, Reiner (Begr.), Bürgerliches Gesetzbuch: Handkommentar, 10. Aufl., Baden-Baden 2019 (zitiert: Schulze, HK-BGB, 10. Aufl.).

Schulze, Reiner/Dörner, Heinrich (Begr.), Bürgerliches Gesetzbuch: Handkommentar, 8. Aufl., Baden-Baden 2014 (zitiert: Schulze, HK-BGB, 8. Aufl.).

Schüngel, Nicolas, Die Zukunft des Rechtsinstituts der Großen Haverei, Duncker & Humblot eLibrary Band 312, Berlin 2019 (zitiert: *Schüngel*, Die Zukunft des Rechtsinstituts der Großen Haverei).

Schwampe, Dieter, Die DTV-ADS 2009 - Neue Bedingungen für die Versicherung von Seeschiffen im deutschen Markt, Versicherungsrecht 2010, 1277 (zitiert: *Schwampe*, VersR 2010, 1277).

Schwampe, Dieter, Seeschiffsversicherung, Kommentar zu den DTV - Allgemeine Seeschiffsversicherungsbedingungen, München 2017 (zitiert: *Schwampe*, Seeschiffsversicherung).

Schwarze, Roland, Das Recht der Leistungsstörungen, Berlin 2008 (zitiert: *Schwarze*, Das Recht der Leistungsstörungen).

Seltmann, Astrid, Global Marine Insurance Report 2019, International Union of Marine Insurance, https://www.cefor.no/globalassets/documents/statistics/iumi-statistics/2019/16_sept_11.55_seltmann_050919.pdf (zugegriffen am 19.02.2020) (zitiert: *Seltmann*, Global Marine Insurance Report 2019).

Sieveking, Gustav (Begr.), Das deutsche Seeversicherungsrecht, Kommentar zum zehnten Abschnitt des vierten Buches des Handelsgesetzbuches, Berlin 1912 (zitiert: Sieveking, Das deutsche Seeversicherungsrecht).

Soergel, Hans Theodor (Begr.), Kommentar zum Bürgerlichen Gesetzbuch mit Einführungsgesetz und Nebengesetzen, §§ 320 - 327 - Band 3/2, 13. Aufl., Stuttgart 2005 (zitiert: Soergel, 13. Aufl.).

Soyer, Bariş, Reforming marine and commercial insurance law, London 2008 (zitiert: *Soyer*, Soyer, Reforming Marine and Commercial Insurance Law).

Staats, Volker, Risikobegrenzungen im anglo-amerikanischen Versicherungsvertragsrecht, insbesondere die Institute „exclusion", „exception", „misrepresentation", „non-disclosure", „condition" und „warranty" in rechtsvergleichender Sicht, Zeitschrift für die gesamte Versicherungswissenschaft 1974, 489 (zitiert: *Staats*, Zeitschrift für die gesamte Versicherungswissenschaft489).

Stamm, Jürgen, Die Gesamtschuld auf dem Vormarsch, Neue Juristische Wochenschrift 2003, 2940 (zitiert: *Stamm*, NJW 2003, 2940).

Stamm, Jürgen, Regreßfiguren im Zivilrecht, Eine Rückbesinnung auf die Gesamtschuld unter Neubewertung des Zessionsregresses gemäß § 255 BGB und der Drittschadensliquidation, Münsterische Beiträge zur Rechtswissenschaft 136, Berlin 2000 (zitiert: *Stamm*, Regreßfiguren im Zivilrecht).

Staudinger, Julius von (Begr.), Staudingers Kommentar zum Bürgerlichen Gesetzbuch, Buch 2: §§ 241 - 243; Einleitung zum Schuldrecht; Treu und Glauben, Neubearbeitung, Berlin 2019 (zitiert: Staudinger, Neubearbeitung 2019).

Staudinger, Julius von (Begr.), Staudingers Kommentar zum Bürgerlichen Gesetzbuch, Buch 2: §§ 255 - 304 (Leistungsstörungsrecht 1), 18. Bearbeitung, Berlin 2019 (zitiert: Staudinger, 18. Bearbeitung).

Staudinger, Julius von (Begr.), Staudingers Kommentar zum Bürgerlichen Gesetzbuch, Buch 2: §§ 305-310; UKlaG (AGB-Recht 1 und Unterlassungsklagengesetz), 16. Bearbeitung, Berlin 2019 (zitiert: Staudinger, 16. Bearbeitung).

Staudinger, Julius von (Begr.), Staudingers Kommentar zum Bürgerlichen Gesetzbuch, Buch 2: §§ 315 - 326 (Leistungsstörungsrecht 2), 16. Bearbeitung, Berlin 2020 (zitiert: Staudinger, 16. Bearbeitung).

Staudinger, Julius von (Begr.), Staudingers Kommentar zum Bürgerlichen Gesetzbuch, Buch 2: §§ 328-345 (Vertrag zugunsten Dritter. Draufgabe. Vertragsstrafe), 16. Bearbeitung, Berlin 2020 (zitiert: Staudinger, 16. Bearbeitung).

Staudinger, Julius von (Begr.), Staudingers Kommentar zum Bürgerlichen Gesetzbuch, Buch 2: §§ 346 - 361 (Rücktritt und Widerruf), 15. Bearbeitung, Berlin 2012 (zitiert: Staudinger, 15. Bearbeitung).

Staudinger, Julius von (Begr.), Staudingers Kommentar zum Bürgerlichen Gesetzbuch, Buch 2: §§ 397 - 432 (Erlass, Abtretung, Schuldübernahme, Mehrheit von Schuldnern und Gläubigern), 16. Bearbeitung, Berlin 2017 (zitiert: Staudinger, 16. Bearbeitung).

Staudinger, Julius von (Begr.), Staudingers Kommentar zum Bürgerlichen Gesetzbuch, Buch 2: §§ 779 - 811 (Vergleich, Schuldversprechen, Anweisung, Schuldverschreibung), 15. Bearbeitung, Berlin 2015 (zitiert: Staudinger, 15. Bearbeitung).

Stoffels, Markus, AGB-Recht, 2. Aufl., NJW-Praxis 11, München 2009a (zitiert: *Stoffels*, Stoffels).

Stoffels, Markus, Buch 2: Recht der Schuldverhältnisse, 2018. Aufl., Berlin 2018b (zitiert: *Stoffels*, Stoffels).

The Law Commission and The Scottish Law Commission, Insurance Contract Law: Business Disclosure; Warranties; Insurer's Remedies for Fraudulent Claims; and Late Payment, Juli 2014, https://s3-eu-west-2.amazonaws.com/lawcom-prod-storage-11jsxou24uy7q/uploads/2015/03/lc353_insurance-contract-law.pdf (zugegriffen am 28.02.2020).

The Shipowners' Club, Notice to Members concerning the International Group's position on the Insurance Act 2015, https://www.shipownersclub.com/publications/notice-to-members-concerning-the-international-groups-position-on-the-insurance-act-2015/ (zugegriffen am 13.09.2019).

Thiele, Wolfgang, Gesamtschuld und Gesamtschuldnerausgleich, Juristische Schulung 1968, 149 (zitiert: *Thiele*, Juristische Schulung 1968, 149).

Thume, Karl-Heinz/Bauer, Günter (Hrsg.), Transportversicherungsrecht, München 2004 (zitiert: Transportversicherungsrecht 2004).

Trölsch, Corinna, Die Obliegenheiten in der Seeversicherung, Veröffentlichungen des Seminars für Versicherungswissenschaft der Universität Hamburg und des Vereins zur Förderung der Versicherungswissenschaft in Hamburg e.V Reihe A, Rechtswissenschaft 90, Karlsruhe 1998 (zitiert: *Trölsch*, Die Obliegenheiten in der Seeversicherung).

Tschersich, Herbert, Rechtsfragen der vorvertraglichen Anzeigenpflichtverletzung und der vertraglichen Obliegenheiten, Recht und Schaden 2012, 53 (zitiert: *Tschersich*, R+S 2012, 53).

UK P&I Club, Rules & Articles 2019 for UK (Europe), Februar 2019, https://www.ukpandi.com/fileadmin/uploads/uk-pi/2019/2019_rules_FINAL_13TH_FEB_19.pdf (zugegriffen am 13.09.2019).

UK Parliament, Explenatory Notes - Insurance Act 2015 - Chapter 4, http://www.legislation.gov.uk/ukpga/2015/4/pdfs/ukpgaen_20150004_en.pdf (zugegriffen am 14.09.2019).

Ulmer, Peter/Brandner, Hans E. (Begr.), AGB-Recht, Kommentar zu den §§ 305-310 BGB und zum UKlaG, 12. Aufl., Köln 2016 (zitiert: Ulmer/Brandner/Hensen, 12. Aufl.).

Verband Deutscher Reeder, Stellungnahme des VDR zum Referentenentwurf eines Gesetzes zur Reform des Versicherungsvertragsrechts, einsehbar in dem beim Bundesministerium der Justiz zur VVG-Reform archivierten Akten, Verband Deutscher Reeder (VDR), 19.06.2006.

Vorkommission zum Entwurf des BGB, Gutachten vom 15.04.1874 zum Entwurf des BGB = Reichstagsdrucksache Nr. 53.

Wandt, Manfred, Versicherungsrecht, 5. Aufl., Academia iuris, Köln, München 2010 (zitiert: *Wandt*, Versicherungsrecht).

Wennekers, Jonathan, Piraterie in der Seeversicherung des Reeders, Studien zum ausländischen und internationalen Privatrecht, Tübingen 2016 (zitiert: *Wennekers*, Piraterie in der Seeversicherung des Reeders).

Werber, Manfred, Die Bedeutung des AGBG für die Versicherungswirtschaft, Versicherungsrecht 1986, 1 (zitiert: *Werber*, VersR 1986, 1).

Zeller, Harald, Die Deckung von Haftpflicht-Risiken im Rahmen der Seekaskoversicherung, Versicherungsrechtliche Studien 5, Frankfurt am Main 1987 (zitiert: *Zeller*, Die Deckung von Haftpflicht-Risiken im Rahmen der Seekaskoversicherung).

VERSICHERUNGSRECHTLICHE STUDIEN

Herausgegeben von Professor Dr. Gerrit Winter und
Professor Dr. Robert Koch, LL.M.

Band 1 Maximilian Teichler: Berufshaftpflichtversicherungen. Eine Untersuchung der Berufshaftpflicht, ihrer Versicherung und deren Beziehung zueinander am Beispiel der Rechtsanwälte, Ärzte und Architekten in Deutschland. 1985.

Band 2 Burkhard Messerschmidt: Hinweis- und Belehrungspflichten des Versicherers. 1986.

Band 3 Chao-Kuo Chiang: Das Interesse im Seeversicherungsrecht. 1986.

Band 4 Michael Grebe: Die vorläufige Deckungszusage unter besonderer Berücksichtigung ihrer Handhabung in der Lebensversicherung. 1987.

Band 5 Harald Zeller: Die Deckung von Haftpflicht-Risiken im Rahmen der Seekaskoversicherung. 1987.

Band 6 Annemarie Bender: Die Rechtsproblematik der Wartezeiten in der Privatversicherung unter besonderer Berücksichtigung der Rechtsschutzversicherung. 1988.

Band 7 Gerd Kühborth: Die Obliegenheiten des Versicherungsnehmers in der Rechtsschutzversicherung beim und nach dem Eintritt eines Versicherungsfalles. 1988.

Band 8 Peter Caninenberg: Die Sportveranstaltungsausfallversicherung. 1988.

Band 9 Carsten Meyer: Der Rückkaufswert in der Lebensversicherung. Eine Untersuchung aktueller Kritik an dem Recht des Lebensversicherungsvertrages unter Berücksichtigung des AGB-Gesetzes und des Aufsichtsrechts. 1989.

Band 10 Heike Schwesinger: Versorgungsausgleich und berufsständische Versorgungswerke. 1989.

Band 11 Jens Fortmann: Die Investitionsgüterkreditversicherung. 1989.

Band 12 Hans Wille: Bedingungs- und satzungsgemäße Privilegien öffentlich-rechtlicher "Wettbewerbsanstalten" in der Gebäude-Feuerversicherung. Eine Untersuchung zum BGB, VVG, AGBG, GWB (UWG) und EWGV unter kritischer Berücksichtigung alter und neuer deutscher sowie supranationaler Judikatur. 1990.

Band 13 Ulrich Joseph: Lebensversicherung und Abtretung. 1990.

Band 14 Udo Hansen: Beweislast und Beweiswürdigung im Versicherungsrecht. 1990.

Band 15 Uwe Hamann: Die Rückdeckungsversicherung aus zivil-, versicherungs- und arbeitsrechtlicher Sicht. 1991.

Band 16 Hans-Eckhard Tribess: Die Leistungsfreiheit des Versicherers aus § 67 Abs. 1 Satz 3 VVG im Falle des Vorausverzichtes. 1991.

Band 17 Regina Testorf: Gewerbliche Schmuckversicherungen. 1991.

Band 18 Dieter Armbrust: Subsidiaritätsabreden in Versicherungsverträgen. 1991.

Band 19 Cornelia Thies: Die Auswirkungen von AIDS im Privatversicherungsrecht. Eine Untersuchung über AIDS-spezifische Probleme im Kranken-, Lebens- und Haftpflichtversicherungsrecht. 1991.

Band 20 Utz Meyer-Reim: Die Elektronik-Versicherung. Sachversicherung von Fernmelde- und sonstigen elektrotechnischen Anlagen. 1992.

Band 21 Thorsten Hinnekeuser: Der Versicherungsfall in der Bauleistungsversicherung. 1992.

Band 22 Christian Luckey: Mündliche Nebenabreden zu Allgemeinen Versicherungsbedingungen. 1992.

Band 23 Jürgen Möhle: Die Haftpflichtversicherung im Heilwesen. Eine Studie über die versicherungsrechtliche Deckung medizinischer Haftpflichtschäden. 1992.

Band 24 Torsten Busch: Genußkapital als Eigenmittel von Versicherungsunternehmen. 1992.

Band 25 Ulrich Möhrle: Verhaltensabhängige Risikobeschränkungen in der Gewässerschadenhaftpflichtversicherung. 1993.

Band 26 Paul Wollny: Die Directors' and Officers' Liability Insurance in den Vereinigten Staaten von Amerika (D&O-Versicherung). Vorbild für eine Aufsichtsratshaftpflichtversicherung in Deutschland? 1993.

Band 27 Jan Dreyer: Die Reiserücktrittskostenversicherung. 1993.

Band 28 Robert Nehrer: Entwendung und Entwendungsfolgeschäden in der Kraftfahrzeugkaskoversicherung. 1994.

Band 29 Jürgen Sackhoff: Die Anzeige-, Auskunfts- und Belegpflicht des Versicherungsnehmers nach Eintritt des Versicherungsfalles. Eine rechtsvergleichende Untersuchung unter besonderer Berücksichtigung des Richtlinienentwurfes zur Harmonisierung des Versicherungsvertragsrechts. Zugleich ein Beitrag zur Relevanzrechtsprechung des Bundesgerichtshofes. 1994.

Band 30 Anne Heidelbach: Der kleinere Versicherungsverein auf Gegenseitigkeit unter besonderer Berücksichtigung der gesellschaftsrechtlichen Probleme. 1994.

Band 31 Claudius Mann: Die zeitliche Beschränkung des Versicherungsschutzes in der Rechtsschutzversicherung. 1994.

Band 32 Martin Dietrich: Produktbeobachtungspflicht und Schadenverhütungspflicht der Produzenten. 1994.

Band 33 Barbara Halser: Die versicherte Gefahr und der Versicherungsfall in der Industrie-Straf-Rechtsschutzversicherung. 1994.

Band 34 Hans von Gehlen: Die Beeinflussung des Versicherungsfalls durch den Versicherungsnehmer in der Rechtsschutzversicherung. 1995.

Band 35 Thomas Adler: Das Tagegeld in der Krankenversicherung als Schadens- oder Summenversicherung. 1995.

Band 36 Achim Gmilkowsky: Die Produkthaftung für Umweltschäden und ihre Deckung durch die Produkthaftpflichtversicherung. 1995.

Band 37 Jens Hilgenhövel: Die gewohnheitsrechtliche Erfüllungshaftung des Versicherers für Auskünfte seiner Agenten. 1995.

Band 38 Wiebke Heinrich: Das Sachverständigenverfahren im Privatversicherungsrecht. 1996.

Band 39 Arnt Vespermann: Staatshaftung im Versicherungswesen. 1996.

Band 40 Hubertus W. Labes: Schiedsgerichtsvereinbarungen in Rückversicherungsverträgen. 1996.

Band 41 John Benjamin Schroeder: Die Kriegsgefahr im deutschen Versicherungsrecht. 1996.

Band 42 Hilke Wesselhöft: Datenschutz im Versicherungswesen. 1996.

Band 43 Klaus C. Kossen: Die Kautionsversicherung. 1996.

Band 44 Cord Imelmann: Versicherungsaufsichtsrechtliche Fragen der Allfinanzkonzeption. 1996.

Band 45 Marcus Lüpke: Versicherungsschutz bei behördlicher Inanspruchnahme zur Altlastsanierung. 1996.

Band 46 Bettina Kagelmacher: Die Beschränkungen der Privatversicherungsfreiheit im Hinblick auf das Allgemeininteresse sowie auf Rechte Dritter. Die Grenzen der Versicherbarkeit widerrechtlichen Verhaltens. 1997.

Band 47 Moritz Mittelbach: Die Verdienstausfallversicherung für See- und Binnenschiffe. 1997.

Band 48 Marc-Alexander Lüth: Rechtsberatung durch den Rechtsschutzversicherer. 1997.

Band 49 Ulf Liebelt-Westphal: Schadenverhütung und Versicherungsvertragsrecht. Schadenverhütung durch die Gestaltung des Versicherungsvertrages (Risikobeschreibung, Ausschluß von Risiken und Auferlegung von Obliegenheiten). 1997.

Band 50 Katrein Schneider: Die Feuer-Betriebsunterbrechungsversicherung. 1997.

Band 51 Hubertus Wegmann: Obliegenheiten in der Privaten Krankenversicherung. 1997.

Band 52 Sven Schubert: Das Sachverständigenverfahren im Seeversicherungsrecht. 1998.

Band 53 Horst Suhren: Alte und neue Informationspflichten des Rechtsschutzversicherers. 1998.

Band 54 Bianca Müller: Verbraucherschutz durch das Bundesaufsichtsamt für das Versicherungswesen. 1998.

Band 55 Thorsten Haeberlin: Der aktuelle Stand des Versicherungsnehmerschutzes im englischen und deutschen Versicherungsvertragsrecht vor dem Hintergrund der jüngsten EG-Rechtsentwicklung. 1998.

Band 56 Thorsten Meinert: Das Bereicherungsverbot im deutschen Seeversicherungsrecht. Mit einem Exkurs zum Entschädigungsprinzip im englischen Seeversicherungsrecht. 1998.

Band 57 Annette Wenckstern: Die Haftung bei der Arzneimittelprüfung und die Probandenversicherung. Haftungsersetzung durch Versicherungsschutz. 1999.

Band 58 Jan-Uwe Hungar: Die Rechtsstellung des Schiffshypothekengläubigers im Versicherungsfall. 1999.

Band 59 Torsten Stade: Die Kaskoversicherung für Luftfahrzeuge. 1999.

Band 60 Michael Rudolf Fischer: Versicherungsaufsichtsrecht und öffentliches Übernahmeangebot. 1999.

Band 61 Jill Bohnhorst: Gentechnologie in der Haftpflichtversicherung. 1999.

Band 62 Nils Abram: Die Berufshaftpflichtversicherung für Versicherungsvermittler. 2000.

Band 63 Carsten Hoppmann: Vorstandskontrolle im Versicherungsverein auf Gegenseitigkeit. 2000.

Band 64 Georg Lange: Die Reparaturkostenversicherung. 2000.

Band 65 Nikolas Streuf: Der Vertragsschluss mit einem englischen Versicherer via Internet. 2002.

Band 66 Jan Philipp Tietjen: Die Versicherungsdauer in der (See-) Güterversicherung nach den Grundsätzen der Haus-zu-Haus-Klausel. 2002.

Band 67 Axel Wehling: Schutz innovativer Versicherungsdienstleistungen. 2002.

Band 68 Alexander Wehowski: Die Zulassung ausländischer Versicherungsunternehmen in der Bundesrepublik Deutschland und den Vereinigten Staaten von Amerika. 2002.

Band 69 Marcus Hennies: Die Finanzaufsicht über Versicherungen in der Europäischen Gemeinschaft. Unter besonderer Berücksichtigung der Solvabilitätsvorschriften. 2003.

Band 70 Silke Riedel: Sicherungsschein und Sicherungsbestätigung in der Versicherungswirtschaft. 2004.

Band 71 Detlef A. Huber: Die Hagelversicherung. 2005.

Band 72 Frank-Hartmut Vogelsang: Die Berufshaftpflichtversicherung des Architekten. Deckungssummenbeschränkungen und Risikoausschlüsse. 2005.

Band 73 Inga Uhlenbrock: Die Lösungsrechte des Versicherers bei Verletzung der vorvertraglichen Anzeigepflicht durch den Versicherungsnehmer. Unter besonderer Betrachtung der Berufsunfähigkeitsversicherung. 2005.

Band 74 Hansjörg Heppe: Bedingungen in der Sportbootversicherung. 2005.

Band 75 Georg Herzog: Bausparkassenbedingungen und AGB-Kontrolle. 2006.

Band 76 Thomas Glitza: Aufräumungskosten bei Umweltschäden in den Sachversicherungszweigen. 2006.

Band 77 Carsten Maßmann: Die Taxe im Seeversicherungsrecht. 2007.

Band 78 Ingo Hollenborg: Berufsunfähigkeit Selbständiger im Rahmen der Berufsunfähigkeitsversicherung. Unter besonderer Berücksichtigung der Betriebsumorganisationspflicht. 2009.

Band 79 Boris Lau: Das Wettbewerbsverbot in Versicherungsagenturverträgen. Eine kartellrechtliche Untersuchung. 2010.

Band 80 Martin Greiser: Die Verbriefung von Versicherungsrisiken. 2010.

Band 81 Xiaofan Du: Liberalisierung der Dienstleistungen von Versicherern. Ein Vergleich des Versicherungsaufsichtsrechts für ausländische Versicherer zwischen China und Deutschland. 2010.

Band 82 Anne-Christine Seßinghaus: Die Kündigung von auf die Person eines Dritten genommenen privaten Krankheitskostenpflichtversicherungsverträgen. Rechte und Pflichten der Beteiligten im Spannungsfeld von Privatautonomie und sozialer Zielsetzung. 2020.

Band 83 Nikolaus Dickstein: Die Kostenanrechnungsklausel in der D&O-Versicherung. Eine Untersuchung der AGB-rechtlichen und dinglichen Wirksamkeit der formularmäßigen Kostenanrechnung. 2020.

Band 84 Kai Engelsberg: Versicherungsfall Insolvenzanfechtung. Versicherungsschutz gegen das Insolvenzanfechtungsrisiko für Lieferanten. 2020.

Band 85 Julian Plönsky: Notwendigkeit der Kodifikation des Seeversicherungsrechts in der Bundesrepublik Deutschland? 2022.

www.peterlang.de

www.ingramcontent.com/pod-product-compliance
Ingram Content Group UK Ltd.
Pitfield, Milton Keynes, MK11 3LW, UK
UKHW021846290926
8980IPUK00005B/672

9 783631 865682